Tatort Internet

Tatort Internet

Das Handbuch gegen Rufschädigung,
Beleidigung und Betrug im Internet

THOMAS VOLKMER   MARIO C. SINGER

Bibliografische Information Der Deutschen Bibliothek

Die Deutsche Bibliothek verzeichnet diese Publikation in der Deutschen Nationalbibliografie; detaillierte bibliografische Daten sind im Internet über <http://dnb.ddb.de> abrufbar.

10 9 8 7 6 5 4 3 2 1

10 09 08

ISBN 978-3-8272-4337-9

© 2008 by Markt+Technik Verlag,
ein Imprint der Pearson Education Deutschland GmbH,
Martin-Kollar-Straße 10–12, D-81829 München/Germany
Alle Rechte vorbehalten
Coverlayout: Marco Lindenbeck, webwo GmbH,
          mlindenbeck@webwo.de
Lektorat: Boris Karnikowski, bkarnikowski@pearson.de
Fachlektorat: Christoph Wegener, wecon.net
Herstellung: Monika Weiher, mweiher@pearson.de
Korrektorat: Annette Glaswinkler, sprache-und-text.de
Satz: Michael und Silke Maier, Ingolstadt (www.magus-publishing.de)
Druck und Verarbeitung: Bercker Graph. Betrieb, Kevelaer
Printed in Germany

>> Auf einen Blick

>> Inhaltsverzeichnis

>> Vorwort

Herzlich willkommen bei »Tatort Internet«, dem Handbuch gegen Rufschädigung, Beleidigung und Betrug im Internet!

Auf den nächsten Seiten werden wir Sie nicht nur über die verschiedenen im Internet auftretenden Arten von Rufschädigung, Beleidigung und Betrug informieren, sondern geben Ihnen auch gezielt Vorschläge, wie Sie bestimmte Attacken schon im Vorfeld unterbinden können und wie Sie sich dagegen wehren, »wenn das Kind bereits in den Brunnen gefallen ist«.

Wir zeigen Ihnen, wie Sie Ihren aktuellen Ruf im Internet ermitteln und wie Sie sich eine positive Online-Reputation aufbauen beziehungsweise im Bedarfsfall wiederherstellen können.

Wir betreiben seit Mai 2005 die Webseite www.internetvictims.de – *Initiative gegen Rufschädigung und Verleumdung im Internet*. In diesem Buch stecken unsere langjährigen Erfahrungen mit diesem Thema, und dieses Wissen geben wir an Sie weiter. Damit halten Sie eine geballte Informationssammlung und viele Lösungswege in der Hand. Falls Sie bereits Opfer von Rufschädigung, Beleidigung oder Betrug im Internet geworden sind, haben Sie Zugriff auf ein umfangreiches Paket von wirkungsvollen Abwehrstrategien. Unsere Präventivmaßnahmen helfen Ihnen dabei, dass Sie nicht das nächste unbedarfte Betrugsopfer werden!

> *»Worte sind wie Vögel – einmal freigelassen, kann man sie nicht wieder einfangen.«*

Dieses uralte Sprichwort besitzt auch im virtuellen Kosmos des Internets seine Gültigkeit, mehr noch, es sollte zum moralischen Prüfstein für alle werden, die im Internet etwas veröffentlichen. Die Datenspeicher des Netzes scheinen unendlich zu sein, und sie vergessen nichts. Jeder, der hier etwas mitteilen will, sollte sich daher genau überlegen, welche etwaigen Folgen seine Informationen für Dritte haben könnten.

Die Hemmschwelle, Formulierungen zu verwenden, die man in einer persönlichen Unterhaltung niemals gebrauchen würde, sinkt mit der Distanz, die man zu den Lesern hat. Wir Menschen neigen dazu, dem geschriebenen Wort eine besonders hohe Glaubwürdigkeit beizumessen. Dies sollte die Personen und Unternehmen, die diese Homepage für die Darstellung ihres Falles benutzen möchten, ausdrücklich mahnen, besonders verantwortungsvoll mit dem Medium Internet umzugehen.

Zudem gehört inzwischen diese virtuelle Welt ebenso zum sozialen Umfeld eines Menschen wie die reelle – in vielen Fällen ist sie sogar untrennbar damit verknüpft.

Wer hat noch nicht den Namen von Freunden oder dem Partner in eine Suchmaschine eingegeben, nur so aus Neugier? Wie leicht erhält man hierbei ein vollkommen falsches Bild über diese Person, wenn die so gefundenen vermeintlich objektiven Informationen nicht den Tatsachen entsprechen oder verzerrt wiedergegeben wurden?

Freunde, Partner, Kinder, das gesamte soziale Geflecht kann zerrissen werden, ganz zu schweigen von den ökonomischen Schäden, die bis zum vollständigen Ruin einer Person führen können, nur weil irgendwann mal irgendwer sich dazu berufen fühlte, die Welt über seine Sicht der Dinge in Kenntnis zu setzen, eine Sicht, die nur eine von vielen sein kann.

Um keine Missverständnisse aufkommen zu lassen: Niemand soll davon abgebracht werden, seine Meinung zu vertreten und Missstände offen darzulegen. Das ist in Zeiten immer stärkerer Einschränkung persönlicher Freiheiten wichtiger denn je, aber es sollte nie in einer Weise geschehen, die durch emotional manipulierende Formulierungen dem Leser eine bestimmte Interpretation der Fakten nahe legt. Abgesehen von der moralischen Fragwürdigkeit dieses Vorgehens diskreditiert sie auch die eigene Integrität.

Rufmord im Internet

»Hass-Seiten« vernichten wirtschaftliche und private Existenzen. Internetforen, Onlinechats und Gästebücher sind oft Plattform für Verleumdungen oder Rufmord. Privatpersonen, mittelständische Unternehmen oder große Konzerne, die Opfer solcher Online-Diffamierungskampagnen wurden, finden sich überall. Die Rechtsmittel gegen so genannte »Hass-Seiten« im Internet sind derzeit noch beschränkt (von Friedrich Kurz und Tanja von Unger, 19.09.2006).

Missliebige Konkurrenten, ehemalige Liebhaber oder Prozessverlierer – Menschen die im Leben oder im Beruf eine Schlappe einstecken mussten – machen ihrem Unmut vermehrt »online« Luft. Dabei können sie sich auf eine breite Wirkung verlassen – und zudem weitgehend anonym arbeiten.

Wachsende Zahl von Opfern

Das Internet – unendliche Weiten. Unzählige Foren und Chaträume bieten einen gigantischen Marktplatz für Meinungs- und Informationsaustausch. Doch das Netz bietet auch ausreichend Platz für Rufmord und Hass-Kampagnen. »Das Internet ist wirklich ein großes Problem für uns Juristen, weil wir das Gefühl haben, wir rennen in der Tat diesem Internetfortschritt hinterher«, sagt Professor Thomas Hoeren vom Institut für Informations-, Telekommunikations- und Medienrecht an der Universität Munster. Wer andere Personen im Internet beleidige, könne schnell im Grau des World Wide Web abtauchen und sei nicht mehr zu fassen, so Hoeren.

Das Problem der so genannten »Hass-Seiten« und des damit oftmals einhergehenden Rufmords per Mausklick beschäftigt Gesetzgeber, Wirtschaft und Gesellschaft gleichermaßen. Immer unkontrollierter sind die Anwürfe und immer zahlreicher die Opfer solcher Kampagnen. Durch Angriffe aus dem Netz werden Firmen und Privatpersonen, Politiker und Anwälte oder auch Journalisten zielgerichtet unter Beschuss genommen, heißt es in einer Untersuchung der Kölner studentischen Unternehmensberatung Oscar GmbH.

Spurlos verschwunden im www

Ein Telemediengesetz (TMG) des Bundeswirtschaftsministeriums zur Neufassung der Datenschutz- und Haftungsregeln soll den Missbrauch des Internets und seine Folgen regeln. Mit teilweise recht unterschiedlichen Urteilen ahnden derzeit die Gerichte Rufmordkampagnen. Insgesamt versuchen die Richter einen Weg zu finden, die Betreiber von Online-Foren für den jeweiligen Inhalt verantwortlich zu machen.

Oft löschen die Betreiber ihre schädigenden Inhalte schnell wieder aus Foren oder Chaträumen. Trotzdem können die Beiträge über Suchmaschinen noch gefunden werden. Fraglich ist, wer dann zur Verantwortung zu ziehen ist. Mittlerweile können Opfer von Hass-Kampagnen in solchen Fällen »Wayback-Maschinen« einsetzen, über die beispielsweise alte Versionen einer Webseite aufgerufen werden können. Deutsche Gerichte haben solche Ergebnisse schon als Beweismittel zugelassen.

Uneinheitliche internationale Rechtslage

Problematisch ist jedoch vor allem die internationale Rechtslage. Innerhalb der Europäischen Union fehlen Haftungsregeln für Suchmaschinen- oder Forenbetreiber. Die EU arbeitet zurzeit an einer Revision, der so genannten »E-Commerce-Richtlinie«. Deren Inhalt benennt die Haftungstatbestände für Provider. Suchmaschinenbetreiber versuchen, sich von diesen Gesetzesvorhaben freizuzeichnen. Doch auch eine Abgrenzung von »Störern«, also Portalbetreibern und potenziellen »Mitstörern«, bereitet Schwierigkeiten.

Einen anderen Weg, sich gegen Online-Rufmorde zu wehren, ist ein betroffenes Unternehmen gegangen, indem es im letzten Jahr die Seite »www.internetvictims.de« ins Leben rief. Dort sollen Menschen eine Plattform finden, die durch das Medium »Internet« Schaden erlitten haben. Immerhin können bei »www.internetvictims.de« beide Seiten Gehör finden, um einer einseitigen Berichterstattung vorzubeugen.

(Quelle: ZDF/Frontal 21, Sendung vom 19.09.2006)

Buch-Leitfaden

Sie können dieses Buch entweder Seite für Seite lesen, oder Sie springen über das Inhaltsverzeichnis direkt zu einem Thema, das Sie interessiert. In den Kapiteln wiederholen sich einzelne Punkte. Das hat unter anderem damit zu tun, dass bestimmte Sachverhalte für verschiedene Kapitel relevant sind. Wir empfehlen Ihnen jedoch, das Buch von Anfang bis Ende zu lesen. Dadurch werden die einzelnen Zusammenhänge als Gesamtbild besser deutlich. An geeigneten Stellen haben wir die Kapitel mit Querverweisen verbunden. Für die schnelle Suche eines bestimmten Begriffs steht Ihnen im Anhang ein umfassendes Stichwortverzeichnis zur Verfügung. Mithilfe dieses Verzeichnisses finden Sie schnell den direkten Einstieg zu den Fragen, die Sie aktuell beschäftigen. Im Glossar sind die wichtigsten Begriffe aus diesem Buch zum Thema Internet erklärt.

Die Webseite zum Buch – www.internetvictims.de

Unsere Initiative gegen Rufschädigung und Verleumdung im Internet ist einer der wichtigsten Vorreiter zum Thema Rufmord im Internet. Nach der Erwähnung des Webportals im renommierten Fernsehmagazin Frontal21 im ZDF erlebte die Seite einen wahren Besuchersturm, der seit der Sendung im September 2006 nicht mehr abreißt. Die **kostenlose** Webseite bietet ein umfangreiches Forum, in dem bereits viele interessante Beiträge stehen und sich geschädigte User austauschen können.

Des Weiteren beinhaltet die Seite viele rechtliche und aufklärende Informationen und unterstützt die Geschädigten auch persönlich im Gespräch oder per E-Mail. Mit dem neu integrierten »Beschwerdecenter« zum Beispiel hat der User von internetvictims.de die Möglichkeit, seine Belange gegenüber Providern sowie Foren- und Suchmaschinenbetreibern Nachdruck zu verleihen. Für Menschen, die professionelle Hilfe benötigen, bietet die Webseite eine umfangreiche Anwalts- und Ermittlerdatenbank für alle benötigten Spezialgebiete an. Gerne sind die Administratoren auch bereit, bei der Wahl eines geeigneten Fachanwalts oder Detektivs Vorschläge zu unterbreiten. Der Service von www.internetvictims.de ist völlig kostenlos und ohne jegliche Verpflichtung für den Anwender.

Fazit

Möglicherweise haben Sie dieses Buch aus dem Grund gekauft, weil Sie jemand – bekannt oder unbekannt – im Internet beschimpft, beleidigt oder Unwahrheiten über Sie verbreitet. Vielleicht kochen Sie gerade vor Wut, sind voller Hass und bereit, mit diesem Buch gewappnet in die virtuelle Schlacht zu ziehen. Wir möchten Sie aber gleich von Anfang an beruhigen.

Sie sind nicht alleine! Sie finden immer Rat und Trost von Menschen, die sich mit denselben Problemen wie Sie selbst herumschlagen müssen. Bei uns im Forum, `www.internetvictims.de/forum`, können Sie sich 24 Stunden, 7 Tage die Woche, den Frust von der Seele schreiben und finden Hilfe von vielen Gleichgesinnten.

Wir möchten Sie auch darauf hinweisen, dass es im Internet, wie im realen Leben auch, immer der falsche Weg ist, mit den Mitteln der Übeltäter zurückzuschlagen. Lassen Sie sich also niemals auf das niedrige Niveau Ihrer Kontrahenten herab, indem Sie selbst jemanden persönlich angreifen. Und denken Sie immer an das Eine: Das Internet – so wichtig es auch für uns geworden sein mag – ist nur ein Medium. Was zählt, ist die reale Welt, in der wir leben. Die Natur, die Familie und die Gesundheit. Was sind dagegen schon Bits und Bytes?

Danksagung und Autorenteam

Wir bedanken uns beim Markt+Technik Verlag für die Chance, unser Erstlingswerk in dieser Form veröffentlichen zu können. Unser besonderer Dank gilt dabei unserem Lektor Herrn Boris Karnikowski.

Während der Entstehung dieses Buches haben uns mehrere Personen tatkräftig unterstützt. Für das freundliche Bereitstellen von Fachartikeln danken wir daher Herrn Jochen Diebel vom Interessenverband Deutsches Internet e.V. (I.D.I.), Herrn Rechtsanwalt Dr. Jürgen Weinknecht sowie Herrn Rechtsanwalt Jan Mönikes.

Des Weiteren möchten wir uns bei Frau Dagmar J. Sall und Frau Ingrid Sperber herzlichst für Ihren Mut bedanken, uns ihre persönlichen Geschichten zur Verfügung gestellt zu haben.

Ebenso möchten wir uns bei unseren Kollegen Udo Prummer und Marcus Hünerbein für ihre Unterstützung bei der Recherche, für ihr Fachwissen und ihr Know-how bedanken.

Mario C. Singer ist Mitbegründer und Redakteur der Internet-Seite www.internetvictims.de. Durch seine jahrelange Tätigkeit als Online-Redakteur verfügt er über ein fundiertes Internetwissen. Neben der Konzeption von Onlineprojekten, gehört der Bereich Onlinemarketing und Affiliate Marketing zu den Schwerpunkten seiner Tätigkeit. Mario C. Singer ist Vorstand im allchildren e.V.

Thomas Volkmer studierte allgemeine Physik an der technischen Universität in München. Schon während des Studiums beschloss er, im IT-Sektor freiberuflich aktiv zu werden. Seit 1994 befasst er sich intensiv mit den Themen Anwendungsprogrammierung, Videokonferenzsysteme und Internet. Er ist Gründer der Webseite www.internetvictims.de und hilft seit Mai 2005 ehrenamtlich Opfern von Rufschädigung, Beleidigung und Betrug im World Wide Web. Des Weiteren ist er Mitglied im Gremium des Interessenverbands Deutsches Internet e.V. und 1. Vorstand des allchildren e.V., einer wohltätigen Organisation mit dem Ziel, Kinder aus den ärmsten Verhältnissen mit sowohl kurzfristigen als auch langfristig angelegten Hilfsprojekten zu unterstützen und zu fördern. Mehr Informationen erhalten Sie unter http://www.all-children.org. Als allein erziehender Vater möchte er sich hiermit für die Geduld seiner Tochter Michelle bei der Entstehung dieses Buches sehr herzlich bedanken.

1

Fluch und Segen Internet

KAPITEL 1

Scheinbar liegt es in der Natur der Dinge, dass alles ab einer gewissen Größenordnung zwangsläufig zu unabschätzbaren und schwer vorhersehbaren Problemen führt. Diese Entwicklung nimmt heutzutage leider auch das Internet. Beschimpfungen, Verleumdung und üble Nachrede sind an der Tagesordnung und wirken sogar noch harmlos gegenüber schweren Delikten wie Onlinebetrug, Datendiebstahl, Cyberstalking und Mobbing.

Je mehr Menschen online aktiv sind, desto rauer wird der Umgangston und umso größer wird die Gefahr, sich mit nur einem Klick in große finanzielle oder gar strafrechtliche Schwierigkeiten zu bringen. Dieses Buch hilft Ihnen dabei, Risiken schon im Vorfeld zu erkennen und sich gegen die unterschiedlichen Arten von Angriffen aus dem Netz zu schützen und zu wehren.

>>>

Alles hatte so schön begonnen. Fast wie aus dem Nichts erfreuten wir uns plötzlich eines neuen Mediums – des Internets. Die größte Revolution seit der Erfindung des Fernsehens. Information, Kommunikation und Unterhaltung in bisher nicht da gewesener Vielfalt.

Das Internet ist das jüngste Massenmedium. Das Besondere dabei ist, dass hier das Verhältnis des Benutzers zum Medium nicht rein passiver Natur ist: Neben der Informationsbeschaffung kann der User auch selbst Daten ins Netz überspielen.

Das Wort »Internet« setzt sich aus den zwei Teilen »inter« (lateinisch für »zwischen«) und »net«, der Abkürzung für »networking« (englisch für »vernetzen«) zusammen. In der Computersprache bedeutet »Internet« die Vernetzung zwischen vielen Computern.

Die große Gemeinsamkeit dieser Netzwerke ist die Sprache, die sie benutzen, das Netzwerkprotokoll: Transmission Control Protocol / Internet Protocol. Also das Übertragungskontrollprotokoll für das Internet, kurz TCP/IP genannt.

TCP/IP ist nicht an ein bestimmtes Betriebssystem oder an eine bestimmte Hardware gebunden, wodurch die Verbreitung des Internets erleichtert wurde. Das Internet hat keinen zentralen Großrechner, der alles verarbeitet und steuert.

Die meisten Dienste der einzelnen Netzwerke sind durch die Protokolle definiert, die auf TCP/IP aufsetzen. Ein Webserver verwendet zum Beispiel das Hyper Text Transfer Protocol (HTTP), das dem Benutzer das Surfen im World Wide Web (WWW) ermöglicht, das heute als Synonym für das Internet gebraucht wird.

Andere Dienste und Protokolle erlauben zum Beispiel das Versenden und Empfangen von E-Mails, den Zugriff auf die Dateisysteme von Computern oder den ortsunabhängigen Remote-Zugriff auf den heimischen Rechner.

Rund um die Uhr verfügbar und relativ erschwinglich, erobert das Internet unauffällig immer größere Teile unseres Lebens. Von E-Mails, Webseiten, Blogs, Musik und Videos bis hin zu gigantischen Enzyklopädien haben wir direkten ungefilterten Zugriff auf einen noch nie da gewesenen Informationsschatz.

Das Medium Internet und seine Schattenseiten In den letzten Jahren ist das Medium Internet immer mehr zu einem Spiegelbild unserer wirklichen Welt geworden. Heutzutage besitzt man neben seinem Ruf im realen Leben auch eine Online-Reputation. Jugendliche schreiben ihre Tagebücher nicht mehr auf Papier, sondern zeitgerecht in einem Blog, einer Art digitalem Journal, und was im normalen Leben »gute Manieren« heißt, nennt man im Internet »Netiquette«.

Aber das anfangs so beschauliche und friedliche Internet wandelt sich immer mehr zu einem scheinbar unbeherrschbaren, gesetzlosen Medium. Beschimpfungen, Rufmord, Verleumdung und üble Nachrede sind an der Tagesordnung und wirken sogar eher harmlos gegenüber schweren Delikten wie Onlinebetrug, Datendiebstahl, Cyberstalking und Mobbing.

Im Internet nimmt die organisierte Kriminalität drastisch zu. Wo früher noch vereinzelt Hacker und Script-Kiddies ihr Unwesen trieben, bilden sich heutzutage straff organisierte Banden, die skrupellos Online-Verbrechen wie Betrug und Diebstahl begehen. Angriffe wie Phishing, Pharming und Denial-of-Service mittels Bot-Netzen sind wohlbekannt. In diesem Zusammenhang haben sich Schlagwörter wie Cybermafia, IT-Söldner und Cyberwirtschaftsspionage etabliert.

Die Zahl der Verbrechen steigt rapide an, und »social engineering« ist längst ein Teil von ihnen geworden. Internet-Kriminalität ist eng mit kriminellen Strukturen wie der Mafia verbunden und hat eine feste Untergrundstruktur. Großeinsätze der Polizei helfen wenig, denn die Online-Kriminellen tauchen nur kurzzeitig ab und organisieren sich neu, um die Kontrolle über ihre Verbrechen stärker zu schützen.

Es wurden sogar schon Beweise für rivalisierende Angriffe durch kriminelle Vereinigungen gefunden. In so genannten Turf Wars (Attacken auf die Konkurrenz) wird gegenseitig versucht, die Schadprogramme des Anderen zu zerstören. Ebenso schwärzen sich rivalisierende Web-Kriminelle gegenseitig bei den Behörden an.

Das FBI hat der Abwehr von IT-Verbrechen mittlerweile die dritthöchste Prioritätsstufe zugewiesen – gleich nach der Terrorbekämpfung und Spionageabwehr. Deshalb steht auf der Webseite der US-amerikanischen Verbrechensbekämpfer nun »Cyber« gleich hinter »Counterterrorism« und »Counterintelligence«.

Untersuchungen des Security-Unternehmens Webroot untermauern die »Cyber-Angst« der FBI-Agenten: So verzeichnet das Spyware-Erkennungssystem »PhileasTM« des Unternehmens, dass 1,7 Prozent (4,2 Millionen) der 250 Millionen URLs weltweit mit Malware verseucht seien, erklärte die Sicherheitsfirma. Man habe allein im Jahr 2006 über drei Millionen bösartige Webseiten entdeckt.

Den vollständigen Report finden Sie unter `www.webroot.com/land/soisreport.` `php` *(allerdings erst nach Anmeldung, denn nicht nur Trojaner sammeln Adressen).*

www ......

Wer schon einmal bei eBay auf einen Spaßbieter hereingefallen ist oder sich über die tägliche Flut an Spam-E-Mails ärgert, ist bis jetzt noch mit einem blauen Auge davongekommen. Wer aber aufgrund einer Aufforderung per E-Mail seine Kontodaten preisgegeben hat oder eine Rechnung für nie bestellte Waren und Dienstleistungen begleichen soll, dem hat das Internet schon erheblichen Ärger eingebracht.

Aber abgesehen von monetären Verlusten wurden durch das Medium Internet bereits zigtausendfach erheblicher persönlicher Schaden verursacht. Schäden, die in vielen Fällen nicht wieder gut zu machen sind und das Leben der betroffenen Personen nachhaltig völlig negativ verändert haben. Auch schwere Attacken, die man als existenzgefährdend bezeichnen kann, gehören mittlerweile zur Tagesordnung.

Wurden falsche Tatsachen erst einmal in das Internet gestellt, ist es nur schwer möglich, diese wieder entfernen zu lassen. Gespiegelte Server, Suchmaschinen-Cache und Wayback-Maschinen, die das Internet historisch aufzeichnen, machen einem das Leben schwer und eine Löschung schier unmöglich. Der unbedachte Internetbenutzer, der nach Personennamen, Firmen oder Produkten googelt und dadurch unweigerlich auf unwahre Tatsachen stößt, wird sich immer denken: »Wenn es da steht, wird wohl schon etwas dran sein, sonst würde es ja da nicht stehen«.

Dieses Buch soll Ihnen dabei helfen, entstandene Schäden soweit wie möglich wieder gutzumachen oder im besten Falle erst gar nicht aufkommen zu lassen. Es soll Ihnen ebenso helfen, Ihren guten Ruf im Internet wieder herzustellen oder neu aufzubauen, und natürlich soll es Ihnen als Ratgeber dienen gegen all diejenigen, welche das Medium Internet als Plattform für Betrug und Schwindel benutzen.

Straftaten mit Tatmittel Internet 2006

Das Internet ist ganz und gar kein rechtsfreier Raum, denn alle geltenden Gesetze aus unserem realen Leben sind auch im Internet gültig und anwendbar. Niemand muss sich beleidigen, beschimpfen, betrügen oder nötigen lassen. Auch nicht im Internet.

Die alljährlich vom Bundeskriminalamt herausgegebene Polizeiliche Kriminalstatistik (PKS) bringt es ans Licht. Die erst 2004 eingeführte »Grundtabelle für Straftaten mit Tatmittel Internet« weist in der Ausgabe von 2006 165.720 erfasste Fälle auf. Und in dieser Zahl sind die Fälle aus Bayern noch nicht berücksichtigt, da die Sonderkennung »Tatmittel Internet« in Bayern noch nicht umgesetzt wird.

Wie immer bei solchen Statistiken dürfte die Dunkelziffer solcher Fälle mit »Tatmittel Internet« weitaus höher liegen.

Straftaten(gruppen)	erfasste Fälle insgesamt	erfasste Fälle mit Tatmittel Internet	% Anteil von Internetfällen an Fällen gesamt
Straftaten insgesamt	5.630.541	165.720	2,9
Betrug	865.280	136.829	15,8
Warenbetrug	116.060	86.345	74,4
sonstiger Warenkreditbetrug	173.265	17.098	9,9
sonstige weitere Betrugsarten	120.432	9.688	8,0
Computerbetrug	14.843	8.627	58,1
Leistungskreditbetrug	40.079	6.170	15,4
Leistungsbetrug	26.612	3.248	12,2

Tabelle 1.1: Polizeiliche Kriminalstatistik 2006

Straftaten(gruppen)	erfasste Fälle insgesamt	erfasste Fälle mit Tatmittel Internet	% Anteil von Internetfällen an Fällen gesamt
Straftaten gegen Urheberrechts-bestimmungen	18.156	11.307	62,3
Verbreitung pornografischer Schriften	9.542	5.909	61,9

Tabelle 1.1: Polizeiliche Kriminalstatistik 2006 (Forts.)

Bei über vier Fünfteln der Fälle mit Internet als Tatmittel handelt es sich um Betrugsdelikte (82,6 %). Besonders hervorzuheben ist hierbei der Warenbetrug, auf den allein mehr als die Hälfte (52,1 %) aller Fälle mit Internet als Tatmittel entfielen. Beachtenswert ist auch der Anteil von 6,8 % bei Straftaten im Zusammenhang mit Urheberrechtsbestimmungen sowie von 3,6 % bei der Verbreitung pornographischer Schriften. Bei Straftaten gegen Urheberrechtsbestimmungen, bei der Verbreitung pornographischer Schriften (Erzeugnisse) sowie bei Computerbetrug diente das Internet in mehr als der Hälfte der Fälle als Tatmittel. Bei Warenbetrug war dies in fast zwei Vierteln der Fälle der Fall. (Quelle: Bundeskriminalamt)

Diese Zahlen sprechen für sich. Es scheint fast, als würden manche Delikte und Strafbestände ins Internet »umziehen«, weil es dort leichter ist als im realen Leben, seinen betrügerischen Machenschaften nachzugehen. Das Zauberwort heißt Anonymität. E-Mails, Hostingpakete und Server kann man heutzutage problemlos nutzen, ohne seinen echten Namen oder seine eigene Anschrift nennen zu müssen.

Wenn man seine »Geschäfte« in Internetcafés abwickelt, genießt man Anonymität und den Schutz vor der Preisgabe der eigenen IP zu Hause, über die die Polizei leicht den Verursacher ermitteln könnte. Eine IP-Adresse (Internet-Protokoll-Adresse) dient zur eindeutigen Adressierung von Rechnern und anderen Geräten in einem IP-Netzwerk.

Kommt es dann zur Anzeige, wird ein Fall also aktenkundig, ist er leicht in einer Statistik wie der Tabelle 1.1 zu führen.

Aber es gibt auch andere Fälle. Fälle, die in keiner Statistik auftauchen, die aber dennoch erheblichen Schaden für die Opfer verursachen. Wir sprechen von entgangenen Chancen, Jobs, Aufträgen und anderen existenziell bedeutsamen Umständen, welche erheblichen Einfluss auf das Leben der Betroffenen haben.

Wenn eine Suchmaschine Schicksal spielt

Die Welt – Wie Google Karrieren zerstört

```
http://www.welt.de/webwelt/article708385/
Wie_Google_Karrieren_zerstoert.html
```

Wie das Internet auch Ihr Leben verändern kann und wie eine Suchmaschine namens Google Ihren ganz persönlichen Lebenslauf positiv oder negativ beeinflussen kann, lesen Sie im nächsten Kapitel.

2

Ihr digitaler Ruf, die Googlability

KAPITEL 2

Ihr digitaler Ruf, die Googlability

Aufbau einer positiven, digitalen Reputation für Privatpersonen

Wer hätte vor ein paar Jahren daran gedacht, dass wir uns einmal Gedanken um unseren »Online-Ruf« machen müssen? Dass wir uns selbst und andere »googeln«, um unsere »digitale Reputation« zu überprüfen? Was hinter diesen Begriffen steckt, wie es um Ihre »Googlability« steht und wie Sie einen möglichst guten Online-Ruf aufbauen oder diesen zurückerlangen können, erfahren Sie in diesem Abschnitt.

Digitale Reputation für Firmen

Natürlich sind auch Firmen daran interessiert, einen möglichst guten »Internet-Leumund« zu haben oder langfristig aufzubauen. Oft wird es auch nötig, diesen Ruf zu schützen, wenn allzu negative Äußerungen von Kunden und Mitbewerbern am Firmenimage kratzen. Wir geben Ihnen hier einen kurzen Einblick in diese Problematik.

>>>

Guter Ruf, Leumund, Reputation oder auch »weiße Weste«, all diese Begriffe bezeichnen die gesellschaftliche Wertschätzung einem Menschen in seiner Umwelt. Seit den Zeiten des Web 2.0 hat man plötzlich, fast über Nacht, einen zweiten Ruf dazubekommen. Den »digitalen Ruf«, auch *Googlability* genannt. In diesem Kapitel erfahren Sie, wie Sie feststellen ob Sie auch online »top dastehen«, wie Sie einen guten digitalen Ruf aufbauen, oder ihn wiederherstellen.

2.1   Aufbau einer positiven, digitalen Reputation für Privatpersonen

Stellen Sie sich vor, jemand steht vor einer wichtigen Entscheidung. Er möchte z.B. einen neuen leitenden Mitarbeiter einstellen, einen geeigneten Mieter für seine Eigentumswohnung auswählen oder er befindet sich vor einem wichtigen Geschäftsabschluss mit einer neuen Firma.

Die Suchma-schine Nummer Eins – Google   Würde dieser Internetuser auf die Idee kommen, den Namen der Person oder den der Firma zu »googeln«? Schließlich wäre es doch interessant, den Lebenslauf des neuen Bewerbers einmal auf Richtigkeit zu prüfen oder zu erfahren, ob der neue, sympathische Mieter vielleicht Vorstand in einer zweifelhaften Vereinigung ist? Und was kann man alles über die neue Firma herausfinden? Taucht der Name etwa oft in Verbraucherschutzforen auf? Und wenn man schon einmal so schön vorm Rechner sitzt, kann man ja auch ein bisschen im Privleben der betreffenden Personen »recherchieren«. Oder sollte man vielleicht besser sagen: »cyberschnüffeln«?

Abbildung 2.1: Der berühmte »Peter Mustermann« aus Musterstadt wird gegoogelt.

Ihr digitaler Ruf   Anhand dieser kleinen Beispiele sehen Sie, was sich hinter dem Begriff Googlability verbirgt. Es ist Ihr »digitaler Ruf«, Ihr digitaler Leumund bzw. Ihre Vergangenheit und Ihre persönlichen Spuren im Internet. Selbst Personen, welche noch nie in Ihrem Leben einen Rechner eingeschaltet haben, geschweige denn im Internet gesurft haben, können eine gute oder schlechte Googlability haben.

Wie kann das sein?

Nehmen wir als Beispiel Frau F.: Sie ist stolze 95 Jahre alt, und der Begriff Internet ist logischerweise ein Fremdwort für sie. Trotzdem taucht ihr Name im Netz auf. Unmöglich? Leider nein: Ihr Enkel hatte aus Interesse seinen Stammbaum recherchiert und in einem Fachforum den Namen seiner Oma eingegeben. Die Seite wurde von Google besucht, erkannt und gespeichert. Einmal hat die Oma auch bei einer Tombola ihres Supermarktes einen Warenkorb gewonnen. Die Gewinner wurden im Netz veröffentlicht, und schon hat die Dame zwei Google-Treffer. Und ein Bild vom letzten Pfarrfest mit Frau F. an der Kuchentheke beschert ihr Treffer Nummer 3. »Wir danken Frau F. für Ihre tatkräftige Unterstützung« steht da zu lesen.

Im Fall von Frau F. ist das allerdings wenig verfänglich oder gar schädlich für ihren guten Ruf. Aber wie sieht es mit jüngeren Personen aus? Personen, welche das Medium seit Jahren aktiv nutzen? Über einen solchen Menschen lassen sich Dutzende von Spuren im Netz finden. Urlaubsgewohnheiten, Hobbys, Vorlieben, Bilder und vieles mehr geben Aufschluss über diese Person. Anhand dieses Profils lassen sich viele Rückschlüsse ziehen. Die gefundenen Hinweise entsprechen natürlich nicht immer der Wahrheit, sind aber dennoch im Netz zu finden. Die »gegoogelten« Personen werden nie erfahren, durch welche merkwürdigen Umstände ihr Leben in eine völlige andere Bahn gelenkt wurde.

Denn der zukünftige Vermieter oder Arbeitgeber wird einfach anrufen und sagen, er hätte sich für einen anderen, besser qualifizierten Bewerber entschieden.

Eine schlechte Googlability hat so einem Unschuldigen die Karriere oder das ersehnte Häuschen im Grünen vergällt. Vielleicht wegen eines lächerlichen Fotos von der Betriebsfeier 1995, auf dem die Person etwas angetrunken auf dem Tisch tanzt. Längst vergessen? Nicht bei Google. Und unterschätzen Sie in diesem Zusammenhang auch nicht die »Eigendynamik« des Mediums Internet. Inhalte vervielfältigen sich rasant und unkontrolliert. Sie werden kopiert und in anderem Zusammenhang wiedergegeben, verlinkt, zitiert, gespiegelt und getauscht.

Sicherlich haben Sie dieses Buch nun kurz zur Seite gelegt, Ihren Rechner hochgefahren und sich selbst gegoogelt. Oder wussten Sie bereits, dass jemand an Ihrem Online-Ruf kratzt? Werden Sie verleumdet, beschimpft, beleidigt? Sind Inhalte von Ihnen im Netz, welche Sie oder andere lieber nicht mehr sehen wollen bzw. sollen?

Wenn Sie mit Ihrer Googlability unzufrieden sind und einige Seiten bzw. Inhalte aus dem »WWW« entfernen möchten, aber nicht wissen, wie: Dieses Buch hilft Ihnen dabei, Ihren guten Ruf im Internet wiederherzustellen bzw. einen guten Ruf aufzubauen.

Nun liegt es an jedem Menschen selbst, ob er sich um seinen digitalen Ruf kümmert oder nicht. Wir können Ihnen aus unserer Erfahrung nur raten, es zu tun. Auch wenn in Ihrem Leben momentan alles im Lot ist – die Zeiten können sich schnell ändern, und ein schlechter digitaler Ruf kann Ihnen dann zum Verhängnis werden. Es ist ungefähr so wie mit einer Unfallversicherung. Jahrelang zahlt man ein, ohne sie in Anspruch zu nehmen. Aber tritt dann der Ernstfall, sprich der Unfall, ein, ist man froh, eine zu haben.

Karrierekiller Google   Bei näherer Betrachtung ist es erschreckend, in wie vielen Belangen des täglichen Lebens man heutzutage von irgendeinem anderen Internetnutzer »gegoogelt« wird. Anhand der folgenden Beispiele sehen Sie, wer alles ein Interesse an Ihrer Person haben kann: Dass sich Ihr zukünftiger Arbeitgeber oder auch Ihr Vermieter genau über Sie erkundigt, haben wir schon am Anfang dieses Kapitels erklärt. Dies war sogar der Wirtschaftswoche in der Ausgabe 47/2006 eine Titelstory wert.

> *»Der Internet-Leumund ist längst ein Faktor, der die Karriere entscheidend beeinflussen kann. Bei einer aktuellen Befragung des Bundesverbands Deutscher Unternehmensberater (BDU) von mehr als 300 Personalberatern und Personalentscheidern gaben 28 Prozent an, das Internet regelmäßig zu nutzen, um Lebensläufe von Kandidaten auf Schwachstellen abzuklopfen: Referenzen, fachliche Eignung, Vergangenheit, Kompetenzen, Meinungsäußerungen, Mitgliedschaften, Freizeitaktivitäten – alles wird gesammelt und ausgewertet. 69 Prozent der Personalprofis nutzen das Medium dazu immer häufiger, mit entsprechenden Konsequenzen: In 34 Prozent der Fälle flogen Kandidaten schon nach den Online-Recherchen aus dem Auswahlprozess.«*

Eine schlechte Googlability kann auch unliebsame Auswirkungen auf Ihr Privatleben haben. So mancher Ihrer Freunde wird Sie schon mal aus Spaß oder Langeweile im Netz gesucht haben. Findet er etwas Zweifelhaftes oder Anrüchiges über Sie, beginnt die Gerüchteküche in Ihrem Bekanntenkreis zu brodeln. Richtig unangenehm kann die Sache dann bei Fotos oder gar Videos werden. Ein an sich harmloses Foto von einem Wochenendseminar mit einer Kollegin oder einem Kollegen im Arm hat schon so manchen Ehestreit herbeigeführt und den Haussegen ordentlich in Schieflage gebracht.

Aber auch Firmen haben eine gute oder schlechte Googlability. Im letzten Fall kann einer Firma erheblicher finanzieller Schaden entstehen, wenn man Aufträge wegen seines schlechten Internetrufs nicht erhält. Das wirklich heimtückische daran ist auch in diesem Falle, dass die betreffende Firma es wohl nie erfahren wird, dass ihr ein Auftrag wegen ungünstiger Inhalte im Web entgangen ist.

Sollten Sie nach diesen Beispielen nun für sich entschieden haben, dass eine positive digitale Reputation für Sie wichtig ist (oder zukünftig wichtig werden kann), zeigen wir Ihnen anhand der folgenden Punkte, wie Sie vorgehen können, um einen möglichst guten Online-Ruf zu erhalten, diesen auszubauen und – wenn nötig – auch zu verteidigen.

2.1.1   Ist-Analyse

Zunächst einmal müssen Sie in Erfahrung bringen, was im Netz über Sie zu finden ist. Dies ist sehr einfach, da Sie sich in diesem Schritt zum Beispiel nur in Ihren neuen Arbeitgeber hineinversetzen müssen. Was könnte er über Sie herausfinden wollen? Um Ihnen die Arbeit zu erleichtern, sollten Sie bei Ihrer Recherche gezielt und mit System vorgehen, um den Überblick im Daten-Dschungel zu bewahren.

Wie gut ist mein Ruf im Internet?

Öffnen Sie drei Browser gleichzeitig. Nun legen Sie in jedem der Browser je einen Favoriten- oder Lesezeichen-Ordner an. Den ersten nennen Sie »Suchergebnisse Google«, den zweiten »Suchergebnisse Yahoo« und den dritten »Suchergebnisse MSN«. Rufen Sie nun im ersten Browser die Startseite von Google, im zweiten die Startseite von Yahoo und im dritten logischerweise die Seite von MSN auf.

Tipp . . . . . .

Diese drei Browserfenster ordnen Sie nun einigermaßen übersichtlich auf Ihrem Desktop an, indem Sie Ihren Desktop optisch dritteln und die Browserfenster auf die entsprechende Größe ziehen. Sie können natürlich auch, sollte Ihnen das zu unübersichtlich werden, eine Suchmaschine nach der anderen öffnen.

Abbildung 2.2: Suche nach »Peter Mustermann« in drei relevanten Suchmaschinen.

Jetzt wird es ernst. Geben Sie Ihren Vornamen und Ihren Familiennamen in Anführungszeichen in die Suchleisten der drei Suchmaschinen ein und führen Sie die Suche aus. Diesen Vorgang wiederholen Sie mit verschiedenen Wortkombinationen, also die beiden Namen umdrehen, Ihren Namen einmal in Verbindung mit Ihrem Wohnort, mit Ihrem Beruf, mit Ihrem Arbeitgeber. Versuchen Sie so kreativ wie möglich zu sein, um »sich selbst« zu finden. Alle Suchergebnisse speichern Sie sofort in den entsprechenden Favoriten-Ordner ab. Führen Sie die Suche nach einer Wortkombination immer in allen drei Suchmaschinen gleichzeitig durch. So behalten Sie den Überblick und ersparen sich durch »Copy und Paste« viel Getippe. Führen Sie die Suchen auch einmal ohne Anführungszeichen durch. Vergessen Sie auch nicht, gleich eine Foto- bzw. Videosuche durchzuführen, wenn Sie schon einmal dabei sind.

Aber es gibt weitere Wege, im Internet nach Content über sich selbst zu suchen. Die Suche mit den Suchmaschinen, welche angeblich auf personenbezogene Daten spezialisiert sind, wie www.zoominfo.com oder www.stalkerati.com bringen keine sehr guten Ergebnisse, zumindest nicht für den deutschsprachigen Raum.

Gute Ergebnisse über Blog-Einträge dagegen liefert www.technorati.com. Diese Suchmaschine durchforstet das Web auch gleichzeitig nach Videos und Fotos, welche mit Ihrem Namen in Verbindung stehen. Sehr gute Ergebnisse liefert auch die googleeigene Blog-Suche bei http://blogsearch.google.de.

Sollte Ihnen die Recherche noch nicht weit genug gegangen sein, können Sie noch auf diese Spezialsuchmaschinen zurückgreifen:

www.podzinger.com
www.tveyes.com
www.blinkx.com
www.singingfish.com
www.pixsy.com

Sollten Sie auf der Suche nach Bild- und Videodateien sein, hilft es natürlich, auch auf den vermeintlichen Portalen selbst danach zu suchen und nicht den Umweg über eine Suchmaschine zu gehen:

www.youtube.com
video.google.de
www.clipfish.de
www.myvideo.de
www.flickr.com

Wenn Sie Ihre Suche mit diesen Methoden beendet haben, werden Sie nun entweder sehr erleichtert oder auch schockiert sein. Sollten Sie negative Texte, Fotos oder Videos über sich selbst gefunden haben, zeigen wir Ihnen unter Punkt 2.1.3 »So wehren Sie sich«, was Sie dagegen tun können.

Sollten Sie mit Ihren Suchergebnissen allerdings zufrieden sein und auch zukünftig »gut im Netz dastehen« wollen, zeigen wir Ihnen unter Punkt 2.1.2 »So beugen Sie vor«, wie Sie Ihren guten Ruf noch weiter ausbauen können.

2.1.2 So beugen Sie vor

Weil es in der Regel eine ganze Zeit dauert, bis neue Inhalte von Google und auch von anderen Suchmaschinen indiziert, das heißt, in die Suchergebnisse aufgenommen werden, ist es von Vorteil, sich erst mit dem Aufbau positiver Inhalte zu beschäftigen. Erst wenn Sie möglichst viel positiven Content generiert haben, machen Sie sich daran zu versuchen, möglichst viele negative Inhalte aus dem Netz zu entfernen. Dabei ist Angriff die beste Verteidigung. Dieser bekannte Spruch lässt sich auch im Internet anwenden, wenn es darum geht, seine Googlability zu verbessern. Dahinter steckt ein ganz einfacher Denkansatz. Wenn Sie es schaffen, die ersten SERPs (engl: search engine results pages) mit für Sie positiven Inhalten zu füllen, verdrängen Sie damit die für Sie negativen Inhalte in den Suchergebnissen weiter nach hinten.

Schaffen Sie positive Inhalte

Diese Strategie ist sehr wirksam, denn es ist sehr unwahrscheinlich, dass Sie jemand bis auf die hundertste Google-Seite »verfolgt«. Wenn Sie es also schaffen, die ersten zwei bis drei SERPs mit für Sie positiven Google-Treffern zu füllen, rutschen etwaige negative Treffer dementsprechend weiter nach hinten und sind so schwerer zu finden. Allerdings hat diese Abwehrstrategie einen entscheidenden Nachteil:

Negative Inhalte nach hinten drängen

Sie ist fast ausschließlich präventiv einzusetzen. Wenn Sie nämlich erst damit beginnen, für einen positiven Internet-Leumund zu sorgen, wenn Sie auf der ersten Seite von Google zerrissen werden, ist es meist zu spät. Die komplette erste Google-Seite zurückzuerobern und wieder mit positiven Treffern zu füllen, ist fast ein Ding der Unmöglichkeit. Sie haben einen wesentlich größeren Vorteil, wenn Sie die ersten Seiten bei Google schon präventiv gefüllt haben.

90% der Besucher begnügen sich mit der ersten Google-Seite

Um Ihren Namen also in ein gutes Licht zu rücken, ist es notwendig auf vielen verschiedenen Webseiten positive Erwähnung zu finden. Dies ist eigentlich ohne viel Aufwand auch für einen Internet-Neuling zu bewältigen. Im Prinzip kommt es immer nur darauf an, Ihren Namen, eventuell auch Ihren Wohnort und Ihre Firma, in einem möglichst unverfänglichen Zusammenhang im Internet zu platzieren.

Wir möchten Sie an dieser Stelle ausdrücklich darauf hinweisen, dass die Tipps, die wir Ihnen in diesem Kapitel geben, eigentlich im Widerspruch zu den Tipps im nächsten Kapitel stehen.

Stop ......

*Dieses Kapitel richtet sich an Internetuser, **welche sich im Internet bewusst exponieren wollen**, weil Sie z.B. denken, dass für sie ein positiver Online-Ruf von Vorteil ist.*

Ein sehr oft angeführter Grund, seinen Namen und seine Identität im Internet offen und bereitwillig preiszugeben, ist, dass man sich dadurch einen Vorteil bei der Jobsuche verspricht. Durchforstet ein Personalchef das Internet nach den Namen seiner Bewerber, um den qualifiziertesten Kandidaten zu ermitteln, muss man natürlich auch unter seinem echten Namen zu finden sein.

Einen weiteren guten Grund, seinen Namen und weitere persönliche Daten im Internet absichtlich oft zu streuen, haben Personen, welche einer Online-Rufschädigung ausgesetzt sind. In diesem Fall versucht jemand durch die häufige Nennung eines Namens die betreffende Person in Misskredit zu bringen, oder er zielt darauf ab, den Namen der Person möglichst oft in einem falschen Zusammenhang zu erwähnen.

Opfer solcher Attacken können die Täter mit ihren eigenen Waffen schlagen, indem sie den eigenen Namen noch öfter und natürlich in einem richtigen Zusammenhang im Internet streuen. Sie möchten die negativen Suchergebnisse, welche der Gegner erzeugt hat, mit positiven in den Suchmaschinen nach hinten drängen.

Jeder Internetnutzer muss nun für sich selbst entscheiden, welche Strategie die richtige für ihn ist. Die Entscheidung bleibt ein zweischneidiges Schwert. Jede Strategie hat ihre Vor- und Nachteile.

Welches Ziel verfolgen Sie?	
Sie möchten sich eine positive digitale Reputation aufbauen, weil Sie z.B. • auf Jobsuche sind • einen Ruf als Fachmann aufbauen wollen • eine prominente Person sind • Opfer einer Rufmordkampagne sind	Sie möchten sich vor möglichen negativen Auswirkungen des Internets schützen, wie z.B. • Cyberstalking • social engineering • Identitätsmissbrauch • social phishing
Dann sind die Strategien im Kapitel 2 für Sie geeignet	**Dann sind die Strategien im Kapitel 3 für Sie geeignet**

Abbildung 2.3: Gründe, seine Identität im Internet preiszugeben oder es lieber zu unterlassen.

Das Generieren positiver Inhalte ist z.B. durch die folgenden Maßnahmen möglich.

Werden Sie kostenlos Mitglied bei den verschiedensten Portalen, Netzwerken und Communitys wie zum Beispiel:

www.xing.de
XING, vormalig OpenBC – Globales Networking für Geschäftsleute

www.stayfriends.de
Mit Stayfriends lassen sich alte Schulkameraden wiederfinden

www.chefkoch.de
Sehr großes Kochportal mit gigantischem Forum

Eröffnen Sie einen oder mehrere Blogs mit Ihrem Namen bei:

www.blogger.com
Großer Blog-Anbieter, betrieben von Google

www.blog.de
Großer deutscher Blog-Anbieter

Natürlich erheben wir hier keinerlei Anspruch auf Vollständigkeit. Sie können auch Mitglied bei ähnlichen Anbietern werden. Sollte Ihnen das Schreiben in Ihrem Blog Spaß machen, können Sie ihn immer weiter ausbauen, verlinken und bewerben. Ein Blog bietet Ihnen eine sehr gute Möglichkeit, Ihren Namen im Internet in ein positives Licht zu rücken. Zudem sind ein Blog und der dazugehörige Webspace bei vielen Anbietern kostenlos.

Schreiben Sie Facharktikel über Ihr Hobby in großen Foren. Vergessen Sie dabei natürlich nicht, Ihren Namen unter den Artikel zu setzen. Es müssen natürlich nicht immer Foren sein, auch Bewertungsplattformen und Seiten mit Erfahrungs- und Reiseberichten tun ihre Dienste, wie z.B.:

www.ciao.de
Bietet Preisvergleich und Tests mittels Erfahrungsberichten von Usern

www.holidaycheck.de
Von Urlaubern für Urlauber – Hotelbewertungen, Reisetipps, Urlaubsbilder, Reisevideos, Reiseforum und Reiseangebote

Nutzen Sie weitere kostenlose Services im Internet, um Ihren Namen in positiven Zusammenhängen im Netz zu verewigen, z.B. mit Ihren Bookmarks oder Fotos, wie z.B. bei:

del.icio.us
Social-Bookmarking-*Seite*

www.flickr.com
Teilen Sie Ihre Fotos online mit der ganzen Welt

Sie werden überrascht sein, wie schnell Sie bei Google auftauchen, wenn Sie diese Art der »Selbstpromotion« einige Wochen anwenden. Achten Sie lediglich darauf, dass Sie nur bei großen, bekannten Seiten Ihren Namen hinterlassen.

Kleine, unbekannte Seiten haben gegen die großen Webportale kaum eine Chance, eine Listung auf der ersten Google-Seite zu erhalten. Und denken Sie stets daran, dass Sie einen positiven Leumund erzeugen wollen. Daher ist es natürlich nicht sinnvoll, seinen Namen auf Seiten mit zweifelhaften oder gar verbotenen Inhalten zu hinterlassen.

Sollten die bisher beschriebenen Möglichkeiten, sich bei Google und den anderen Suchmaschinen einen guten Leumund zu verschaffen, noch nicht ausreichen oder fruchten, können Sie weitere Schritte einleiten. Diese sind in der Regel etwas aufwändiger, daher aber auch wirksamer.

Betreiben Sie eine eigene Webseite

Eigene Webseite zur Imagepflege

Das Thema, welches diese Webseite behandelt, ist eher zweitrangig, da sie ja hauptsächlich dazu gedacht ist, gefunden zu werden, wenn jemand im Internet nach Ihrem Namen sucht. Auf dieser Webseite haben Sie nun viele Möglichkeiten, Ihren Namen zu nennen, und Google und andere Suchmaschinen haben damit die Möglichkeit, ihn oft zu finden. Sollten Sie noch nicht im Besitz einer Domain sein und sich extra für diesen Zweck eine zulegen wollen, achten Sie unbedingt darauf, dass bereits in der Domain Ihr Name enthalten ist. Das verbessert Ihre Chancen erheblich, bei Google gut gefunden zu werden.

Publizieren Sie Ihren Namen in Wikipedia.org

Diese Möglichkeit steht zugegebenermaßen nicht allen Mitmenschen offen, da es sich bei Wikipedia.org um eine freie Enzyklopädie handelt. Allerdings reicht es schon aus, wenn Sie zum Beispiel im Sport oder in Ihrem Hobby Erfolge vorweisen können. Oder Sie sind Mitglied in einer etwas bekannteren Band, politisch aktiv oder haben schon einmal ein Buch veröffentlicht. Dann haben Sie natürlich auch einen Grund, sich auf www.wikipedia.org einzutragen. Ein besseres Verständnis dafür, wie Sie Ihren Namen in Wikipedia.org unterbringen können, erhalten Sie, wenn Sie einfach nach der Person *Peter Müller* unter www.wikipedia.org suchen. Sollten Sie es jedoch schaffen, dauerhaft in Wikipedia.org genannt zu sein, haben Sie mit Ihrem Namen sicherlich einen Google-Treffer auf der ersten Seite. Dies wird durch den extrem hohen PageRank von Wikipedia.org sehr wahrscheinlich.

Wenn Sie diese einfachen Methoden des so genannten Online Reputation Managements anwenden, werden Sie schon nach wenigen Wochen Ihre ersten Treffer bei Google bekommen. Seien Sie aber bitte nicht enttäuscht, wenn Sie zufällig den Namen eines Prominenten tragen. Sie werden es dann nämlich als Laie nicht schaffen, sich vor Ihren bekannten Namensvetter zu drängen. Aber das muss auch nicht sein. Oft ist es nämlich hilfreich, sich unter all den Personen mit gleichem Namen »verstecken« zu können. Hat man allerdings einen sehr seltenen Namen, wird die Sache etwas komplizierter, da Sie dann – egal, ob im positiven oder negativem Zusammenhang – immer auf der ersten Seite von Google stehen. Bei positiven Inhalten ist das nicht weiter schlimm, aber wie sieht es mit den negativen Inhalten aus?

Weitere Methoden, wie Sie Ihren Ruf online verbessern können

Die Methoden, die wir bislang in diesem Kapitel vorgestellt haben, sind unserer Ansicht nach ausreichend, um für einen guten Online-Ruf zu sorgen. Ein potentieller Vermieter zum Beispiel wird nicht stundenlang nach Ihrem Werdegang und Ihren beruflichen Qualifikationen fahnden. Ihm genügt es, »auf den ersten Blick« nichts gravierend Negatives über Sie zu entdecken, wie z.B. Ihren Namen auf einer Konkurs-Datenbank.

Sollte es allerdings Ihr Ziel sein, sich im Web so richtig zu profilieren, weil Sie dieses Instrument gezielt einsetzen wollen, um die Karriereleiter zu erklimmen, müssen Sie schon einiges mehr an Aufwand betreiben, um im Medium Internet in einem sehr guten Licht zu erscheinen. Unser Ziel in diesem Punkt ist der Aufbau einer ausgezeichneten digitalen Reputation.

Melden Sie sich bei Google-Groups an

Wählen Sie die Google-Group, die Ihrem Fachgebiet entspricht, und nehmen Sie rege an den Diskussionen teil. Sie vergessen dabei natürlich nie, Ihren Namen in der Signatur zu erwähnen und auch über ein unverfängliches Thema zu plaudern. Es versteht sich dabei von selbst, dass es sich nicht um Ihre Aktivitäten in einer Wehrsportgruppe oder andere gesellschaftskritische oder gar illegale Themen handeln sollte.

Veröffentlichen Sie Fachartikel über Ihr Hobby oder Ihr Berufsfeld

Im Internet gibt es wirklich zu jedem erdenklichen Thema Fachportale. Hier haben Sie sogar die Möglichkeit, ein eigenes Foto und Links zu Ihrer Homepage unterzubringen. Wie hervorragend das funktioniert, hat zum Beispiel der Berufsstand der Anwälte längst erkannt. Besuchen Sie zum Test ein Anwaltsportal wie z.B. http://www.anwaltzentrale.de. Auf der linken Seite werden die Top-Autoren des Portals vorgestellt, auch unter den Menüpunkten AUTOREN und FACHARTIKEL sind die Verfasser dieser Artikel zu finden.

Nun suchen Sie sich einen Namen aus und »googeln« diesen in Anführungsstrichen. Mit ziemlicher Sicherheit erscheint der Fachartikel auf der ersten Googleseite, unterstützt durch den guten PageRank des Portals. Und was einmal funktioniert, funktioniert vermutlich auch öfter. Derselbe Name erscheint nämlich auch auf anderen seriösen Portalen, durch einfaches Publizieren solcher Artikel.

Aber die Technik, sich mit dem Publizieren von Fachartikeln einen guten Namen zu machen, hat noch weitere Vorteile: Es ist kostenlos, Ihr Artikel und damit auch Ihr Name werden wegen des Bekanntheitsgrades solcher Portale sehr schnell von Google gefunden, und die Wahrscheinlichkeit, dass Ihr eingesandter Artikel veröffentlicht wird, ist sehr hoch, da sich die Seitenbetreiber immer über guten, kostenlosen Fach-Content freuen.

Ein weiteres hervorragendes Portal, um seine Artikel und seinen Namen in positives Licht zu rücken, ist die Seite www.brainguide.de. Hier müssen Sie allerdings Ihre Expertise durch eine Veröffentlichung bzw. einen Veranstaltungsbeitrag nachweisen können.

Wenn Sie die Anleitung zum Aufbau eines positiven Leumunds im Internet zwei bis drei Wochen befolgt haben, sehen Sie sicherlich schon die ersten Ergebnisse. Mit der Zeit haben Sie bestimmt ein Gefühl dafür entwickelt, auf welchen Seiten es sich lohnt, seinen Namen oder gar einen ganzen Steckbrief zu hinterlassen. Bei manchen Seiten funktioniert diese Vorgehensweise eben besser als bei anderen.

Sollten Sie mit den Ergebnissen nun immer noch nicht zufrieden sein, müssen Sie »schwerere Geschütze« auffahren und die Hilfe von Profis in Anspruch nehmen. Wenden Sie sich an eine Firma, die auf Suchmaschinen-Marketing spezialisiert ist, und schildern Sie Ihr Problem.

Eine solche Firma hat weit mehr Möglichkeiten, Ihnen viele positive Google-Treffer zu verschaffen. Das hat allerdings seinen Preis, und eine Garantie, dass sich Ihr digitaler Leumund bessert, wird Ihnen auch eine Firma nicht geben können. Sie können natürlich auch auf eigene Faust versuchen, mehr über Suchmaschinen-Marketing zu lernen. Viele Tipps und Tricks finden Sie in der einschlägigen Fachliteratur.

Sollten Sie mit Ihrem neuen »digitalen Image« nun zufrieden sein, bedarf es lediglich eines gewissen »Controlling«, das bedeutet, Sie sollten den Ist-Zustand ca. jede Woche überprüfen. Das Internet ist in ständiger Bewegung, und auch Google hat ein nicht immer ganz zu durchschauendes Eigenleben. Was heute auf der ersten Seite als Treffer erscheint, kann morgen schon auf der dritten Trefferseite auftauchen und das Ganze natürlich auch umgekehrt. Lassen Sie sich dadurch nicht verrückt machen.

2.1.3   So wehren Sie sich

Wenn Sie die Punkte 2.1.1 und 2.1.2 dieses Kapitels befolgt haben, sollten Sie, wenn Sie nun »sich selbst googeln«, mit einer ziemlich guten digitalen Reputation bei den relevanten Suchmaschinen dastehen. Das heißt, wenn Ihr Name auf der ersten Trefferseite auftaucht, steht dort nur Positives über Ihre Person zu lesen. Auch auf den folgenden Seiten sind keine negativen Inhalte, allenfalls Belanglosigkeiten wie eine Schülerliste aus Ihren Grundschuljahren oder einige Foreneinträge von Ihnen.

Leider aber haben wir nun die Rechnung ohne die anderen Millionen von Internetnutzern gemacht, und so kommt es leider häufig vor, dass Ihnen jemand Ihre makellose Trefferliste mit einem oder gar mehreren negativen Einträgen befleckt. Das kann alles Mögliche sein und hängt zum großen Teil davon ab, wie aktiv Sie bisher im Netz waren. Wenn Sie zum Beispiel oft bei kontroversen, politischen Diskussionen in Chats und Foren mitgewirkt haben, wird es kaum ausgeblieben sein, dass Sie jemanden auf den Schlips getreten sind und dieser nun sein Missfallen an Ihren Äußerungen kundtut.

Das reicht von eher harmlosen Kommentaren bis hin zu handfesten Beleidigungen und Beschimpfungen. In den schlimmsten Fällen werden sogar Gerüchte und Unwahrheiten über Sie im Internet publiziert. Und wie es nun einmal ist, tauchen gerade diese für Sie schädlichen Einträge auf mehreren Seiten gleichzeitig auf. Gerade Blogs bieten selbst dem Internet-Laien die Möglichkeit, mit wenigen Mausklicks auf Inhalte zu verweisen und diese zu verlinken. So taucht ein negativer Inhalt meist auf mehreren Seiten gleichzeitig auf.

Weiter hinten im Buch widmen wir uns ausführlich den Möglichkeiten, wie Sie solche ungeliebten Inhalte aus dem Netz entfernen können. Besonders die im Kapitel 3.1 beschriebenen Delikte Rufschädigung, Beleidigung und Verleumdung spielen im Zusammenhang mit dem Aufbau eines guten digitalen Rufs immer wieder eine große Rolle.

Eigene Newsgroup-Beiträge bei Google löschen

Mitunter stellt man sich im Internet selber ein Bein, weil man die Langlebigkeit von einmal geschriebenen Texten unterschätzt. Wer z.B. in jungen Jahren fleißig Beiträge in Newsgroups schreibt, dem können diese Beiträge einige Jahre später bei der Arbeitssuche durchaus Probleme bereiten. Auch wenn Sie sich mittlerweile von diesen Beiträgen distanzieren, weil Sie z.B. als junger Student eine etwas andere politische Meinung hatten als in der Gegenwart – das Internet vergisst so schnell nichts.

Wir beschränken uns hier auf den Service von Google, die »Google Groups«.

Auf der Seite http://groups.google.com/groups/msgs_remove *finden Sie eine*  *»Schritt für Schritt«-Anleitung, wie Sie alte Einträge löschen können. Dies ist auch möglich, wenn der E-Mail Account, unter dem Sie den Beitrag gepostet haben, nicht mehr aktiv ist. Weitere Tricks zum Löschen von Seiten, Profilen und Fotos aus den Google Groups finden Sie unter* http://groups.google.com/support. *Geben Sie dazu den Begriff »Löschen« in das Textfeld rechts oben ein.*

2.1.4   Professionelle Hilfe zur Pflege einer positiven Reputation

Wem der Aufwand zur Pflege, zur Erlangung oder zur Verteidigung seines Onlinerufs zu zeitaufwändig oder zu schwierig erscheint, der kann diese Arbeiten natürlich auch von einem professionellen Anbieter ausführen lassen. Gegen eine bestimmte Gebühr versteht sich.

Internetvictims.de

Unsere Initiative gegen Rufschädigung und Verleumdung im Internet ist einer der wichtigsten Vorreiter zu diesem Thema. Die kostenlose Webseite bietet ein umfangreiches Forum, in dem bereits viele Beiträge stehen und sich geschädigte User austauschen können.

Des Weiteren beinhaltet die Seite viele rechtliche und aufklärende Informationen und unterstützt die Geschädigten auch persönlich im Gespräch oder per E-Mail.

WWW ...... www.internetvictims.de

Initiative gegen Rufschädigung und Verleumdung im Internet. Die » Wirkungsstätte« der Autoren.

Abbildung 2.4: Das große Portal der Initiative gegen Rufschädigung und Verleumdung im Internet: www.internetvictims.de

Für Menschen, die professionelle Hilfe benötigen, bietet die Webseite eine umfangreiche Anwalts- und Ermittlerdatenbank für alle benötigten Spezialgebiete an.

Der »reputationdefender«

Eine der ersten Firmen, die sich der Problematik der digitalen Reputation annahm und von sich reden machte, ist die amerikanische Firma reputationdefender. Sie untergliedert Ihren Service in drei Sparten, nämlich in »MyReputation«, in »Mychild« und in »MyPrivacy«.

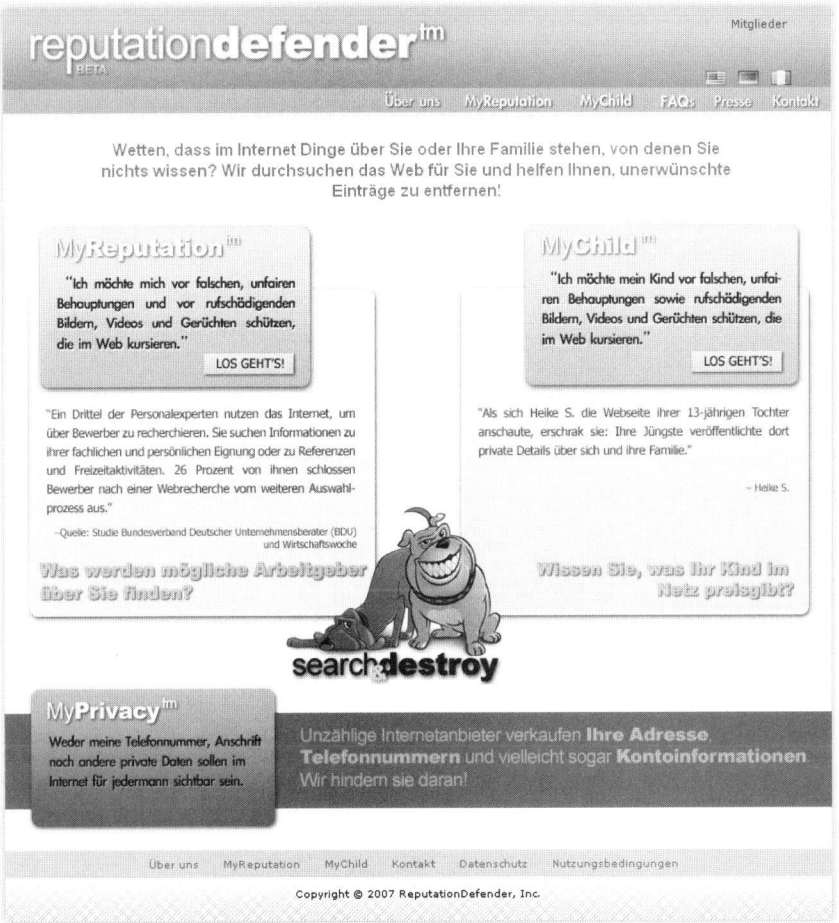

Abbildung 2.5: www.reputationdefender.com

Diese Firma nimmt Ihnen mit Ihrem Service »MyReputation« die Arbeiten, die wir unter Punkt 2.1.1 und 2.1.3 beschrieben haben, ab. Sie spürt also erst unliebsame Inhalte auf und versucht diese dann zu beseitigen. Natürlich ohne Garantie, und ob das sehr oft gelingt, ist ebenfalls fraglich.

Dafür verlangt die Firma eine Gebühr von 15,95 Dollar pro Monat. Abonniert man den Dienst länger, verringert sich die Gebühr auf 9,95 Dollar pro Monat (Stand Juli 2007). Hat man nur Probleme mit einem einzigen negativen Eintrag auf einer Webseite, verspricht die Firma, diesen Eintrag gegen eine einmalige Gebühr von 59,95 Dollar zu löschen.

Beim Service »MyChild« agiert die Firma nach derselben Methodik, allerdings werden hier Webseiten und Services durchsucht, die für Kinder interessanter sind. Die Gebühren dafür sind die gleichen wie beim Service für Erwachsene. Der Service »MyPrivacy« soll laut Aussage auf der Webpage in Kürze angeboten werden.

Der Service »Datenwachschutz«

Illegalen Download von geistigem Eigentum unterbinden

Die Grimmlock Media Group GbR betreibt den Service »Datenwachschutz«. Auch sie bietet an, negative Inhalte aufzuspüren und für die Löschung unliebsamer Inhalte zu sorgen. Auch das Angebot dieses Anbieters ist in drei Teilbereiche gegliedert. So wird eine Recherche für Erwachsene und eine Recherche für Kinder angeboten. Der dritte Teil richtet sich an Musik- und Softwareproduzenten, welche das illegale Downloaden oder die Bereitstellung ihrer geistigen Werke zum Download im Internet unterbinden wollen.

> *Illegale Downloads sind für jeden Künstler, Produzenten und Software Hersteller ärgerlich und verursachen Umsatzeinbußen in nicht geahnter Höhe. Wir haben spezielle Suchtechniken entwickelt, um nahezu jeden Illegalen download aufzuspüren und zu löschen, damit Ihr Umsatz wieder gesteigert wird. Wir benutzen derzeit zum aufspüren eine Liste mit über 500 Free-File-Hostern und über 1000 Portalen die illegale Dateien anbieten. (Quelle: Werbetext des Service www.datenwachschutz.de)*

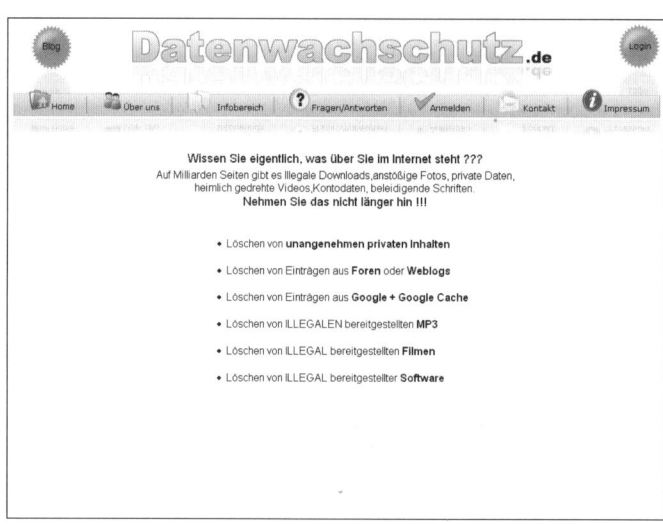

Abbildung 2.6: www.datenwachschutz.de

Der Service Datenwachschutz bietet seine Leistungen ebenfalls gestaffelt zu einem Preis von 19,95 Euro bis 39,95 Euro pro Monat an. Des Weiteren wirbt der Service damit, Seitenbetreiber auf sechs verschiedene Sprachen zur Löschung unerwünschter oder gar illegaler Inhalte auffordern zu können. Auch dieser Anbieter kann natürlich nicht garantieren, dass seine Bemühungen tatsächlich Früchte tragen. Sollten Sie jedoch Probleme mit einem ausländischen Seitenbetreiber haben, ist es sicherlich hilfreich, diesen in seiner Sprache anzuschreiben.

Ob ein solcher kostenpflichtiger Service hält, was er verspricht, ist nur sehr schwer einzuschätzen. Sollten Sie sich dazu entscheiden, den Service der beiden Anbieter auszuprobieren, würden wir Ihnen raten, anfangs keine jährlichen oder gar zweijährigen Mitgliedschaften abzuschließen. Wählen Sie das Angebot mit der geringsten Laufzeit oder eine einmalige Pauschale. So sehen Sie schnell, ob der Service zum gewünschten Erfolg, sprich, der Löschung unliebsamer Inhalte führt.

Tipp . . . . . .

MyON-ID

Dieser Service ist neu und gibt dem User die Möglichkeit, Treffer, also Inhalte, welche über ihn im Internet auftauchen, zu kommentieren und gegebenenfalls richtig zu stellen. Die Anbieter schreiben über Ihren Service:

> *myON-ID ist ein neuer kostenloser Online Service mit dem es für jeden möglich seine Reputation, also sein Image, zu managen um auch sich auch im Internet einen guten Ruf aufzubauen. Mit myON-ID erhalten unsere Nutzer einen Service mit dem Sie in wenigen Schritten und ohne große Vorkenntnisse Marketing und Public Relations in eigener Sache betreiben können. Das wird zunehmend wichtiger, da sich immer mehr persönliche Daten im Internet recherchieren lassen und der gute Ruf für viele private und auch berufliche Interessen von großer Bedeutung ist.*

> *myON-ID hat hier einen kostenlosen Service entwickelt mit dem jeder ohne Vorkenntnisse und mit minimalem Zeitaufwand sofort beginnen kann etwas für seinen guten Ruf zu tun. Mit myON-ID ist es möglich Treffer, die es bereits im Internet gibt, zu organisieren und zu kommentieren, sowie sich über sein eigenes Netzwerk einen guten Ruf bestätigen zu lassen oder diesen aufzubauen. Der gute Ruf sollte es uns also wert sein, sich diese Zeit jetzt zu nehmen. (Quelle:* www.myonid.de/about, *04.09.2007)*

MyON-ID sieht sich als zentrale Reputationsplattform, damit Anwender Stellung dazu nehmen können, welche Web-Inhalte über sie zutreffen und welche nicht. Dies unterscheidet MyON-ID von den o.g. Services.

Abbildung 2.7: Der Service MyON-ID verspricht Rufverbesserung im Internet, 04.09.2007.

2.2   Digitale Reputation für Firmen

Blogeinträge im Internet beeinflussen Kaufentscheidungen in der Realität. Dies ergibt eine Studie der PR-Agentur Hotwire und des Marktforschungsinstitutes Ipsos. Demnach haben ca. 30 Prozent der deutschen Internetnutzer ein Produkt schon einmal nicht gekauft, nachdem sie im Internet bzw. in einem Blog negative Beiträge über dieses Produkt gelesen haben.

Daher können nicht nur Privatpersonen durch negative Beiträge im Internet Unannehmlichkeiten bekommen, sondern auch Firmen. Und das in einem noch viel schlimmeren Ausmaß.

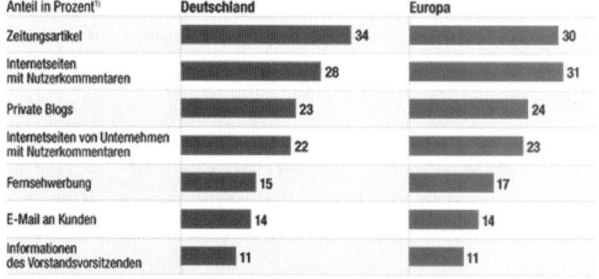

Abbildung 2.8: Quelle Ipsos/Hotwire/F.A.Z, Grafik Walter

Natürlich ist es für eine Firma ungleich schwerer, eine positive Reputation im Internet aufzubauen und auch langfristig zu verteidigen. Dieses Problem ist durch das rasante Wachstum des Internets sowie die Möglichkeit der sekundenschnellen Meinungsäußerung und vor allem deren Verbreitung relativ neu und stellt viele Unternehmen vor neue Herausforderungen.

Oft stehen die Firmen vor dem Problem, die Zuständigkeit für diese neue Aufgabe zu ermitteln, und so widmet man sich diesem Thema meist erst einmal in einer Besprechung der Werbe- oder PR-Abteilung. Zumindest kleinere und mittelständische Firmen wählen oft diesen Weg.

> *Mit der steigenden Vernetzung verschwimmen Online- und Offline-Reputation. Schlechte Nachrichten verbreiten sich in Windeseile, über Glasfaser schneller als je zuvor. Mit teilweise massiven Auswirkungen: Denn Meinungsäußerungen im Internet beeinflussen Kaufentscheidungen stärker als man glaubt. Davon betroffen sind vor allem Große, aber auch Klein- und Mittelunternehmen. Auf der anderen Seite ergeben sich für vorausschauende Firmen durchaus Wettbewerbsvorteile. (Quelle: APA-MultiMedia)*

Wie schon gesagt, ist der Aufbau einer positiven Reputation für Firmen wesentlich komplexer als der einer Privatperson. Wer tiefer in diese Materie eindringen möchte, ist sicherlich auf der Seite bzw. dem Blog von Klaus Eck »PR Blogger. Die Welt der Corporate Communications« gut aufgehoben. Auch in seinem Buch »Corporate Blogs. Unternehmen im Online-Dialog zum Kunden«, erschienen im Verlag Orell Füssli, widmet sich Eck diesem Thema.

Sehr umfangreicher Blog über PR- und Online-Marketing

```
klauseck.typepad.com/prblogger
```

> *Eine mangelhafte oder fehlende digitale Reputation kann bei negativer PR, die immer öfter Ihren Ursprung in Weblogs oder Communitys hat, keine Schutzfunktionen übernehmen. Daher ist der Aufbau einer starken digitalen Reputation eine der wichtigsten Aufgaben heutiger Kommunikationsfachleute. (Quelle:* www.ethority.de*)*

Sollten Sie Ihre Firmen-Reputation, oder in diesem Zusammenhang vielleicht besser Ihr Reputations-Management, lieber einem Fachmann überlassen wollen, finden Sie im Internet zahlreiche Anbieter, wie z.B. die Firma ethority. Diese Firma ist spezialisiert auf die Markt- und Trendforschung für meinungsbildende Plattformen im Internet.

```
www.ethority.de/index.php
```

3

Persönlicher Schaden

Rufschädigung, Beleidigung, Verleumdung und üble Nachrede

Leider verschärft sich der Umgangston auf Webseiten, in Foren, Blogs und Chats immer mehr. Manche Zeitgenossen denken, Sie könnten im Internet andere User beleidigen und beschimpfen und damit ungeschoren davonkommen. Allerdings muss das nicht hingenommen werden! Wir zeigen Ihnen hier, wie Sie feststellen können, wer Sie beschimpft und wie Sie solche unangenehmen Anschuldigungen wieder aus dem Netz entfernen. Sie erfahren, wie Sie rechtliche Schritte einleiten und sich präventiv schützen.

Missbrauch von Identität

In diesem Abschnitt setzen wir uns mit dem Thema »Identitätsdiebstahl« auseinander. Was können Sie dagegen tun, wenn jemand aus welchen Gründen auch immer unter Ihrem Namen im Internet agiert, Beiträge postet, E-Mails verschickt oder gar Waren bestellt. Wir zeigen Ihnen hier auch, welche Möglichkeiten Sie haben, wenn Ihr Name oder personenbezogene Daten in falschem Zusammenhang im Internet auftauchen.

Cyberstalking

Hier behandeln wir wieder zwei Themengebiete, welche es vor kurzer Zeit noch gar nicht gab. Sie erfahren, wie durch die Methoden des so genannten »social phishings« Daten über Sie gesammelt werden können und welche Gefahren sich dahinter verbergen. Sind Sie Opfer eines »Cyberstalkings«, erhalten Sie hier nützliche und hilfreiche Tipps, diese ernsthafte Bedrohung von sich abzuwenden.

Obszönes oder peinliches Material

Ein besonders übler Streich ist es, von einer Person unerlaubt Nacktbilder oder freizügige Videos ins Internet zu stellen. Sollten Sie Opfer einer solchen peinlichen Attacke sein, finden Sie hier Ratschläge, wie Sie solche diskreditierende Inhalte wieder aus dem Internet löschen können.

>>>

Dieses Kapitel soll Ihnen dabei helfen, Ihre Persönlichkeitsrechte durchzusetzen und zu wahren. Um Sie rasch an Ihr Ziel zu führen, geben wir Ihnen nach jedem Punkt sofort Ratschläge, wie Sie vorgehen können, um ungeliebte Inhalte aus dem Netz zu beseitigen. Ratschläge und Tipps, die aus der Praxis kommen und vor allem kostenlos und schnell umzusetzen sind. Zusätzlich finden Sie Instrumente, wie Sie sich aktiv zur Wehr setzen können, und Linktipps aus dem Internet. Selbst ein Computerlaie hat so die Möglichkeit, binnen weniger Minuten die ersten Schritte einzuleiten.

Wir möchten Sie auch an dieser Stelle nochmals darauf hinweisen, dass, je nachdem, welche Zielsetzung Sie verfolgen, die eine oder andere Strategie in diesem Kapitel von unseren Ratschlägen im Kapitel 2 abweichen kann.

Anhand der Grafik 3.1 erkennen Sie, welche Strategie die Richtige für Sie ist. Sollten Sie Ihre Identität im Internet preisgeben oder lieber nicht?

Welches Ziel verfolgen Sie?	
Sie möchten sich eine positive digitale Reputation aufbauen, weil Sie z.B. • auf Jobsuche sind • einen Ruf als Fachmann aufbauen wollen • eine prominente Person sind • Opfer einer Rufmordkampagne sind	Sie möchten sich vor möglichen negativen Auswirkungen des Internets schützen, wie z.B. • Cyberstalking • social engineering • Identitätsmissbrauch • social phishing
Dann sind die Strategien im Kapitel 2 für Sie geeignet	**Dann sind die Strategien im Kapitel 3 für Sie geeignet**

Abbildung 3.1: Ihre Identität preisgeben oder besser nicht?

3.1 Rufschädigung, Beleidigung, Verleumdung und üble Nachrede

Rufmörder ziehen wie Heckenschützen durch das Internet. Als Kommunikationsplattform wählen sie Foren, Chats, Gästebücher und so genannte Fake-Webseiten, die sie anonym oder unter falschem Namen angemeldet haben. Den meisten kommt es nicht darauf an, irgendetwas aufzuklären oder gar aufzudecken – sie wollen einfach nur ein möglichst großes Trümmerfeld hinterlassen. Die Frage nach einem Motiv für dieses Verhalten kann man – wie bei Heckenschützen – nicht beantworten, denn Sie wollen alle nur unerkannt möglichst viele Treffer erzielen, bis sie irgendwann erwischt werden.

Diese im Internet sehr häufig anzutreffenden Tatbestände sind eigentlich nur von einem Juristen klar auseinander zu halten. Bei einer Beleidigung geht man von einer Kundgabe der Miss- oder Nichtachtung einer anderen Person aus.

Eine üble Nachrede wird als Form der Beleidigung verstanden, die sich von dieser jedoch in der Begehungsform unterscheidet. Dabei ist entscheidend, dass eine Äußerung nicht »erweislich wahr« ist.

Ist eine Äußerung aber unwahr und werden über eine Person ehrverletzende Behauptungen aufgestellt und der Täter ist sich dessen bewusst, ist der Tatbestand der Verleumdung erfüllt.

Jedoch haben alle diese Delikte eines gemeinsam. Sie stellen, auch wenn sie im Internet begangen wurden, strafrechtlich relevante Vergehen dar und sind damit im Strafgesetzbuch unter § 185 Beleidigung, § 186 Üble Nachrede und § 187 Verleumdung wieder zu finden. Den genauen Wortlaut dieser Gesetze finden Sie im Kapitel 8 dieses Buches.

3.1.1 Webseiten, Foren, Blogs und Chats

Beleidigungen auf einer Webseite

Werden Sie auf einer Webseite beleidigt, haben Sie gegenüber der Beleidigung in Chats, Foren und Blogs im Prinzip einen Vorteil. Ihr »Gegner« ist nämlich in diesem Falle klar definiert: Der Betreiber und damit der inhaltlich Verantwortliche der Webseite laut Impressum.

> *Das Internet ist kein rechtsfreier Raum. Werden auf Webseiten öffentlich Beleidigungen niedergeschrieben, so muss sich der Beleidigte damit nicht abfinden, auch wenn der Schreiber sich auf das Recht der freien Meinungsäußerung beruft, urteilte das Landgericht Coburg. In dem Fall wurde der Kläger von einem Online-Magazin aufgrund eines von ihm eingereichten Beschwerdebriefes als »bescheuert« und »dämlich« betitelt.*
> *(Landgericht Coburg, 21 O 595/02) (Quelle:* www.hr-online.de*)*

Wenn jemand auf seiner eigenen Webseite gegen Sie vorgeht, gibt es drei Möglichkeiten:

>> Beleidigung auf einer Webseite mit Impressum

Besitzt die Webseite ein gesetzlich vorgeschriebenes Impressum, ist es ein Leichtes, den Übeltäter zu ermitteln. Doch klären Sie in diesem Fall die Problematik stets mit einem Anwalt ab, da Ihr Gegner sicherlich auch einige Beweise für seine Anschuldigungen hat. Die wenigsten sind so naiv, nicht fundierte Beleidigungen oder falsche Tatsachenbehauptungen ins Internet zu stellen und damit eine schon im Vorfeld verlorene Klage zu riskieren.

>> Beleidigung auf einer Webseite ohne Impressum

Fehlt das Impressum auf der Webseite, können Sie den für den Inhalt verantwortlichen Webseitenbetreiber durch eine »Whois«-Abfrage, wie unter Punkt 3.1.2 beschrieben, ermitteln. Sprechen Sie auch in diesem Fall die Anschuldigungen mit einem Anwalt durch, da sich Ihr Gegner hier ebenfalls nicht versteckt und eventuell Beweise haben könnte.

>> Beleidigungen auf einer anonym gehosteten Webseite

Diese Rufmörder sind um ein Vielfaches aggressiver als Webseitenbetreiber mit Impressum, da sie anonym und unentdeckt ihr Unwesen treiben und fast nicht greifbar sind. »Anonymous hosting« und »anonymous domain name services« heißen die Zauberwörter, und diese Dienstleistungen werden bereits zigfach im Web angeboten. Jeder kann bei diesen Firmen völlig unerkannt Webspace mieten und Domainnamen registrieren.

Abbildung 3.2: Völlig anonym Webspace und Domain bestellen.

Anonyme Hostingfirmen geben die personenbezogenen Daten der eigentlichen Verantwortlichen nur an staatliche Rechtsorgane heraus. Sie reagieren nur, wenn man einen Rechtsverstoß wirklich belegen kann. Doch dies verläuft meistens erfolglos, da die Rufmörder sich hinter falschen Namen und Adressen verstecken.

Um keine Spuren wie Bank- oder Kreditkartendaten zu hinterlassen, wird zur Begleichung der Providerrechnung Bargeld per Post unter falschem Namen geschickt. In den meisten Fällen wird hierbei lediglich die Seite vom Netz genommen, doch schon nach ein paar Tagen kann sie wieder anonym bei einem anderen Provider auftauchen.

Anonyme Hosting und Domain Provider:

WWW ......

www.katzyglobal.com

www.goldwebsol.com

www.hostinganonymously.com

www.anonymoushosting.org

Unter Punkt 3.1.2 dieses Kapitels zeigen wir Ihnen, wie Sie den Betreiber einer Webseite mit der so genannten »Whois«-Abfrage ermitteln, sollte er gegen geltendes Recht verstoßen und kein Impressum auf der Seite haben. Des Weiteren finden Sie unter 3.1.3 einen Vorschlag zur Kontaktaufnahme, ein Muster einer Strafanzeige (Punkt 3.1.4) und Methoden, wie Sie ungeliebte Einträge selbst aus Google beseitigen können (Punkt 3.1.5).

Wie ein negativer Google-Eintrag sich auf Menschen auswirken kann, lesen Sie im folgenden Fall nach einer wahren Begebenheit:

Rufmord im Google Index

Ich hoffe, mir kann jemand weiter helfen, ich bin Opfer einer schweren Rufmordkampagne geworden. Das eigentliche Problem ist jetzt das mein vollständiger Vor-/ Nachname auf einer Website zu finden ist. Der Server der Website befindet sich in den USA.

Ich habe nur schwer rechtliche Möglichkeiten meinen Namen aus der Website entfernen zu lassen, laut Aussage eines Anwalts. Des Weiteren handelt es sich um eine extreme Gruppierung, die ganz bewusst ihren Provider in den USA gewählt haben, damit sie rechtlich in Deutschland nicht zu belangen sind. Mein Name erscheint im Google-Suchergebnis an oberste Stelle und das ist für mich wirklich ein großes Problem.

Meine Frage ist, ob man Google in die Verantwortung nehmen kann, das mein Name in Verbindung mit der Website von Google aus dem Index genommen werden kann?

(Quelle: http://www.internetvictims.de/forum/viewtopic.php?t=1090 24.10.2007)

Ein Fall nach wahrer Begebenheit

Beleidigung in Foren

Immer mehr Internetauftritte privater wie kommerzieller Natur bieten heutzutage so genannte Diskussionsforen an. Dort werden alle erdenklichen Themen behandelt und diskutiert. In vielen Foren können die User unter einem frei wählbaren Mitgliedsnamen Beiträge verfassen und auf andere antworten. Im Schutz der Anonymität werden hier viele rechtswidrige Inhalte veröffentlicht.

Beleidigung in Foren ist einer der Fälle, mit denen wir uns bei internet-victims.de am meisten auseinandersetzen. Täglich berichten Internetuser in unserem Forum über dieses Thema, oder treten per E-Mail an uns heran. Die Probleme sind meist die gleichen: Zwei vermeintliche »Kontrahenten« sind in einem Forum aneinander geraten, ein Wort gibt das andere, keiner will nachgeben und seinen Ruf im Forum verlieren. Meist passiert dies Leuten, welche in den Foren sehr aktiv sind und täglich Dutzende oder gar Hunderte von Fragen und Antworten einstellen.

Abbildung 3.3: Das Forum von www.internetvictims.de. Hier helfen User Usern.

Im wahren Leben würde sich wohl niemand so leicht zu einer Beleidigung oder einer Verleumdung hinreißen lassen wie in einem Forum. Aber bedingt durch die vermeintliche Anonymität im Internet und die Tatsache, dass sich die Kontrahenten nicht persönlich gegenüberstehen, lässt sich so mancher Zeitgenosse zu Äußerungen verleiten, welche andere Forenteilnehmer beleidigen.

Aber egal, ob es sich nun um Rufschädigung, Beleidigung, Verleumdung oder üble Nachrede handelt, die Zielsetzung ist die gleiche: Sie möchten, dass die Einträge aus dem Internet verschwinden.

Es ist in den meisten Fällen leichter als Sie denken, solche Einträge löschen zu lassen. Durch die aktuelle Rechtssprechung ist ein Forenbetreiber nämlich für die Inhalte in seinem Forum verantwortlich, auch wenn er sie (logischerweise) gar nicht selber geschrieben hat. Er kann also für so genannte Postings, die Besucher in seinem Forum eingestellt haben, zur Rechenschaft gezogen werden.

Durch die ständige Änderung der Rechtslage und die verschiedensten Urteile zum Thema Forenrecht sind die Betreiber solcher Foren sehr sensibilisiert und meist gerne bereit, »Ärger aus dem Weg zu gehen« und Einträge zu löschen. Für den Forenbetreiber ist das allerdings ein zweischneidiges Schwert, da er ja in diesem Falle Partei für eine Seite ergreift und ihm Zensur vorgeworfen werden kann. Aber das ist sein Problem.

Zivil- und Strafrechtlich haftet hierbei unzweifelhaft der Verfasser eines solchen strafbaren Beitrags. Ebenfalls haftet der Forenbetreiber, wenn er diesen Beitrag wissentlich billigt oder ihn nach einer vorangegangenen Prüfung absichtlich veröffentlicht.

Web 2.0 – User generated content, User generated problems

Experten-meinung

Das Internet gewinnt auch als Massenmedium zunehmend an Bedeutung. Konflikte um Äußerungen spielen sich zunehmend dort ab. Der Streit kann sich um redaktionelle Beiträge auf der (eigenen) Website, Pressemitteilungen, Onlinearchive und ähnliches drehen. Wikis, Blogs und Meinungsforen, bei denen die Nutzer ohne redaktionellen Einfluss »ungefiltert« an ein Millionenpublikum auch unsachlichste Äußerungen verbreiten können, erweitern das Konfliktpotenzial beträchtlich. Anonyme Beleidigungen und Verleumdungen, Geheimnisverrat, bis hin zum Cyber-Stalking oder -Mobbing, werfen die dringliche Frage nach der Verantwortlichkeit der Plattformbetreiber auf.

Denn die Täter verstecken sich meist hinter Pseudonymen, der Forenbetreiber behauptet, nichts dafür zu können und daher auch nichts dagegen tun zu müssen. Als Dummer fühlt sich das Opfer, das hilflos zusehen muss, wie man straflos seinen öffentlichen Ruf beschädigt und der Plattformbetreiber durch die »Pageviews« sogar noch Werbegeld verdient.

Gerade Personen, die berufsbedingt in der Öffentlichkeit stehen, können dadurch erhebliche Nachteile erleiden. Selbst abseitigste »Userforen« werden heute von Suchmaschinen erfasst und erschlossen. Eine anonyme Äußerung wie beispielsweise: »X ist ein Lügner und Betrüger und hat schon viele Menschen um ihr Geld gebracht«, z.B. durch einen missliebigen Konkurrenten, kann in den Suchergebnissen schnell nach oben rücken. Noch schädlicher als solch plumpe Beleidigungen können, auch für die eigene Karriere, natürlich perfide Falschinformationen und böse Verleumdungen sein. Denn im Internet »versendet« sich nichts, sondern bleibt meist noch nach Jahren leicht aufzufinden. Und welcher Personalchef »googelt« heute nicht nach einem Bewerber, um sich vor einem persönlichen Gespräch einen ersten Eindruck zu verschaffen? Doch was kann der Betroffene gegen problematische Äußerungen im »Web 2.0« tun?

Die aktuelle Rechtslage

Bund und Länder haben sich im Jahr 2007 auf eine Neuordnung des Rechts der Neuen Medien geeinigt. Redaktionell gestaltete Inhalte im Internet werden künftig im neuen Staatsvertrag für Rundfunk- und Mediendienste komplett von den Ländern geregelt; alles andere ist geregelt durch den Bund, welcher in der Zusammenführung der wirtschaftsbezogenen Regelung für Tele- und Mediendienste das Telemediengesetz (TMG) erlassen hat. Dieses soll einheitlich geltende Regelungen für den gesamten nicht-redaktionell bearbeiteten Bereich des Internets schaffen und eine eindeutige Zuordnung der Verantwortlichkeit für nicht-redaktionell bearbeitete Inhalte vornehmen.

Dabei gilt jedoch nach wie vor der Grundsatz: Diensteanbieter, also auch Forenbetreiber, sind weiterhin für eigene Inhalte verantwortlich (§ 7 Abs.1 TMG), nicht aber verpflichtet, die von ihnen übermittelten oder gespeicherten Informationen zu überwachen oder nach Umständen zu forschen, die auf eine rechtswidrige Tätigkeit hinweisen (§ 7 Abs. 2 TMG). Erst ab Kenntnis von der Rechtswidrigkeit der jeweiligen Inhalte trifft sie eine unverzügliche Sperr- oder Löschungsverpflichtung (§ 10 TMG).

Obgleich dieser Grundsatz insoweit einfach und logisch klingt, stellen sich in der Praxis vielseitige Probleme. Insbesondere da der Bundesgerichtshof (BGH) schon vor einigen Jahren entschieden hat, dass diese – auch in den alten Gesetzestexten schon enthaltene – Haftungsprivilegierung jedenfalls nicht für den Anspruch auf Unterlassung einer Äußerung in der Zukunft gelten soll.

Ein grundsätzlich fehlerhafter Ansatz der gesetzlichen Haftungsregelungen ist, dass diese lediglich auf Dienste, die auf Transaktionen im Sinne des E-Commerce abzielen, wie beispielsweise Auktionsplattformen, überzeugend anwendbar sind. Außer Acht gelassen hat der Gesetzgeber nämlich, dass in den vergangenen Jahren Plattformen mit »user generated content« sowohl hinsichtlich der kommunikativen Reichweite als auch der Inanspruchnahme – man berücksichtige etwa die bekannte Video-Blog Plattform »YouTube« – an Bedeutung gewonnen haben. Jeder Internetnutzer kann eigene Beiträge in Foren veröffentlichen, die zum Teil von hunderttausenden Menschen gelesen werden und zugleich auch Eingang in das Ranking von Suchmaschinen finden.

Eine redaktionelle Bearbeitung der meist anonym oder pseudonym verfassten Inhalte findet nicht statt. Durch die Anonymität der Veröffentlichung sind jedoch selbst schwersten Persönlichkeitsverletzungen Dritter Tür und Tor geöffnet, da die unmittelbare Durchsetzung eines Unterlassungsanspruchs – mangels Kenntnis der Identität des Täters – dem Opfer ohne Mithilfe der Plattformbetreiber nicht möglich ist. Anders als es der Gesetzeswortlaut vermuten lässt, nehmen die Gerichte daher eine differenzierte Haltung ein. Die zentrale Frage, welche sie an den Forenbetreiber richten, ist die des so genannten »Zueigenmachens« der Inhalte.

Dies stellt eine Zwischenstufe zwischen eigenen Äußerungen und fremden Inhalten dar, wobei sich die genaue Eingrenzung als schwierig gestaltet. Grundsätzlich wird davon ausgegangen, dass ein »Zueigenmachen« immer dann gegeben sein soll, wenn sich der jeweilige Diensteanbieter mit dem fremden Inhalt dahingehend identifiziert, dass er die Verantwortung für diesen Inhalt oder Teile dieses Inhalts wie eigene übernimmt. Ob dies der Fall ist, bestimmt sich grundsätzlich aus der Sicht eines objektiven Betrachters. Doch was folgt daraus: Liegt ein »Zueigenmachen« etwa schon vor, wenn ein Diensteanbieter, im obigen Beispiel der Plattformbetreiber, die Auskunft über die Identität des Verfassers der Beleidigung verweigert?

Die Rechtsprechung ist selbst in Fällen offensichtlicher Persönlichkeitsverletzungen uneinheitlich. Hinsichtlich der Veröffentlichung eines gefälschten Fotos in einem Internetforum hat das OLG Köln ein »Zueigenmachen« des Plattformbetreibers bejaht. Bei ehrverletzenden Äußerungen durch Nutzer in Meinungsforen haben einige Gerichte, wie z.B. das OLG Düsseldorf, in jüngerer Zeit dem Betreiber von anonymen bzw. pseudonymen Internetforen nicht nur die Pflicht auferlegt, die persönlichkeitsrechtsverletzenden Beiträge nach Aufforderung des Betroffenen zu sperren bzw. zu löschen, sondern ihn wegen der »Namenlosigkeit« des Täters auch selbst in die Unterlassungspflicht genommen, wenn er dem Opfer keine Angaben über die Identität des Täters zum Zwecke der unmittelbaren Rechtsverfolgung zukommen ließ.

Das OLG Hamburg hat darüber hinaus im Fall »heise.de« jüngst den kommerziellen Betreiber eines solchen Forums verpflichtet, einen einzelnen Thread innerhalb eines Forums jedenfalls dann zu überwachen, wenn ihm hier wiederholte schwere und offensichtliche Persönlichkeitsrechtsverletzungen angezeigt worden sind. Dies sollte selbst dann gelten, wenn dem Opfer die Identität des Täters bekannt ist. Andere Gerichte – wie beispielsweise in Berlin – machten es sich dagegen zumindest in der Vergangenheit sehr einfach und übertrugen die Rechtsprechung des Bundesgerichtshofes bezüglich Internet-Auktionshäusern (sog. »Rolex-Ricardo-Urteil« des BGH) in Verkennung der unterschiedlichen Sachlage einfach auf Meinungsforen.

Diese unterschiedliche Rechtsprechung kann zu unerträglichen Ergebnissen für die Opfer führen, je nachdem, an welches Gericht sie sich wenden: Ginge der im Beispiel benannte X nun in Hamburg oder Düsseldorf vor Gericht, so würden die dortigen Richter nach ihrer bisherigen Rechtsprechung den Betreiber nicht nur zwingen, den Beitrag zu löschen, sondern ihn auch für die Zukunft verpflichten, die Verbreitung des inkriminierten Textes unter Strafandrohung zu unterlassen. In Berlin dagegen würde der Forumsbetreiber lediglich zur Löschung des rechtswidrigen Beitrags verpflichtet werden, ohne dafür Sorge tragen zu müssen, dass ein anonymer Täter nicht den gleichen Beitrag im selben Forum immer wieder neu einstellt.

Wenn der Betreiber den Beitrag erst jeweils kurz, bevor X den Anspruch gerichtlich geltend macht (etwa nach Abmahnung durch den Anwalt von X), löscht, blieben sogar die Anwalts- und Gerichtskosten allein am Opfer »kleben«. Der Forenbetreiber könnte X sogar verhöhnen, er müsse eben notfalls täglich sein Forum nach erneuten Verletzungen seiner Persönlichkeit durchsuchen und ihn dann jedes Mal aufs Neue um »Hilfe« bitten. Solche Urteile sind insbesondere dann nicht hinnehmbar, wenn auf der Plattform des betreffenden Diensteanbieters wiederholt ehrverletzende Äußerungen erscheinen und diesem also eine allgemeine Kenntnis der ständigen Wiederholung von – wenn auch möglicherweise inhaltlich unterschiedlichen – aber insgesamt immer wieder rechtswidrigen Beiträgen vorliegt. Verstärkt wird diese Vorgehensweise insbesondere noch, wenn der Plattformbetreiber in guter Absicht lediglich einige Beiträge unaufgefordert löscht und damit eine generelle Verantwortlichkeit für das betreffende Forum übernimmt, bei anderen ehrverletzenden Beiträgen jedoch die Verantwortung von sich weist. Auch der Bundesgerichtshof hat sich bereits mit der Haftungsproblematik auseinandergesetzt und in seinen jüngeren Urteilen von 2007 die bisherige Rechtsprechung zur so genannten »Störereigenschaft« des Diensteanbieters grundsätzlich bestätigt.

Der BGH hat entschieden, dass Plattformbetreiber als »Störer« neben dem Täter haften, wenn sie eine eigene Ursache für die Rechtsverletzung setzen – wofür eben die Schaffung der Verbreitungsplattform schon ausreichend sein kann. Der BGH führt zudem weiter aus, dass die Haftungsprivilegierung nach § 10 TMG für Unterlassungsansprüche nicht gelten soll. Somit könnte der in dem Beispiel betroffene X den jeweiligen Diensteanbieter neben dem eigentlichen Verfasser des persönlichkeitsrechtsverletzenden Beitrags als »Mit-Störer« zur Rechenschaft ziehen.

Der Diensteanbieter ist dann nicht nur zur Löschung oder Sperrung des Beitrags oder der Äußerung verpflichtet, sondern muss zusätzlich auch Vorkehrungen treffen, um derartige Rechtsverletzungen in Zukunft zu verhindern. Eine Einschränkung nimmt der BGH jedoch zugunsten des »Mit-Störers« dahingehend vor, dass dieser eine »Prüfpflicht« verletzt haben muss. Leider hat es der BGH versäumt, hier konkrete Maßstäbe festzulegen. Der Umfang dieser Prüfpflicht wird grundsätzlich danach festgelegt, ob und inwieweit nach den jeweiligen Umständen des Einzelfalls eine solche Prüfung möglich und zumutbar ist. Dabei sollen insbesondere die betroffenen Rechtsgüter der in ihren Rechten verletzten Person, der zu betreibende Aufwand und auch die Erfolgsaussichten abgewogen werden.

Dass diese Festlegungen in der Praxis erneut für erhebliche Rechtsunsicherheiten sorgen, dürfte auf der Hand liegen, da sich somit eine Vielzahl an Fragen zur Ausgestaltung und zum Umfang der Prüfpflichten ergeben. Als zumutbare Prüfpflicht wurde von den Gerichten bislang etwa der Einsatz einer Filtersoftware erachtet oder in einem anderen Fall eine Verpflichtung zur teilweisen (redaktionellen) Überprüfung einer Plattform, in welcher konkret entsprechende Rechtsverletzungen zu erwarten sind. Andere Gerichte, wie etwa das OLG Düsseldorf, lehnten demgegenüber eine über die Kontrolle einer Filtersoftware hinausgehende Pflicht zur Überprüfung als unzumutbar ab.

Praktisches Vorgehen

Ist wie im Beispiel X Opfer einer Beleidigung oder Verleumdung und will er sich wehren, so empfiehlt sich daher ein paralleles Vorgehen: 1. Ist der Täter unbekannt, da er unter Pseudonym veröffentlicht, sollte der Betreiber der Plattform umgehend über E-Mail informiert, zur Löschung bzw. Sperrung des Beitrages aufgefordert und um Auskunft über die Identität des Täters gebeten werden. 2. Unabhängig von der Reaktion des Betreibers sollte parallel dazu umgehend Strafantrag bei der Staatsanwaltschaft gestellt werden.

In schweren Fällen sollte dies direkt durch einen Anwalt geschehen, damit dieser auf sofortige Ermittlungsmaßnahmen drängen kann. Die Identifikation des Täters ist wegen der unterschiedlichen Speicherzeiträume der Internetdaten eine sehr zeitkritische Angelegenheit. 3. Ist der Täter bekannt oder kann anhand der Auskünfte des Plattformbetreibers oder als Ergebnis der staatsanwaltschaftlichen Ermittlungen die wahre Identität erfahren werden, ist dieser parallel oder nachträglich zur Abgabe einer strafbewehrten Unterlassungserklärung aufzufordern. Bei seiner Weigerung kann dieses ggf. auch gerichtlich durchgesetzt werden.

Unabhängig von der Kenntnis der Identität des Täters kann parallel dazu auch der Forenbetreiber zur Abgabe einer strafbewehrten Unterlassungserklärung aufgefordert werden, wenn er selber die Ursache der problematischen Beiträge im Forum gesetzt hat oder trotz Kenntnis wiederholter Rechtsverletzungen keine geeigneten Maßnahmen unternimmt, diese abzuwenden.

Besteht Kenntnis über die Identität des Täters, und ist X beispielsweise infolge der Verleumdung ein Schaden entstanden, so kann X auch diesen Schaden gegenüber dem Täter gerichtlich geltend machen. Ist die Beweislage schwierig, oder ist ein hoher Schaden entstanden, sollte ein Anwalt hinzugezogen werden. Im Falle ausländischer Forenbetreiber oder bei schwerkriminellen Vorgängen bestehen neben diesen »Standardmaßnahmen« weitere Möglichkeiten – aber auch Grenzen – praktischer und juristischer Hilfe, die jedoch nur mithilfe eines erfahrenen Anwaltes wirksam zu prüfen sein dürften. Das grundsätzliche Vorgehen und die juristischen Handlungsmöglichkeiten bestehen dabei in gleicher Weise nicht nur für schriftliche Inhalte, sondern selbstverständlich auch für problematische Fotos und Bildmontagen, filmische Darstellungen oder interaktive Inhalte.

Folge: Notwendigkeit von gesetzlichen Änderungen

Die Beschreibung der aktuellen Rechtslage und deren Umsetzung in der Praxis zeigt die Notwendigkeit zur Nachbesserung. Derzeit sind sowohl die in ihren Rechten verletzten Personen als auch die Diensteanbieter selbst erheblichen Rechtsunsicherheiten ausgesetzt. Eine Nachbesserung sollte nach Ansicht des Bundesverbandes deutscher Pressesprecher in Übereinstimmung mit Teilen der neueren Rechtsprechung darauf abzielen, dass der Diensteanbieter auch im Fall von offensichtlichen Persönlichkeitsrechtsverletzungen von einer eigenen Verantwortlichkeit frei wird, wenn er dem Verletzten ohne schuldhaftes Zögern die unmittelbare Rechtsverfolgung gegen den Täter ermöglicht. Denn auch bei Foren mit massenkommunikativem Charakter sollte der bestehende Grundsatz beibehalten werden, dass immer derjenige, der eine Verletzungshandlung begangenen hat, im Mittelpunkt der Rechtsverfolgung stehen sollte.

Rechtliche Streitigkeiten sollten somit unmittelbar zwischen Täter und Opfer ausgetragen werden. Ohne eine Verpflichtung zur Mitarbeit der Diensteanbieter ist dieses dem Opfer jedoch im Internet – im Unterschied z.B. zu beleidigenden Äußerungen im Fernsehen, wo der Täter identifizierbar ist – bei anonymen oder pseudonymen Persönlichkeitsverletzungen kaum möglich. Wenn aber der Diensteanbieter eines Meinungsforums trotz Kenntnis offensichtlich rechtswidriger Persönlichkeitsverletzungen dem Verletzten die zur unmittelbaren Rechtsverfolgung notwendigen Informationen nicht auf dessen Anforderung hin unverzüglich überlässt oder überlassen kann, haftet er als »Mit-Störer«.

Zur Vermeidung der gerichtlichen Austragung von Meinungsverschiedenheiten über den Umfang der Pflichten des Betreibers auf der einen Seite und das Recht des Nutzers auf Schutz seiner Daten und das Interesse des Verletzten an einer effektiven Rechtsverfolgung des Täters auf der anderen Seite sind mithin klare gesetzliche Vorgaben hinsichtlich der Art und des Umfangs der Beauskunftung notwendig. Zudem sollte die Möglichkeit eröffnet werden, dass sich die Anbieter von Telemedien-Organisationen der freiwilligen Selbstkontrolle, insbesondere zum Zwecke der außergerichtlichen Beilegung von Streitigkeiten, anschließen können.

(Mit freundlicher Genehmigung zur Veröffentlichung: Jan Mönikes, Malini Nanda)

Beleidigung in Blogs

Mehr Beleidi-
gungen »dank«
Web 2.0
Vor einigen Jahren war es noch vonnöten, eine eigene Webseite zu betreiben, um seine Gedanken im Internet zu veröffentlichen. Dazu musste man eine Domain registrieren, Webspace anmieten und über einige grundlegende Programmierkenntnisse verfügen.

Seit der rasanten Verbreitung von so genannten Blogs kann nun jeder, der einen Zugang zum Internet besitzt, quasi eine eigene Webseite betreiben. Meistens kostenlos, ohne programmieren zu können, mit relativ großem Funktionsumfang und grafisch ansprechend, tippt man seine Gedanken in die kinderleicht zu bedienende Blog-Software.

Abbildung 3.4: Blogger.com von Google. Kostenlos und einfach.

Sollten Sie in einem Blog beleidigt werden, sind folgende drei Konstellationen denkbar:

>> Beleidigung im eigenen Blog durch Kommentare

  Dies ist die am leichtesten zu bewältigende Aufgabe. Da Sie der Betreiber des Blogs sind, löschen Sie einfach den störenden Kommentar in Ihrer Blog-Software. Befugt sind Sie auf alle Fälle dazu, da Sie in Ihrem Blog als Privatperson keinerlei Verpflichtungen haben. Allerdings werden Sie sich damit wenig Freunde schaffen, denn Sie »zensieren« Meinungen anderer. Sie untergraben damit die Glaubwürdigkeit Ihres Blogs.

>> Beleidigung in einem fremden Blog durch den Blog-Betreiber selbst

Diese Situation ist wie bei der Beleidigung auf einer Webseite gewissermaßen vorteilhaft, denn Sie stehen dem Blog-Betreiber direkt gegenüber, und kein Dritter ist involviert. Zuerst sichern Sie alle Beweise in Form von Ausdrucken und Screenshots. Ziehen Sie unbedingt einen unabhängigen Zeugen hinzu, da solche digitalen Beweise leicht zu fälschen sind und vor Gericht wenig Beweiskraft haben. Sollten Sie bereits einen Anwalt haben, sollte dieser den Screenshot und/oder Ausdruck erstellen.

Also setzen Sie sich zunächst mit dem Blog-Betreiber in Verbindung und fordern ihn auf, den Eintrag zu löschen oder zu entschärfen, wie unter dem Punkt 3.1.3 in diesem Kapitel beschrieben. Sollte er Ihrer Aufforderung nicht nachkommen, bleibt Ihnen eigentlich nur noch der Weg, rechtliche Schritte einzuleiten. Lesen Sie dazu bitte den Punkt 3.1.4.

>> Beleidigung in einem fremden Blog im Kommentar eines Lesers

In diesem Fall müssen Sie gegen den Betreiber des Blogs und gleichzeitig gegen den Verfasser des rufschädigenden, beleidigenden oder verleumdenden Kommentars vorgehen. Sie kämpfen hier also an zwei Fronten. Beginnen Sie wiederum mit der Beweissicherung, also dem Erstellen von Ausdrucken und Screenshots im Beisein eines unabhängigen Zeugen. Da-raufhin fordern Sie den Betreiber des Blogs auf, den Kommentar zu löschen und eventuell vorhandene Daten (IP-Adresse, Logfiles, Name, Adresse, E-Mail) des Users, der Sie beleidigt hat, zu sichern.

Sollte der Betreiber des Blogs Ihrer Aufforderung nachkommen, steht es Ihnen selbstverständlich frei, die Sache nun auf sich beruhen zu lassen, oder zusätzlich Anzeige gegen den Verfasser zu erstatten.

Wir raten Ihnen allerdings, beim ersten Vergehen von einer Strafanzeige gegen den Verursacher abzusehen, wenn der Blog-Betreiber den Eintrag gelöscht hat. Bei wiederholter Beleidigung sollten Sie jedoch von Ihrem Recht Gebrauch machen und entweder selbst Anzeige erstatten oder einen Anwalt konsultieren.

Lassen Sie sich auf keinen Fall von Angriffen gegen Ihre Person dazu verleiten, mit denselben »Waffen« zurückzuschlagen und mit ebenfalls beleidigenden Äußerungen und Kommentaren zu reagieren. Sie provozieren damit nur noch mehr negative Kommentare, welche in den Suchmaschinen sehr rasch auftauchen können.

Beleidigung in einem Chat

Chatten ist eine der modernsten Kommunikationsformen. Der Chat ist eine der beliebtesten Möglichkeiten, sich online mit anderen Menschen zu unterhalten.

Abbildung 3.5: Chatfenster bei Yahoo Deutschland

Sie haben sicherlich schon das eine oder andere Mal beim Surfen im Internet »gechattet« und wurden auf einmal von einem anderen Chatter beschimpft und/oder beleidigt.

Keine Gefahr von langer Dauer

Während einer hitzigen, angeregten Diskussion zu einem beliebigen Thema lassen sich manche Chatteilnehmer zu Äußerungen hinreißen, welche den Tatbestand von Beleidigung, übler Nachrede oder Verleumdung erfüllen.

Wer will, kann dort sein wahres Ich verbergen, indem er einen falschen Namen als Nickname in den Chaträumen angibt. Es ist möglich, jeden beliebigen Namen zu verwenden und dadurch unter Vorgabe eines falschen Ichs andere Chatteilnehmer zu belästigen. Zum Glück sind die Auswirkungen solcher Späße nur von kurzer Dauer. Die beleidigenden Textpassagen werden weder von Suchmaschinen indiziert noch gespeichert, also auch nicht auf den Suchergebnisseiten (SERPs) angezeigt. Der beleidigende Ausspruch ist nur für diejenigen Chatter sichtbar, die sich in diesem Chatraum aufhalten.

Dies bedeutet jedoch noch lange nicht, dass Sie eine solche Beleidigung hinnehmen müssen. Der beste Weg ist es, zuerst den Moderator (falls vorhanden) auf die Beleidigungen aufmerksam zu machen. In einem moderierten Chat wird Ihnen der Moderator sofort beistehen, da er für die Einhaltung der Chatregeln verantwortlich ist. Des Weiteren ist dem Moderator an guten Umgangsformen in seinem Chat sehr gelegen, da er auf die Qualität seines Chats bedacht ist.

Der Moderator kann einen negativ auffallenden User je nach seinem Ermessen entweder verwarnen, zeitlich sperren oder für immer aus dem Chat verbannen. Natürlich kann der Moderator dann auch die unschönen Textpassagen löschen.

Wenn Sie sich in einem unmoderierten Chat befinden, können die beiden folgenden Situationen auftreten:

>> Sie kennen die beleidigende Person nicht mit echtem Namen

Wenn Sie von dem Übeltäter nur den Nickname kennen, machen Sie als Beweissicherung einen Screenshot von dem Chatfenster mit dem Beleidigungstext und lassen Sie diesen zusammen mit Ihrer Beschwerde dem Chatbetreiber per E-Mail zukommen. Dieser kann dann entsprechend reagieren und hoffentlich den Täter aufgrund seiner Daten ermitteln.

>> Sie kennen den Kontrahenten mit seinem richtigen Namen

Weisen Sie Ihren Kontrahenten am besten gleich im Chat darauf hin, solche Äußerungen zu unterlassen. Lassen Sie sich auch in diesem Falle nicht selbst zu Beleidigungen hinreißen. Folgen noch weitere Beleidigungen, liegt es an Ihnen, Anzeige aufgrund § 185 StGB zu erstatten. Beweissicherung mittels Screenshot vorausgesetzt. Wie immer Zeugen nicht vergessen!

3.1.2   Die Whois-Abfrage

Im Falle, dass Sie auf einer Webseite keine Kontaktdaten finden können, haben Sie natürlich trotzdem eine Möglichkeit, diese zu ermitteln. Dies geschieht durch eine »Whois«-Abfrage. Um eine solche kostenlose Abfrage durchzuführen, begeben Sie sich auf eine Webseite von Registrierungsstellen für Domains, wie z.B. www.denic.de (die DENIC eG ist die zentrale Registrierungsstelle für alle Domains unterhalb der Top Level Domain .de) oder www.speednames.com (für die meisten anderen Domains). Dort führen Sie folgende Schritte durch:

So ermitteln Sie den Betreiber einer Webseite

Führen Sie eine Domainabfrage durch, so als ob Sie diese Domain registrieren lassen möchten. Dazu tippen Sie den Domainnamen in das dafür vorgesehene Textfeld. Dieses finden Sie rechts oben auf der Seite.

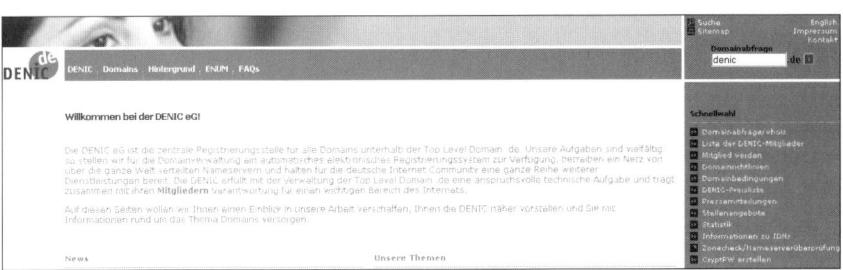

Abbildung 3.6: Startseite der Denic mit Eingabefeld rechts oben.

In der Abbildung 3.6 sehen Sie, wie wir versucht haben, die Domain denic.de zu registrieren. Dieser Versuch schlug natürlich fehl, da die Domain bereits vergeben ist. Bevor Sie nun die gewünschten Domain-Daten einsehen können, müssen Sie die Nutzungsbedingungen akzeptieren, da diese Daten rechtlich geschützt sind.

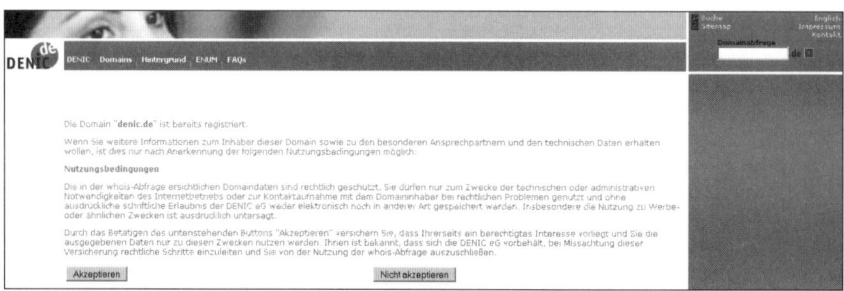

Abbildung 3.7: Nutzungsbedingungen akzeptieren.

Auf der nächsten Seite können Sie nun verschiedene Daten einsehen. Die Domaindaten, den Domaininhaber, den administrativen Ansprechpartner, den technischen Ansprechpartner, den Zonenverwalter sowie weitere technische Daten.

Klar ist natürlich, dass der Inhaber der Domain in Anspruch genommen werden kann. Falls dieser nicht bekannt ist oder seinen Sitz im Ausland hat, können Sie den Administrativen Ansprechpartner, den so genannten Admin-C (engl. Administrative Contact) zur Rechenschaft ziehen. Dieser ist gegenüber der DENIC e.G. der administrativ Verantwortliche einer Domain und kann für die unter dieser Domain verbreiteten Inhalte ebenso wie der Inhaber zivilrechtlich und auch strafrechtlich zur Verantwortung gezogen werden. Da der Admin-C bei Internetseiten ohne Impressum die einzige namentlich bekannte Person ist, können Sie in diesem Fall ausschließlich gegen diesen vorgehen.

Der technische Ansprechpartner (Tech-C) und der Zonenverwalter (Zone-C) stellen in Normalfall die Kontaktadressen auf Providerseite dar und sind für die Inhalte einer Domain nicht verantwortlich.

Sollten Sie unter Zuhilfenahme der beiden in diesem Punkt aufgeführten Registrierungsstellen (www.denic.de und www.speednames.com) nicht die gewünschten Informationen gefunden haben, finden Sie bei Wikipedia.de eine sehr umfangreiche Liste von »Whois«-Servern und -Datenbanken. Damit lassen sich auch die Inhaber von exotischen und weniger bekannten Domains herausfinden.

Domaindaten

Domain:	internetvictims.de
Letzte Aktualisierung:	20.11.2007

Domaininhaber

Der Domaininhaber ist der Vertragspartner der DENIC und damit der an der Domain materiell Berechtigte.

Domaininhaber:	eye-net GmbH
Adresse:	Levelingstrasse 102a
PLZ:	85049
Ort:	Ingolstadt
Land:	DE

Administrativer Ansprechpartner

Der administrative Ansprechpartner (admin-c) ist die vom Domaininhaber benannte natürliche Person, die als sein Bevollmächtigter berechtigt und gegenüber DENIC auch verpflichtet ist, sämtliche die Domain internetvictims.de betreffenden Angelegenheiten verbindlich zu entscheiden.

Name:	THOMAS VOLKMER
Adresse:	Levelingstrasse 102a
PLZ:	85049
Ort:	Ingolstadt
Land:	DE

Technischer Ansprechpartner

Der technische Ansprechpartner (tech-c) betreut die Domain internetvictims.de in technischer Hinsicht.

Name:	THOMAS VOLKMER
Adresse:	Levelingstrasse 102a
PLZ:	85049
Ort:	Ingolstadt
Land:	DE
Telefon:	+49 841 9677840
Telefax:	+49 841 9677837
E-Mail:	info@eye-net.de

Zonenverwalter

Der Zonenverwalter (zone-c) betreut die Nameserver der Domain internetvictims.de.

Name:	THOMAS VOLKMER
Adresse:	Levelingstrasse 102a
PLZ:	85049
Ort:	Ingolstadt
Land:	DE
Telefon:	+49 841 9677840
Telefax:	+49 841 9677837
E-Mail:	info@eye-net.de

Technische Daten

Nameserver:	ns5.vcsystem.com
Nameserver:	ns8.vcsystem.com
Nameserver:	ns3.vcsystem.com

Abbildung 3.8: Domainabfrage-Ergebnis bei der Denic für die Domain internetvictims.de

www . . . . .   `http://de.wikipedia.org/wiki/Whois#Second_Level_Domain_Whois`

3.1.3   Aufforderung zur Löschung von Inhalten aus Webseiten, Foren und Blogs

Betreiber anschreiben

Zuerst finden Sie den Betreiber des Forums oder des Blogs durch einen Blick in das Impressum der betreffenden Seite oder durch eine »Whois«-Abfrage, wie zuvor beschrieben, heraus.

Nun schreiben Sie dem Foren- oder Blog-Betreiber eine E-Mail mit dem Betreff »Aufforderung zur sofortigen Löschung eines Beitrags«. Der Inhalt kann wie folgt aussehen:

> Sehr geehrter Herr X,
>
> mein Name ist Y. Ich möchte Sie darauf hinweisen, dass mich das Mitglied mit dem Namen Z in Ihrem Forum/Blog persönlich (wiederholt) beleidigt hat und Unwahrheiten über meine Person verbreitet. Ich werde das nicht hinnehmen und fordere Sie auf, die folgenden Einträge binnen 48 Stunden zu löschen. Ich habe mich informiert, und Sie wissen sicherlich, dass Sie als Forum-/Blog-Betreiber auch für Fremdeinträge haftbar sind!
>
> Allerdings bin ich an einer gütlichen Lösung des Falles interessiert, und wenn Sie die Beiträge löschen, in denen ich beleidigt werde, ist die Sache für mich erledigt. Ich bleibe dann auch gerne Mitglied/Leser in Ihrem ansonsten sehr informativen Forum/Blog.
>
> Ihre Unterschrift

Sie können den Foren- oder Blog-Betreiber natürlich auch anrufen, wenn er auf Ihre E-Mail nicht reagiert. Die Telefonnummer finden Sie normalerweise unter den Menüpunkten KONTAKT oder IMPRESSUM. Bleiben Sie bei einem Telefonat immer höflich und sachlich. Durch unsere Arbeit bei internetvictims.de wissen wir, dass sich ca. 80% von unerwünschten Einträgen in Foren und Blogs so einfach und schnell löschen lassen. Oft rufen die Forenbetreiber auch bei uns an und teilen uns mit, dass sie auf unser Anschreiben sofort reagiert und die Einträge gelöscht haben.

3.1.4   Rechtliche Schritte einleiten

So erstatten Sie Anzeige

Ihr Name wird im Internet durch den Schmutz gezogen, und Sie haben bereits den entsprechenden Webseitenbetreiber auf den Rechtsverstoß hingewiesen, doch dieser hat nicht auf Ihre Eigeninitiative reagiert? Sie möchten nichts lieber, als dass diese Unwahrheiten aus dem Netz verschwinden?

Nun stehen Sie vor einer schweren Entscheidung: Abmahnung oder doch gleich Anzeige erstatten? Anwalt, Polizei oder Staatsanwaltschaft? Jetzt liegt es an Ihnen, sich zu beruhigen und sich nüchtern zu überlegen, was für Sie und Ihren Fall das Richtige ist.

Die nachfolgenden Seiten erklären Ihnen alle Möglichkeiten, wie Sie diese in die Wege leiten, die Kosten und die Konsequenzen. Zwar sind Sie momentan mit Emotionen geladen, doch bitte bedenken Sie, dass alles Gerichtliche mit sehr viel Ärger, Zeitaufwand und eventuell bei einer Niederlage mit Kosten verbunden ist.

Wenn Sie gewinnen, zahlt Ihr Gegner den gesamten Prozesszug, also Ihren Anwalt (nach BRAGO), seinen Anwalt, Auslagen für Zeugen, die Gerichtskosten und eventuell auch Schadensersatz. Es kommt aber auch vor, dass das Gericht auf Kostenaufhebung (jeder bezahlt seine eigenen Kosten) oder eine andere Kostenteilung nach den unterschiedlichen Verhandlungspunkten »im Namen des Volkes« urteilt. Deshalb sollten Sie in Ihrem Fall Ihre Chancen genau abwägen und dann die richtige Vorgehensweise wählen.

Als Laie sollte man ein günstiges Erstberatungsgespräch mit einem Fachanwalt nicht scheuen, denn dies gibt Aufschluss über die Erfolgsaussichten und eventuell anfallenden Gebühren. Es gibt bereits viele Anbieter im Internet, die sich auf günstige Erstberatungsgespräche und auf das Fachgebiet Internetrecht spezialisiert haben.

www.anwalt.de
Großes, sehr umfangreiches Anwaltsportal

www.kanzlei-siebert.de
Informative Seite eines Rechtsanwalts mit vielen Tipps und Checklisten

www.internetrecht-rostock.de
Informative, umfangreiche Seite mit Checklisten rund um das Internetrecht

Prüfen Sie vorher genau, ob es sich bei den denunzierenden Aussagen über Sie um freie Meinungsäußerung oder um falsche Tatsachenbehauptungen handelt. Die Meinungsfreiheit ist im Grundgesetz verankert und stellt keine Straftat dar. Sie darf allerdings die Grenze zur unzulässigen Schmähkritik nicht überschreiten. Journalisten verstecken sich sehr oft hinter ihrem Recht auf Meinungsfreiheit.

Wenn in Ihrem Fall der Tatbestand einer Straftat wie z.B. Verleumdung erfüllt ist, kommt eine Abmahnung oder einstweilige Verfügung eher selten in Betracht, denn in Ihrem Fall geht es um eine Straftat.

Falls der vorangestellte Austausch zwischen Ihnen als Geschädigtem und dem Webmaster per Gespräch oder E-Mail nicht zum Erfolg führt, sollten Sie Strafanzeige erstatten. Diese können Sie bei Ihrer ortsansässigen Polizei stellen. Vereinbaren Sie einen Termin und schildern Sie dem Polizisten Ihren Fall. Dieser wird dann den Vorgang an die Staatsanwaltschaft weiterleiten.

Damit die Rufschädigung schnellstmöglich aus dem Internet verschwindet, sollten Sie unbedingt ein Eilverfahren anstreben. Dies beschleunigt die Angelegenheit und zeigt an, dass Dringlichkeit geboten ist.

Eilverfahren wegen Dringlichkeit anstreben

Sie können aber auch direkt Strafanzeige bei der Staatsanwaltschaft erstatten. Im Nachfolgenden sehen Sie, wie so eine Strafanzeige wegen öffentlicher Diffamierungen und Rufschädigung im Internet aussehen könnte.

Strafanzeige Muster

Staatsanwaltschaft beim

Landgericht Musterstadt

Postfach 12345

D – 12345 Musterstadt

Musterstadt, den [hier Datum einfügen]

Anzeige wegen öffentlicher Diffamierungen und Rufschädigung im Internet

Sehr geehrte Damen u. Herren,

durch fortlaufende Handlungen der im Betreff genannten und begangenen Straftaten erstatte ich Anzeige wegen unten geschildertem Zusammenhang und Begründung:

Anzeige gegen die nachfolgend aufgelistete Person

oder

Anzeige gegen Unbekannt

Diese Person führt seit einigen Monaten schon eine Kampagne der Rufschädigung gegen mich, die mittlerweile strafbare Tatbestände erfüllt. Durch Auswirkung dieser Handlungen habe ich eine gerade erst begonnene Arbeitsstelle verloren, und in Bezug zu meiner Person wurden »private« Erkundigungen eingeholt, wodurch mir letztlich gegenüber der Agentur für Arbeit Sozialbetrug unterstellt wurde. Weiterhin ist der Täter ein ehemaliger Arbeitskollege, der mir unbekannterweise feindlich gesinnt ist. Bei dem Täter handelt es sich in der Hauptsache um die folgende Person:

Herr Max Mustermann, Musterstraße, Musterstadt

oder

Unbekannt

Erklärung:

Ich bin in unserer Stadt in vielen Vereinen aktiv und deshalb auch im Stadteigenen Forum www.musterstadt-seite.de/forum vertreten und immer gerne zur öffentlichen Diskussion bereit. In diesem Internet-Forum diskutieren aktive Bewohner die Belange unserer Stadt.

Etwa [hier Datum einfügen] wurde in dem Forum verstärkt Herr Mustermann durch relativ unsachliche, ja teilweise beleidigende Äußerungen gegenüber meiner Person und anderer Teilnehmer dort auffällig. Diese Situation konnte von mir auch nicht durch sachliche Vermittlung beigelegt werden.

Im [hier Datum einfügen] kam es zu ersten Vorfällen von öffentlich zugänglichen Internet-Veröffentlichungen (durch Herrn Mustermann) in dem besagten Forum über mich, wobei inhaltlich unterstellt wurde, ich hätte mich strafbar gemacht.

Beweis: Internetausdruck vom [hier Datum einfügen] in Kopie – Anlage Nr. 1

Diese wurden außerdem auf der eigenen Webseite von Herrn Mustermann www.mustermann-seite.de veröffentlicht.

Beweis: Internetausdruck vom [hier Datum einfügen] in Kopie – Anlage Nr. 2

Beweis: Internetausdruck vom [hier Datum einfügen] DENIC eG in Kopie – Anlage Nr. 3

> Zudem wurden in dem von Herrn Mustermann betriebenen Blog unter www.mustermann-seite.de/blog ebenfalls Beiträge verfasst, die diffamierende Inhalte hatten. Weiterhin wurden öffentlich zugänglich unwahre Behauptungen zu meiner Person aufgestellt.
>
> **Beweis:** Internetausdruck vom [hier Datum einfügen] in Kopie – Anlage Nr. 4
>
> Nach kurzem Schriftverkehr sicherte Herr Mustermann mir zu, alle beanstandeten Inhalte von der Webseite und aus den Foren und Blogs zu entfernen, was auch zunächst geschah.
>
> Nach wenigen Tagen erschienen die gleichen Inhalte an selber Stelle. Daher sehe ich mich nicht mehr an meine zunächst getroffene Zusage gebunden, die Vorgänge nicht mehr zur Anzeige bringen zu wollen.
>
> So ist der betreffende Link nach wie vor unter: [hier vollständige URL einfügen] öffentlich erreichbar.
>
> Ich bitte Sie abschließend um umgehende Aufnahme Ihrer Ermittlungen zu den Ihnen nun detailliert aufgezeigten, strafrelevanten Taten der genannten Person.
>
> Dringlichkeit anzeigen
>
> Ich bitte aus den genannten Gründen in Sorge um meine persönliche Sicherheit um eine möglichst umgehende Bearbeitung meiner Anzeige.
>
> Mit freundlichen Grüßen

Sie müssen jetzt lediglich die Inhalte dieser Strafanzeige Ihrem Fall entsprechend abändern.

Die Anschrift der Staatsanwaltschaft in Ihrer Stadt erhalten Sie unter www.justiz.de.

Wenn Sie sich dies nicht selbst zutrauen, nimmt Ihnen ein entsprechender Fachanwalt diese Arbeit sicherlich gerne ab.

www.internetrecht-rostock.de
Sehr informatives Portal der Rechtsanwälte Langhoff, Dr. Schaarschmidt & Kollegen

www.123recht.net
Anwalts-Portal mit sehr vielen juristischen Fachartikeln

3.1.5 Löschung von Seiten aus den Google-Suchergebnissen

Google bereinigen

In diesem Kapitel haben wir oft beschrieben, wie man einen Seitenbetreiber zur Löschung von unliebsamen Inhalten auffordern kann. Sollte der Seitenbetreiber kooperativ gewesen sein und alle Inhalte entfernt haben, heißt das leider noch nicht, dass die negativen Textpassagen auch aus den Suchergebnissen von Google verschwunden sind. Sie existieren oft monatelang weiter, entweder als Suchergebnis oder im Google-Cache. Der Seitenbetreiber wird das Löschen dieser Google-internen Inhalte in den meisten Fällen auf Sie abwälzen, da die rechtliche Lage sehr verwirrend ist.

Die bis dato gesprochenen Gerichtsurteile widersprechen sich inhaltlich, ob ein Webmaster auch für Suchergebnisse und Seiten im so genannten »Cache« verantwortlich ist.

Es ist allerdings selbst für den Computerlaien möglich, Seiten oder Bilder aus den Google-Suchergebnissen zu löschen, besser gesagt löschen zu lassen.

Es ergeben sich nun je nach dem Verhalten des Seitenbetreibers mehrere Ausgangspositionen:

>> Ein Seitenbetreiber ist Ihrer Aufforderung zur Löschung einer ganzen Seite gefolgt.

>> Ein Seitenbetreiber hat nur etwas am Inhalt seiner Seite geändert, z.B. Ihren Namen aus einem Text gelöscht. Die Seite als solche besteht aber weiter.

>> Ein Seitenbetreiber ist Ihrer Aufforderung zur Löschung nicht gefolgt.

Um eine Löschung von Inhalten zu veranlassen, müssen Sie ein »Google-Konto« anlegen. Keine Angst, der Name ist etwas irreführend und hat nichts mit Geld zu tun. Sie nutzen damit einfach den größeren Funktionsumfang von Google. Auf dieser Seite können Sie ein solches Konto anlegen:

WWW . . . . .   `https://www.google.com/accounts/NewAccount?hl=de`

Klicken Sie nun auf der Startseite von Google rechts oben auf ANMELDEN und loggen Sie sich ein. Nun können Sie folgende Seite aufrufen:

`https://www.google.com/webmasters/tools/removals?hl=de&action=create`

Abbildung 3.9: Tool zum Entfernen von Webseiten.

Die erste Auswahlmöglichkeit DATEN ODER BILD, DAS IN DEN SUCHERGEBNISSEN VON GOOGLE ERSCHEINT ist bereits automatisch ausgewählt. Diese Funktion ist es auch, welche Sie zum Löschen von Texten oder Bildern benötigen. Klicken Sie daher auf NÄCHSTE.

Abbildung 3.10: Entfernen von Daten oder Bildern aus den Suchergebnissen von Google.

Die Auswahlmöglichkeit DER INHABER DER WEBSITE HAT DIESE SEITE BZW. DIESES BILD ENTFERNT ODER FÜR DIE INDIZIERUNG GESPERRT führt Sie nach der Bestätigung mit NÄCHSTE lediglich zu einem Textfeld, in das Sie die betreffende URL eines Textes oder eines Bildes kopieren. Bestätigen Sie mit ANTRAG EINREICHEN.

Inhalte wurden komplett entfernt

Die Auswahlmöglichkeit DER INHABER DER WEBSITE HAT DIESE SEITE GEÄNDERT, SODASS DIE MICH BETREFFENDEN INFORMATIONEN BZW. BILDER NICHT MEHR DARIN ERSCHEINEN führt Sie auf eine Seite, auf welcher Sie die entsprechende URL und den gelöschten Text eingeben müssen. Auch diese Eingaben bestätigen Sie mit ANTRAG EINREICHEN.

Inhalte wurden geändert

Leider kommt es auch vor, dass sich Seitenbetreiber weigern, Inhalte zu löschen oder Sie den Webmaster erst gar nicht ausfindig machen können. Durch die Auswahlmöglichkeit LEIDER KONNTE ICH NICHT DIE KOOPERATION DES INHABERS DER WEBSITE GEWINNEN, DIE IN DEN SUCHERGEBNISSEN ANGEZEIGTE INFORMATION IST JEDOCH EINE DER FOLGENDEN bietet Ihnen Google ein dennoch faires Angebot.

Seitenbetreiber weigert sich, Inhalte zu entfernen

Gewisse Verstöße gegen das Persönlichkeitsrecht, die Veröffentlichung persönlicher Daten und Bilder oder auch Verstöße gegen die Google-Richtlinien, werden von Google nicht gern gesehen. Das Image des Unternehmens könnte darunter leiden, und so entfernt Google lieber solche Inhalte aus seinem Index, auch wenn sie der Seitenbetreiber nicht löschen will. Solche Inhalte sind z.B. Sozialversicherungs- oder Passnummern, Bankkonto- oder Kreditkartennummern, Bilder Ihrer Unterschrift sowie unangemessene Inhalte.

Unter folgender Web-Adresse können Sie nun den Bearbeitungsstatus Ihrer Anträge einsehen:

www . . . . .

`https://www.google.com/webmasters/tools/removals?action=show&hl=de`

Dazu schreibt Google:

> *Ausstehende Anträge auf Entfernung werden sobald wie möglich bearbeitet. Erfolgreiche Anträge erhalten den Status »Entfernt« und werden sechs Monate lang von den Suchergebnissen bei Google ausgeschlossen. Falls Ihr Antrag abgelehnt wird, klicken Sie auf den Link »Weitere Informationen«, um mehr darüber zu erfahren, warum keine Löschung erfolgt ist. (Quelle: Google)*

>> Seiten aus dem Google Cache entfernen

In der Praxis kommt es häufig vor, dass ein Webmaster Inhalte nach Aufforderungen aus seinen Seiten löscht. Der Link zu den Inhalten wird bis zur nächsten Google-Indizierung aber weiterhin angezeigt. Klickt man allerdings auf den Link, erhält man eine 404-Fehlermeldung im Browser. In diesem Falle können Sie die Löschung etwas beschleunigen, indem Sie Google diesen Sachverhalt melden. Dies tun Sie, indem Sie in dem Dialogfeld aus Abbildung 3.8 die mittlere Option wählen VERAL-TETER ODER »TOTER« LINK IN DEN GOOGLE-SUCHERGEBNISSEN, DER EINEN ,404 NICHT GEFUNDEN'-FEHLER ZURÜCKGIBT. Dann müssen Sie nur noch die betreffende URL eingeben.

Das Google Kurz-zeitgedächtnis, der Cache

Schon bald dürfte nun nichts mehr von den unliebsamen Inhalten übrig blei-ben, wenn da nur nicht das Problem mit dem Google-Cache wäre. Dorthin gelangen Sie, indem Sie auf den kleinen blauen Link IM CACHE klicken, der hinter jedem Google-Suchergebnis steht. Es handelt sich dabei um EINEN SCHNAPPSCHUSS DER WEBSEITE, DER WÄHREND DES WEBDURCHGANGS AUF-GENOMMENEN WURDE. Dieses Abbild der Seite liegt im Google-Zwischen-speicher und wird ebenfalls bei der nächsten Indizierung erneuert.

Bis es allerdings so weit ist, kann es – von Fall zu Fall verschieden – etwas dauern. Immer wieder beschweren sich dann User beim Webmaster, dass die Inhalte immer noch bei Google auftauchen. Wenn es Ihnen mit der Löschung der Inhalte sehr eilig ist, können Sie dem betreffenden Webmaster einen Tipp geben, wie er die Löschung aus dem Cache beschleunigen kann. Verweisen Sie ihn auf die Seite:

`http://www.google.de/intl/de/remove.html#uncache`

Der Webmaster muss nun einige Zeilen in den Quelltext seiner Seite ein-bauen und die URL im SYSTEM ZUM AUTOMATISCHEN URL-ENTFERNEN eingeben.

Sollten Sie es mit einem weniger erfahrenen Webmaster zu tun haben, findet er auf derselben Seite auch weitere Tipps, wie er Inhalte aus Google entfernen kann. Diese sind:

>> Ändern Sie die URL Ihrer Website

>> Entfernen Sie Ihre Website

>> Entfernen individueller Seiten

>> Entfernen von Snippets

>> Entfernen von Seiten aus dem Cache

>> Entfernen eines veralteten (»toten«) Links

>> Entfernen eines Bildes aus Googles Bildsuche

Wenn der Webmaster diese Punkte befolgt, hat er sein Möglichstes getan. Sollten die Inhalte doch noch einige Tage oder gar Wochen bei Google zu finden sein, liegt das an Google selbst. Der Webmaster hat keinen Einfluss mehr. Es macht also absolut keinen Sinn, den Webmaster täglich mit E-Mails und Anrufen zu bombardieren. Leider lassen sich Inhalte heutzutage schneller ins Internet stellen als wieder löschen. Daran sollten nicht nur Webmaster denken, sondern auch einfache Internetnutzer, die in Newsgroups, Foren, Guestbooks, oder Chats aktiv sind.

3.1.6   So beugen Sie vor

Rufschädigung, Beleidigung, Verleumdung und übler Nachrede auf einer Webseite, in einem Forum, Blog oder Chatraum kann man sehr schwer vorbeugen. Der Ratschlag, sich selbst immer höflich und freundlich gegenüber anderen Usern zu verhalten, ist die einzige, denkbare Prävention gegen o.g. Straftaten.

Respektieren Sie im Blog, Forum oder Chat andere User genauso, wie Sie selbst respektiert werden möchten. Leider ist dies kein Garant dafür, dass Sie kein Opfer von Beleidigungsdelikten oder Ähnlichem werden.

Ein anderes Problem sind Allerweltsnamen. Wer im Internet als *Peter Müller* oder *Sabine Meier* unterwegs ist, läuft Gefahr, Opfer einer Verwechslung zu werden. Peinlich wird das vor allem, wenn die Doppelgänger Kompromittierendes im Internet veröffentlicht haben. Andererseits ist es einfach zu behaupten, »der andere war es«.

3.2   Missbrauch von Identität

Oft werden Betrügereien und Abzocke im Internet zur Verschleierung der Spuren unter fremdem Namen begangen. Es ist allerdings auch möglich, dass jemand anderer Ihren Namen verwendet, um Ihnen persönlich Schaden zuzufügen und jede Menge Ärger zu bereiten.

»On the Internet nobody knows you're a dog« – Dieser berühmte Satz von Peter Steiner beschreibt die charakteristische Schwierigkeit einer sicheren Identifizierung der handelnden Person in Internet. Diese ist für den Online-Geschäftsverkehr unabdingbar, wenn dem Handeln der Person Rechtsfolgen zugeordnet werden sollen.

Als Identitätsdiebstahl (engl. identity theft) bezeichnet man die missbräuchliche Nutzung personenbezogener Daten einer Person durch Dritte.

Dieser Abschnitt des Buches behandelt ausschließlich den Bereich persönlicher Schaden. Finanzieller Schaden, der z.B. durch falsche Online-Bestellungen oder Diebstahl von Bankdaten entstehen kann, wird in Kapitel 4 ausführlich behandelt.

Eine besondere Form des Identitätsdiebstahls stellt das Nicknapping (zusammengesetzt aus *Nick*, die Abkürzung für Nickname und *napping* in Anspielung auf Kidnapping) dar und bezeichnet das Auftreten im Internet unter dem Pseudonym oder Namen eines anderen Benutzers.

3.2.1   Gefälschte E-Mails in Ihrem Namen

Sie sind gefährliche, digitale Kuckuckseier. Wer über E-Mails Würmer, Viren und Trojaner verbreiten will, versteckt sich gerne hinter seriös wirkenden Absendern. Die Versender von Werbemails verschleiern ihre Identität. Das Versenden von unerwünschter E-Mail-Werbung ist in Deutschland verboten. Deshalb bedienen sich Spammer häufig persönlich bekannter Absender.

Die ahnungslosen Empfänger vertrauen solchen Absenderadressen, öffnen die Nachrichten und infizieren dadurch unbemerkt ihre Computer. Missbraucht werden die E-Mail-Adressen von Freunden und Bekannten des Empfängers sowie die von anerkannten Großunternehmen oder öffentlichen Einrichtungen.

Gefälschte E-Mails in Ihrem Namen sind lästig wie anonyme Anrufe. Oft geht es dabei um Rache. Der Auslöser dafür kann ein enttäuschter Geschäftspartner, ein verärgerter Nachbar oder der verlassene Partner sein. Aus enttäuschter Liebe rastet so mancher aus. Unter falschem Namen wird gehetzt, gemobbt, gestalkt und sehr oft auch aus Eifersucht obszönes Material verschickt.

Haben Sie schon einmal Antworten auf Nachrichten erhalten, die Sie nie verfasst haben? Dann wurde wahrscheinlich Ihre eigene E-Mail-Adresse missbraucht. Wenn dies durch einen professionellen Spammer geschehen ist, können Sie praktisch nichts unternehmen. Diese Cyberbetrüger verwischen Ihre Spuren im Regelfall so gründlich, dass eine Nachverfolgung nicht möglich ist. Unser Tipp: Die Mails einfach ignorieren und löschen.

Falls es sich hierbei aber um einen Racheakt aus Ihrem bekannten Umfeld handelt, stehen die Chancen deutlich besser, dem Übeltäter auf die Spur zu kommen. Der Absender kann allerdings nicht direkt ermittelt werden, sondern nur über die in der E-Mail enthaltene IP-Adresse. Aber auch dies kann z.B. durch den Einsatz von Open Relays, Remailern und Bot-Netzen gefälscht sein. Um ermitteln zu können, wer sich hinter einer bestimmten IP-Adresse zu einem bestimmten Zeitpunkt verborgen hat, benötigt man die Hilfe der Staatsanwaltschaft oder der Polizei.

Keine Panik, wenn Ihre Adresse missbraucht wird

Der E-Mail-Header: Der Weg zum Absender

Um eine E-Mail-Absenderadresse zu fälschen, muss der E-Mail-Header manipuliert werden. Der E-Mail-Header enthält die Kopfzeilen einer Nachricht und Informationen über deren Zustellweg vom Absender zum Empfänger. Und so kommen Sie an die Header-Informationen Ihrer E-Mails:

>> Microsoft Outlook: Die Header-Informationen erhält man durch die folgenden Schritte

1. Öffnen Sie die E-Mail
2. Unter Menüpunkt ANSICHT auf OPTIONEN klicken

>> Microsoft Outlook Express: Die Header-Informationen erhält man durch die folgenden Schritte

1. Öffnen Sie die E-Mail
2. Unter Menüpunkt DATEI auf EIGENSCHAFTEN klicken
3. Wechseln Sie den Karteireiter von ALLGEMEIN auf DETAILS

Sie sehen jetzt die E-Mail-Header-Informationen der von Ihnen geöffneten E-Mail. Am folgenden Beispiel soll der Weg einer E-Mail von web.de an gmail.com erläutert werden.

```
1: Delivered-To: thomas.volkmer@gmail.com
2: Received: by 10.82.149.16 with SMTP id w16cs181515bud;
3: Tue, 31 Jul 2007 06:08:21 -0700 (PDT)
4: Received: by 10.78.131.8 with SMTP id e8mr1796548hud.1185887301011;
5: Tue, 31 Jul 2007 06:08:21 -0700 (PDT)
6: Return-Path: thomas.volkmer@web.de
7: Received: from fmmailgate04.web.de (fmmailgate04.web.de [217.72.192.242])
8: by mx.google.com with ESMTP id 24si1273308huf.2007.07.31.06.08.20;
9: Tue, 31 Jul 2007 06:08:21 -0700 (PDT)
10: Received-SPF: pass (google.com: domain of thomas.volkmer@web.de
        designates 217.72.192.242 as permitted sender)
11: Received: from web.de
12: by fmmailgate04.web.de (Postfix) with SMTP id B2DAF2BF7FF4
13: for <thomas.volkmer@googlemail.com>; Tue, 31 Jul 2007 15:08:20 +0200
        (CEST)
```

```
14: Received: from [84.153.120.109] by freemailng1106.web.de with HTTP;
15: Tue, 31 Jul 2007 15:08:19 +0200
16: Date: Tue, 31 Jul 2007 15:08:19 +0200
17: Message-Id: <280648162@web.de>
18: MIME-Version: 1.0
19: From: Thomas Volkmer <thomas.volkmer@web.de>
20: To: thomas.volkmer@googlemail.com
21: Subject: Header Information
22: Precedence: fm-user
23: Organization: http://freemail.web.de/
24:  X-Provags-Id:
        VO1U2FsdGVkX18b6T1ESM3oofBW9w1WJOTq6gR8IOfdcg9DGUcHAkUCtNJxOaTEIotII
        V28ZhaeYRXm5WbVjB72xtSeZEW3mIPkLQBg4OiC4oqx/PcDI9dw6
     A=
25: Content-Type: text/plain; charset=iso-8859-15
26: Content-Transfer-Encoding: quoted-printable
```

»From« und »To« sind leicht zu fälschen (Zeilen 19–20)

Der Sender einer E-Mail lässt sich aus den »Received:«-Zeilen herauslesen. Üblicherweise enthalten die E-Mail-Kopfzeilen mehrere »Received:«-Zeilen. Auf dem Weg vom Sender zum Empfänger wird eine Nachricht vom Mailserver des Senders an den Mailserver des Empfängers weitergeleitet. Dabei ist es je nach Konfiguration von DNS und Mailserver möglich, dass die Nachricht, bis sie ihren endgültigen Bestimmungsort erreicht, mehrere Zwischenstopps auf unterschiedlichen Mailsystemen macht. Jeder dieser Stopps wird in den Kopfzeilen oberhalb des jeweils letzten mit einer »Received:«-Zeile protokolliert.

Der erste Eintrag unseres Beispiels (Zeile 2-3) enthält demnach Informationen über den an der Zustellung an den Empfänger unmittelbar beteiligten Rechner. Aus dem ersten Eintrag ist zu entnehmen, dass der Rechner mit der IP 10.82.149.16 die Nachricht am 31. Juli 2007 um 6:08:21 (Pacific Daylight Time) entgegengenommen hat. Bei dem Rechner mit der IP 10.92.149.16 handelt es sich um einen Rechner in einem der Google-Rechenzentren, der für googlemail.com zuständig ist.

Aus den Zeilen 4-13 lässt sich der Weg der Mail von googlemail.com zurück zu web.de verfolgen. Der Server 10.78.131.8 erhielt die Nachricht von mx.google.com, und dieser Rechner wiederum erhielt die Nachricht von fmmailgate04.web.de.

Die IP-Adresse des Absenders kann man nicht fälschen

Um den Rechner des Absenders zu ermitteln, ist allerdings nur der letzte »Received:«-Eintrag (Zeile 14-15) von Interesse. Aus diesem ist ersichtlich, dass der Rechner freemailng1106.web.de über http eine Mail von der IP 84.153.120.109 entgegengenommen und weitergeleitet hat. Über die IP-Adresse 84.153.120.109 (nicht fälschbar) wurde also mit dem Webfrontend von web.de am 31. Juli 2007 um 15:08:20 die Mail verschickt.

Tipp......

Diese IP-Adresse können Sie dann im Bedarfsfall an Ihren Anwalt, die Staatsanwaltschaft oder Polizei für weitere Ermittlungen übergeben.

Auch die Internetprovider engagieren sich im Kampf gegen den Missbrauch von E-Mail-Adressen. Eine neue Technologie namens Sender ID soll den Absender einer Mail einwandfrei identifizieren können. Durch das »Sender Policy Framework«-Verfahren (kurz SPF), an dem AOL und Yahoo intensiv arbeiten, wird die E-Mail mit zusätzlichen Erkennungsmerkmalen versehen. Fehlt einer E-Mail-Nachricht dieses Merkmal, behandelt der Internet-Provider die ankommende E-Mail als Spam.

Einen sehr ausführlichen Bericht über das Thema »E-Mail-Header lesen und verstehen« finden Sie im Internet unter:

`http://www.th-h.de/faq/headerfaq.php#pakete`

www......

Durch das Verwenden eines so genannten Remailers kann der Täter unbemerkt E-Mails versenden. Ein Remailer ist ein anonymisierender Internet-Dienst, der Nachrichten entgegennimmt, die Absenderinformation (Header-Informationen) entfernt und anschließend die E-Mail weiterleitet.

Der Täter entwischt

Abbildung 3.11: Societe Anonyme Botage: Your Internet Problem Provider
`https://ssl.dizum.com/`

3.2.2   Bestellungen auf Ihren Namen

Bekanntlich ist die Anonymität des Käufers eines der größten Probleme im Online-Handel, sprich E-Commerce. Während der Ladeninhaber in der Fußgängerzone seinem Kunden unmittelbar gegenüber steht und ihm die gewünschten Waren gegen Bezahlung persönlich aushändigt, weiß der Betreiber eines Internetshops nie wirklich sicher, wer sich hinter den Angaben beim Kauf verbirgt. Die Folge sind Betrugsversuche, bei denen jemand Waren unter falscher Angabe von Namen oder Rechnungs- und Lieferanschrift bestellt und nicht bezahlt.

Großer Schaden durch gefälschte Bestellungen

Eine Falschbestellung kann mutwillig durch einen enttäuschten oder verärgerten Kunden, einen Mitbewerber oder einen Kinderstreich getätigt werden. So genannte »Fake-Bestellungen« stellen ein stark zunehmendes Problem im Online-Handel dar. Dabei bestellen selbst ernannte Spaßvögel Waren, wählen als Zahlungsart »per Nachnahme« aus und geben eine falsche Lieferadresse an. Das Ergebnis: Die Ware kann nicht ausgeliefert werden, und dem Online-Händler entstehen unnötige Kosten, die sich summieren können.

Aber was verbirgt sich dahinter, wenn jemand eine Online-Bestellung auf Ihren Namen tätigt? Dies kann ein böser Streich von Ihrem Expartner oder von einem verärgerten Arbeitskollegen sein, vielleicht machen sich aber auch Ihre Freunde einen Spaß zu Ihrem 40sten Geburtstag. Meistens aber ist es vorsätzlicher Betrug.

Die Tricks der Shopbetrüger funktionieren ganz einfach. Man erkundigt sich nach einem länger leer stehenden Haus. Anschließend bestellt man die Waren in Ihrem Namen auf Rechnung oder mit gestohlenen Kreditkartendaten und gibt als Lieferadresse die Anschrift des momentan unbewohnten Hauses an. Dies funktioniert natürlich auch, wenn Sie gerade im Urlaub sind. Dann bringt man an der Haustür ein Schild mit folgendem Text an: »Warenlieferungen für Familie xyz bitte hinter der Gartenmauer ablegen«. Jetzt braucht der Betrüger nur noch nach zwei Tagen bei dem Wohnhaus vorbeifahren und das Paket abholen.

Was tun, wenn unbestellte Ware kommt?

Wenn Sie Ware geliefert bekommen, die Sie nicht bestellt haben, lassen Sie diese sofort ungeöffnet mit dem Vermerk »nicht bestellt« an den Absender zurückgehen. Falls einer Ihrer Familienangehörigen unbewusst die Ware angenommen hat, sollten Sie mit dem Lieferanten ein klärendes Telefongespräch führen, dass Sie nicht der Besteller sind. Damit für Sie keine unnötigen Kosten entstehen, sollten Sie die Rücksendung als »unfrei« vereinbaren.

Sicherlich tritt für Sie in beiden Fällen als Geschädigter keine Haftung ein, doch eine Menge Ärger und Erklärungen kommen bestimmt auf Sie zu.

3.2.3   Postings unter Ihrem Namen

Wenn jemand Ihren richtigen Namen für Postings in einem Forum, Webboard oder Gästebuch verwendet, führt er sicherlich nichts Gutes im Schilde. So genannte Fake Postings sind bei Rufschädigung, Verleumdung und Beleidigung sehr beliebt, oder besser gesagt in sehr hoher Anzahl im Web vertreten. Sucht man bei Google Deutschland nach dem Suchbegriff »Fake Posting« erscheinen bereits knapp 4.000 Suchergebnisse (Stand 10/2007).

Das liegt daran, dass man für diese Art von Rufschädigung so gut wie keine Vorkenntnisse oder technisches Computerverständnis benötigt. Viele Webboards verlangen nicht einmal eine Anmeldung mit einer E-Mail-Adresse, so dass der Rufmörder unerkannt beliebig viele Texte verfassen und in das World Wide Web einspielen kann. Und glauben Sie uns, diese unerwünschten Einträge werden Ihnen lange Zeit viel Ärger und schlaflose Nächte bereiten.

Die meisten Foren hingegen verlangen eine gültige E-Mail-Adresse, über die man seine Benutzeranmeldung per Verify-Link bestätigen muss, bevor man einen Beitrag zum Forum leisten darf. Man meldet sich als neuer User an, bekommt dann eine Willkommens-E-Mail des entsprechenden Forums und muss dann den Link in dieser E-Mail anklicken. Daraufhin erscheint eine »Benutzeraccount freigeschaltet«-Seite des gewünschten Forums, und Ihr Peiniger kann in allen Themenbereichen sein Unwesen treiben, die nicht als geschlossene Benutzergruppe definiert sind.

Diese Art von Rufmord verbreitet sich unglaublich schnell im Internet. Viele große Foren und Boards haben bei den Suchmaschinen einen hohen Stellenwert. Sie werden oft mehrmals am Tag von deren Spidern und Crawlern besucht, und dadurch werden deren Inhalte indiziert. Das hat zur Folge, dass Einträge bei großen Anbietern sich rasant im WWW verbreiten und auch bei den Suchergebnissen – zum Nachteil des Geschädigten – sehr weit oben liegen. Wie kommt man dem Übeltäter auf die Spur, der unter Ihrem Namen Schmutz im Netz verbreitet?

Schnelle Verbreitung im Internet

Hier gibt es nur zwei Ansätze, die Sie verfolgen können:

>> Löschung beantragen

Löschung der Postings beantragen

Sie schreiben an den Webmaster oder Forenbetreiber eine E-Mail und weisen darauf hin, dass der bestimmte Eintrag mit Titel »xyz« (am bestem Link mitschicken) eine falsche Tatsachenbehauptung und somit z.B. den Straftatbestand der Verleumdung darstellt, und fordern ihn auf, den Eintrag binnen einer Frist vollständig zu löschen. Lassen Sie sich die Löschung immer schriftlich (per E-Mail genügt) bestätigen.

>> Beweissicherung für einen Straftatbestand

Anzeige erstatten

Teilen Sie dem Webmaster oder Forenbetreiber mit, dass Sie Anzeige gegen einen bestimmten User erstatten werden, und weisen ihn darauf hin, dass der bestimmte Eintrag mit Titel »xyz« (am bestem Link mitschicken) eine falsche Tatsachenbehauptung und somit z.B. den Straftatbestand der Verleumdung darstellt.

Fordern Sie den Webmaster oder Forenbetreiber per E-Mail auf, die relevanten Daten sofort zu sichern. Wichtig wären hier sämtliche Anmeldedaten des Users (Name, Adresse, Tel, Fax, E-Mail, usw.), die IP-Adresse, die bei der Anmeldung verwendet wurde und die IP-Adresse, die bei der Aufgabe des Postings benutzt wurde.

Diese beiden IP-Adressen können unterschiedlich sein, da das Anmeldedatum nicht dem Posting-Datum entsprechen muss. Dies kann eine entscheidende Rolle bei der Ermittlung des Täterstandorts spielen. Der Webmaster darf Ihnen aus datenschutzrechtlichen Gründen keine personenbezogenen Daten übermitteln. Er sichert diese nur entsprechend und gibt sie auf Verlangen an die Staatsanwaltschaft oder Polizei weiter. Sicherheitshalber sollten Sie sich den Text des Postings und Userdaten (falls vorhanden) auch selbst ausdrucken und archivieren.

Der Täter entwischt

Problematisch beim Aufspüren des Täters wird es jedoch, wenn er eine anonyme E-Mail-Adresse verwendet (z.B. freemailer@yahoo.com) und zusätzlich seine Postings aus einem Internetcafé heraus einstellt oder einen Remailer benutzt. Dadurch hätte er alle Spuren beseitigt, die für eine erfolgreiche strafrechtliche Ermittlung notwendig wären.

3.2.4 Ihr Name in fremden META-Tags

Ein besonders übler, aber auch wirksamer Trick, eine Person in Misskredit zu bringen, ist es, ihren Namen in die so genannten META-Tags einer Webseite zu schreiben. Diese Informationen werden von Google besonders »aufmerksam« gelesen, und so kann es geschehen, dass Ihr Name in Verbindung mit zweifelhaften Seiten bei Google erscheint. Welche dramatischen Folgen das für einen unbescholtenen Internetnutzer haben kann haben, können Sie z.B. am Ende dieses Abschnitts nachlesen.

Eigenen Namen in den META-Tags aufspüren

Um herauszufinden, ob jemand Ihren Namen in die META-Tags seiner Seite geschrieben hat, müssen Sie einen Blick in den Quelltext der entsprechenden Seiten werfen. Dazu besuchen Sie die Seite und klicken Sie mit der rechten Maustaste in ein freies Feld (also nicht auf ein Foto oder ein anderes grafisches Element).

Sie können nun entweder auf SEITENQUELLTEXT ANZEIGEN oder auf SEITENINFORMATIONEN ANZEIGEN klicken. Dies gilt, wenn Sie einen Firefox-Browser verwenden. Mit dem Internet-Explorer steht Ihnen die zweite Funktion nicht zur Verfügung. Was nun erscheint, ist der Quelltext der Seite. Dabei handelt es sich um den Code der entsprechenden Programmiersprache, mit der die Seite erstellt wurde. Dieser Code oder Quelltext sieht für den Laien relativ verwirrend und konfus aus. Die Funktion »Seiteninformationen anzeigen« sieht hingegen etwas übersichtlicher aus.

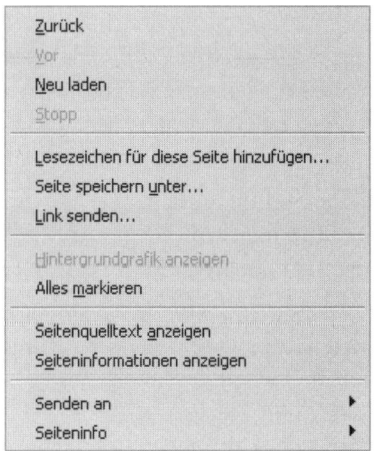

Abbildung 3.12: Kontextmenü nach Klick mit rechter Maustaste

```
<meta name="title" CONTENT="internetvictims! Forum über Rufmord,
    Beleidigung, Verleumdung, Rufschädigung im Internet">
<meta name="keywords" content="Rufmord, Mario Singer, Thomas Volkmer, Forum,
        Rufschädigung, Verleumdung, Beleidigung, Internet">
<meta name="description" content="internetvictims! Initiative gegen
    Rufschädigung und Verleumdung im Internet!">
```

Egal, welchen Weg Sie gewählt haben, interessant ist das, was nach den Wörtern `name="title"`, `name="keywords"` und nach `name="description"` steht. Sollte dort Ihr Name auftauchen, verstößt der Seitenbetreiber gegen geltendes Recht. In diesem Fall würden die Autoren dieses Buches eindeutig mit der Seite internetvictims.de in Verbindung gebracht werden, da Google diese META-Informationen indiziert.

> *Die Verwendung eines fremden Namens als Meta-Tag ist unzulässig. Das OLG Celle hat den Einsatz fremder Namen in den Meta-Informationen mit Urteil vom 20.07.2006 (Az. 13 U 65/06) für einen Verstoß gegen das Namensrecht desjenigen gehalten, dessen Namen in den Meta-Tags Verwendung fand. Der Name sei nicht nur genannt, sondern werde unbefugt gebraucht. (Quelle:* www.haerting.de*)*

Wie schon weiter oben erwähnt, liest Google diese META-Tags und bringt Sie so in Zusammenhang mit dem eigentlichen Thema dieser Seite. Sollte der Seitenbetreiber Ihren Namen auch noch in Texten und Überschriften erwähnen, ist das zumindest für Google ein eindeutiges Indiz dafür, dass Sie mit der Seite irgendetwas zu tun haben.

Googelt nun jemand Ihren Namen und haben Sie das Pech, dass die Seite auch noch über einen hohen PageRank verfügt, ist es sehr wahrscheinlich, dass Sie auf der ersten Seite von Google oder auch einer anderen Suchmaschine landen. Sie werden in einem Atemzug mit negativen Inhalten genannt.

Sie haben nun zwei Möglichkeiten:

>> Sie sehen darüber hinweg, weil die Seite inhaltlich für Sie völlig harmlos ist. Es ist dann zwar immer noch nicht rechtens, Ihren Namen einfach in die META-Tags zu integrieren, aber Sie haben einen »positiven« Google-Treffer.

Sollten Sie also momentan an Ihrer Googlability basteln, wie wir im Kapitel 2 beschrieben haben, kann dies durchaus von Vorteil für Sie sein.

Seitenbetreiber zur sofortigen Löschung auffordern

>> Sollte die Seite allerdings ein für Sie verfängliches Thema behandeln, raten wir Ihnen, den Seitenbetreiber zur sofortigen Löschung Ihres Namens aus den META-Tags aufzufordern. Tun Sie dies am besten per E-Mail unter Berufung auf oben genanntes Urteil und behalten Sie sich weitere Schritte vor. Die E-Mail-Adresse des Verantwortlichen entnehmen Sie entweder aus dem Impressum oder Sie führen eine »Whois«-Abfrage, wie im Punkt 3.1.2 beschrieben, durch.

Der Fall Ingrid Sperber

Ein Fall nach wahrer Begebenheit

Sie haben nun in diesem Buch bereits viel über den »Tatort Internet« gelesen, gelernt und sich mit den verschiedenen Themen, die dieses Buch beinhaltet, auseinandergesetzt. Vielleicht haben Sie sich während des Lesens ab und zu gefragt: »Ist das jetzt nicht ein bisschen übertrieben?« oder auch gedacht: »So schlimm ist das nun auch nicht!« Aus unserer Erfahrung wissen wir, dass es leider noch viel schlimmer ist. Nachfolgend möchten wir Ihnen in einem realen Fall schildern, welche dramatischen Auswirkungen das Medium Internet haben kann.

Es begann ganz harmlos im Internet.

> *Ein Urteil »Im Namen des Volkes« und wie mich die Vergangenheit immer wieder im Internet einholt. Der Fall der Ingrid Sperber.*
>
> Mein Name ist Ingrid Sperber. Leipzig war bis zum Jahr 2005 meine Heimatstadt, ich ging in Leipzig zur Schule, studierte an einer Leipziger Fachhochschule Betriebswirtschaft Fachrichtung »Wirtschaftsinformatik« und schloss mein Studium 1990 mit Erfolg ab. In den Jahren 1991 bis 1992 absolvierte ich eine Ausbildung bei der Integrata Tübingen mit Abschluss »Wirtschaftsinformatiker« und arbeitete anschließend freiberuflich als EDV-Ausbilder. Im Februar 1999 legte ich ebenfalls erfolgreich meine Ausbilderprüfung bei der Industrie- und Handelskammer Leipzig ab. In den Jahren 1990 und 2000 testete ich Mietsoftware im Rahmen eines Internetpilotprojektes der Firma Primacom Leipzig und gewann zwei Hauptpreise.

Bis dato war das Internet für mich eine sehr schöne Sache – meine erste eigene Webseite ging 1994 ins Netz. Die Webseite einer ECDL-Trainerin mit Übungen und Seminarbeispielen, in einem gesonderten Teil meine Erfahrungen mit einer Immobilie, einem so genannten »Steuersparmodell« und meine Erfahrungen als EDV-Verantwortlicher im Bau- und Immobiliengeschäft in Leipzig. Ich berichtete über eine Datenbank, welche ich in meiner Probezeit bei einem Händler erarbeiten sollte. Im Jahr 1997 verließ ich diesen Arbeitgeber noch in meiner Probezeit, stellte die Weiterarbeit sowie die Erfassung der Gesprächsberichte in dieser Datenbank ein und stellte Strafantrag wegen Verletzung des Datenschutzes und diverser anderer Straftaten.

Die Staatsanwaltschaft Leipzig sah trotz erheblicher Beweise (Auszüge der Datenbank, Aufgabenstellung für Programmierleistung und Dokumentation lagen vor) keine Datenschutzverletzung und stellte die Ermittlungen immer wieder ein. Es handelte sich um die Sammlung aller relevanten Informationen mittels Diktiergeräten, Checklisten, Fragebögen etc., ohne dass die Betroffenen – das Leipziger Fachhandwerk, Bauherren, Planer, Architekten – über diese Datensammlung in Kenntnis gesetzt wurden. Ich wurde auf den Weg der Zivilklage verwiesen.

Im Jahr 1997 suchte ich eine Info-Veranstaltung des EBI Sachsen auf, es ging um Scientology-Initiativen im Bau- und Immobiliengeschäft in Leipzig, und die Leipziger Volkszeitung titelte in der anschließenden Sonnabendausgabe: »Datenbank machte Programmiererin stutzig!« – Leipziger berichteten über ihre Erfahrungen.

Was ich damals nicht wissen konnte, ich hatte mit meinem Hinweis auf »meine Strafanzeige« in dieser Info-Veranstaltung meinen weiteren Lebensweg besiegelt, und der Besuch dieser Veranstaltung sollte mir noch viele schlaflose Nächte bringen, denn ich durfte danach meine komplette Existenzzerstörung durch so genannte »Aufklärungsexperten« erleben.

Ich erlitt zum Beispiel mehrere Körperverletzungen, verlor mein gesamtes Eigentum, mein Konto wurde unrechtmäßig gepfändet, und ich durfte ganze Aktenordner eingestellter Strafanzeigen sammeln. Zur Verantwortung gezogen wurde durch die Staatsanwaltschaft Leipzig bisher niemand. Denn während ich sehr aktiv dabei half, anderen Immobiliengeschädigten zu helfen, aktiv in einem Verbraucherschutzverein mitarbeitete, wurden gleich mehrere »Spitzel« auf mich angesetzt.

Ich bin nicht sehr klagefreudig und zog es vor, wieder freiberuflich als EVD-Trainer zu arbeiten und war beruflich sehr erfolgreich.

Ein Urteil »Im Namen des Volkes« raubt mir nach wie vor meinem Schlaf, und es macht mich zornig, wie viel Unrecht im Namen des Volkes mitunter ausgesprochen wird. Keiner kann aufstehen und sagen: »Ich gehöre mit zum Volk, jedoch in meinem Namen wurden diese Urteile nicht gesprochen.« Es ist eine Schande, was im Haus unserer Demokratie so alles ablaufen kann!

Zum Beispiel ein Fehlurteil – ausgesprochen am Amtsgericht Berlin Charlottenburg gegen Ingrid Sperber, veröffentlicht im Internet – ohne Löschung meines Namens.

Abbildung 3.13: Urteil gegen Frau Sperber vom 27.01.2001

Verwendung fremder Namen als Meta-Tag ist unzulässig

Auf der Webseite befindet sich kein Impressum, und der Text wurde zum Teil weggelassen und verändert. Aus dem Quelltext der Webseite geht hervor:

```
<meta name="Author" content="Amtsgericht Charlottenburg, Richterin JorckeKaßner">
```

die Autorin der Webseite ist somit die Richterin des Amtsgerichtes Charlottenburg.

Aber es kommt noch schlimmer: Die Webseite http://www.ilsehruby.at sieht sich als Aufklärungsseite über die Scientology-Organisation und hat folgenden META-Tag:

```
<meta name="KeyWords" content="Ilse Hruby, Scientology, Dianetik, Dianetics, L. Ron
Hubbard, Scientology-Ehe, Kinder in Scientology, Ingrid Sperber, Scientology und
Kindererziehung, Theaterstücke, Sekten, Sekte, destruktive Kulte, Austria, &
Österreich, Wien, Kochrezepte"><meta name="Description" content="Auf meinen Seiten
finden Sie kritische Informationen über Scientology, insbesondere über Kinder in der
Scientology Organisation, Hinweise auf Online Bücher und Broschüren zu Scientology und
Sekten und meine Lieblingsrezepte"><title>Ilse Hruby</title>ᵃ
```

Was habe ich denn mit dieser Sache zu tun? Ich bin keine Scientologin, auch keine ehemalige, ich habe nie ein Scientology-Seminar besucht, und mit Kindern in der Scientology-Organisation habe ich auch nichts zu tun. Ich beging keine Straftaten, habe niemanden diffamiert und auch keine so genannten »privaten E-Mails« veröffentlicht. Dieser Arbeitsstil entlarvt nach meiner Meinung nur eine ganze Horde von Experten, die sich für unfehlbar halten und in ihrem Hochmut und ihrer Arroganz die Existenz anderer Menschen zerstören.

Was war passiert?

Ein sogenanntes »Opfer« schrieb mich über das Gästebuch meiner Webseite an. Von meiner Seite aus gab es keine Probleme mit ihr, und es entstand eine E-Mail-Freundschaft, bis ich erkannte, dass dieses »Opfer« anonym mit mehreren Pseudonymen in einer Newsgroup im Internet Beiträge schrieb, welche ich als ungerecht mir gegenüber empfand. Sie argumentierte, ich hätte ein Bild anonym versendet, und dies käme den Methoden der OSA gleich. Und so wurde durch die Diskussionen im Internet immer mit Nennung meines Namens gleich durch mehrere Personen ein Rechtsstreit gegen mich angezettelt. Ich möchte dazu anmerken, dass unaufgefordert mein Postfach mit Bildern und Flugblättern und sogenannten Beweisen gefüllt wurde und das »Opfer« wünschte, ich solle dies auf meiner Webseite veröffentlichen. Dies hatte ich allerdings abgelehnt.

a.   Anmerkung des Autors: Die Verwendung eines fremden Namens als META-Tag ist unzulässig. Das OLG Celle hat den Einsatz fremder Namen in den META-Informationen mit Urteil vom 20.07.2006 (Az. 13 U 65/06) für einen Verstoß gegen das Namensrecht desjenigen gehalten, dessen Namen in den META-Tags Verwendung fand. Der Name sei nicht nur genannt, sondern werde unbefugt gebraucht. (Quelle: www.haerting.de)

Zum Zeitpunkt der Verleumdungen im Internet weilte ich im Urlaub auf meinem Wochenendgrundstück, dort hatte ich gar keine Möglichkeit, im Internet zu surfen, dies nahm das Gericht in Berlin Charlottenburg nicht zur Kenntnis. Genauso wenig interessierte das Gericht in Berlin Charlottenburg Beweismittel, welche meine Rechtsanwälte einreichten. Die Sachlage »Verleumdung im Internet« wurde nach meiner Meinung völlig verkannt.

Die Autorin des Buches »Meine Ehe mit einem Scientologen« brauchte nach meiner Meinung einen Skandal im Internet, um ihr Buch hoch zu puschen. Als sie meinen Namen auch bei Amazon.de in Verbindung mit der OSA (Geheimdienst der Scientology-Organisation) in Verbindung brachte, reichte es mir, und ich stellte in Leipzig Strafantrag wegen Verleumdung. Der Online-Buchhändler Amazon.de reagierte sofort auf meine Beschwerde und entfernte die so genannte Buchvorstellung der Autorin, das Ermittlungsverfahren wegen der Verleumdung im Internet wurde in Leipzig allerdings eingestellt. Die Autorin machte jedoch fleißig weiter, mich mit Scientology-Praktiken durch Beiträge in Google Groups im Internet in Verbindung zu bringen.

(...)

Die Beweise für ihre völlig haltlosen Beschuldigungen gegen mich im Internet blieb sie schuldig, und als ich mich anschließend auf meiner Webseite gegen diese Vorgehensweise zur Wehr setzte, zog sie vor Gericht und klagte auf ihr »Persönlichkeitsrecht«. (Ich hatte in meinem Postkasten nach Beweisen gesucht, dass sie im Internet log und diese als Gegendarstellung auf meiner Webseite veröffentlicht!) Ich verlor den Prozess und ich hatte auch keine Lust mehr, mich mit dieser Art von Aufklärung auseinanderzusetzen.

Auch war ich der Meinung, dass es ihr gar nicht um Aufklärung ging, sie nur die Beweise für ihre Verleumdungen im Internet wegklagte. Ich unterschrieb die Unterlassungserklärung und hoffte, nun endlich meine Ruhe zu haben. (Die Rechtsanwaltskosten und Gerichtskosten hatte ich zu tragen, dies war bereits für mich enorm Existenz gefährdend.) Nun bekam ich eine weitere ungeheuerliche Lektion dieser Aufklärungstruppe im Internet erteilt. Bevor ich das Urteil selbst zur Hand hatte, konnte ich dieses bereits in »zensierter« Form im Internet betrachten.

Ich weiß, diese Geschichte ist so ungeheuerlich und unglaubhaft, dass selbst die Richterin am Amtsgericht Berlin Charlottenburg sehr verwundert war, als ich vergangenen Monat wieder begann, für meine Persönlichkeitsrechte zu kämpfen, und einen Rechtsanwalt einschaltete, welcher das Gericht über den derzeitigen Sachverhalt informierte. Denn ich bin tatsächlich der Meinung, dass auch ich Persönlichkeitsrechte habe und diese Vorgehensweise ein Straftatbestand ist, welcher weder strafrechtlich noch zivilrechtlich verfolgt wurde. Eine Straftat im Internet, **welche meine Existenz brutal zerstörte und heute noch wie ein Albtraum auf mich wirkt, sowie weiter meinen beruflichen Werdegang zerstört.**

Vor Seminaren werde ich »gegoogelt«

Wenn ich meinen Unterricht beim Bildungsträger beginne, dann geben die Seminarteilnehmer meinen Namen bei Google ein. Es erfolgt eine Auflistung meiner Webseiten im Internet und darunter ein Urteil »Im Namen des Volkes«, durch rechtswidrige META-Tags im HTML-Text. Eine Situation, welche ich keinem Internet-Trainer wünsche.

Bewerbungen werden dank Google fast sinnlos

Ebenso erschwert mir dieser Google-Index Bewerbungen um einen Arbeitsplatz, und durch dieses Urteil in zensierter Form im Internet entsteht auch ein völlig falscher Eindruck über meine Person, denn in den Google-Groups sind zusätzlich noch alle Verleumdungen zu lesen. Ich habe nun wieder Strafanzeige erstattet und hoffe, dass der oder die Täter strafrechtlich zur Verantwortung gezogen werden und ich aus meinem ständigen »Erklärungsnotstand« herauskomme.

Ingrid Sperber

EDV-Dozentin und -Trainerin, http://www.ingrid-sperber.com

3.2.5   So beugen Sie vor

Dem Missbrauch von Ihrem Namen im Internet können Sie nur sehr schwer vorbeugen. Treten Sie in Foren stets mit einem Pseudonym auf und geben Sie Ihren echten Namen und weitere persönliche Daten nur dann gegenüber Dritten preis, wenn es unbedingt notwendig und sinnvoll ist. Je weniger Fremde über Sie Bescheid wissen, desto unwahrscheinlicher ist ein Missbrauch durch Dritte.

Wenn Ihnen jemand absichtlich persönlichen Schaden zufügen möchte, können Sie leider anfänglich nichts dagegen tun. Auch hier gilt: Verhalten Sie sich im Internet immer freundlich, höflich und korrekt gegenüber anderen Usern, damit nicht unnötig Streit oder sogar Hass aufkommen kann. Doch dies ist leider keine Garantie dafür, dass Sie kein Opfer von Namensmissbrauch werden können.

3.3   Cyberstalking

Der Begriff Cyberstalking beschreibt die Belästigung und das beharrliche Nachstellen einer Person unter Zuhilfenahme moderner Medien wie dem Handy oder dem Internet. Das Internet bietet potenziellen Tätern eine Fülle neuer Möglichkeiten, ihre Opfer zu peinigen, zu belästigen und ihnen das Leben schwer zu machen. Gleichzeitig ist es ein fast unerschöpflicher Fundus an Informationen über das Opfer. Mit nur ein wenig Recherche und Kombinationsgabe ist es ein Leichtes für den Täter, Namen, E-Mail, Anschrift, Arbeitgeber, Telefon- und Handynummer herauszufinden.

Selbst das Aussehen, Hobbys, Vorlieben, Urlaubsgewohnheiten und Beziehungen des Opfers sind nur wenige Mausklicks entfernt. Dabei legt der Cyberstalker ein enormes Maß an Kreativität an den Tag. »Schleicht« er seinem Opfer z.B. in ein Fachforum nach, indem es um das Tuning einer bestimmten Automarke geht, erfährt der Stalker immer detailliertere Informationen. Diese reichen dann sogar bis in den Kochtopf des Opfers. Das Durchforsten einiger weniger Internetseiten liefert dem Stalker einen fast lückenlosen Lebenslauf. Diese Informationen nützt er dann bei seinen Attacken gnadenlos aus.

Des Weiteren macht der Umstand, dass man im Internet sehr anonym agieren kann, dieses Medium für Stalker geradezu ideal. Aber Cyberstalking ist selbstverständlich strafbar und im § 238 StGB »Nachstellung« geregelt. Im Genaueren heißt es dort:

> *Wer einem Menschen unbefugt nachstellt, indem er beharrlich (…) unter Verwendung von Telekommunikationsmitteln oder sonstigen Mitteln der Kommunikation oder über Dritte Kontakt zu ihm herzustellen versucht, (…) wird mit Freiheitsstrafe bis zu drei Jahren oder mit Geldstrafe bestraft.*

Den kompletten Gesetzestext können Sie im Kapitel 8 nachlesen.

Erscheinungsformen von Cyberstalking

Die Stalker bedienen sich höchst wirkungsvoller Methoden, um andere Menschen an den Rand des Wahnsinns zu treiben. Dabei gibt es kaum ein Delikt, das sie auslassen, um ihre Opfer in Misskredit zu bringen. Letztlich ist es das Zusammenspiel verschiedener Gemeinheiten, was das Opfer verzweifelt zusammenbrechen lässt. Sehr beliebt bei Cyberstalkern sind alle Fälle von Identitätsdiebstahl, wie im Kapitel 3.2 beschrieben. Bestellungen und Postings unter dem Namen des Opfers sorgen für allerlei Verwirrung im Leben der geschädigten Person.

Sowohl in der Cyberwelt, als auch im wirklichen Leben. Beleidigungen sind in diesem Zusammenhang noch eher als harmlos zu betrachten. Macht sich ein Stalker aber daran, die Googlability aus Kapitel 2 gezielt zu zerstören, sind die Auswirkungen katastrophal. So wie wir im Kapitel 2 den Aufbau eines positiven digitalen Rufs erklärt haben, macht der Stalker logischerweise genau das Gegenteil. Er setzt alles daran, unter dem Namen seines Opfers einen negativen Ruf aufzubauen.

Auch die Verbreitung von obszönem Material verfehlt vor allem bei weiblichen Opfern ihre Wirkung nicht. Dabei muss sich ein Cyberstalker nicht einmal die Mühe machen, in den Besitz von solchen Materialien zu kommen. Vielleicht existieren solche Bilder und Videos ja gar nicht von der betreffenden Person. Schließlich drehen nur die wenigsten Frauen private Pornos und lassen sich in gewagten Posen ablichten. Für einen Stalker gar kein Problem.

Er nimmt einfach Fotos und Videos, auf denen kein Gesicht zu erkennen ist, und versieht sie einfach mit dem Namen und Wohnort des Opfers. Die Gerüchteküche beginnt zu brodeln, und das Opfer gerät in einen Erklärungsnotstand, unter dem Partnerschaften und Existenzen zerbrechen können. Dem Stalker wird es nun leicht gemacht, durch ein paar kurze anonyme E-Mails Öl ins Feuer zu schütten. Eine Mail an den Lebenspartner, Arbeitskollegen und Freunde mit dem Betreff »Schau mal was ich gefunden habe« verfehlt ihre Wirkung garantiert nicht.

Ein weiterer Trick der Cyberstalker ist es, die E-Mail-Adresse und persönliche Daten des Opfers im Internet zu streuen. Sehr beliebt dabei sind hunderte von Newsletterabos und der Eintrag in diverse Kleinanzeigenblätter. Natürlich vergisst der Täter auch bei dieser gemeinen Attacke nicht, Offerten mit sexuellen Inhalten ins Netz zu stellen. Abgesehen von der Tatsache, dass sich das Opfer bald eine neue E-Mail-Adresse zulegen kann (was gar nicht lustig ist, sollte die Adresse auf Visitenkarten, Briefpapier etc. verwendet werden) kommt es im Büro oder im Privatleben immer häufiger zu verfänglichen Situationen. Besonders am Arbeitsplatz hört man schon bald den Spruch: »Na, irgendwas wird schon dran sein …!«. Die Schlinge um den Hals des Opfers beginnt sich langsam zuzuziehen.

Legt es der Stalker nun wirklich darauf an, stehen ihm noch eine Vielzahl von modernen Folterwerkzeugen zur Verfügung. Bombardiert er das Opfer zum Beispiel noch mit einigen Dutzend SMS pro Tag, bestellt Waren auf seinen Namen und nimmt an Gewinnspielen teil, wird das Opfer langsam zum Nervenbündel. Das Fatale an der Sache: Durch die verschiedenen Abos und Services im Internet braucht der Täter nur einige Stunden, um sein Opfer in tausende von Internetseiten einzutragen. Wer kennt diese Lockseiten nicht? »Machen Sie bei 1000 Gewinnspielen mit« oder auch »Ihre Kleinanzeige auf 10.000 Internetseiten«. Diese Liste an Gemeinheiten könnte man beliebig lang fortsetzen. Allerdings wollen wir in diesem Buch keine Anleitung zum Cyberstalking geben.

3.3.1   Social Phishing

Im Zusammenhang mit den Erscheinungsformen des Cyberstalking macht neuerdings auch der Begriff des »Social Phishings« die Runde. Social Phishing legt zugrunde, dass immer mehr Menschen »social software« nutzen, also (Internet-)Angebote, die sich mit eigenen Daten personalisieren und individualisieren lassen – eine Entwicklung, die als »Web 2.0« bekannt wurde.

Dazu zählen zum Beispiel Weblogs (Blogs), Wikis oder auch digitale Plattformen für persönliche Fotos und Videos wie Flickr oder YouTube. Der Trend, sich in den verschiedensten Formen öffentlich zu präsentieren, birgt das Risiko, dass diese preisgegebenen Daten von Dritten gesammelt und missbraucht werden. Social Phishing, also das »Fischen« nach sozialen Daten, kann schlimmstenfalls zur Grundlage für Cyberstalking-Attacken werden.

Denkbar wäre, mit den gesammelten Daten eine falsche Identität des Opfers im Internet aufzubauen. So ließe sich aus den bekannten Fakten (Name, Adresse, Alter, Freundeskreis) und den veröffentlichten Bildern beispielsweise eine neue, vermeintlich persönliche Webseite des Opfers einrichten, die dieses in ein neues, völlig falsches Licht rückt.

Social Phishing muss dabei auch in einem Kontext mit dem bekannten Phänomen des Daten-Phishings betrachtet werden. Beim »normalen« Phishing werden die Zielpersonen über gefälschte Mails und Webseiten dazu gebracht, ihre Zugangsdaten und Passworte preiszugeben. Hier werden beispielsweise Mails verschickt, die angeblich von der jeweiligen Hausbank (Sparkasse, Volksbank, Dresdner Bank) oder von Internetdiensten (eBay, Amazon) stammen.

Die in solchen Fällen von den Opfern preisgegebenen Daten können unter Umständen als Ergänzung der Daten und Fakten missbraucht werden, die von den Tätern im Rahmen des Social Phishings gesammelt wurden. Sprich: Wer es darauf anlegt, sammelt von seinen Opfern Informationen über dessen private Lebensumstände, seine Bilder und seine persönlichen Zugangscodes. Mit diesem Fundus an Daten ist dem Cyberstalking Tür und Tor geöffnet. (Quelle: `www.sicherheit-online.net`)

Wir möchten Sie unter diesem Punkt auf die Gefahren und Risiken des Social Phishings hinweisen, gerade zur Cyberstalking-Prävention. Wenn Sie also das Web 2.0 einmal als Ganzes betrachten, was kann man Ihrer Meinung nach über eine Person herausfinden, und welchen Schaden kann man dieser Person mittels des gesammelten Wissens zufügen?

Social Phishing Webseite:	Gesammelte Daten:
Impressum der eigenen Webseite	Name, Anschrift, Firma, Steuernummer, Telefonnummer
Postings in Newsgroups und Foren	Infos über Hobby, Freizeit, Beruf
Business Networks, z.B. xing.de	Beruf, Werdegang, Geschäftspartner, Branche, Geschäftsfelder
Flickr.com, MySpace etc.	Freizeit, Urlaubsländer und -gewohnheiten, Freunde, Aussehen
Social Bookmarking z.B. del.icio.us	Besuchte Internetseiten und damit weitere Informationen
Bewertungen bei eBay	Konsumverhalten, was wurde gekauft und verkauft?
Stayfriends.de	Besuchte Schulen, Klassenfreunde, Lehrer, alte Klassenfotos etc.
Blog	Allgemeine Informationen bis zum detaillierten Tagesablauf
Filesharing	Vorlieben Musik, Film, Videos usw.
+ Phishing E-Mail	Kontonummer, Kreditkartennummer, Ausweisnummer, Passnummer, TANs und PINs, Passwörter, alle anderen sicherheitsrelevanten Daten

Tabelle 3.1: Der gläserne Mensch im Zeitalter des Internets.

+ Google und andere Suchmaschinen	
Internetrecherche	Weitere Vorlieben, Verhaltensmuster, soziale Netzwerke, Vereine, Berichte in den Medien, Sportarten usw.
Google Earth	Wohngegend kann analysiert werden; Plattenbau oder Villenvorort ist leicht zu erkennen
= ein fast lückenloser digitaler Fingerabdruck einer Person im WWW. Was kann man über Sie herausfinden?	

Tabelle 3.1: Der gläserne Mensch im Zeitalter des Internets. (Forts.)

Ein Passwort – viele Gefahren! Das Google-Konto

Google ist heute weit mehr als nur eine Suchmaschine. Es lassen sich zahlreiche Services kostenlos einrichten. Dazu gehören z.B. auch ein E-Mail-Account oder ein Weblog. Alle diese Services werden mit nur einem Passwort verwaltet. Dies birgt allerdings enorme Gefahren in sich. Besonders den neuesten Service von Google, das »Webprotokoll«, kann man fast schon als Spyware bezeichnen.

Abbildung 3.14: Die verschiedenen Google-Produkte erreichen Sie, indem Sie auf »Mehr« über der Google-Suchzeile klicken.

Es ergeben sich mehrere Konstellationen, wie man z.B. Ihr Surfverhalten ausspionieren kann:

>> Sie verwenden den heimischen Rechner. Ein anderer User, der ebenfalls diesen Rechner benutzt, hat ein Google-Konto und loggt sich in seinen Account ein. Ebenfalls hat er den Service »Webprotokoll« aktiviert. Wenn Sie nun auf diesem Rechner surfen, protokolliert Google sämtliche Suchabfragen und besuchte Seiten minutiös mit. Für den Inhaber des Kontos ist es nun ein Leichtes, am nächsten Tag nachzulesen, welche Seiten Sie besucht haben und welche Suchbegriffe Sie eingegeben haben. Er kann dies sogar von unterwegs aus machen. Er muss sich dazu nur in seinen Account einloggen, um zu sehen, was zuhause gerade gesurft wird.

>> Sie geben jemandem das Passwort für Ihren Account, oder jemand verschafft es sich auf andere Art und Weise. Dieser User hat ab sofort Zugang zu all den Services, die Sie bei Google nutzen. Es ist dem User nun auch möglich, Ihnen heimlich weitere Accounts einzurichten, wie z.B. das verräterische Webprotokoll.

Aug 13, 2007

3:50pm	Searched for <u>Marburger Amtsgericht</u> - ⊟ Viewed 1 result
	<u>Amtsgericht Marburg</u> - hessen.de
3:44pm	Searched for <u>private videos ins internet gestellt</u> - ⊟ Viewed 3 results
	Pech: private Videos auf Lan-Party "gefunden" - TueFo... - tuefo.de
	Sex-Video im Internet: "Den Voyeuren zum Fraß vorgeworfen ... - hr-online.de - ⊞ See 1 more page
	http://www.hr-online.de/website/rubriken/nachrichten/index.js...
3:42pm	Searched for <u>"private fotos im internet"</u> - ⊟ Viewed 3 results
	http://forum.knuddels.de/showflat.php?Cat=3&Number=1186479&Ma...
	<u>Fotografie</u> - acont.de
	<u>juergen meyer :: lieblinks</u> - juergen-meyer.de
3:42pm	Searched for <u>"private fotosim internet"</u>
3:40pm	Searched for <u>content aus internet zurückholen</u>
3:40pm	Searched for <u>videos aus dem netz entfernen</u>
3:39pm	Searched for <u>videos aus dem netz löschen</u>

Abbildung 3.15: Das Google Webprotokoll

Es ist auf der einen Seite sehr angenehm, viele dieser Services mit nur einem Passwort zu nutzen, aber es gibt auch eine Kehrseite der Medaille: Wenn dieses Passwort in falsche Hände gerät, sind dem Social Phisher oder dem Cyberstalker Tür und Tor geöffnet. Wenn Sie z.B. auch noch einen Blog bei Google betreiben (Blogger.com), kann man auch darin unter Ihrem Namen schreiben, was man will.

Verwenden Sie also lieber verschiedene Services bei verschiedenen Anbietern. So haben Sie mehrere Passwörter. Das ist zwar etwas aufwändiger, aber allemal sicherer.

Tipp . . . .

3.3.2   So wehren Sie sich

Gleich vorweg – auch beim Delikt Cyberstalking gilt: Präventiv handeln ist der beste Schutz! In diesem Zusammenhang heißt das: Geben Sie niemanden Ihre Passwörter, auch nicht Ihrem Lebensgefährten. Hat ein Cyberstalker nämlich auch noch Zugriff auf bestimmte Seiten und Services, haben Sie wirklich ganz schlechte Karten.

Beziehung gescheitert? Passwörter ändern!

Aus diesem Grunde empfehlen wir (gerade jüngeren) Menschen, Ihre Passwörter nach dem Scheitern einer Beziehung zu ändern. Sehr oft sind es nämlich verärgerte, beleidigte oder eifersüchtige Ex-Partner, welche durch Cyberstalking Rache nehmen wollen. Meist sind die Täter Männer, aber es häufen sich auch die Fälle, in denen Frauen zum Täter werden. Gerade wenn man sich nicht »im Guten« getrennt hat, ist das ein Tipp, der Ihnen sehr viel Ärger ersparen kann.

Was können Sie also tun, wenn Sie Opfer einer Cyberstalking-Attacke geworden sind?

>> Machen Sie dem Stalker in einem Chat oder auch via Messenger einmal mit Nachdruck klar: »Hör auf, mich zu belästigen. Ich werde das nicht hinnehmen.« Loggen Sie sich dann aus dem Chat für mindestens einen Tag aus. Lassen Sie sich nicht hinreißen, den Täter zu beleidigen, und belassen Sie es unbedingt bei einer Warnung. Sollten Sie mit Aussagen reagieren wie: «Ich sag das jetzt zum letzten Mal», oder «Hast Du mich noch nicht verstanden?» hat Sie der Täter bereits am Haken! Sie haben nämlich auf seine Machenschaften reagiert, und auf genau dieses «Katz-und-Maus-Spiel» legt er es an.

>> Antworten Sie auf keinerlei Kontaktversuche des Stalkers. Nicht per E-Mail, nicht im Chat, nicht per SMS und nicht per Telefon. Mit jeder Antwort, die Sie einem Stalker geben, verbessern sich seine Chancen in diesem Kampf.

Schreiben Sie ein Stalking-Tagebuch

>> Sichern Sie alle Chats, E-Mails, Fotos, Postings, etc. Ein sehr nützliches Mittel, um einen Cyberstalker im Falle eines Gerichtsprozesses zur Strecke zu bringen, ist die richtige Beweissicherung. Dabei hilft Ihnen ein »Stalking-Tagebuch«, wie weiter unten beschrieben.

>> Der oft gehörte Ratschlag, man solle im Chat einen neuen Nickname verwenden, schlägt meist fehl. Durch den persönlichen Schreibstil und die Vorliebe für bestimmte Themen ist man schnell wieder enttarnt. Besser ist es in diesem Falle, sich einen völlig neuen Chat oder ein anderes Forum zu suchen.

>> Reden Sie unbedingt mit Freunden oder Ihrer Familie über dieses Problem. Das dient zum einen dazu, Zeugen für die Angriffe zu haben, und zum anderen sehen Außenstehende die Situation neutraler und nüchterner. Es kommt nämlich leider häufig vor, dass die Opfer nach einer längeren Periode von Angriffen die Situation gar nicht mehr objektiv beurteilen können.

>> Bei anhaltender Belästigung sollten Sie E-Mail-Adresse, Nicknames, Passwörter usw. sofort ändern. Befolgen Sie bei diesem »Neustart« die Faustregel, niemals solche Daten an Dritte weiterzugeben oder diese leicht zugänglich aufzubewahren.

>> Sollten die Angriffe länger als einige Tage andauern, erstatten Sie Anzeige bei der Polizei.

Das »Stalking-Tagebuch« wurde uns von Frau Cand. rer. nat. Cornelia Belik freundlicherweise zur Verfügung gestellt. Frau Belik betreibt die sehr informative Seite www.cyberstalking.at.

Um das Tagebuch vor Gericht als aussagefähiges Beweismittel verwenden zu können, ist es laut Frau Belik wichtig, auf die folgenden Punkte zu achten.

>> Machen Sie möglichst genaue und detaillierte Angaben im Tagebuch.

>> Führen Sie das Tagebuch täglich.

>> E-Mails, Chatprotokolle, Screenshots von Webseiten etc. sollten Sie ausdrucken und archivieren.

Sie können das Tagebuch natürlich auch für »normale« Stalking-Fälle und ebenso für Mobbing-Fälle verwenden.

Name: ....   Cyberstalking-Tagebuch Blatt ....

Tag	Datum	Was ist geschehen? Art des Vorfalles ...	Wer? Von wem?	archiviert unter ...	event. Grund bzw. Auslöser	Zeugen?	Wie es mir geht ...
MO							
DI							
MI							
DO							
FR							
SA							
SO							

Kopiervorlage zur freien Verwendung. © 2006 www.cyberstalking.at

Abbildung 3.16: Cyberstalking-Blatt für eine Woche

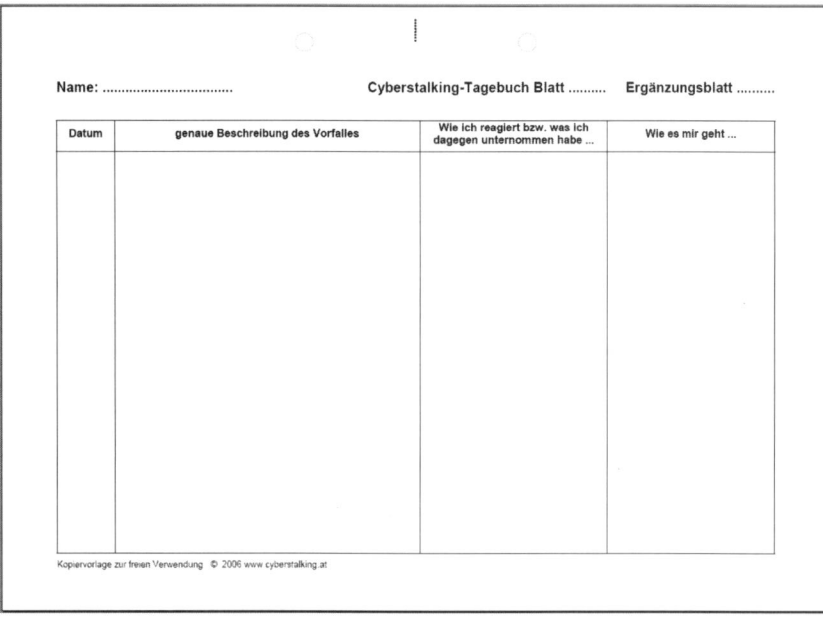

Abbildung 3.17: Ergänzungsblatt pro Tag bzw. besonderes Ereignis

http://www.weisser-ring.de/bundesgeschaeftsstelle/index.php
Weiterführende Informationen und erste Anlaufstelle für Opfer bietet der »Weiße Ring e.V.«

http://www.deutsche-stalkingopferhilfe.de
Die »Deutsche Stalking Opfer Hilfe« veranstaltet ein Selbstsicherheitstraining gegen Stalking.

http://www.no-stalking.de/board/index.html
Forum mit vielen Beiträgen über Stalking und Cyberstalking

3.3.3   So beugen Sie vor

Die Präventivmaßnahmen gegen Cyberstalking und Social Phishing sind größtenteils identisch. Darum haben wir sie hier unter einem Punkt zusammengefasst.

>> Niemals persönliche Informationen wie Namen, Adressen, Telefon-Nummern in Foren weitergeben.

>> Füllen Sie keine Profile auf Webseiten aus.

>> Geschlechts- und altersneutrale Nicknames verwenden.

>> Grundsätzlich niemandem seine Passwörter verraten, insbesondere nicht dem Lebenspartner. Das mag sehr hart klingen, aber sehr oft kommen die Täter aus dem engen persönlichen Umfeld.

>> Für Datingsites legen Sie sich eine separate E-Mail-Adresse zu. Seien Sie gerade bei solchen Seiten vorsichtig, da sie viele Informationen über Sie enthalten.

>> Gerade für Frauen gilt: Flirten Sie in Chats und Foren nur, wenn Sie wirklich ernste Absichten haben, denn mit der Zahl von »enttäuschten Verehrern« wächst die Zahl möglicher Täter.

Um sich vor Stalking-Angriffen im Allgemeinen besser schützen zu können, ist es hilfreich zu wissen, aus welchem Umfeld die Täter stammen. Eine Studie der TU Darmstadt besagt:

Das Opfer kennt seinen Peiniger fast immer. Völlig fremde Stalker sind die Minderheit und überwiegend ein Problem von Prominenten.

Laut TU Darmstadt sind die Täter zu 49 Prozent die ehemaligen Lebenspartner der Betroffenen.

Betroffene in Prozent	Beziehungskonstellation mit dem Stalker Die Täter waren:
49	**Expartner/in**
12	Fremde Personen
9	Sonstige Personen
8	Arbeitskollegen
6	Freunde
5	Patienten oder Klienten
5	Berufliche Beziehung
3	Expartner des momentanen Lebenspartners
2	Familienmitglieder

3.4   Obszönes oder peinliches Material

Das Verbreiten von anrüchigen Materialien, auf denen eine bestimmte Person zu sehen ist, gehört zu den ältesten Unsitten überhaupt. Schon in den Kinderschuhen des Internets gehörten so genannte »Rache-Seiten« zu den beliebtesten Pages überhaupt. Diese Seiten sind jedoch wegen der massiven Proteste fast ganz aus dem (deutschsprachigen) Netz verschwunden. Aber welchen Unterschied macht es für ein Opfer, ob ein obszönes Foto nun auf einer deutschen Top Level Domain oder auf einer dubiosen ausländischen Domain zu finden ist? So oder so:

§§§......
Wer ein Bild einer Person ohne deren Zustimmung verbreitet, verstößt gegen § 22 des Kunsturhebergesetzes, das lautet:

> *(...) Bildnisse dürfen nur mit Einwilligung des Abgebildeten verbreitet oder öffentlich zur Schau gestellt werden. (...)*

Denn das Recht am eigenen Bild oder Bildnisrecht ist eine besondere Ausprägung des allgemeinen Persönlichkeitsrechts. Es besagt, dass jeder Mensch grundsätzlich selbst darüber bestimmen darf, ob überhaupt und in welchem Zusammenhang Bilder von ihm veröffentlicht werden dürfen. (Quelle: wikipedia.de)

Aber Vorsicht: Hat Sie jemand dafür bezahlt, dass er Sie fotografieren durfte, haben Sie ihm damit das Einverständnis zur Veröffentlichung erteilt. In dem Gesetz heißt es nämlich ebenso:

> *(...) Die Einwilligung gilt im Zweifel als erteilt, wenn der Abgebildete dafür, dass er sich abbilden ließ, eine Entlohnung erhielt. (...)*

Tipp......
Lassen Sie sich für ein harmloses Foto, welches von Ihnen gemacht wurde, niemals irgendetwas als »Belohnung« geben. Sie haben sonst eine o.g. Entlohnung entgegengenommen und unter Umständen dadurch Ihr Einverständnis zur Veröffentlichung erteilt.

Aber es muss sich nicht immer um obszönes Material handeln, auch Bilder und Videos, die eine Person in einer lächerlichen oder peinlichen Situation zeigen, können den Betroffenen erhebliche Schwierigkeiten einbringen. So machen sich zum Beispiel gerne »nette Arbeitskollegen« einen Spaß daraus, Videos der letzten Betriebsfeier ins Netz zu stellen, in denen Mitarbeiter »etwas« angetrunken zu sehen sind.

Gerade solche Filmchen verbreiten sich dann wie ein Lauffeuer in der ganzen Firma, denn der Übeltäter versäumt es natürlich auch nicht, durch ein paar gezielte Hinweise per E-Mail auf sein Werk aufmerksam zu machen.

3.4.1   Unerlaubt veröffentlichte Texte, Bilder und Videos

Wer unerlaubt erotische Bilder einer anderen Person in die Weiten des Internets entlässt, muss mit erheblichem Ärger rechnen. Er verstößt mit einer solchen Handlung massiv gegen die Persönlichkeitsrechte des Betroffenen. Dieser hat daher Anspruch auf Schadensersatz.

> *Die Veröffentlichung fremder privater Bilder, insbesondere Nacktfotos, ohne Genehmigung des Abgebildeten stellt eine schwerwiegende Verletzung des allgemeinen Persönlichkeitsrechtes im Sinne von § 823 BGB, Artikel 1 Abs. 1, 2 Abs. 1 GG dar und ist eine vorsätzliche sittenwidrige Schädigung, welche den Veröffentlichen-den zur Zahlung von Schmerzensgeld sowie zur Unterlassung verpflichtet. (Quelle: www.cybercourt.de)*

In dem Urteil des Landgerichts vom 27.04.2006 (4 O 251/05) kam es aber für den Täter noch schlimmer. Die Bilder waren praktisch nicht mehr aus dem Netz zu entfernen, und auch ein erneutes »Wiederaufspielen« durch andere User konnte nicht mehr verhindert werden.

> *Ist eine endgültige Entfernung der ohne Genehmigung im Internet eingestellten erotischen Bilddateien nicht mehr möglich (…) so ist ein Schmerzensgeld von € 25.000,00 angemessen und der Schädiger verpflichtet, auch künftige Schäden, welche der Geschädigten aus der Veröffentlichung der Bilder entstehen, zu ersetzen.* (Quelle: www.cybercourt.de)

Rache ist teuer!

Schnell kommt bei solchen Fällen auch noch eine Anklage wegen Verbreitens pornografischer Schriften und Beleidigung dazu. Insgesamt also ein sehr teurer »Rachefeldzug«, den sich jeder besser zweimal überlegen sollte.

Wie schwer die psychische Belastung für Frauen ist, von denen unerlaubt Material ins Internet gestellt wird, zeigt unser folgendes wahres Beispiel:

Veröffentlichung persönlicher Dinge im Netz

Ein Fall nach wahrer Begebenheit

Ich hoffe Ihr könnt mir weiterhelfen, denn ich weiß mir langsam keinen Rat mehr!

In einem Forum hat mein Ex Freund Dinge über mich und andere Frauen veröffentlicht, ich habe es leider erst diese Woche erfahren, auf dreckigste Art und Weise, ein User den es jetzt natürlich nicht mehr gibt, hat den Link an meinen derzeitigen Freund geschickt!!! Dem es natürlich nun dementsprechend geht!

Laut meiner Information, ich habe die Auszüge leider nicht gesehen, da mein Freund Sie gelöscht hat, bestehen jetzt schon einige Anzeigen gegen den Ex! Ein Mädchen hat er sogar mit der Kamera aufgenommen und es online gestellt! Wahrscheinlich kann ich gar nichts tun, habe keine Beweise dafür, außer ich hab die Möglichkeit an die anderen Frauen ranzukommen? Sollte ich Ihn auch anzeigen?

(Quelle: http://www.internetvictims.de/forum/viewtopic.php?t=1561 24.10.2007)

3.4.2   So wehren Sie sich

Löschung von Videos auf YouTube

YouTube ist wohl das weltweit bekannteste Videoportal. Dort ein Video hochzuladen und einer breiten Öffentlichkeit zugänglich zu machen, schafft selbst ein Kind. Aber auch durch die Tatsache, dass mittels Handy ein Video jederzeit und überall gedreht werden kann, steigt die Anzahl der Videos bei YouTube ins Unermessliche – und damit auch die Klagen.

Aber es ist natürlich möglich, ungeliebte Videos wieder zu löschen.

Allerdings ist es von großer Bedeutung, von *wem* das Video hochgeladen wurde. Von Ihnen selbst, von einem User, den Sie kennen, oder von einem fremden User. Auch die Löschung wegen Copyright-Verletzungen ist möglich, sollten Sie ein Video, welches Sie gedreht haben, auf YouTube entdecken.

>> Löschung eines selbst hochgeladenen Videos

Um ein Video zu löschen, welches Sie selbst hochgeladen haben, loggen Sie sich bei YouTube ein und klicken unter der Überschrift VIDEOS auf MY VIDEOS. Hier sind alle Videos aufgelistet, die Sie hochgeladen haben. Unter jedem Video finden Sie eine Schaltfläche REMOVE VIDEO. Klicken Sie diese an und bestätigen den Löschvorgang mit OK. Das ungeliebte Video ist verschwunden.

Abbildung 3.18: Löschung eines selbst eingestellten Videos bei youtube.com

>> Löschung eines Videos, das ein Bekannter hochgeladen hat

Wenn ein Video von Ihnen auftaucht, das z.B. auf einer Party entstand, ist es relativ wahrscheinlich, dass Sie die Person kennen, die das Video bei YouTube eingestellt hat. Wenn Sie es schaffen herauszufinden, wer das war, ist es sehr leicht, das Video zu löschen. Sprechen Sie den User einfach an und bitten Sie ihn, das Video wieder zu löschen. Da er es hochgeladen hat, ist es ein Leichtes für ihn, es auf oben beschriebene Weise wieder zu entfernen.

>> Löschung eines Videos, das ein Unbekannter hochgeladen hat

Wie Sie sicherlich schon vermutet haben, ist das ein schwieriges Unterfangen. Aber auch hier ist die Situation nicht aussichtslos, und so merkwürdig es auch klingen mag: Je schlimmer das Video, desto leichter das Löschen. Sie können das Video nämlich »flaggen«. Dazu begeben Sie sich auf YouTube und rufen das entsprechende Video auf.

Unter dem Video sehen Sie folgende Links:

Rate this video	Save to Favorites	Share Video	Flag as
★★★★☆	Add to Groups	Post Video	Inappropriate
5109 ratings			
Views: **576,363**	Comments: **6760**	Favorited: **4927** times	
Honors: 11	Links: 5	Responses: 21	

Abbildung 3.19: Beim Abspielen eines Videos erscheint darunter dieses Fenster.

Klicken Sie nun auf FLAG AS INAPPROPRIATE, was so viel heißt wie Kennzeichnen als unangebracht. Es erscheint ein Auswahlmenü mit mehreren Menüpunkten, welche bei YouTube als Vergehen gewertet werden.

This Video is Inappropriate (cancel)

Please select your reason for flagging this video as inappropriate from the dropdown below. We promise to review each and every submission within 24-48 hours.

If you are the copyright owner of this video and believe it has been uploaded without your permission, please follow these directions to submit a copyright infringement notice.

- Choose a Reason -

Flag This Video

Abbildung 3.20: Löschung eines Videos beantragen.

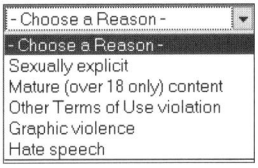

- Choose a Reason -
- Choose a Reason -
Sexually explicit
Mature (over 18 only) content
Other Terms of Use violation
Graphic violence
Hate speech

Abbildung 3.21: Hier wählen Sie den Grund, warum Sie die Löschung fordern.

Nun verspricht YouTube, sich jedem einzelnen Fall binnen einer Frist von 24-48 Stunden anzunehmen.

>> Löschung eines Videos wegen einer Copyright-Verletzung

Sollte jemand unerlaubterweise ein Video hochgeladen haben, an welchem Sie die Urheberrechte besitzen, können Sie auch das bei YouTube melden. Wir behandeln dieses Thema ausführlich unter Punkt 7.3.1.

3.4.3   So beugen Sie vor

>> Seien Sie mit dem eigenen Namen, Bildern, Videos und sonstigen personenbezogenen Daten, die Sie selbst ins Internet stellen, von vornherein besonders sorgfältig. Denken Sie dabei an die Zukunft! Wer heute ein Video von der feuchtfröhlichen Abifeier ins Netz stellt, ist morgen vermutlich auf Jobsuche, und auch der zukünftige Personalchef hat einen PC.

>> Seien Sie äußerst vorsichtig, von wem Sie sich fotografieren oder filmen lassen. In diesem Zusammenhang möchten wir Sie noch einmal daran erinnern, dass 49% der Cyberstalking-Delikte, unter die auch das unerlaubte Verbreiten von Fotos und Videos gehört, vom Expartner begangen werden. Dieser Rat richtet sich vor allem an Frauen.

>> Gerade bei Jugendlichen sind Partyseiten und Stadtmagazine im Internet sehr beliebt. In jeder Disco und auf größeren Veranstaltungen sind die so genannten »Pixer«, also die Fotografen dieser Internetseiten, unterwegs und fotografieren die Gäste. Normalerweise gilt der Ehrenkodex bei den Fotografen, dass Sie um Erlaubnis für die Veröffentlichung bitten. Seien Sie mit solchen Einwilligungen vorsichtig, gerade wenn Sie etwas getrunken haben.

Der Fall Dagmar J. Sall

Ein Fall nach wahrer Begebenheit

Wie das Internet selbst ganze Existenzen zerstören kann, lesen Sie in folgendem dramatischen Fall von Frau Dagmar J. Sall.

Menschenjagd durch das Internet?

Diese Menschenjagden durch das Internet gibt es nun schon seit Jahren. Betroffen davon war ich z.B. durch meine Berufstätigkeit schon immer. Richtig aufgefallen ist es mir als Erstes bei den von mir betreuten Internetgästebüchern und Foren. Das Ganze begann im Jahr 2000. In den von mir für Firmenkunden erstellten Internetpräsenzen fanden sich in deren Gästebüchern immer mehr Einträge mit Häme, Spott und Verunglimpfung der Firmen.

In einer Sache ermittelte dann die Polizei, und es stellte sich heraus, dass es sich um einen Mitbewerber am Markt handelte. Er wollte wohl auf diese Art und Weise erreichen, dass der Kunde mir den Auftrag kündigt. Im Laufe der Zeit ging es gar nicht mehr anders, wir mussten jedes Gästebuch unserer Kunden moderieren. Hätten wir es nicht getan, wäre dies sowohl für unsere Kunden als auch für mein Unternehmen sehr schädlich gewesen. In einem Forum, das sich mit Sport, Jugendsport beschäftigte – es war die Internetpräsenz eines namhaften Vereines –, befanden sich eines Tages pädophile Vorwürfe gegen einen Trainer.

Dies passierte so massiv, das dieser Mann seinen ehrenamtlichen Trainerposten kündigte. Der Mensch war total fertig, zumal sich diese Dinge bis in sein reales Privatleben und Arbeitsleben zogen. Bis in solchen Fällen die Polizei oder Staatsanwaltschaft reagiert, vergehen oft Monate. Monate, in denen Menschen unter den Verfolgungen leiden. Die meisten Fälle gehen so aus, dass man erklärt, es seien Zivildelikte, die nicht strafrechtlich zu ahnden seien.

In den letzten sieben Jahren kann man sehr gut erkennen, dass Internetrufmord immer stärker betrieben wird. Es gibt kaum ein Forum, in dem nicht gestritten und beleidigt wird. Das Schlimme ist, dass z.B. Google kaum etwas vergisst und es darüber hinaus Register gibt, die über Jahre sämtliche Internetseiten speichern, so dass selbst im Falle einer Löschung diffamierende Beiträge noch auffindbar sind.

Komme ich nun zu meiner persönlichen Geschichte. Ich bin eine Person öffentlichen Interesses, und Personen wie ich haben, so scheint es, kein Recht auf ein Privatleben. Es werden Beiträge, Foreneinträge und mehr über meine Person verfasst, gegen die ich mich kaum mehr zu wehren weiß. Denn es wird immer damit argumentiert, ich sei eben eine Person des öffentlichen Interesses, oder wer sich in Gefahr begibt, ist selber schuld usw. Dass durch diffamierende, unwahre Beiträge nicht nur mein Privatleben, sondern auch mein Unternehmen leidet, scheint dabei nicht von Interesse.

Die Menschen, die einen derart durch das Internet hetzen, tun dies meistens auf ausländischen Servern und anonym. Wer auf ausländischen Servern Foren oder Blogs betreibt, kann sich dabei auslassen, wie er will. Die Betreiber, die dies tun, wissen das und nutzen diesen Umstand aus.

Das erste Mal, als ich knallhart diffamiert wurde, war zu einer Zeit, in der ich im Internet eine Hilfsaktion, die einmal rund um die Welt durch die Medien ging, ins Leben gerufen hatte. Eine Aktion, die vielen Menschen half, und man hätte denken sollen, dass gerade bei dieser Katastrophe nicht auch noch auf Menschen eingehackt wird.

Falsch gedacht. Es wurden selbst da in anderen Foren Hämebeiträge, Unterstellungen und mehr losgelassen. Es wurde mir angedichtet, ich hätte diese Aktion nicht aus Menschlichkeit, sondern aus Profitgier, Geltungssucht und Stimmenfang für meine Partei getan. Ich weiß, dass es so nicht stimmt, doch nützt mir das etwas? Nein, es nützt mir gar nichts. Auf einmal wird man von Menschen beschimpft, die man gar nicht kennt und die einen selber auch gar nicht kennen. Es ist derart frustrierend und schädigend, dass man daran seelisch erkranken kann – was mir auch passierte – und finanziell in den Ruin getrieben werden kann. Auch das ist passiert.

Es hört nicht auf, wie sollte es auch?

Nachdem sich die Wogen etwas geglättet hatten und die Hilfsaktion beendet war, traf mich ein persönlicher Schicksalsschlag. Darüber schrieb ich dann in einem Portal der Lebenshilfe, wie ich dachte, und zwar anonym. Der ehemalige Partner, wegen dem ich sehr traurig war, wusste, dass ich dort schrieb, und er sagte es weiter, er gab preis, wer sich hinter dem Nick verbirgt. Und er schrieb dort selber, dass alles, was ich geschrieben hätte, nicht stimmen würde.

Es entstand eine Gruppendynamik, die mich im weiteren Verlauf zu einer Trotzreaktion herausforderte. Ich wollte mich wehren, und ich vergaß bisweilen meine gute Kinderstube. Das hätte ich natürlich nicht tun dürfen, doch sind wir nicht alle nur Menschen? Griff man mich an, konterte ich. Der Forenadmin verwies mich des Portals, ließ sogar abstimmen darüber, ob man mich nicht – auch zum Selbstschutz – des Forums verweisen sollte.

Nun schrieb ich ja nicht immer unsachliche oder schlimme Beiträge. Aber egal, zu welchem Thema ich mich mit meiner Meinung äußerte, es gab immer Ärger. Irgendwann ließ ich es dann sein, in diesem Forum zu schreiben und eröffnete ein eigenes Forum, das sich mit den Thematiken beschäftigte, um die es auch in dem Forum ging, in dem ich geschrieben hatte und unerwünscht war. Ein Forum unter Nick, allerdings haben wir in Deutschland ja eine harte Impressumspflicht, also kam ich der Gesetzgebung nach und erklärte, wer für das Forum verantwortlich ist. Viel später erst habe ich das Impressum zum eigenen Schutz abgeändert.

Allerdings kannten mich ja nun viele andere User, und sie fanden es wohl super, jetzt bei allem, was ich im eigenen Forum schrieb, zu kontern. Ich schrieb auch über dieser perfide Art der Verfolgung durch das Internet, was dazu führte, dass man Artikel für mich zum Thema Paranoia einstellte. Hier handelte es sich unter anderem um zwei sehr hartnäckige User, die dies nicht nur mit mir, sondern auch mit anderen Menschen, die mir persönlich bekannt sind, betrieben.

Die Geschichte geht weiter

Im Verlauf meines Mandates wechselte ich z.B. mehrfach die Fraktion. Ich war, wie man im Internet so schön sagt, »Newbie« und musste lernen, dass es viel zu lernen gibt. Der Umgang mit der Presse war mir zwar nicht unbekannt, doch wenn man in die Politik geht, ist es noch einmal etwas anderes. Dass diese Wechsel stattgefunden haben, ist an sich ja noch nichts Schlimmes, sollte man meinen.

Klar, dass die Oppositionen versuchen, solche Wechsel für sich auszuschlachten, z.B. indem man den Bürgern/Bürgerinnen klarmachen möchte, dass dies alles mit furchtbar hohen Kosten verbunden ist. Es sind keine Mehrkosten, sondern die Fraktion, die man verlässt, bekommt weniger, ist unter Umständen keine Fraktion mehr, und die anderen bekommen die Zuwendungen, die vormals die alte Fraktion erhielt. Von Mehrkosten kann hier also gar nicht die Rede sein. Was das alles mit dem Thema »Tatort Internet« zutun hat, kommt jetzt. Indem ich also eine Fraktion verließ, ich hatte meine Gründe, die Presse schrieb darüber. Etwas, das ich gar nicht verhindern konnte, will man mir allerdings auch nicht glauben. Erneut geschah es im Internet: Auf einmal wurden verunglimpfende Beiträge zu meiner Person ins Internet gestellt.

Erst auf den Seiten der ehemaligen Fraktion, dann weiter auf Seiten, die angeblich gar nichts mit dieser Seite zutun hatten. Man sagte, es sei einfach nur ein Link zu einem US-Server, dort würde jemand einen Blog betreiben, der sich ausschließlich mit Korruption beschäftige. Korruption im Rathaus und unter den Politikern in meiner Stadt. Mir wurden Dinge angedichtet, die nicht stimmten und die ich mit einer einstweiligen Verfügung aus dem Netz genommen haben wollte.

Einstweilige Verfügung, bis es soweit war, dauerte es Monate. In der Zeit wurde mir ganz schnell noch mehr angedichtet, und ich wunderte mich, woher das diese Personen aus USA wohl wissen. Ich lernte mich plötzlich mal wieder neu kennen, was für eine miese und schlechte Person ich doch sei. Das Schlimme daran ist: Die Leute, die das lesen, glauben es. Und selbst, wenn man sich dagegen zur Wehr setzt: Etwas Dreck bleibt immer hängen. Im Laufe der Zeit trennte ich mich von meiner Mitarbeiterin, die darüber so erzürnt war, dass sie anfing, über mich und mein Privatleben zu tratschen. Und zwar bei den ehemaligen Kollegen, die sie seinerzeit zusammen mit mir verließ, weil ich sie mit in die neue Fraktion nahm.

Sie war damals hocherfreut über den Wechsel und wünschte diesen beiden Menschen nichts Gutes. Jetzt auf einmal waren sie und diese Menschen die besten Freunde. Diese meine ehemalige Mitarbeiterin wusste auch, dass ich mein privates Portal betrieb, es war wie gesagt eine ganz private Sache. Sie verbreitete dies überall in unserem Rathaus, sagte, dass ich das sei, und von da an kamen noch mehr seltsame Gestalten in mein Forum. Auf dem seltsamen Blog, der sich ja auf den US-Servern befand, stand auf einmal zu lesen, dass ich ein solches Portal betrieb, dass ich ewig plärrend wäre, dass man mich nach Amerika verkaufen sollte wie vormals die Marketenderinnen usw. Dass ich öffentliche Gelder veruntreut hätte, dass ich meiner Mitarbeiterin rechtswidrig gekündigt hätte. Dass ich privaten bzw. geschäftlichen Gerichtsterminen absichtlich fern bliebe. Dass man mich angezeigt hätte und gegen mich ermitteln würde.

Stimmt, man hat mich angezeigt, stimmt, man ermittelt gegen mich. Auf massive Einwirkung meiner ehemaligen Mitarbeiterin wurde ich angezeigt für etwas, das ich nie getan hatte. Das Gegenteil zu beweisen, liegt nun bei mir. Dass man mich angezeigt hatte bzw. gegen mich ermittelte, erfuhr ich erstmals durch den Anwalt meiner ehemaligen Fraktionskollegen. Dies wurde einem anderen Gericht mitgeteilt, bei dem die Herren auch ein Verfahren gegen mich eröffneten. Das alles wurde dann im Internet niedergeschrieben. Dass ich z.B. einen Gerichtstermin mit meiner ehemaligen Steuerberaterin hatte, konnten die Herren gar nicht wissen. Sie haben es wohl über meine ehemalige Mitarbeiterin erfahren, die die beste Freundin der Steuerberaterin ist. Das wurde dann ganz schnell im Internet genüsslich ausgeschlachtet.

Natürlich auf den US-Servern, und es wurden jede Menge Mitteilungen über mich an die Presse gesandt. Manchmal ist die Presse jedoch sehr vorsichtig, und so wurde so gut wie nichts von diesen Dingen veröffentlicht. Die Presse teilte mir allenfalls mit, was da alles im Gange war. Die Damen und Herren beschwerten sich darüber direkt bei den Pressevertretern, aber auch in öffentlichen Foren, dass die Pressemitteilungen über mich nicht veröffentlicht wurden. So hat man mich also kriminalisiert, gejagt und tut es immer noch. Meine Kunden kündigten, meine Partei konnte auch nicht mehr so, auch hier kündigten etliche. Und ich verlor meine Gesundheit und Schaffenskraft dadurch, was die Betreffenden sehr freut und was sie immer wieder anzuzweifeln versuchen, indem sie mich, weil ich nicht mehr in der Lage bin, Gerichtsverfahren gesundheitlich durchzustehen, zum Amtsarzt schicken wollen. Ich kann meiner beruflichen Tätigkeit nicht mehr nachgehen, was sich jetzt bald so negativ auf mein Geschäft auswirkt, dass ich auch noch den kleinen Rest an Einkommen verlieren werde.

Zuvor war ich schon stark angeschlagen, das wusste meine Mitarbeiterin, für mich war sie eine Vertraute. Eine Vertraute, die sich dann geschickt mit an einer Menschenjagd beteiligte, was ja durch das Internet ganz besonders einfach ist. Ich schrieb in einer Situation, in der ich fast am Ende war, in einem meiner geschlossenen Foren darüber. In der Hoffnung, ich würde Gleichgesinnte oder verständnisvolle Leser finden. Das, was ich dort schrieb, wurde herauskopiert und auch an das Gericht geschickt. Damit wollte man wohl klar machen: Ich hätte es offensichtlich nötig gehabt, öffentliche Gelder zu veruntreuen. Denn schließlich schrieb ich ja, dass es mit meiner Firma massive Probleme gab.

Ich schrieb dann noch in einem Forum, welches sich mit der Verschuldung von Selbstständigen beschäftigt. Schrieb u.a. darüber, dass ich Probleme bekam, nachdem ich die Hilfsaktion durchgeführt hatte. Bums, das hätte ich nicht tun sollen, auch dort erkannte man mich sofort. Und es wurde darauf hingewiesen, wo ich vorher geschrieben hatte und unter welchem Nick und wo ich noch so schreiben würde. Wieder begann die Gruppendynamik, auch in meinem eigenen Forum und auch in diesem Schuldenberatungsforum.

Dann erhielt ich vor einigen Tagen einen Anruf, der Anrufer teilte mir mit, dass überall in unserem Rathaus weiter über mich und mein Forum, über meine Sorgen und mehr gelacht wird. Der Anrufer steht aber leider in der Öffentlichkeit nicht dazu, und so ist es schwer, etwas gegen all das zu unternehmen.

Manchmal frage ich mich, ob es richtig ist, dass Menschen, die Foren betreiben, mit ihrem vollen Namen ins Impressum müssen, während die User ganz anonym bleiben dürfen. Ist es richtig, Forenbetreiber, die auch ganz privat schreiben möchten, vielleicht auch mal ganz anonym wie ihre User, dazu zu zwingen, sich durch eine solche Impressumspflicht in Gefahr zu begeben? Ist eine Impressumspflicht überhaupt vonnöten, wenn z.B. ein kleiner Unternehmer gar nichts über das Internet verkauft, sondern nur seine Waren oder Dienstleistungen darstellt, die dann im Ladengeschäft bezogen werden?

Oder eben auch Dienstleister, die gar kein Büro oder ein Ladenlokal betreiben. Solche gibt es ja auch, z.B. bei Umzugzugunternehmen, die direkt zum Kunden kommen. Die möchten gar nicht mit ihrer privaten Adresse irgendwo stehen, denn sie gehen zum Kunden. Dort kann der Kunde dann ja alle notwendigen Informationen erhalten. Welchen Sinn ergibt es, wenn man seine Steuernummer im Internet angeben muss? So kann doch jeder in Kürze Informationen abfragen, die gar nicht für ihn bestimmt sind, oder er kann gleich mit Fakes und der Steuernummer herumhantieren. Alles Dinge, die man, wenn man wie ich mit dem Medium Internet arbeitet, schon erlebt hat. Wen geht meine postalische Adresse etwas an, wenn ich ein Forum privater Natur betreibe? Falls etwas rechtlich nicht stimmen sollte, kann die Polizei oder die Staatsanwaltschaft sie doch jederzeit ermitteln. Wo ist der Schutz, wo bleibt der Datenschutz?

Wieso wird dann nicht von den Usern dasselbe verlangt wie von z.B. Forenbetreibern? Jeder, der sich dort registriert und mitmachen möchte, sollte vorab eine beglaubigte Kopie des Personalausweises übersenden, und dann kann er in Foren unter Nick schreiben. Niemand würde sich dann mehr solche Jagden, Diffamierungen und mehr im Internet erlauben.

4

Finanzieller Schaden

KAPITEL 4

Spam und E-Mails

Falsche Rechnungen und Mahnungen, Gewinnbenachrichtigungen, dubiose Warenangebote und zweifelhafte Börsentipps verstopfen täglich unsere elektronischen Postfächer und sind ein großes Ärgernis für fast alle von uns. Allerdings sind diese unliebsamen E-Mails beinahe harmlos gegen die Betrugsmaschen wie Phishing oder Pharming. Hier erfahren Sie ausführlich, was Sie dagegen tun können, und erhalten Tipps, wie Sie nicht auf diese Betrügereien hereinfallen.

Kreditkarten- und Kontomissbrauch

In den letzten Jahren ist das Bezahlen im Internet schon fast zur Selbstverständlichkeit geworden. Daher gehen viele Internetnutzer allzu leichtfertig mit Ihren Kreditkarten- und Kontodaten um. Diese Entwicklung ruft naturgemäß allerhand dunkle Gestalten auf den Plan, die allesamt nur eines wollen – Ihr Geld. Lesen Sie in diesem Abschnitt, wie die Betrüger an sensible Daten gelangen und wie Sie sich gegen diese Art des Datendiebstahls schützen.

Versteckte Kosten und Mitgliedschaften

In diesem Abschnitt dreht sich alles um eines der größten Ärgernisse im Internet. Verbraucher werden mit zweifelhaften Geschäftsmethoden, Lockangeboten und unter Verschleierung von Kosten in eine Vertrags- oder Abofalle gelockt. Wir zeigen Ihnen, welche raffinierten Tricks die Täter verwenden, und geben Ratschläge, was Sie tun können, wenn Sie auf solche dubiosen Geschäftemacher hereingefallen sind.

Betrug bei eBay

Es gibt kaum einen Internetnutzer, der nicht schon einmal etwas bei eBay gekauft oder verkauft hat. Und wie überall im täglichen Leben locken große Umsätze auch hier zweifelhafte »Geschäftemacher« an, welche es mit der Seriosität nicht immer ganz genau nehmen und nur auf das schnelle Geld aus sind. Wir zeigen Ihnen hier, wie Sie Risikofaktoren beim Auktionshaus Nummer Eins ausschalten, und was zu tun ist, wenn Sie jemand übers Ohr hauen möchte.

Betrug beim Autokauf

Die Betrugsfälle beim Autokauf im Internet nehmen immer mehr zu. Naturgemäß kann daher ein sehr hoher finanzieller Schaden entstehen. Damit Sie auf der sicheren Seite sind, egal, ob Sie im Internet ein Auto kaufen oder verkaufen wollen, sollten Sie diesen Abschnitt lesen.

Gefahren von WLAN

Auch ein WLAN gehört heutzutage fast schon zur technischen Standardausrüstung eines jeden Internetnutzers. Leider birgt auch diese Weiterentwicklung der Hardware einige nicht unerhebliche Gefahren in sich, vor denen wir Sie in diesem Abschnitt warnen wollen.

Weiterführende Informationen zum Thema Sicherheit im Netz

Um das Thema dieses Kapitels abzuschließen, empfehlen wir Ihnen noch eine sehr informative Internetseite mit vielen Tipps, Tricks und ausführlichen Checklisten rund um das Thema »Sicherheit im Netz«.

>>>

Das Internet ist wahrhaft kein sicherer Ort. An allen Enden der schier unendlich wirkenden Datenleitungen des World Wide Web lauern Gefahren für den angebundenen heimischen Computer. Wenig technisches Wissen, die Anonymität des Internets und die Unachtsamkeit der Menschen lassen viele Internetbenutzer in die unzähligen Fallen der Online-Betrüger tappen. Dabei kann unter Umständen hoher finanzieller Schaden entstehen. Diese Schäden reichen von wenigen Euros bis hin zu fünfstelligen Summen, z.B. bei teuren eBay-Waren.

Wir erklären Ihnen in diesem Kapitel, was die größten finanziellen Risiken für Internetnutzer im Netz sind, wie Sie sich davor schützen und wenn nötig, auch dagegen wehren können.

4.1   Spam und E-Mails

Während man früher fast ausnahmslos mit Spam (unerwünschte Massen-E-Mails) von erotischen Angeboten überhäuft wurde, stellen die E-Mails mit schlüpfrigem Inhalten mittlerweile nur noch einen Bruchteil der ankommenden Spam-Flut dar. Heutzutage werden vermehrt Produkte jeglicher Couleur angeboten und beworben.

Das schlichte Versenden von Computerviren hat ebenfalls an »Beliebtheit« eingebüßt und wird von der nun vermehrt auftretenden Datenspionage abgelöst. Der rückläufige Trend bei den herkömmlichen Viren verläuft parallel zu einer sich ständig ändernden Bedrohung in Form von Datenraub durch Phishing, Pharming unter Zuhilfenahme von so genannten Bot-Netzen. Unter einem Bot-Netz versteht man eine Zusammenschaltung mehrerer infizierter Computer. Diese können dann im Schutze der Anonymität ferngesteuert und kriminell missbraucht werden.

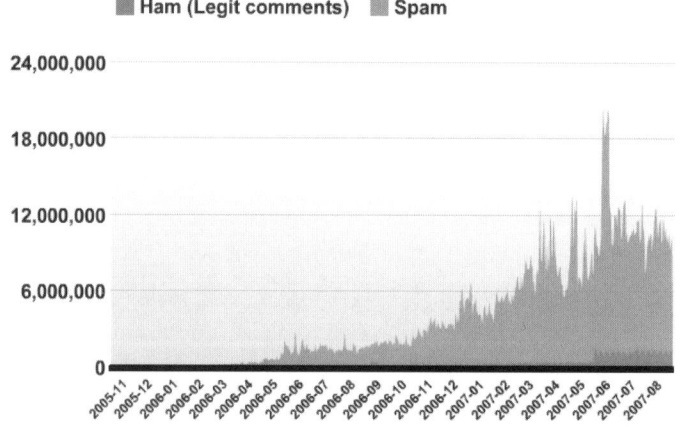

Abbildung 4.1: Quelle: www.akismet.com, 23.08.2007, Spam gegenüber »Ham«, verdeutlicht den rasanten Anstieg von Spam.

Aber vor allem kostet Spam den User viel Zeit und Nerven. In den nachfolgenden Punkten zeigen wir Ihnen die größten Gefahren auf, die durch Massen-E-Mails entstehen, und wie Sie sich dagegen wehren können.

4.1.1 Falsche Rechnungen, Mahnungen und Gewinnbenachrichtigungen

Wer kennt diese lästigen E-Mails nicht? Schein-Rechnungen, Mahnungs-Mails und angebliche Gewinnbenachrichtigungen:

Eine gefälschte GEZ-Rechnung, eine Zahlungsaufforderung für einen Domainnamen, oder eine Rechnung für einen Namenseintrag in einem angeblichen Telefonbuch sorgten schon bei vielen Verbrauchern für Unruhe. Angebote werden absichtlich optisch als Rechnung aufgemacht und damit viele unbedachte User abgezockt oder ausspioniert.

Man unterscheidet hier drei Erscheinungsformen von falschen Rechnungen:

Angebote werden als scheinbare Rechnung verschickt
Ein ganz fieser Trick: Dubiose Firmen verschicken Angebote für eine Annonce im Internet per Massen-E-Mail. Diese Anschreiben sind optisch aufgemacht wie eine Rechnung. Eine angebliche Rechnung liegt zum Ausdrucken bei. Bei dieser Masche hoffen die Betrüger, dass bei Firmen die ahnungslose Sekretärin auf den Trick hereinfällt und den Betrag anstandslos überweist.

Aber die Rechtslage ist bereits geklärt:

Aus dem BGH-Urteil vom 26.04.2001; Az.: 4 StR 439/00 zum Thema Täuschung durch Anzeigenofferten geht hervor:

Wer Angebotsschreiben planmäßig durch Verwendung typischer Rechnungsmerkmale (insbesondere durch die hervorgehobene Angabe einer Zahlungsfrist) so abfasst, dass der Eindruck einer Zahlungspflicht entsteht, dem gegenüber die – klein gedruckten – Hinweise auf den Angebotscharakter völlig in den Hintergrund treten, begeht eine (versuchte) Täuschung im Sinn des § 263 I StGB.

Falsche Rechnungen zum Zwecke der finanziellen Bereicherung
Diese Art von Betrug kommt sehr selten vor, da das Risiko, gefasst zu werden, für den Täter sehr hoch ist. Der Geldempfänger muss sich nach einem kurzen Zeitraum ins Ausland absetzen, da er sonst sehr schnell über seine Kontoverbindung ausfindig gemacht und verhaftet werden kann. Ein Strafverfahren gegen ihn wird jedoch immer eingeleitet, da sein Name durch die verwendete Bank bekannt ist.

Häufiger kommt es jedoch vor, dass man einer anderen Person einen Streich von unglaublichem Ausmaß spielt und dessen Namen und Bankverbindung in der Rechnungsmail angibt.

Welle vom Massenmails

Eine besonders dreiste Welle von Massenmails rollte am 27.08.2004 über Deutschland hinweg. Dutzende von Usern haben heise.de auf Mahnungen hingewiesen, die sie per E-Mail erhalten haben. Der Text der Nachrichten mit der Betreffzeile »Letzte Mahnung« lautete immer gleich:

> Guten Tag,
>
> bis zum heutigen Datum fehlen Einzahlungen Ihrerseits, die die Rechnungsnummer 84387094 betreffen. Hiermit fordere ich Sie nachdrücklich auf, bis zum 31.08.04 die noch ausstehende Summe von 29,99 Euro zuzüglich auf das unten angegebene Konto zu überweisen.
>
> Bei erneuter Nichtbeachtung der Frist wird das gerichtliche Mahnverfahren eingeleitet. Alle anfallenden Kosten sind dann von Ihnen zu tragen.
>
> Sollten Sie inzwischen gezahlt haben, so betrachten Sie dieses Schreiben als gegenstandslos.
>
> Mit freundlichen Grüßen
>
> Buchhaltung
>
> Kreditinstitut: Postbank Nürnberg
>
> Kontonummer: 295766850
>
> Bankleitzahl: 76010085
>
> Inhaber: Patrick Hofmann
>
> P.S. Nach ihrer Zahlung werden wir Ihren Account löschen

Der Inhaber der Domain beteuerte allerdings, dass es sich um ein Versehen handelte, da er eine Mahnung unbeabsichtigt an den Verteiler eines Newsletters geschickt habe. (Quelle: `http://www.heise.de/newsticker/meldung/50437`)

Falsche Rechnungen installieren gefährliche Viren und Trojaner

In der vergangenen Zeit gab es mehrfach Vorfälle von gefälschten E-Mails vom Bundeskriminalamt (BKA) oder von der Gebühreneinzugszentrale der öffentlich-rechtlichen Rundfunkanstalten (GEZ). Und auch der Webhoster 1&1 war betroffen. Wer diese Art von Mails öffnete, riskierte, dass sich ein so genannter »Trojaner« auf seinem Rechner installierte. Denn neuartige Schadprogramme (engl. Malware) werden von den meisten Virenscan-Programmen anfänglich nicht als gefährliche Dateien erkannt.

Bei den E-Mails vom BKA handelte es sich um ein angebliches Ermittlungsverfahren, das gegen den Empfänger wegen Raubkopiererei eröffnet wurde. Im Anhang der Mail befand sich eine Strafanzeige zum Ausfüllen, Ausdrucken und Faxen. Diese Strafanzeige-Datei war in Wahrheit ein Trojaner. Ein solches Programm ermöglicht es Unbefugten über das Internet, Computerdaten zu zerstören, Schadsoftware aus dem Internet nachzuinstallieren, Passwörter auszuspionieren und den PC zu kapern.

Die hohen, dreistelligen Rechnungsbeträge der GEZ sollten die PC-Benutzer schockieren und zum Öffnen der angehängten Datei verleiten, die ebenfalls einen Trojaner installierte. Getarnt als GEZ-Rechnungen enthielten die besagten E-Mails eine gezippte (in diesem Fall sogar selbstentpackende) Datei mit dem Namen `RechnungGEZ.pdf.exe`.

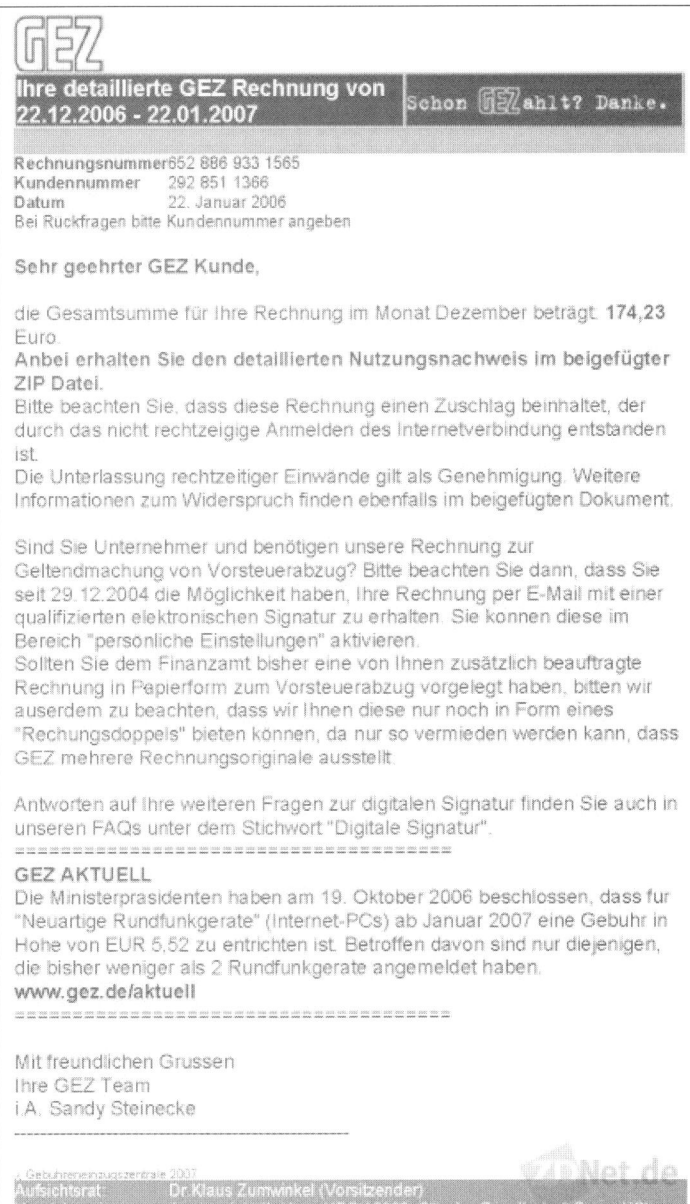

Abbildung 4.2: Auf den ersten Blick ist die vermeintliche GEZ-Rechnung täuschend echt.

Im Mailtext wird der Empfänger darauf hingewiesen, dass eine Rechnungs-
summe für den Monat Dezember in der Gesamthöhe von 174,23 Euro
anfalle. Die Betrüger nutzen also die seit Anfang Januar 2006 gültige GEZ-
Gebühr auf PCs, um schon im Dezember damit für Unruhe zu sorgen. Im
Text der Mail wird nämlich argumentiert, dass die Rechnung einen
»Zuschlag beinhaltet, der durch das nicht rechtzeitige Anmelden des Inter-
netverbindung entstanden ist«. Tippfehler deuten darauf hin, dass die
Betrüger entweder schlampig arbeiten oder nicht aus Deutschland stammen.
(Quelle: `http://www.zdnet.de/security/gallery/0,39029246,39151088-1,00.htm?`
`PAGE_WIDTH=820`)

Im Namen des Intetnetproviders 1&1 wurden Millionen von E-Mails verschickt, die dem ersten Anschein nach einer Webhosting-Rechnung glichen.
Im Anhang dieser Mail befand sich die Datei `Rechnung.pdf.exe`, die ebenfalls
einen Trojaner installierte.

> **Tipp** ...... *Löschen Sie eine solche E-Mail am besten sofort und öffnen Sie niemals den
> Dateianhang! Achten Sie dabei insbesondere auf »ausführende« exe-Dateien.*

So wehren Sie sich

Schützen Sie Ihren Posteingang vor Spam-E-Mails. Verwenden Sie ausschließlich E-Mail-Programme mit integrierter Spamfilterung

> **www** ..... *Microsoft SmartScreen ist eine intelligente Spamfilterungslösung, die in alle
> Microsoft-E-Mail-Plattformen (Microsoft Office Outlook 2007, MSN Hot-
> mail, Windows Live Mail, Windows Live Mail Desktop, Windows Mail)
> integriert ist:*

`http://www.microsoft.com/germany/athome/security/email/fightspam.mspx`

*Der Junk-E-Mail-Filter in Microsoft Office Outlook 2007 erfasst offen-
sichtliche Spam-E-Mails und sendet diese an den Ordner Junk-E-Mail:*

`http://office.microsoft.com/de-de/outlook/HP012300281031.aspx?pid=`
`CH100777011031`

*Windows Mail (früher Outlook Express) in Windows Vista legt großen
Wert auf Sicherheit:*

`http://www.microsoft.com/windows/products/windowsvista/features/details/`
`mail.mspx`

*McAfee Internet Security Suite 2007 (McAfee SpamKiller for Mail Servers)
bietet Spam-Schutz und Content-Filtering für E-Mail-Server:*

`http://www.mcafee.de`

*Norton 360 bietet einen »Alles-in-einem-Schutz«, der dafür sorgt, dass Sie,
Ihre Familie, Ihr PC und Ihre Daten weitgehend sicher sind:*

`http://www.symantec.com/content/de/de/home_homeoffice/norton360/`

So beugen Sie vor

>> Erhält man eine solche Mail, ist immer Vorsicht geboten. Wenn Sie Rechnungen, Mahnungen oder Gewinnbenachrichtigungen etc. per E-Mail bekommen, prüfen Sie bitte genau, ob Sie mit der Firma in Beziehung stehen. Bedenken Sie aber immer, dass auch der Absender gefälscht sein könnte.

>> Seriöse Anbieter lassen immer Überprüfungsmöglichkeiten zu, und Sie als Kunde sollten diverse Unterlagen über eine Bestellung oder Dienstleistung haben.

>> Wenn Sie eine Rechnung oder Mahnung per E-Mail erhalten und sich nicht sicher sind, ob diese Rechnung echt ist, dann gehen Sie bitte folgende Checkliste aufmerksam durch:

– Schickt Ihnen diese Firma schon immer Rechnungen per E-Mail? Falls ja, ist die Sache wahrscheinlich in Ordnung. Handelt es sich allerdings um die erste Rechnung, sollten Sie etwas vorsichtiger sein.

– Haben Sie überhaupt Informationen über das Produkt oder die Dienstleistung angefordert?

– Handelt es sich bei dem angebotenen Produkt oder der Dienstleistung tatsächlich um ein Original, oder wurde hier absichtlich eine kleine Veränderung zum Zwecke der arglistigen Täuschung eingebaut?

– Ist der in der E-Mail genannte Rechnungsbetrag für Sie gewöhnlich oder kommt Ihnen der in der Rechnung enthaltene Betrag sehr hoch vor?

Sollten jetzt noch Zweifel an der Richtigkeit der Rechnung bestehen, sollten Sie beim Rechnungsstellenden anrufen, um sich die Echtheit der Rechnung bestätigen zu lassen, oder Verbraucherschutzforen aufsuchen und nachlesen, ob ähnliche Fälle bekannt sind.

Achten Sie daher immer darauf, dass Sie einen Virenscanner installiert haben und dieser auf dem neuesten Stand ist. Am besten Sie aktualisieren den Virenscanner täglich bzw. aktivieren das automatische Update.

Wenn Sie eine solche Rechnungs- oder Mahn-E-Mail ohne Vertragshintergrund erhalten haben, können Sie Strafanzeige wegen Betrugsversuchs stellen.

`Tipp` . . . . . .

Weiterführende Infos finden Sie hier:

`WWW` . . . . .

www.internetfallen.de
Sehr umfangreiche Seite über Betrug und Abzocke im Internet

Prüfen Sie Rechnungen per E-Mail immer sehr genau, auch das Kleingedruckte. Verständigen Sie gegebenenfalls die Polizei sowie auch die Zentrale zur Bekämpfung unlauteren Wettbewerbs e.V.:

> Landgrafenstr. 24 B, 61348 Bad Homburg
> E-Mail: mail@wettbewerbszentrale.de
> Tel: 06172/12 15 - 0
> Fax: 06172/844 22
> www.wettbewerbszentrale.de

Schicken, faxen oder mailen Sie eine Kopie der Rechnung dorthin. Die Wettbewerbszentrale kann die Firma abmahnen und vor ihr warnen.

4.1.2   Dubiose Warenangebote

Kaum jemand wird heutzutage nicht täglich mit massenhaft unerwünschten Werbe-E-Mails überhäuft. Viagra & Co, Medikamente, elektrische Garten- und Terrassenheizstrahler, HiFi-Anlagen, gefälschte Markenuhren, sogar Angebote für Teilhaberschaften an dubiosen Online-Casinos füllen Ihren elektronischen Briefkasten.

Nicht alle Anbieter führen Gutes im Schilde

Hier ist Vorsicht geboten, denn viele dieser Anbieter haben gar nicht die Absicht, Ihnen wirklich Produkte zu auffallend günstigen Preisen zu verkaufen. Sie wollen lediglich an Ihr hart verdientes Geld, um anschließend wieder unerkannt in der Anonymität des Internets zu verschwinden. Diese Betrüger besitzen die angebotenen Waren gar nicht, und dementsprechend können sie auch nicht liefern.

Warum sollte eine 3.000 Euro teure Uhr plötzlich nur noch 300 Euro kosten? Restposten oder Hehlerware, meinen Sie? Nein falsch, hierbei handelt es sich entweder um bloße Abzocke oder um eine Fälschung. Außerdem wäre der Kauf von Hehlerware strafbar, und auch bei Unwissenheit der Straftat müssen Sie die Ware erstattungslos zurückgeben, falls die Angelegenheit aufgedeckt wird.

Bedenken Sie auch die zweifelhafte Art der Geschäftsanbahnung. Spam ist illegal! Warum sollten Sie also mit jemandem Geschäfte machen, der Sie illegal kontaktiert? Würde Ihr Juwelier nachts bei Ihnen klingeln und Ihnen eine gefälschte Rolex anbieten, wie würden Sie dann reagieren? Sicherlich wären Sie für dieses nächtliche Angebot nicht sehr empfänglich!

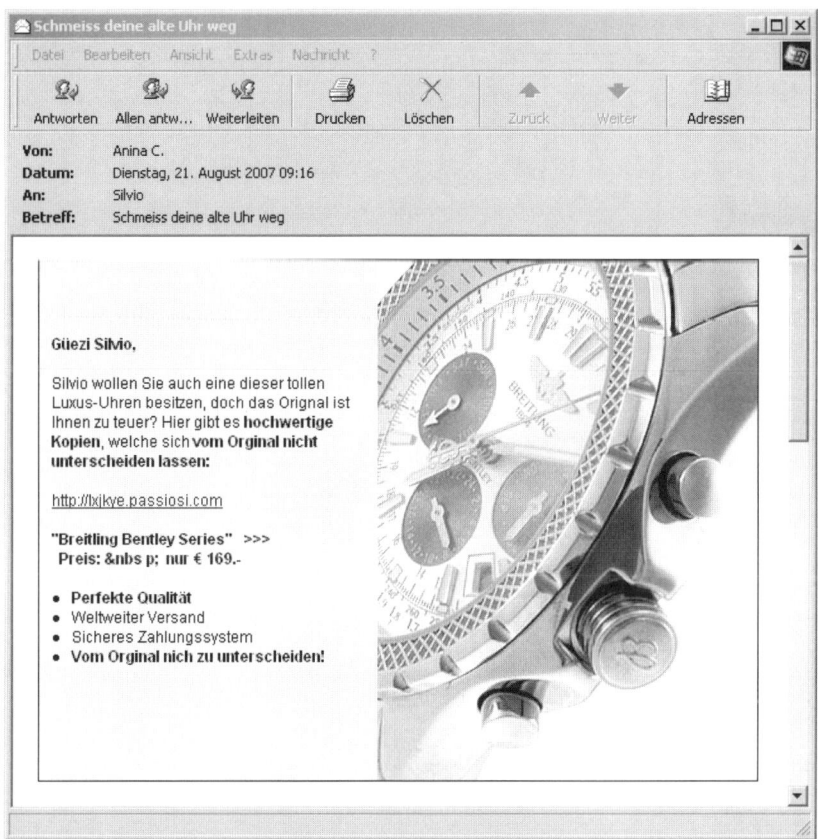

Abbildung 4.3: Eine Spam-E-Mail für günstige, aber gefälschte Uhren, auch Blender genannt.

Fälschungen und Raubkopien sind beliebte Handelswaren bei Spammern, und deren Verkauf ist zum Beispiel in vielen asiatischen Ländern nicht verboten und wird auch nicht strafrechtlich verfolgt. Wenn Sie jetzt denken: »Hauptsache billig, und eine Kopie macht mir nichts aus«, dann sollten Sie immer daran denken, dass eine unerlaubte Kopie oder sagen wir besser Fälschung für Sie wertlos ist, da Sie gegen die bei uns geltenden Gesetze verstoßen und sich durch den Erwerb strafbar machen.

Raubkopien und Fälschungen

Wenn Sie zum Beispiel eine »billige« Kopie von Microsoft Windows Vista erwerben, haben Sie damit noch lange keine Lizenz von diesem Programm gekauft, und Sie verwenden schlichtweg eine Raubkopie oder eine in Ihrem Land ungültige Lizenzversion. Wenn Sie mit dieser Software auf Ihrem Computer erwischt werden, können Sie sich nicht mit Ihrem Kaufvertrag und Ihrem dubiosen Lieferanten herausreden, denn Unwissenheit schützt ja bekanntlich vor Strafe nicht.

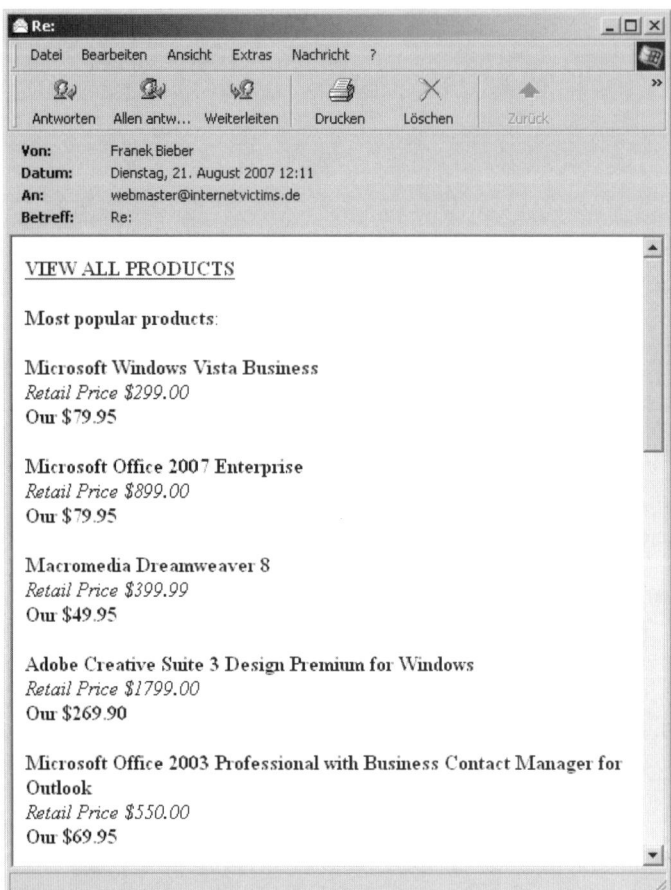

Abbildung 4.4: Softwarelizenzen als vermeintliches Schnäppchen.
Hier ist besondere Vorsicht geboten!

Medikamente,
Viagra & Co.
Die in Deutschland rezeptpflichtigen Medikamente (Viagra & Co. gehören übrigens auch dazu) werden von ausländischen Online-Shops und Online-Apotheken angeboten. Diese Produkte unterscheiden sich oftmals nicht in der Wirkung von denen bei uns in Apotheken erhältlichen Medikamenten, sind aber auffällig günstiger. Bei einem Kaufvorhaben sollte man ebenfalls beachten, dass der Kauf von rezeptpflichtigen Medikamenten über das Internet in Deutschland gesetzeswidrig ist und man sich damit strafbar macht. Auch kann man nie wirklich sicher sein, ob das bestellte Produkt die gewünschte Zusammensetzung oder Wirkung hat.

Wir raten vom Kauf und auch vom Konsum der so genannten »Meds« dringend ab.

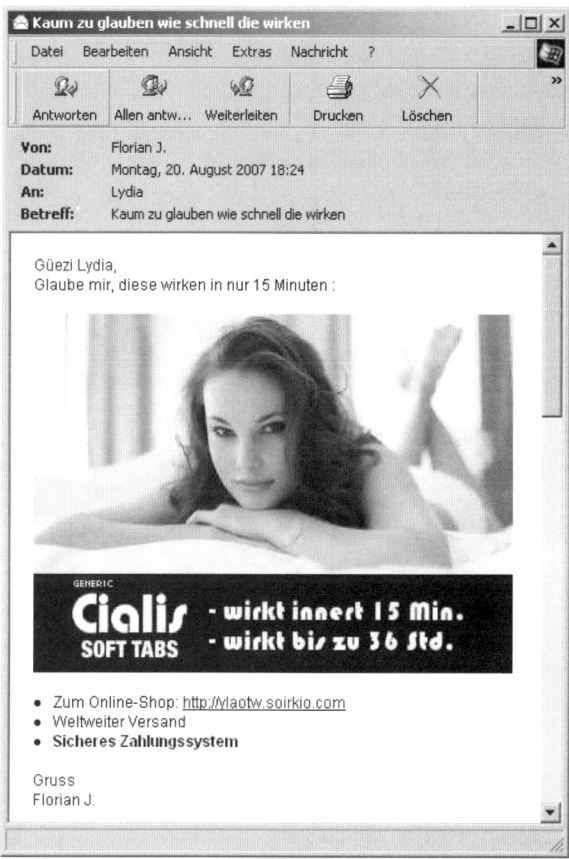

Abbildung 4.5: Spam-Mail für Cialis

Manche Spammer haben bereits erkannt, dass der Besitz einer Webseite, *Angebote ohne Bestell-Webseite* über die ihre angeboten Waren angeblich verkauft werden, leichter zu ihrer Überführung als Übeltäter durch die staatlichen Organe führen kann und deshalb eine Schwachstelle in ihrer Tarnung darstellt. Deswegen gibt es heutzutage vermehrt keine Bestellseite im Internet mehr, sondern es öffnet sich lediglich eine bereits ausgefüllte E-Mail, die man nur noch mit seinen Personen- und Bestelldaten ergänzen und absenden soll.

Am folgenden Beispiel einer Spam E-Mail für eine »Design-HiFi-Anlage«, zeigen wir einen Bestellvorgang, der gänzlich ohne eine verräterische Web-seite auskommt:

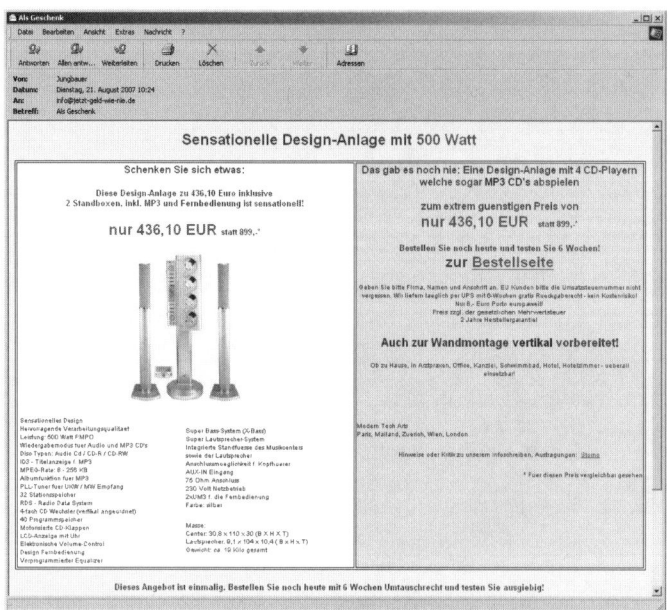

Abbildung 4.6: Spam: Eine »Design-Anlage« zum Schnäppchenpreis.

Wenn wir nun mit der Maus auf den Link »zur Bestellseite« klicken, öffnet sich lediglich diese E-Mail:

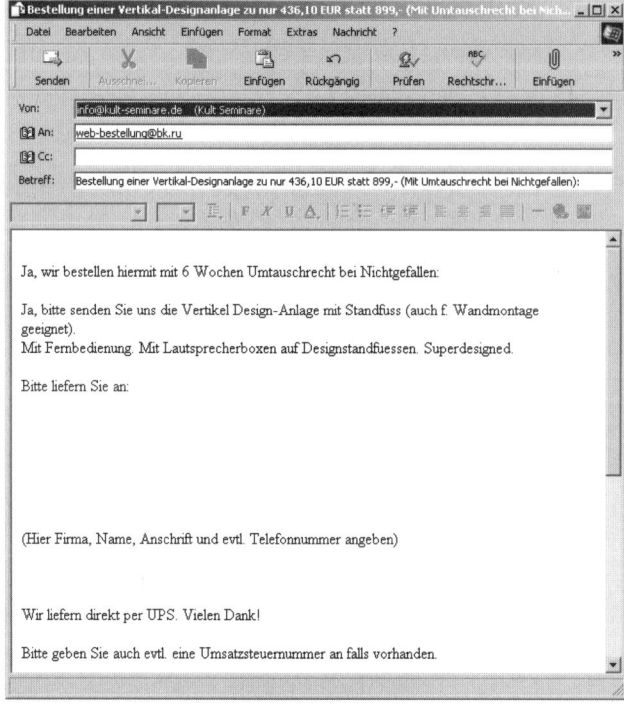

Abbildung 4.7: »Einfaches« Bestellen per E-Mail.

Erst nach dem Absenden erklärt Ihnen der Anbieter den weiteren Bestellverlauf und wie Sie ihm das Geld zukommen lassen können. Bei solchen Angeboten ebenfalls auffällig ist das etwas »holprige« Deutsch des Textes. Kann ein Anbieter mit solchen Werbetexten seriös sein?

So beugen Sie vor

>> Prüfen Sie immer, ob der Händler eine richtige Webseite mit einem richtigen Domainnamen hat. Bei einer IP mit Zusatz, z.B. `http://72.634.45.78/uhren` sollten Sie von einem Kaufgeschäft unbedingt absehen.

>> Einen echten Domainnamen inklusive Webseiten zu besitzen, macht aber noch kein seriöses Angebot aus. Viele dieser Internetseiten werden über anonyme Hosting-Firmen betrieben. Ein paar Tage nach Beendigung des Spammings werden Sie wieder vom Netz genommen, und das Spiel beginnt bei einem anderen Provider von neuem.

Bedingt durch das kurze »Leben« der Webseite, wird sie nicht einmal von den Suchmaschinen indiziert und gespeichert. Auch das ist eine Verschleierungs-Taktik, denn die »Tatwaffe« in Form einer Webseite ist nicht mehr existent.

Dadurch minimieren die Spammer das Risiko, erwischt zu werden. Sollten Sie an einem dieser angebotenen Produkte wirklich interessiert sein, warten Sie einige Wochen lang ab, ob die entsprechende Webseite samt Angebot noch aktiv in Internet vorhanden ist. Ist die Seite bereits nach kurzer Zeit offline, kann man sicherlich von Betrug sprechen.

>> Unseriös wirken auch Anbieter, die keine richtige Webseiten-Inhaberkennung besitzen. Fehlt ein entsprechendes Impressum oder Angaben wie Firmenname, Straße, Ort, Land, Telefon und Fax unter den Rubriken Kontakt oder Service, sollten Sie die Bestellung abbrechen oder gar nicht erst tätigen. Denn seriöse Anbieter wissen ganz genau, dass sie ein Impressum brauchen.

>> Suchen Sie im Internet nach dem Produkt Ihres Interesses bei anderen Anbietern und vergleichen Sie die Preise. Viele Spam-E-Mails enthalten einen absichtlich überhöhten empfohlenen Verkaufspreis und den dazugehörigen jetzt gültigen reduzierten Preis. Diese Art der Darstellung soll den Eindruck erwecken, dass es sich hierbei um ein echtes Schnäppchen handelt.

>> Liegt der Preis Ihres Anbieters weit unter dem billigsten Angebot eines Mitbewerbers, ist es sehr wahrscheinlich, dass es sich hierbei um Betrug oder Fälschung handelt. Vergleichen Sie auch die genaue Artikelbezeichnung und Artikelbeschreibung. Oftmals handelt es sich hierbei um Fälschungen, nachgemachte oder qualitativ minderwertige Waren, deren niedriger Preis keinen Kauf rechtfertigt.

>> Achten Sie auch auf den kleinen verräterischen Zusatz »Abbildung ähnlich«, oder »Abbildung entspricht nicht dem Original«. Das bedeutet, dass Sie minderwertige Ware bekommen, welche mit dem Bild in der E-Mail nicht viel gemein hat.

4.1.3   Phishing, Spyware, Vishing und Pharming

Phishing

Als Phishing bezeichnet man kriminelle Handlungen, durch die so genannte Phisher über gefälschte E-Mails und Internetseiten versuchen, an persönliche Daten wie Konto- und Kreditkarteninformationen, Ausweis- und Reisepassnummern sowie Benutzernamen und Passwörter zu gelangen.

Angeln nach Passwörtern

Der Begriff Phishing (ausgesprochen wie das englische Wort »Fishing«) ist ein Spiel mit den Wörtern »password« (»Passwort«) und »fishing« (»Fischen«, »Angeln«) und bedeutet das »Angeln nach Passwörtern«.

Phisher bedienen sich Techniken des Social Engineering, das heißt, sie versuchen das Vertrauen der Internet-Benutzer zu gewinnen, indem sie E-Mails und Webseite einer vertrauenswürdigen Institution oder auch bekannten Personen nachbilden.

Sie verwenden dabei authentische Logos und gefälschte Absenderadressen, und oft täuschen sie einen Fall von Dringlichkeit vor, um den E-Mail-Empfänger zu einer schnellen Reaktion zu bewegen. Möglichst viele ahnungslose Internetnutzer sollen auf den Trick hereinfallen und ihre persönlichen Daten auf der vom Phisher präparierten Webseite preisgeben, sprich eintippen.

Am häufigsten wird nach PIN, TAN, Benutzernamen und Passwörter für Online-Banking, Online-Broker, eBay, Webmail-Anbieter und Versicherungsportale »geangelt«. Alle Informationen, welche man auf irgendeine Art und Weise zu Geld machen kann, sind für die Phisher interessant.

Nachfolgend finden Sie eine Mitteilung der Pressestelle des Bundeskriminalamtes vom 20.10.2006 zum Thema Phishing:

Bundeskriminalamt warnt vor neuen Phishing-Tricks. Internetverkäufer, Firmen und Vermieter von Wohnungen werden zu Mittätern wider Willen

Das Bundeskriminalamt warnt vor neuen Tricks, mit denen im Internet agierende Betrüger unbescholtene Bürger ohne deren Wissen zu Mittätern machen. Im Rahmen vorgetäuschter legaler Geschäftsaktivitäten wird die Gutgläubigkeit der Betroffenen ausgenutzt, um Gelder, die von ausgespähten Onlinekonten abgezweigt wurden, ins Ausland zu verschieben.

In der Vergangenheit hatten interessierte Bürger auf per E-Mail übersandte Arbeitsangebote von Firmen mit schillernden Namen reagiert und sich um eine Anstellung als Finanzagent beworben. Die Aufgabe der Finanzagenten war, bestimmte Überweisungen unmittelbar nach Zahlungseingang in bar abzuheben. Die Gelder wurden anschließend über so genannte »Minutendienstleister« wie zum Beispiel »Western Union« oder »MoneyGram« ins Ausland weitergeleitet. Die Finanzagenten setzten sich damit der Gefahr aus, wegen Geldwäsche belangt zu werden und blieben vielfach auf dem entstandenen Schaden sitzen.

Aktuelle Entwicklungen belegen nun, dass die Täter mittlerweile zu alternativen Methoden greifen, um auch Personen – ohne ihr Wissen – als Finanzagenten zu missbrauchen.

Vorsicht bei privaten Kfz-Verkäufen

Über Gebrauchtwagen-Internetportale wird aus dem Ausland per E-Mail Kontakt zu in der Regel privaten Verkäufern von Gebrauchtfahrzeugen aufgenommen. Nachdem man sich über den Kaufpreis geeinigt hat, wird eine kurzfristige Überweisung des Betrages vom Konto eines Freundes angekündigt. Tatsächlich erfolgt die Überweisung jedoch von einem zuvor mittels Phishing ausgespähten Onlinekonto. Nach Zahlungseingang beim Verkäufer treten die Täter per E-Mail unter einem Vorwand vom Kauf zurück. Der bereits überwiesene Kaufpreis wird, unter Abzug eines geringen Teilbetrages für die entstandenen Unannehmlichkeiten, zurückgefordert. Das Geld soll dabei jedoch ins Ausland transferiert werden. Der wenig später erfolgende Rückruf der Phishing-Überweisung trifft dann den nichts ahnenden Kfz-Verkäufer.

Firmen mit Internetvertriebsportalen betroffen

Die Täter bestellen bei Firmen bzw. Gewerbetreibenden Waren im Wert von mehreren tausend Euro. Da es sich um die erste Geschäftsbeziehung handelt, wird der Rechnungsbetrag vorab überwiesen. Auch hier erfolgt die Überweisung von einem zuvor mittels Phishing ausgespähten Onlinekonto. Unmittelbar nach Eingang der Überweisung beim Verkäufer wird die Bestellung storniert bzw. auf einen Minimalbetrag reduziert. Unter einem Vorwand wird darum gebeten, das verbliebene Guthaben ins Ausland zu transferieren. Auf diese Weise leistet die Firma unbemerkt einen wesentlichen Tatbeitrag.

Vorsicht bei der Vermietung von Ferienwohnungen

Auch Vermieter von Ferienwohnungen sollten auf der Hut sein. Aus dem Ausland wird per E-Mail Kontakt zu ihnen aufgenommen und die inserierte Wohnung unter Hinweis auf in Deutschland erfolgende Schulungen für einen längeren Zeitraum gebucht. Es wird vereinbart, den entsprechenden Betrag vorab zu überweisen. Auch hier erfolgt die Zahlung jedoch tatsächlich von einem zuvor mittels Phishing kompromittierten Onlinekonto. Wenig später wird die Buchung der Ferienwohnung unter Hinweis auf die kurzfristige Verlegung des Veranstaltungsortes ins Ausland storniert. Wiederum wird gebeten, das bereits überwiesene Geld an den neuen Veranstaltungsort zu überweisen. Der Vermieter darf dabei einen Teilbetrag zur Begleichung seiner entstandenen Kosten und Mietausfälle einbehalten.

Nach Einschätzung des BKA haben die Phishing-Täter mittlerweile Schwierigkeiten, eine angemessene Anzahl von Finanzagenten zu rekrutieren. Dies ist unter anderem auf die Berichterstattung in den Medien, die Warnhinweise von Polizei und Banken sowie die mittlerweile erfolgten Verurteilungen von Finanzagenten zurückzuführen.

Das BKA empfiehlt:

>> Prüfen Sie Angebote kritisch, bei denen Sie Ihr Konto zur Abwicklung von Zahlungen für Firmen oder Personen, insbesondere im Ausland, zur Verfügung stellen sollen.

>> Seien Sie argwöhnisch, wenn unerwartete Gutschriften auf Ihr Konto erfolgen und Sie kurze Zeit später um Rücküberweisung dieser Gelder gebeten werden. Nehmen Sie im Zweifelsfall Kontakt zu Ihrer örtlichen Polizei oder Bank auf.

>> Seien Sie vorsichtig, wenn über das Internet oder per Telefon vereinbarte Zahlungen vom Konto einer dritten Person oder Firma erfolgen. Nehmen Sie im Zweifelsfall Kontakt zu Ihrer Bank auf, um zu klären, ob die Überweisung mit dem Wissen des Kontoinhabers erfolgt ist.

>> Führen Sie etwaige Rückbuchungen nicht ohne Weiteres direkt ins Ausland, sondern nur auf das jeweilige Ursprungskonto der Buchung aus.

Phishing ist die illegale Erlangung von Kundendaten, um damit Gelder von den Kundenkonten abzuzweigen. Es ist durch die ständige Zunahme des Online-Verkehrs mit Banken eine lukrative Einnahmequelle für Straftäter geworden. Weitere Informationen zum Thema Phishing finden Sie auf der Homepage des Bundesamtes für Sicherheit in der Informationstechnik (www.bsi-fuer-buerger.de) unter ABZOCKER UND SPIONE/PASSWORT-FISCHER, unter www.polizei-beratung.de sowie unter www.sparkasse.de und auf den Internetseiten der örtlichen Sparkassen.

(Quelle: Pressestelle des Bundeskriminalamtes 20.10.2006
http://www.bka.de/pressemitteilungen/2006/pm201006.html)

www ...... *Zusätzliche Informationen zum Thema Identitätsschutz im Internet finden Sie unter* www.a-i3.org

In der Abbildung 4.8 sehen Sie eine Phishing-Mail, welche auf Postbank-Kunden abzielt. Auf den ersten Blick sieht diese E-Mail ganz normal aus. Bei genauerem Hinsehen allerdings erfüllt Sie viele Kriterien einer betrügerischen Mail zum Ausspionieren von Passwörtern:

Betreff: Deutsche Postbank AG
Von: Deutsche Postbank AG <Cristian@youreclean.com>
Datum: 09:58
An:

Sehr geehrte Kundin,
Sehr geehrter Kunde,

Die Sicherheitsabteilung unserer Bank hat beschlossen, ein neues Datenschutzssystem zu entwickeln. Da zur Zeit die Betrügereien mit den Bankkonten von unseren Kundschaften öfters geworden sind, sind wir gezwungen, eine zusätzliche Autorisation von den Konten unserer Bankkunden vorzunehmen. Von unseren Spezialisten wurden sowohl die Protokolle der Informationsübertragung, als auch die Methoden der Kodierung der übertragenen Daten neu gestaltet.

Auf Grund dessen, bitten wir unsere Kunden inständig, eine spezielle **Form der zusätzlichen Autorisation** auszufüllen

Form ausfüllen ⊕

Diese Schutzmaßnahmen wurden nur zur Sicherheit der Interessen unserer Kunden eingesetzt.

Danke für Ihr Verständnis,
Mit freundlichen Grüßen,
Administration der Deutsche Postbank AG

Abbildung 4.8: Phishing-Mails an Postbank Kunden

In Abbildung 4.9 sehen Sie, woran Sie eine verdächtige Mail erkennen können:

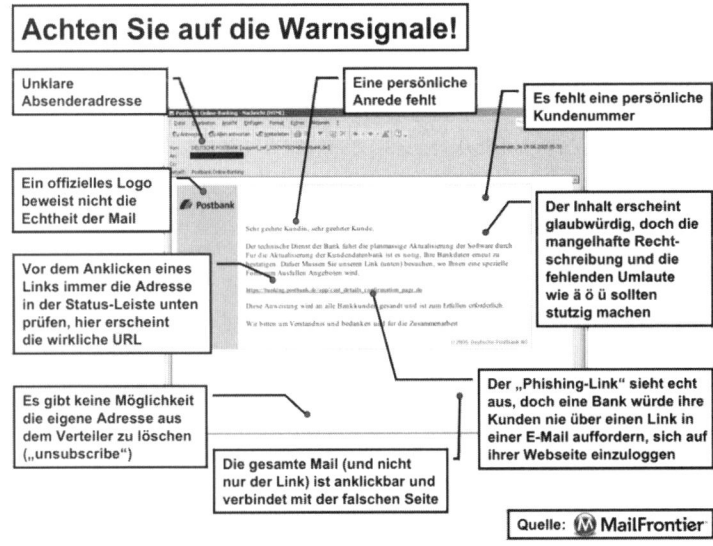

Achten Sie auf die Warnsignale!

Unklare Absenderadresse

Eine persönliche Anrede fehlt

Es fehlt eine persönliche Kundennummer

Ein offizielles Logo beweist nicht die Echtheit der Mail

Der Inhalt erscheint glaubwürdig, doch die mangelhafte Rechtschreibung und die fehlenden Umlaute wie ä ö ü sollten stutzig machen

Vor dem Anklicken eines Links immer die Adresse in der Status-Leiste unten prüfen, hier erscheint die wirkliche URL

Es gibt keine Möglichkeit die eigene Adresse aus dem Verteiler zu löschen („unsubscribe")

Die gesamte Mail (und nicht nur der Link) ist anklickbar und verbindet mit der falschen Seite

Der „Phishing-Link" sieht echt aus, doch eine Bank würde ihre Kunden nie über einen Link in einer E-Mail auffordern, sich auf ihrer Webseite einzuloggen

Quelle: Ⓜ MailFrontier

Abbildung 4.9: Phishing-Mails kann man erkennen! (Quelle: MailFrontier)

Spyware

Selbst wenn Sie auf solche Phishing-E-Mails nicht reagieren, können Ihre persönlichen Daten durch den Einsatz von so genannter Spyware in Gefahr sein. Spyware bezeichnet Spionageprogramme, die sich unbemerkt im PC einnisten und unauffällig Computerbenutzer ausschnüffeln.

Kriminelle manipulieren gewöhnliche Dateien mit einer selbst programmierten Software und verstecken diese infizierten Objekte in E-Mails, E-Mail-Anhängen und Webseiten. Wird diese veränderte Datei nun von Ihnen geöffnet, installiert sich die Spyware unbemerkt auf Ihrem Computer.

Diese Software macht es sich im Computerspeicher bequem und läuft nun unauffällig im Hintergrund. Spyware ist äußerst neugierig, sammelt sensible Daten und übermittelt diese über das Internet an Dritte. Sie beginnt nach Ihren sensiblen Daten wie Benutzernamen, Passwörtern und Kontoinformationen zu suchen und zeichnet sogar Ihre Tastatureingaben und Mausbewegungen lückenlos auf. Die auf diese Weise ausgespähten Daten werden dann anschließend unbemerkt an eine anonyme E-Mail-Adresse oder einen Server verschickt.

Tipp . . . . . .

>> *Verdächtige Mails immer löschen, ohne sie geöffnet zu haben.*

>> *Niemals verdächtige Anhänge öffnen, auch wenn Ihnen der (gefälschte) Absender bekannt ist.*

>> *Deaktivieren Sie unbedingt die Autovorschau-Funktion in Ihrem Mail-Programm, um ein automatisches Öffnen der Mail in einem Vorschaufenster zu verhindern.*

Vishing

Eine Art Weiterentwicklung des Phishings stellt der Trickbetrug des Vishings oder VoIP-Phishings dar. Diese Art von Spam ist auch als SPIT (Spam over Internet Telephony) bekannt. Durch Zuhilfenahme des Telefons wird bei dieser Masche versucht, an sensible Daten wie Bankverbindungen, PINs und TANs zu gelangen. Dies kann auf zwei verschiedene Wege funktionieren. Entweder man wird angerufen oder man erhält eine E-Mail mit der Aufforderung, eine bestimmte Telefonnummer anzurufen.

So erkennen Sie einen Vishing-Anruf

>> Sie sprechen nie mit echten Personen, sondern Sie hören eine Bandansage. Die enorme Menge an Anrufen würde viel zu hohe Kosten verursachen und zu viel Personal in Anspruch nehmen. Der so genannte Wardialer wählt unaufhörlich tausende von Nummern. Nimmt jemand den Hörer ab, startet automatisch die Bandansage.

>> Die Ansage beginnt meist mit einer Überrumpelung der Opfer, um Sie zu verwirren und zu verängstigen. Oft wird in den Ansagen davon gesprochen, dass die Kreditkarte missbraucht oder gestohlen wurde.

>> Daraufhin soll man Passwörter, Kreditkarten- oder Geheimnummern eingeben, um die sofortige Sperrung der Karte durchzuführen.

So wehren Sie sich

>> Legen Sie sofort auf. Niemals wird bei einem solchen Vorfall wie Kreditkartenmissbrauch oder -verlust auf eine Bandansage zurückgegriffen.

>> Seien Sie vorsichtig: Wenn Sie per E-Mail aufgefordert werden zurückzurufen, verwenden die Betrüger meist sogar die Vorwahlnummer Ihrer Stadt. Ignorieren Sie solche Mails und verwenden immer nur die Ihnen bekannte Telefonnummer, wenn Sie z.B. Ihre Bank anrufen möchten.

Derselbe Trick funktioniert übrigens auch per SMS oder Fax. Die Modewörter hierfür sind »Smishing« »Phaxing« oder gar SPOM (Spam over Mobile Phone). Aber egal, ob Sie nun per SMS kontaktiert werden oder per Fax antworten sollen: Bleiben Sie immer misstrauisch, wenn es um persönliche Daten geht.

Pharming

Während die Online-Banditen beim Phishing auf die Dummheit oder Unwissenheit der Internetnutzer hoffen, geht es beim Pharming darum, einen Rechner möglichst unbemerkt zu infizieren. Pharming ist eine Weiterentwicklung des Phishings. Vereinfacht ausgedrückt ist das »Phishing« ein einmaliger Angriff, während das »Pharming« einen Dauerbetrug darstellt. Der Begriff »Pharming« (ausgesprochen wie das englische Wort Farming) beschreibt die großen Server-Farmen, auf denen die Pharming-Betrüger ihre gefälschten Webseiten hosten.

Beim Pharming wird der Internetnutzer durch geschickte Manipulation der Hosts-Datei auf eine gefälschte Internetseite umgeleitet. Der Pharmer nutzt Sicherheitslöcher im Webbrowser aus, um Originaladressen so zu manipulieren, dass der User trotz richtiger Eingabe der gewünschten Internetadresse (URL) auf einer gefälschten Webseite landet.

Wenn man eine Seite im Browser aufruft, gibt man normalerweise nicht die numerische Originaladresse (IP), sondern einen so genannten Host-Namen ein. Beispielsweise hat die Seite www.internetvictims.de die IP-Adresse 62.53.168.138. Wenn Sie www.internetvictims.de in Ihren Browser eingeben, löst dieser den Host-Namen auf und ruft die eigentliche numerische IP-Adresse auf.

Die Hosts-Datei wird manipuliert

Die Hosts-Datei, welche sich auf Ihrem Computer befindet, muss der Betrüger bei Pharming-Attacken verändern. Dadurch muss er auf Ihren Rechner gelangen, meist unter Zuhilfenahme von infizierten Dateien und Programmen, die er als Köder über Webseiten und gefälschte E-Mails verbreitet. In der Hosts-Datei befindet sich eine Liste mit den häufig genutzten IP-Adressen, dadurch wird umgangen, dass der Alias nicht über den Server des Providers aufgelöst wird. Hat ein Pharming-Betrüger erst einmal Zugriff auf

Ihren Computer erlangt, ist es ein Leichtes, die Hosts-Datei zu knacken und dementsprechend zu manipulieren.

Er ändert in unserem Beispiel nun die IP-Adresse, die der Webseite `www.internetvictims.de` zugeordnet ist, auf die IP-Adresse seiner gefälschten Seite ab. Ruft man nun auf diesem Rechner im Browser die Seite von Internetvictims unter Verwendung des richtigen Alias `www.internetvictims.de` auf, erscheint nicht das Original, sondern die manipulierte Seite. Diese Seiten sehen aus wie die Originale. Die Opfer wähnen sich so in Sicherheit und schöpfen keinerlei Verdacht.

Die Tricks der Betrüger werden dabei immer ausgeklügelter: Beim so genannten »Drive-by Pharming« fahren die Übeltäter mit dem Auto durch Wohngebiete und suchen dabei nach offenen (ungeschützten) Drahtlos-Netzwerken (WLANs), deren Router sie dann umprogrammieren. Das funktioniert nur bei Routern, bei denen das Default-Passwort noch nicht geändert wurde, oder bei solchen mit einem sehr leicht zu ermittelnden Passwort.

Wird dann über so einen manipulierten Router gesurft, landet man nichts ahnend auf einer gefälschten Seite. Lesen Sie im Punkt 4.6.1, wie Sie Ihr WLAN absichern können.

So beugen Sie vor

Fehlende technische Kenntnisse erleichtern Angreifern das Erlangen von persönlichen Daten. Wenn Sie sich an einige einfache Verhaltensregeln halten, minimieren Sie damit das Risiko, eventuell selbst Opfer einer solchen Attacke zu werden. Nachfolgend geben wir Ihnen Tipps, wie Sie Ihre persönlichen Daten vor unerwünschten Zugriffen durch Dritte schützen können:

>> Speichern Sie niemals vertrauliche Daten wie Benutzernamen, Passwörter und PINs auf Ihrer Festplatte.

>> Versenden Sie solche persönlichen Daten auch nie per unverschlüsselter E-Mail.

>> Vernichten Sie wichtige Dokumente wie Kreditkartenabrechnungen, Briefe mit Ihrer Bank-PIN oder TAN-Liste, die Sie nicht mehr benötigen.

>> Schreiben Sie Passwörter oder PINs möglichst nirgendwo auf.

>> Geben Sie Ihre Passwörter oder PINs am niemanden weiter.

>> Benutzen Sie für Ihre Online-Zugänge (Bank, Aktiendepot, E-Mail, Online-Handel usw.) unterschiedliche Passwörter.

>> Ändern Sie öfter Ihre Passwörter für Ihre Online-Zugänge.

>> Verwenden Sie als Passwörter keine leicht zu erratenen Wörter wie zum Beispiel Ihren Vornamen, Nachnamen, Geburtsdatum usw.

>> Das Verwenden von Buchstaben-Zahlen-Kombinationen und Groß- und Kleinschreibung in Ihrem Passwort erhöht den Sicherheitsgrad enorm. Auch ein längeres Passwort bietet mehr Schutz als ein kurzes.

>> Führen Sie regelmäßig Browser-Software Sicherheits-Updates durch. Internet Explorer 7 verfügt bereits über eine eigene Phishing-Erkennung. Falls Sie aber Internet Explorer 6 benutzen, sollten Sie unbedingt das Service Pack 2 und alle aktuellen Patches einspielen. Patches erhalten Sie über die automatische Update Funktion von Windows. Dadurch wird ein Deaktivieren der Statuszeile des Browsers durch Dritte unmöglich, und der Einsatz von SSL (engl. Secure Sockets Layer) wird darin korrekt angezeigt. Ohne SSL-Verschlüsselung werden Ihre persönlichen Daten ungeschützt über das Internet verschickt und können folglich ausspioniert und manipuliert werden. Bei anderen Browsern verwenden Sie bitte immer die aktuellste Version. Überprüfen Sie trotzdem immer den Fingerprint des SSL-Zertifikats durch Doppelklicken auf das geschlossene Vorhängeschloss auf Echtheit. Denn auch gefälschte Webseiten können ein SSL-Zertifikat verwenden.

>> Überprüfen Sie, ob eine Website mit SSL gesichert ist, bevor Sie persönliche Daten eingeben. Die URL sollte mit »https://« und nicht nur mit »http://« beginnen. Bitte beachten Sie, dass Phisher die Adresszeile im Browser fälschen können, so dass Sie unter Umständen eine falsche URL sehen.

>> Überprüfen Sie regelmäßig Ihre Kreditkartenabrechnungen und Kontoauszüge. Bei Unregelmäßigkeiten sollten Sie sofort Ihr Kreditkarteninstitut oder Ihre Bank informieren. Als Kreditkarteninhaber sind Sie gegen betrügerische Transaktionen durch Dritte jedoch meistens durch Ihr Kreditkarteninstitut geschützt!

>> Wenn Sie sich bei einer Webseite mit Benutzernamen und Passwort angemeldet haben, sollten Sie sich beim Verlassen immer ausloggen und nicht einfach den Browser schließen. Dies geschieht meist über die Links »Ausloggen«, »Log-out« oder »Abmelden«.

>> Laden Sie nur Dateien aus dem Internet herunter, die für Sie vertrauenswürdig wirken. Damit verringern Sie die Gefahr, dass Ihr Computer mit gefährlichen Viren und Trojanern infiziert wird.

>> Benutzen Sie immer eine aktuelle Version Ihrer Anti-Viren-Software und verwenden Sie die neuesten Signaturen.

>> Installieren Sie eine so genannte Firewall auf Ihrem Computer, bevor Sie eine Verbindung mit dem Internet aufbauen. Dadurch kann in Verbindung mit der Konfiguration Ihres Computers verhindert werden, dass Programme auf Ihrem PC unerlaubt Informationen ins Internet senden und umgekehrt.

>> Prüfen Sie vorerst sehr sorgfältig, ob die E-Mail tatsächlich von dem enthaltenen Absender stammt.

>> Haben Sie den kleinsten Zweifel an der Echtheit dieser E-Mail, dürfen Sie die Anfrage unter keinen Umständen beantworten.

>> Betrügerische Phishing-Mails täuschen oft einen Fall von großer Dringlichkeit vor und wollen Sie zum sofortigen Handeln drängen. Es gibt keinen Grund, eine E-Mail-Anfrage sofort zu beantworten.

>> Enthält die fragliche E-Mail einen authentisch wirkenden Link zu einer Webseite, dürfen Sie diesen auf keinen Fall anklicken. Gehen Sie niemals über einen Link zu der angebotenen Webseite, sondern geben Sie immer die entsprechende URL per Tastatur in Ihren Browser ein.

>> Denken Sie immer daran, dass Sie den E-Mail-Absender im Zweifelsfall auch telefonisch oder per Fax erreichen können, um die Echtheit dieser Mail zu hinterfragen.

>> Bitte beachten Sie, dass eine Bank oder Kreditkartenfirma niemals per E-Mail Kontakt zu Karteninhabern aufnehmen würde, um Informationen wie Kartennummer und -gültigkeit, Prüfziffer, PIN oder TAN zu erfragen.

>> Je »zweifelhafter« die Inhalte von Webseiten werden, desto größer wird die Gefahr, sich einen Trojaner oder Spyware einzufangen. Wer sich also gerne auf so genannten Warez-, Cracks-, Filesharing oder Pornoseiten aufhält, sollte sehr vorsichtig sein.

So schützen Sie sich effektiv vor Computerviren
Wir empfehlen Ihnen folgende Antiviren-Programme:

Avira Antivir Personal Edition Classic
http://www.free-av.de

McAfee Internet Security Suite 2007 oder McAfee Antivirus 2007
http://www.mcafee.de

Norton 360 oder Norton Antivirus 2008
http://www.symantec.de

So überprüfen Sie das Sicherheitszertifikat einer Web-Seite

Die Verbindung zwischen Ihrem PC und einem Server ist verschlüsselt, wenn ein geschlossenes Vorhängeschloss als Symbol in der unteren Browserleiste auftaucht. Dies ist bei allen Webbrowsern der Fall. Ist das Vorhängeschloss nicht vorhanden oder geöffnet, so werden alle Daten unverschlüsselt und dadurch ungeschützt übertragen. In diesem Fall sollten Sie keine Benutzernamen, Passwörter, Kreditkartennummern, PIN oder TAN eingeben.

Eine SSL-Verschlüsselung kann auch gegen Pharming schützen. Ein Angreifer kann beim Pharming zwar die Zuordnung der Webseite (z.B. www.muster-bank.de) zu einer IP-Adresse fälschen, nicht aber das SSL-Zertifikat. Um erkennen zu können, ob die gewünschte Webseite tatsächlich von dem gewünschten Server stammt, doppelklicken Sie bitte auf das Schlosssymbol in der Statusleiste. Jetzt öffnet sich folgendes Dialogfenster mit Informationen über den Besitzer der Webseite:

Ein SSL-Zertifikat kann man nicht fälschen

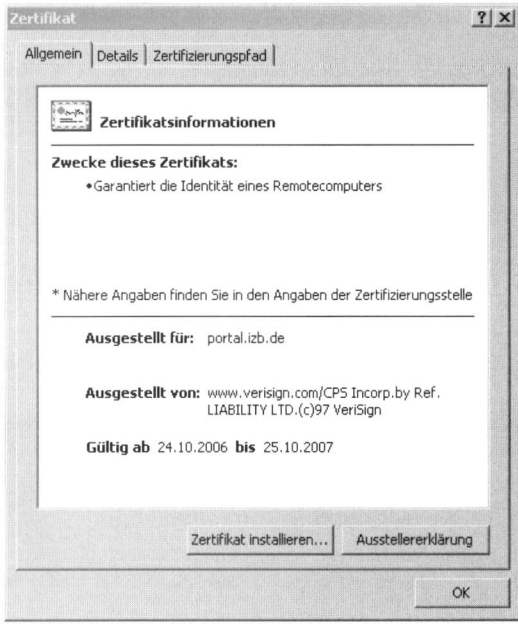

Abbildung 4.10: Das echte SSL-Zertifikat für die Domain portal.izb.de der Sparkasse Ingolstadt.

Ein digitales Zertifikat ist eine Art elektronischer Ausweis, welches fäl-schungssicher die Identität des Ausstellers nachweist. Bevor Sie jedoch Ihre persönlichen Daten preisgeben, sollten Sie folgende Punkte überprüfen:

>> Stimmt der Name der von Ihnen aufgerufenen Webseite mit dem im Sicherheitszertifikat angegebenen Domainnamen überein?

>> Ist das Sicherheitszertifikat gültig?

>> Wurde das Sicherheitszertifikat durch eine vertrauenswürdige Zertifizie-rungsstelle ausgestellt? Sehr bekannte Zertifizierungsstellen sind z.B.:

Abbildung 4.11: Das Logo von Verisign

Abbildung 4.12: Das Logo von Thawte

Sollten Sie eine der Fragen mit »Nein« beantworten, sehen Sie davon ab, Ihre persönlichen Daten in die Webseite einzugeben, da sie eventuell gefälscht sein könnte.

Bitte beachten Sie, dass das wichtigste Kriterium bei der Überprüfung von SSL der Fingerprint des Zertifikats ist! Aber selbst hier kann ein Täter durch den Einsatz der Technik des »Visual Spoofings« (z.B. mittels Flash-Programmierung) ein entsprechendes Zertifikat fälschen.

So schützen Sie Ihre Hosts-Datei

Damit die unter Pharming angesprochene Hosts-Datei nicht durch Pharming-Betrüger verändert werden kann, gibt es eine Schutzmöglichkeit. Geben Sie der Datei das Attribut »Schreibgeschützt«.

Dazu gehen Sie folgendermaßen vor:

Öffnen Sie den Windows-Explorer. Wechseln Sie in das Verzeichnis Windows und öffnen Sie dort den Ordner System 32. Hier wiederum finden Sie den Ordner drivers und darin das Verzeichnis etc. Nachdem Sie nun etc geöffnet haben, erscheint ein Fenster, ähnlich wie in unserer Abbildung.

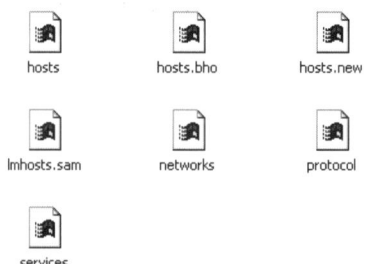

Abbildung 4.13: Inhalt des Verzeichnisses \system32\drivers\etc.

Klicken Sie nun mit der rechten Maustaste auf die Datei hosts und wählen Sie in dem Menü den Befehl EIGENSCHAFTEN aus.

In dem sich nun öffnenden Dialog klicken Sie unten (Bereich ATTRIBUTE) in das Kästchen vor SCHREIBGESCHÜTZT, bis dort ein Haken erscheint, wie in Abbildung 4.14 zu sehen.

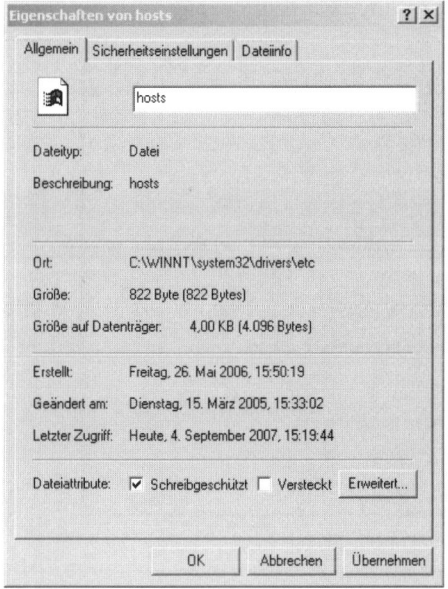

Abbildung 4.14: Eigenschaften-Dialog der Datei hosts.

Nun kann die Datei hosts inhaltlich nicht mehr verändert und manipuliert werden. Leider bietet auch diese Methode keinen 100%igen Schutz, da moderne Trojaner in der Lage sind, den Schreibschutz der Hosts-Datei aufzuheben.

Besonders wichtig im Kampf gegen Spyware, Phishing, Pharming und andere Betrügereien ist natürlich ein sicher eingestellter Browser, denn diese Software ist eine wichtige »Schnittstelle« zwischen der Datenflut des Internets und Ihrem Rechner. Er ist somit eine Bastion und ein Bollwerk gegen allerlei Angriffsversuche aus dem Netz.

So machen Sie Ihren Browser sicher

Ist Ihr Browser, egal, ob Internet Explorer 7 oder Mozilla Firefox, richtig (oder sagen wir lieber sicher) eingestellt, sind Sie weit weniger verletzbar als mit niedrigen oder gar deaktivierten Sicherheitseinstellungen.

Wir empfehlen Ihnen die Verwendung des neuesten Browsers aus dem Hause Microsoft, den Internet Explorer 7. Microsoft hat bei der Entwicklung dieses Browsers auf die aktuellen Gefahren aus dem Internet reagiert und den neuen Browser mit vielen neuen Features ausgestattet.

Der Internet Explorer 7

Hier können Sie den Internetexplorer 7 kostenlos downloaden:

http://www.microsoft.com/germany/windows/products/winfamily/ie/
default.mspx

Nach erfolgreicher Installation müssen Sie nun noch einige Einstellungen ändern, um ein höheres Maß an Sicherheit zu erlangen.

Schritt für Schritt zu mehr Sicherheit im Internet Explorer 7

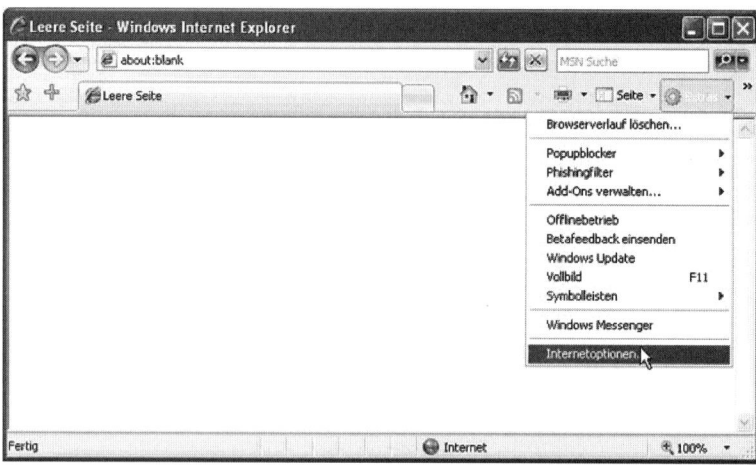

Abbildung 4.15: Öffnen Sie im Menü Extras den Eintrag Internetoptionen.

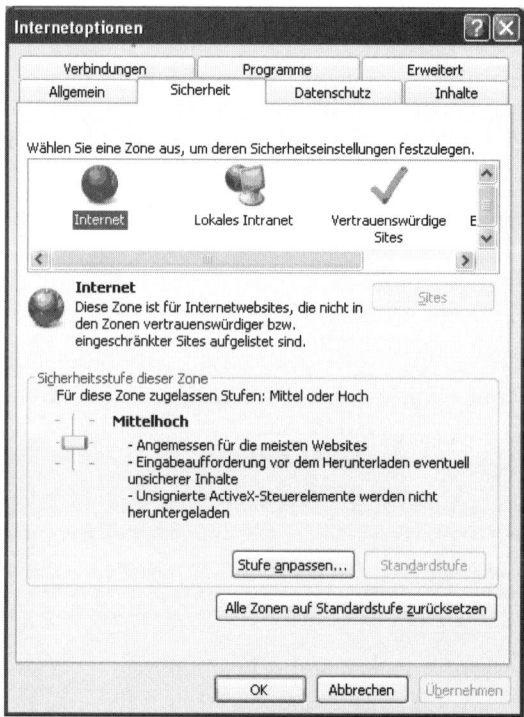

Abbildung 4.16: Nun aktivieren Sie den Karteireiter Sicherheit und wählen die Internet-Zone.

Der Schieberegler ist per Voreinstellung auf MITTELHOCH gestellt. Diese Voreinstellung stellt einen guten Kompromiss zwischen Sicherheit und Benutzbarkeit dar. Wer absolut auf Nummer sicher gehen will, sollte den Schieberegler auf HOCH einstellen.

Nun machen wir uns an die Feineinstellungen. Klicken Sie dazu auf STUFE ANPASSEN. Lassen Sie sich nicht von der Vielzahl der Einstellmöglichkeiten abschrecken. Wir empfehlen Ihnen, für ein hohes Maß an Sicherheit folgende Einstellungen vorzunehmen:

Sicherheitseinstellungen	auf ... setzen
AKTIVEX-STEUERELEMENTE AUSFÜHREN, ...	Deaktivieren
AKTIVEX-STEUERELEMENTE INITIALISIEREN UND AUSFÜHREN, ...	Deaktivieren
AKTIVEX-STEUERELEMENTE UND PLUGINS AUSFÜHREN	Deaktivieren
AUSFÜHREN VON BISHER NICHT VERWENDETEN AKTIVEX-STEUERELEMENTEN	Deaktivieren
AUTOMATISCHE EINGABEAUFFORDERUNG FÜR AKTIVEX-STEUERELEMENTE	Deaktivieren
BINÄR- UND SCRIPTVERHALTEN	Deaktivieren
DOWNLOAD VON SIGNIERTEN AKTIVEX-STEUERELEMENTEN	Bestätigen
DOWNLOAD VON UNSIGNIERTEN AKTIVEX-STEUERELEMENTEN	Deaktivieren
JAVA-EINSTELLUNGEN	Java deaktivieren
ACTIVE SCRIPTING	Deaktivieren
PROGRAMMATISCHEN ZUGRIFF AUF DIE ZWISCHENABLAGE ZULASSEN	Deaktivieren
SCRIPTING VON JAVA-APPLETS	Deaktivieren
STATUSZEILENAKTUALISIERUNG ÜBER SCRIPT ZULASSEN	Deaktivieren
ANWENDUNGEN UND UNSICHERE DATEIEN STARTEN	Deaktivieren
AUF DATENQUELLEN UND DOMÄNENGRENZEN HINWEG ZUGREIFEN	Deaktivieren
DATEIEN BASIEREN AUF DEM INHALT UND NICHT AUF DER DATEIERWEITERUNG	Aktivieren
DAUERHAFTIGKEIT DER BENUTZERDATEN	Aktivieren
GEMISCHTE INHALTE ANZEIGEN	Deaktivieren
INSTALLATION VON DESKTOPOBJEKTEN	Deaktivieren
KEINE AUFFORDERUNG ZUR CLIENTZERTIFIKATAUSWAHL, ...	Deaktivieren
META REFRESH ZULASSEN	Deaktivieren
PHISHINGFILTER VERWENDEN	**Aktivieren**
POPUPBLOCKER VERWENDEN	Aktivieren
PROGRAMME UND DATEIEN IN EINEM IFRAME STARTEN	Deaktivieren
SKRIPT INITIIERTE FENSTER OHNE GRÖßEN ...	Deaktivieren
SCRIPTING DES INTERNET EXPLORER BROWSERSTEUERELEMENTS ZULASSEN	Deaktivieren
SUBFRAMES ZWISCHEN VERSCHIEDENEN DOMÄNEN BEWEGEN	Deaktivieren
UNVERSCHLÜSSELTE FORMULARDATEN ÜBERMITTELN	Deaktivieren

Sicherheitseinstellungen	auf ... setzen
Verwendung eingeschränkter Protokolle mit aktiven ...	Deaktivieren
Webseiten erlauben, Fenster ohne ...	Deaktivieren
Webseiten, die sich in Webinhaltszonen niedriger ...	Deaktivieren
Ziehen und Ablegen oder Kopieren und Einfügen	Bestätigen
Zugriffsrechte für Softwarechannel	Mittlere Sicherheit

Sie können die von Ihnen gemachten Einstellungen unten im Dialogfenster jederzeit wieder auf die Voreinstellung zurücksetzen. Wie schon gesagt, empfehlen wir Ihnen die Einstellung MITTELHOCH. Bitte beachten Sie, dass diese Empfehlungen unter Umständen dazu führen können, dass manche Webseiten nicht mehr «funktionieren» und/oder korrekt angezeigt werden.

Nun wechseln Sie auf die Registerkarte DATENSCHUTZ:

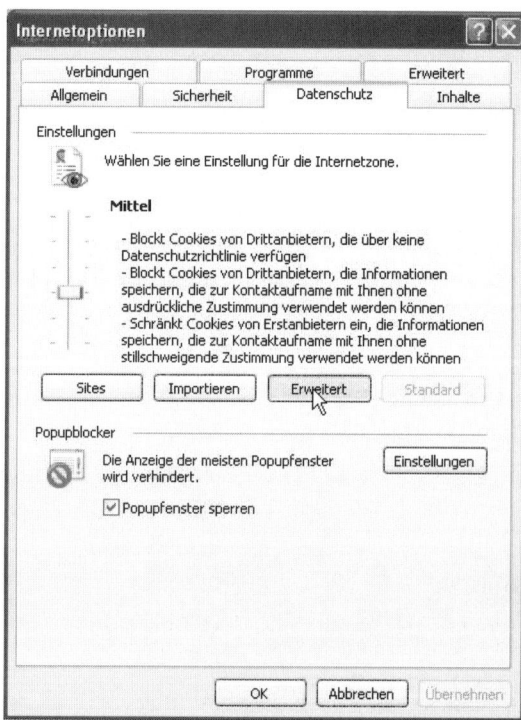

Abbildung 4.17: Klicken Sie in diesem Dialogfenster auf »Erweitert«.

Nachdem Sie auf ERWEITERT geklickt haben, nehmen Sie im daraufhin erscheinenden Fenster namens ERWEITERTE DATENSCHUTZEINSTELLUNGEN folgende Einstellungen vor:

Datenschutzeinstellungen	auf ... setzen
AUTOMATISCHE COOKIEBEHANDLUNG AUFHEBEN	anklicken
COOKIES VON ERSTANBIETERN	sperren
COOKIES VON DRITTANBIETERN	sperren

Auch hier gilt, dass diese Empfehlungen unter Umständen dazu führen können, dass manche Webseiten nicht mehr «funktionieren» und/oder korrekt angezeigt werden.

Um alle die Privatsphäre berührenden Daten auf einmal löschen zu können, bietet der Internet Explorer 7 unter dem Menübefehl EXTRAS/BROWSERVER-LAUF LÖSCHEN ..., die Möglichkeit, temporäre Internetdateien, Cookies, den Verlauf, Formulardaten und Passwörter auf einmal komfortabel zu löschen:

Abbildung 4.18: So hinterlassen Sie keine verräterischen Spuren. Klicken Sie unter Browserverlauf löschen auf Alle löschen....

Wechseln Sie nun auf die Registerkarte ERWEITERT:

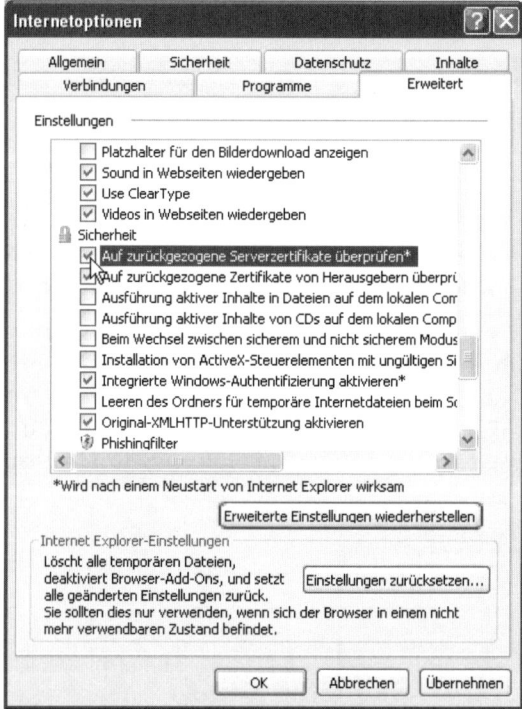

Abbildung 4.19: Die Registerkarte Internetoptionen Erweitert.

Einstellungen Sicherheit	auf … setzen
AUF ZURÜCKGEZOGENE SERVERZERTIFIKATE ÜBERPRÜFEN	Aktivieren
AUF ZURÜCKGEZOGENE ZERTIFIKATE VON HERAUSGEBERN ÜBERPRÜFEN	Aktivieren
INTEGRIERTE WINDOWS-AUTHENTIFIZIERUNG AKTIVIEREN	Aktivieren
ORIGINAL-XMLHTTP-UNTERSTÜTZUNG AKTIVIEREN	Aktivieren

Der Phishing-Schutz im Internet Explorer 7

Der Internet Explorer 7 enthält einen mehrstufigen Schutz gegen Phishing. Der Phishing-Filter des Internet Explorer 7 schaut vor dem Aufruf einer Seite erst in einer lokalen Whitelist nach. Ist diese dort nicht verzeichnet, schickt er die URL – aus Datenschutzgründen mit SSL verschlüsselt und ohne Nutzerparameter und Cookies – an einen Anti-Phishing-Server der Redmonder, der die ganze Seite in Echtzeit untersucht. Anhand bestimmter, bislang aber noch nicht genau beschriebener Kriterien wird die Seite dann eingestuft – riecht die Seite nach Phish, warnt der Browser den Benutzer. (Quelle: http://www.heise.de/security/dienste/browsercheck/anpassen/ie70/06.shtml, *07.08.200, Phishing-Schutz)*

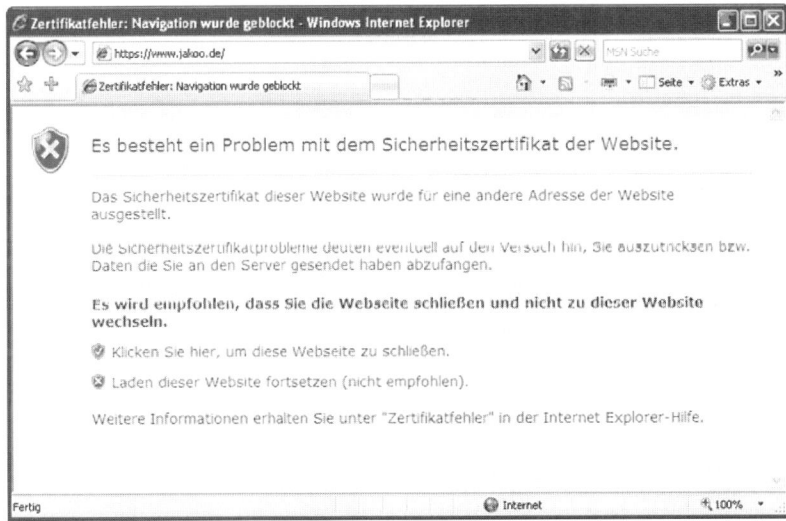

Abbildung 4.20: Selbst das Melden von Phishing-Seiten ist beim Internet Explorer 7 per Knopfdruck in der Statusleiste möglich.

Schritt für Schritt zu mehr Sicherheit mit Firefox 2

Der Firefox Browser 2

Im Firefox 2 nehmen Sie die Einstellungen wie folgt vor: Klicken Sie im Menü unter EXTRAS auf EINSTELLUNGEN, wie in Abbildung 4.21 zu sehen.

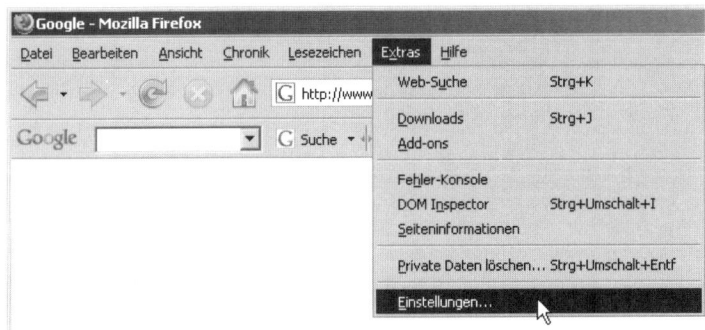

Abbildung 4.21: So gelangen Sie bei Firefox 2 zu den Einstellungen.

Es öffnet sich das Dialogfeld EINSTELLUNGEN. Wechseln Sie dort auf INHALT. Dort deaktivieren Sie JAVASCRIPT AKTIVIEREN und JAVA AKTIVIEREN. Es sollen also keine Häkchen in den entsprechenden Checkboxen gesetzt sein. POP-UP-FENSTER BLOCKIEREN hingegen lassen Sie aktiviert.

Wechseln Sie nun auf DATENSCHUTZ. Sollten Sie großen Wert auf Ihre Privatsphäre legen oder auf einem anderen Rechner gearbeitet haben, sollten Sie die ersten drei Kästchen unter CHRONIK deaktivieren. Ebenso deaktivieren Sie COOKIES AKZEPTIEREN.

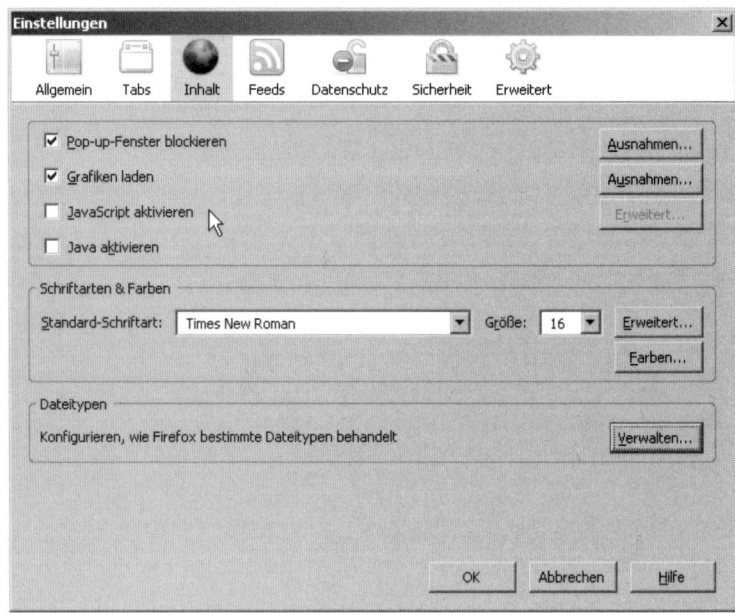

Abbildung 4.22: JavaScript und Java sollten für ein hohes Maß an Sicherheit deaktiviert sein.

Das Kästchen PRIVATE DATEN LÖSCHEN, WENN FIREFOX BEENDET WIRD sollten Sie für ein hohes Maß an Privatsphäre aktivieren.

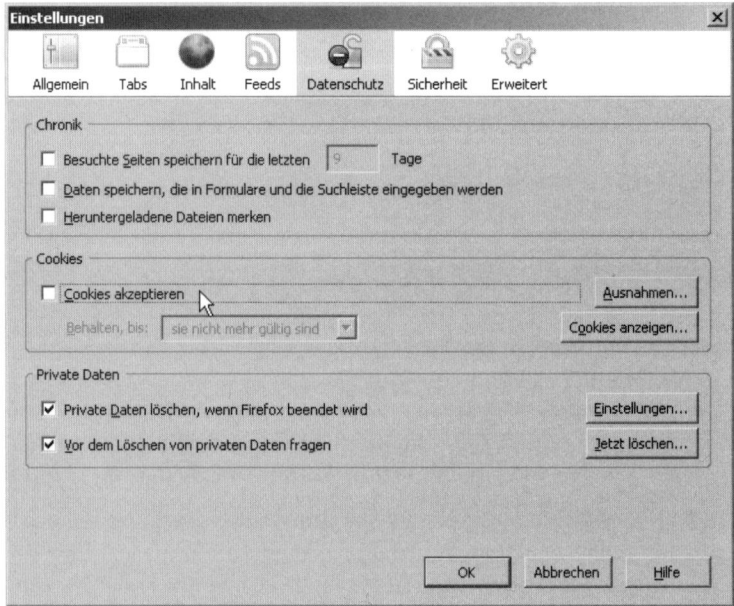

Abbildung 4.23: Unter «Datenschutz» geht es hauptsächlich um private Spuren, wie z.B. von Ihnen besuchte Internetseiten.

Klicken Sie nun auf EINSTELLUNGEN neben PRIVATE DATEN LÖSCHEN, WENN FIREFOX BEENDET WIRD. Im folgenden Dialogfeld, PRIVATE DATEIEN LÖSCHEN aktivieren Sie alle Kästchen, wie in Abbildung 4.24 zu sehen.

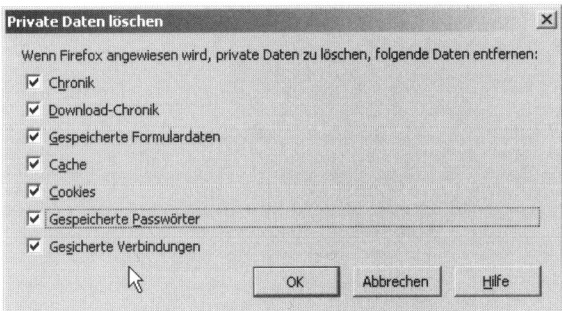

Abbildung 4.24: Hier geht es um Ihre privaten Dateien.

Wechseln Sie nun auf SICHERHEIT und übernehmen Sie die Einstellungen, wie sie in Abbildung 4.25 zu sehen sind. Add-Ons sollten Sie nur von Anbietern installieren, denen Sie vertrauen. Deshalb sollten die ersten beiden Kästchen aktiviert werden bzw. bleiben. Der Eintrag darunter sollte ebenfalls aktiviert bleiben.

Lokal gespeicherte Passwörter stellen immer ein Sicherheitsrisiko dar, deshalb sollten unter PASSWÖRTER beide Funktionen deaktiviert sein.

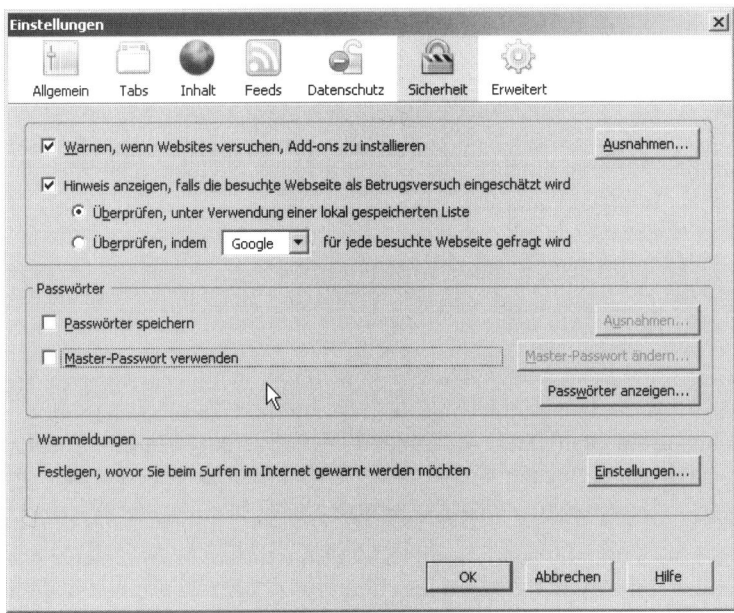

Abbildung 4.25: So sollte Ihr Dialogfeld »Sicherheit« aussehen.

Wechseln Sie nun zu ERWEITERT und klicken auf die Registerkarte VER-
SCHLÜSSELUNG, um die letzten wichtigen Einstellungen vorzunehmen. Aktivieren Sie unter PROTOKOLLE beide Auswahlmöglichkeiten. Des Weiteren
aktivieren Sie unter ZERTIFIKATE die Funktion AUTOMATISCH EINS WÄHLEN.

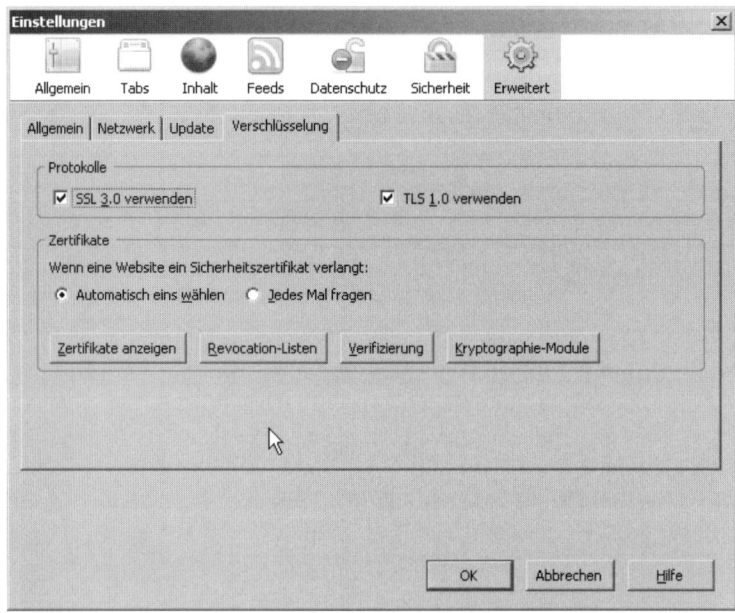

Abbildung 4.26: Unter Erweitert nehmen Sie die letzten wichtigen Einstellungen vor.

Es gibt, wie auch für den Internet Explorer, für den Firefox Browser viele
Add-Ons, welche eine Erhöhung der Sicherheit versprechen. Ob Sie solche
Add-Ons installieren wollen, müssen Sie selbst entscheiden. Auf der Seite von
pcwelt.de finden Sie eine ganze Reihe von Add-Ons, welche den Firefox 2
sicherer machen sollen.

www.pcwelt.de/know-how/sicherheit/61624/index.html

So wehren Sie sich

Wenn Sie bereits eine möglicherweise betrügerische E-Mail beantwortet und
Ihre Kontoinformationen, Benutzname oder Passwort angegeben haben, setzen Sie sich bitte umgehend mit dem vermeintlich betroffenen Unternehmen in
Verbindung. Dieses kann dann sofort reagieren und entsprechende Schritte
einleiten, um das Benutzerkonto vorläufig zu deaktivieren oder zu sperren.

Versuchen Sie die Kontaktaufnahme auf allen erdenklichen Wegen, denn jetzt
ist Dringlichkeit geboten, da der Betrüger bereits im Besitz Ihrer persönlichen
Daten ist und Ihnen von nun an großen finanziellen Schaden zufügen kann.

Nachfolgend finden Sie Tipps, wie Sie die wichtigsten Kreditkartenfirmen im Falle von E-Mail-Missbrauch kontaktieren können:

>> VISA/MasterCard: Kontaktieren Sie bitte Ihre Bank oder Sparkasse, von der Sie Ihre Karten erhalten haben.

>> Diners Club: Telefonisch unter: 0180-533 66 95 (12 Cent pro Minute)

>> American Express: `Anti.Phishing.Team@aexp.com` Die Telefonnummer von American Express finden Sie auf der Rückseite Ihrer Karte oder im Internet.

Der Sperr-Notruf: Mit einer einheitlichen Nummer können Sie gebührenfrei innerhalb Deutschlands die gängigen Bank- oder Kreditkarten sperren lassen.

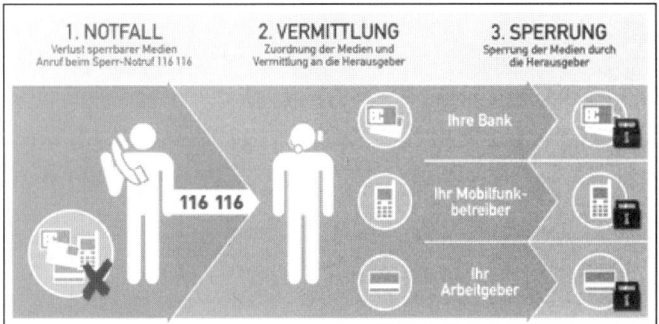

Abbildung 4.27: Eine clevere Idee. Mit einer Nummer alles sperren! (Quelle: www.`sperr-notruf`.de, 18.10.2007)

*Der Sperr-Notruf ist täglich 24 Stunden erreichbar: in Deutschland gebührenfrei unter **116 116**, aus dem Ausland gebührenpflichtig unter +49 116 116. Zur besseren Erreichbarkeit steht aus dem Ausland zusätzlich die Rufnummer +49 30 4050 4050 zur Verfügung. Eine vorherige Anmeldung bzw. Registrierung ist für Privatpersonen nicht erforderlich.*

4.1.4   Börsentipps

Wer kennt sie nicht? Die angeblichen »Kursraketen des Monats« von seriös klingenden Absendern wie »Aktien Report« oder »Online Börse« flattern täglich in Ihr elektronisches Postfach. Darin werden hauptsächlich Aktien mit einem Kurs von unter einem Euro angepriesen, so genannte Pennystocks.

Durch den Versand von Massen-E-Mails, welche gutgläubige Menschen zum Kauf dieser Papiere bewegt, werden die Kurse dieser kleinen Aktien heftig durchgerüttelt und etwas in die Höhe getrieben. Die Aktien steigen für eine kurze Zeit und fallen dann sehr rasant ab. Die Gewinner bei solchen dubiosen Kaufempfehlungen sind immer nur die Drahtzieher dieser Spam-Aktionen. Sie decken sich schon im Vorfeld mit den günstigen Aktien ein und verkaufen diese dann gewinnbringend.

```
Von: J.D. Kokenberger [mailto:armbandmatricide@sistcom.com]
Gesendet: Freitag, 16. März 2007 08:54
An: info@internetvictims.de
Betreff: REALQUADRAT
```

»Schlau Geld investieren durch erste Informationen«

Sehr geehrte Damen und Herren, hier eine Eilmeldung, die Sie nicht missachten sollten. Nachdem der DAX in der letzten Woche enorme Verluste erlitten hat, geht es nach unserer Analyse steil bergauf mit den Aktienkursen der REALQUADRAT IMMOB AG. (200% Gewinnerwartung in der kommenden Woche)

Name: REALQUADRAT IMMOB AG

Branche: Immobilien

WKN: 587930

Kurs: 50 Euro Cent

Kursziel / Woche: 90 Euro Cent

Monatsziel: 1,60 Euro

Beurteilung: Kaufen ++/+

Bei schwacher DAX-Performance werden kleine Werte wieder attraktiv. Die Aktien werden per WKN 587930 in Frankfurt gehandelt. Chartanalyse: Die Aktie befindet sich auf Jahreshoch. Potenzial weit nach oben vorhanden.

Equity ISIN DE0005879308, WKN 587930

Unser Rat: REALQUADRAT IMMOB AG Aktien in das Depot aufnehmen.*

Mit bestem Gruß,

Dr. J.D. Kokenberger

Gesellschaft f. Aktien-Analyse

Leidtragende sind die vielen Kleinanleger, die auf den falschen Tipp per E-Mail hereingefallen sind, um viel zu spät aus dem vermeintlichen Geschäft auszusteigen. Eine solche Art von Börsenmanipulation ist nicht neu, hinzugekommen ist lediglich die Verbreitungsart per Spam-E-Mails, durch die man sehr schnell einen sichtbaren Erfolg erzielen kann. Die empfohlenen Firmen wissen meistens nichts von solchen E-Mail-Aktionen und machen sich verständlicherweise Sorgen um ihr Image.

Wie penetrant Spammer vorgehen, sehen Sie in Abbildung 4.28, auf der uns der lästige Börsentipp für Montag unser elektronisches Postfach im 5-Minuten-Takt füllt:

Für Kursmanipulationen und Insiderhandel ist die Bundesanstalt für Finanzdienstleistungsaufsicht (BaFin) zuständig. Die BaFin ist eine selbstständige Bundesanstalt des öffentlichen Rechts mit Sitz in Bonn und Frankfurt am Main.

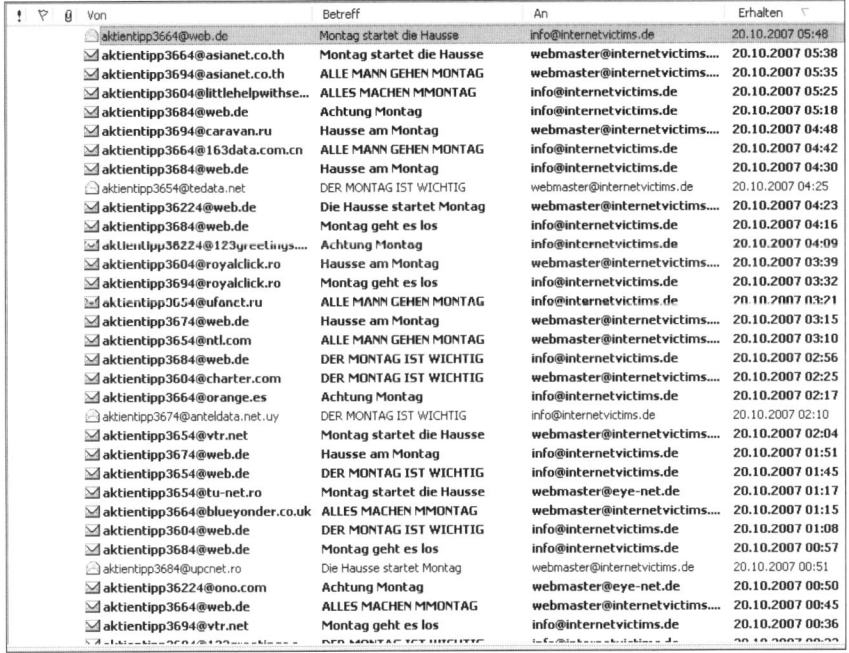

Abbildung 4.28: Spamflut mit Börsentipps.

www.bafin.de
Internet-Seiten der Bundesanstalt für Finanzdienstleistungsaufsicht

Kaufen Sie niemals Aktien, die per E-Mail empfohlen werden!

4.1.5 Die deutschen Robinsonlisten

(Mit freundlicher Genehmigung: Jochen Diebel, Vorstand des I.D.I. Verband e.V.)

Definition der Listen

Grundsätzlich ist die unangeforderte Kontaktierung mit Werbecharakter per E-Mail, Telefon (Mobil und Festnetz) sowie Fax gemäß §7 Absatz 2 Nr.3 UWG gesetzlich untersagt. Ergänzend dazu dienen die seit 1.3.2007 gültigen Paragrafen des Telemediengesetzes. Sie regeln neben dem Verbot für irreführende oder verschleierte Angaben auch die Androhung von Bußgeldern bis zu 50.000 Euro bei Zuwiderhandlung.

Um der Wirtschaft mehr Sicherheit bei Werbekontakten und dem Verbraucher mehr Schutz vor unerbeteter Werbung zu ermöglichen, führen Branchen- und Verbraucherschutzverbände bereits seit mehr als 10 Jahren die sogenannten »Robinsonlisten«.

Diese gibt es für

>> Briefpost (DDV Deutscher Direktmarketing Verband e.V., Wiesbaden)

>> Fax (BITKOM Bundesverband Informationswirtschaft Telekommunikation und Neue Medien e.V., Berlin)

>> E-Mail (I.D.I. Interessenverband Deutsches Internet e.V., München)

>> Mobiltelefon (I.D.I. Interessenverband Deutsches Internet e.V., München

>> Festnetztelefon (I.D.I. Interessenverband Deutsches Internet e.V., München

Eine Auflistung mit entsprechenden Kontaktdaten findet sich im Internet unter der URL `http://www.robinsonlisten.de`.

Robinsonlisten sind Schutzlisten, in die man sich einträgt, um möglichst wenig unangeforderte Werbung zu erhalten. Die Listen werden von großen Teilen der Wirtschaft zum Abgleich benutzt, um bei erworbenen oder fremden Adressbeständen (als Dienstleister) keine unerwünschte Kontaktierung vorzunehmen. Dies betrifft natürlich nur solche Werbeaktivitäten, die der Adressat nicht selbst als erwünscht angefordert oder erlaubnisberechtigt hat. Die Berechtigung zur Kontaktierung muss im Zweifelsfall der Verursacher nachweisen.

Eintrag und Abgleich

Der Eintrag in eine Robinsonliste ist für den Verbraucher grundsätzlich kostenlos. Die Statuten der Listen erlauben keine bezahlten Einträge durch jedwelche Diensteanbieter.

Während Einträge in die Briefpost- und Fax-Robinsonliste derzeit noch per Postverkehr schriftlich abzuwickeln sind, kann dies für E-Mail-, Mobil- und Festnetztelefon bereits seit Bestehen über die elektronischen Medien – vorwiegend das Internet – stattfinden.

Im Internet werden dabei verschlüsselte Sicherheitsverfahren genutzt, die eine Ausspähung der eingetragenen Daten durch unbefugte Dritte ausschließen. Wer über kein Internet verfügt und sich in eine der beiden Telefon-Schutzlisten eintragen lassen will, kann dies auch schriftlich oder in Ausnahmefällen telefonisch vornehmen.

Im Telefonbereich herrscht oft die Meinung, der Eintrag in die Robinsonliste könne etwas »sperren«. Das ist natürlich nicht der Fall, denn die Listenträger greifen ja nicht selbst in die Kommunikation ein. Vielmehr nimmt der Abgleich durch die Wirtschaft jene Adressen aus den eigenen freien Werbebeständen heraus, die in die Robinsonlisten eingetragen wurden. Auch die Abgleiche der Wirtschaft laufen über verschlüsselte Verfahren, so dass abgleichende Unternehmen nur die Daten aus der Robinsonliste gemeldet bekommen, die sich in den eigenen Adressbeständen befinden. Missbrauch oder Ausspähung durch unbefugte Dritte ist deshalb in jedem Fall ausgeschlossen.

Nutzen der Listen

Grundsätzlich beschränkt sich der Nutzen der Listen auf Werbeaktivitäten und die davon betroffenen Verbraucher in Deutschland. Obwohl der Einsatz bei Werbeversendern auf freiwilliger Basis stattfindet, hat sich die Existenz der Listen in der Praxis bewährt, da ein nicht unerheblicher disziplinarischer Effekt von ihnen ausgeht. Auch der positive psychologische Einfluss auf den Verbraucher (»Hier wird etwas für mich getan!«) spielt eine nicht unerhebliche Rolle.

Derzeit dürften etwa 500-800 Werbevermarkter in Deutschland die Einrichtung der Robinsonlisten mit ihren über 2 Mio. eingetragenen Verbrauchern nutzen (Stand: September 2007).

Kaum Einfluss haben die deutschen Listen natürlich auf Werbeaktivitäten aus dem Ausland, die allerdings oftmals auch von deutschen Firmen zur Verschleierung des Urhebers benutzt werden. Dies allein stellt allerdings bereits einen Gesetzesverstoß dar. Zu fassen sind die Urheber aber in den meisten Fällen wohl eher nicht.

Vorgehen gegen lästige Werber

Die meisten Verbraucher erwarten, dass bei Belästigung möglichst andere etwas dagegen tun, vor allem, weil eine relativ hohe Rechtsunsicherheit in solchen Fragen besteht. Da es sich bei Verstößen gegen die geltenden Richtlinien und Gesetze für Werbeaktivitäten über die elektronischen Medien um Zivilrecht handelt, ist allerdings auch die Initiative des Verbrauchers gefragt. Dabei hat er folgende Möglichkeiten:

>> Meldung von Verstößen an die regionalen Verbraucherschutzzentralen, die dann in eigener Initiative tätig werden (http://www.vzbv.de).

>> Meldung an die Bundesnetzagentur bei Telefonnummernmissbrauch, die dann bei Häufung von Beschwerden gegen die Anrufer vorgeht und ggf. deren Nummern abschaltet (http://www.bundesnetzagentur.de)

>> Kostenbewehrte Abmahnung über den eigenen Anwalt (nur Mut!)

Stärkste Waffe ist die Abmahnung über einen Anwalt, wobei der Verursacher den Anwalt des abmahnenden Verbrauchers zu zahlen hat. Dabei kann dem Verursacher gleichzeitig eine kostenbewehrte Unterlassungserklärung abverlangt werden. Bei weiteren Verstößen muss er dann an den belästigten Verbraucher die darin bestimmte Entschädigungssumme zahlen.

Einziges Risiko bei der Abmahnung über einen Anwalt ist, dass der Verursacher nicht zahlt oder Zahlungsunfähigkeit vortäuscht. Im Notfall muss die Geltendmachung dann auf dem Gerichtsweg vollstreckt werden. Andernfalls muss der Verbraucher die Anwaltskosten selbst tragen. Ein vorausschauender Anwalt sollte sich im Sinne seines Mandanten deshalb vor Ausführung der Abmahnung über die finanziellen Verhältnisse des Störers informieren.

Brief-Robinsonliste

DDV Deutscher Direktmarketing Verband e.V.

Pf 1401, 71243 Ditzingen, Fax 07156-304220

Eintrag schriftlich per Post über Formblatt Formularanforderung: Tel.-Abruf 0611-97793-30

Internetseite: http://www.ddv.de

Fax-Robinsonliste

BITKOM Bundesverband Informationswirtschaft Telekommunikation und Neue Medien e.V.

Kontakt über: retarus GmbH Neumarkter Straße 59, 81673 München

Anträge per Fax oder Post über Formular: Fax-Abruf unter 01805-000761 (0,12 Euro/Minute), das Formular steht im Internet auch als PDF bereit. Internet: http://www.retarus.de/produkte/detail.asp?id=58

Robinsonlisten E-Mail / Mobilfunk / Telefon

I.D.I. Interessenverband Deutsche Internet e.V. Franz-Wolter-Str.38, 81925 München, Fax 089-424236

Internetseite: http://www.idi.de

Eintrag im Internet: http://www.robinsonliste.de

4.2   Kreditkarten- und Kontomissbrauch

Wer eine Kredit- oder Scheckkarte sein Eigen nennt, sollte sie niemals aus den Augen lassen. Denn der Betrug mit gestohlenen Plastikkarten und illegal im Internet abgefangenen Kartendaten (siehe Punkt 4.1.3) nimmt in erschreckendem Maße zu.

Während früher die Daten von Kredit- und EC-Karten während unverdächtiger Kartenzahlungen in Geschäften heimlich kopiert wurden, gibt es heutzutage sehr viele Tricks, mit denen Betrüger versuchen, an Ihre Kreditkarten- und Bankdaten heranzukommen. Manchmal leider mit Erfolg. In den vergangenen Jahren hat der Betrug mit Kredit- und Bankkarten im Internet stark zugenommen, und das ist sicher auf den stetig wachsenden Online-Handel zurückzuführen.

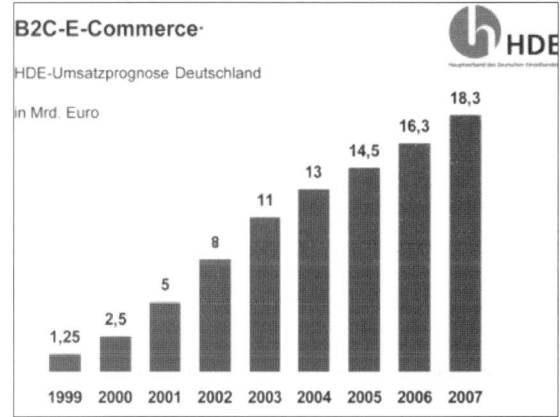

B2C-E-Commerce·

HDE-Umsatzprognose Deutschland

in Mrd. Euro

18,3

16,3

14,5

13

11

8

5

2,5

1,25

1999 2000 2001 2002 2003 2004 2005 2006 2007

Abbildung 4.29: E-Commerce-Umsatz 2007: HDE erwartet 18,3 Milliarden Euro.
(Quelle: www.einzelhandel.de, 06.09.2007)

4.2.1 So kommen Betrüger an Ihre Bank- und Kreditkartendaten

Wie schon unter Punkt 4.1.3 beschrieben, ist der Begriff Phishing ein Wort-spiel mit den Wörtern »password« (»Passwort«) und »fishing« (»Fischen«, »Angeln«) und bedeutet das »Angeln nach Passwörtern«. Phisher versuchen das Vertrauen der Internet-Benutzer zu gewinnen, indem sie die E-Mails und Webseiten einer vertrauenswürdigen Institution oder bekannter Perso-nen imitieren. Sie verwenden gestohlene Logos und gefälschte Absender-adressen, und oft täuschen sie einen Fall von Dringlichkeit vor, um den E-Mail-Empfänger zu einer schnellen Aktion zu überreden. Der ahnungslose Internetnutzer soll den Trick nicht bemerken und seine persönlichen Daten auf der vom Phisher präparierten Internetseite eingeben. Am häufigsten wird nach PIN, TAN, Benutzernamen und Passwörtern »geangelt«. *Datenklau durch Phishing*

Wie ebenfalls unter Punkt 4.1.3 beschrieben, geht es beim Pharming darum, einen Computer möglichst unbemerkt zu infizieren. Pharming ist eine Weiter-entwicklung des Phishings. Vereinfacht ausgedrückt ist das »Phishing« ein einmaliger Angriff, während das »Pharming« einen Dauerbetrug darstellt. Der Begriff »Pharming« bezieht sich auf die großen Server-Farmen, die von den Pharming-Betrügern für ihre unzähligen Webseiten betrieben werden. Beim Pharming wird der User unauffällig auf eine gefälschte Webseite umge-leitet. Der Betrüger nutzt Sicherheitslücken im Webbrowser geschickt aus, so dass der Internetnutzer trotz richtiger Eingabe der gewünschten Internet-adresse (URL) auf eine gefälschte Internetseite umgeleitet wird. *Datenklau durch Pharming*

Auch wenn Sie unsere Präventivmaßnahmen unter 4.1.3 sorgfältig beachtet haben und Sie auch sonst ein äußerst vorsichtiger und mit Bedacht vor-gehender Internet-Benutzer sind, können Sie Opfer von Kreditkarten- und Bankdatenbetrug werden. Sie werden sich jetzt fragen, wie so etwas passie-ren kann? Eine sehr effektive Methode von Betrügern, an möglichst viele *Hacken von großen Verbraucher-Datenbanken*

Bank- und Kreditkartendaten gleichzeitig zu gelangen, ist das Hacken von großen Dankenbanken auf Webportalen.

Beim Online-Banking reicht allerdings die Kenntnis der Kontonummer und der Bankleitzahl nicht aus, denn dem Täter fehlen PIN und die dazugehörige TAN, um eine Transaktion vorzunehmen. Jedoch können Banklastschriften auch ohne PIN und TAN veranlasst werden. Tausende von Online-Shops, Partnerbörsen und Serviceangebote aller Art bieten durch ständig wechselnde Sicherheitslücken eine breite Angriffsfläche.

Gelingt es einem Hacker, sich mit der Datenbank eines großen Verbraucher-Portals zu verbinden, hat er ungehindert Zugriff auf tausende von Bank- und Kreditkartendaten. Diese kann er dann kopieren und ungehindert Missbrauch im großen Stil betreiben. Oftmals kommt es vor, dass die gestohlenen Daten zu einem hohen Preis an andere kriminelle Interessenten weiterverkauft und dort verwertet werden.

Schnäppchen in dubiosen Online-Shops und E-Mails

Wer kennt Sie nicht, die super günstigen Angebote auf diversen Webseiten und in Spam-E-Mails? Doch hier ist extreme Vorsicht geboten: Die mutmaßlichen Händler haben gar nicht den Verkauf ihrer Waren im Sinn, da sie diese gar nicht besitzen. Sie wollen Sie nur mit einem Lockangebot zur Eingabe Ihrer Kreditkarten- und Bankdaten verführen. Die äußerst attraktiven Preise verleiten so manchen zur Eingabe seiner Daten auf einer Webseite oder per E-Mail:

»Vielen Dank für Ihren Auftrag. Um Ihre Bestellung abschließen zu können, benötigen wir noch Ihre Kreditkartendaten. Selbstverständlich wird der Betrag in Höhe von 30 Euro über ein sicheres Kreditkarten-Terminal abgebucht und Ihre Daten vertraulich behandelt«. Wenn Sie jetzt darauf reagieren und Ihre Kreditkartendaten übermitteln, sind Sie den Betrügern schon auf den Leim gegangen. Diese lassen Sie im Glauben, ein wahres Schnäppchen erstanden zu haben, doch in Wahrheit wird die Ware niemals ausgeliefert, sondern es werden Ihre Daten missbraucht.

So wehren Sie sich

Sind Sie der Meinung, evtl. Opfer eines Phishing- oder Pharmingbetruges geworden zu sein, sollten Sie in jedem Fall vorsorglich Ihre Kreditkarte oder Online-Banking sperren lassen.

Ob unerlaubte Abbuchung vom Konto oder Kreditkarte, Warenbestellung oder Service-Nutzung, sichtbar wird der Betrug erst auf Ihrem Kontoauszug beziehungsweise auf Ihrer Kreditkartenabrechnung.

Widersprechen Sie schnellstmöglich falschen Abbuchungen auf Ihrer Kreditkartenabrechnung oder auf Ihrem Kontoauszug.

Die Beweispflicht liegt beim Kreditinstitut

Das zum 30. Juni 2000 in Kraft getretene Fernabsatzgesetz legt fest, dass Ihr Kreditkartenunternehmen Ihnen einen ordnungsgemäß erfolgten Kauf nachweisen muss. Sie als Karteninhaber müssen die Ihnen zugestellte Abrechnung innerhalb einer festgelegten Frist (in der Regel 30 Tage) auf Richtigkeit überprüfen. Weist Ihre Kreditkartenabrechnung Zahlungstransaktionen auf, die Sie als Karteninhaber nicht getätigt haben, sollten Sie schnellstmöglich Ihr Kreditkarteninstitut oder Ihre Bank vorerst telefonisch benachrichtigen und eine Rücküberweisung verlangen. In einem solchen Fall ist die Bank oder das Kreditkarteninstitut in der Beweispflicht, wobei es in der Regel schwer möglich ist, diesen Beweis zu erbringen.

Der Betrag wird dann zurück überwiesen, wenn keine verbindliche Unterschrift seitens des Karteneigentümers nachgewiesen werden kann. Nur wenn Sie die Abbuchung selbst veranlasst haben, müssen Sie auch dafür zahlen.

Den Schadensfall nicht nur telefonisch melden, sondern auch immer schriftlich einreichen, damit Sie auch wirklich einen Beleg haben.

Tipp . . . . . .

Das Landgericht Osnabrück hat in einem Urteil vom 4.2.2003 wie folgt entschieden:

> *(...) Internet-Händler tragen das vollumfängliche Risiko beim Kreditkartenbetrug*

Händler tragen
das Risiko

> *Obwohl die bei einem Bestellvorgang vorgängige Autorisierung der Bank- oder Kreditkartendaten ohne Probleme erfolgte, wird das Geld im Betrugsfalle vom Online-Händler zurückgefordert.*

> *Die Autorisierung der Kreditkarten- und Bankdaten prüft lediglich, ob die angegebene Kartennummer gültig und gedeckt ist oder die Bankverbindung existiert. Sie verifiziert nicht, ob die Identität des Bestellers mit dem Karteneigentümer identisch ist. Eine zusätzliche Überprüfung der Identität hätte zum Beispiel die Eingabe der Personalausweisnummer zur Folge, doch diese Methode wird von Datenschutz abgelehnt. (...)*

(Quelle: LG Osnabrück, Urteil vom 4.2.2003, 7 S 641/02 (43 C 338/ 02 (XXVI) AG Osnabrück) (n.rk.), 10.10.2007 http://www.vur-online.de/entscheidung/37.html)

Ratschläge für Internethändler

>> Überprüfung Sie bei Online-Bestellungen immer die Kartenprüfnummern, auch CVC2 (EUROCARD/Mastercard) oder CVV2 (VISA)-Codes genannt.

>> Zusätzliche Verifikation der Adressdaten des Kunden (Straße, Postleitzahl, Ort und Land) gibt mehr Sicherheit.

>> Führen Sie einen Höchstbestellwert für Neukunden ein.

>> Händigen Sie Ihre Waren nur gegen einen vom Kunden unterschriebenen Lieferschein aus, denn nur damit bestätigt er den Erhalt der Ware. Der Kunde kann nach dem Kauf reklamieren, dass er die Ware nicht erhalten hat. In diesem Fall liegt die Beweispflicht beim Händler, und Sie müssen den Kaufpreis zurückerstatten, wenn Sie keinen Beleg für die Lieferung vorweisen können.

>> Überprüfen Sie, ob eine Kunde mit unterschiedlichen Kreditkarten oder Kontodaten bestellt, was sehr verdächtig ist.

>> Seien Sie vorsichtig, wenn ein Kunde mit Kreditkarten oder Kontodaten bestellt, die schon ein anderer Kunde verwendet hat.

Darüber hinaus sind Online-Händler verpflichtet, sich an die Regelungen des Payment Card Industry Data Security Standard zu halten: Der Payment Card Industry Data Security Standard, üblicherweise abgekürzt mit PCI, ist ein Regelwerk im Zahlungsverkehr, das sich auf die Abwicklung von Kreditkartentransaktionen bezieht und von allen wichtigen Kreditkartenorganisationen unterstützt wird. Handelsunternehmen und Dienstleister, die Kreditkartentransaktionen speichern, übermitteln oder abwickeln, müssen die Regelungen erfüllen. Halten sie sich nicht daran, können Strafgebühren verhängt, Einschränkungen ausgesprochen oder ihnen letztlich die Akzeptanz von Kreditkarten untersagt werden.

Die Regelungen bestehen aus einer Liste von zwölf Anforderungen an die Rechnernetze der Unternehmen:

>> Installation und Pflege einer Firewall zum Schutz der Daten

>> Ändern von Kennwörtern und anderen Sicherheitseinstellungen nach der Werksauslieferung

>> Schutz der gespeicherten Daten von Kreditkarteninhabern

>> Verschlüsselte Übertragung sensibler Daten von Kreditkarteninhabern in öffentlichen Rechnernetzen

>> Einsatz und regelmäßiges Update von Virenschutzprogrammen

>> Entwicklung und Pflege sicherer Systeme und Anwendungen

>> Einschränken von Datenzugriffen auf das Notwendige

>> Zuteilen einer eindeutigen Benutzerkennung für jede Person mit Rechnerzugang

>> Beschränkung des physikalischen Zugriffs auf Daten von Kreditkarteninhabern

>> Protokollieren und Prüfen aller Zugriffe auf Daten von Kreditkarteninhabern

>> Regelmäßige Prüfungen aller Sicherheitssysteme und -prozesse

>> Einführen und Einhalten von Richtlinien in Bezug auf Informations-
sicherheit

(Quelle: `http://de.wikipedia.org/wiki/Payment_Card_Industry_Data_Security_`
`Standard`, 10.10.2007)

4.3   Versteckte Kosten und Mitgliedschaften

Kaum einer kann von sich behaupten, in der heutigen Zeit noch nicht auf
ein Angebot im World Wide Web hereingefallen zu sein, das versteckte Kosten enthielt. Ob es sich um einen so genannten Testzugang mit dem berühmten »Sternchen« und dem unleserlichen Kleingedruckten, eine angebliche
kostenlose Lebensanalyse oder eine gratis Dialer-Software handelt, alle
haben eines gemeinsam: Sie wollen nur an Ihr Geld! Nachfolgend behandeln
wir die Themen versteckte Abonnements, angeblich kostenlose Service-Leis-
tungen und Abzocke auf Sexseiten.

> * Nur richtig angegebene Daten nehmen an unserem Gewinnspiel teil.
> Um Missbrauch und wissentliche Falscheingaben zu vermeiden, wird Ihre IP-Adresse 84.153.70.43 bei der
> Teilnahme gespeichert. Anhand dieser Adresse sind Sie über Ihren Provider: p5499462B.dip.t-dialin.net
> identifizierbar. Durch Betätigung des Button "Names- und Ahnenforschung starten" beauftrage ich genealogie.de,
> mich für den Zugang zur genealogie.de - Datenbank freizuschalten. Der einmalige Preis für einen
> 12-Monats-Zugang zu unserer Datenbank beträgt 60 € inkl. gesetzlicher Mehrwertsteuer.

Abbildung 4.30: Der Trick mit dem berühmten Sternchen

4.3.1   Abonnements und einmalige Serviceangebote

Der folgende Punkt behandelt die Gefahren, die bei Vertragsabschluss von
so genannten Abonnements und Service-Dienstleitungen entstehen können.

Die am weitesten verbreitete Vermarktungsform von Webangeboten im Internet sind so genannte Abonnements (abgekürzt Abos). Ein Abonnement ist der
regelmäßige Bezug einer Leistung. Dahinter verbergen sich also zeitlich wie-
derkehrende Mitgliedschaften bei diversen Communitys, Nachrichtenporta-
len und sogar langfristige Wetterprognosen-Webseiten. Ein Abonnement hat
im Normalfall nichts mit Abzocke zu tun. Der Internetbenutzer bezieht regelmäßig gegen Bezahlung seine gewünschten Leistungen, und glauben Sie uns:
Bei einem seriösen Angebot steckt auch sehr viel administrative Arbeit und
Investment durch den Anbieter dahinter.

Abbildung 4.31: Ein seriöses Angebot von wetter.de mit übersichtlicher und klarer Kostenstruktur,
04.09.2007.

Auf dieser Webseite bekommen Sie die weltweite Wettervorhersage für die kommenden sechs Tage kostenlos. Wenn Sie sich aber für das Wetter der kommenden neun Tage interessieren, müssen Sie für den Zusatz-Service ein so genanntes Premium Abonnement abschließen. Diesen Mehrwert für den User lässt sich das oben genannte Unternehmen bezahlen.

Wir wollen aber an dieser Stelle die vielen seriösen Anbieter auf gar keinen Fall schlecht machen, sondern uns ausschließlich auf die schwarzen Schafe der IT-Branche beziehen.

Abos für wertlose Services

Leider gibt es in der heutigen Zeit immer noch sehr viele Webangebote, die eigentlich gar keinen Wert auf Service legen. Sie versuchen lediglich den Internetbenutzer mit vermeintlich interessanten Themen auf der Startseite zu einer Online-Transaktion zu bewegen. Dahinter verbergen sich dann informationslose und meistens für den User wertlose Inhalte. Die Anbieter einer solchen Seite wollen Sie lediglich mit leeren Versprechungen zu einer gebührenpflichtigen Mitgliedschaft überreden.

Und das ist der Trick: Sind Internetnutzer erst einmal Mitglied einer solchen Webseite geworden und mit dem versprochenen Angebot unzufrieden, regen sich die meisten kurz auf, schließen den Browser oder wechseln empört die Internetseite.

Danach gerät die Angelegenheit in Vergessenheit. Aber der Seitenbetreiber bucht Monat für Monat weiter von Ihrem Konto ab, bis Sie das Abonnement fristgerecht kündigen. Für Menschen, die ihre Kontoauszüge oder Kreditkartenabrechnungen nicht regelmäßig kontrollieren, kann dies ein teurer Spaß werden. Viele entdecken erst Monate oder gar Jahre später, dass sie immer noch für etwas bezahlen, das sie nicht einmal nutzen.

Bevorzugt wird für den Abbuchungsvorgang von den Anbietern ein so genannter Billing-Provider beauftragt. Dieser ist meist eine externe Firma mit Sitz im Ausland und gibt absichtlich auf Ihren Kontoauszügen als Buchungsgrund einen anderen Namen an als den Service, den Sie bestellt haben. Das hat für den Anbieter den Vorteil, dass Sie die Abbuchung nicht mehr genau einem bestimmten Service zuordnen können. Dies bedeutet, falls Sie mehrere Abonnements im Internet abgeschlossen haben, können Sie bei Buchungstexten wie »Internet Service« und »Webabo« nicht mehr ohne großen Aufwand ermitteln, wer oder was sich eigentlich dahinter verbirgt.

Jetzt können Sie den Betrag natürlich bei Ihrer Bank zurückbuchen lassen, doch wenn Sie sich nicht sicher sind, auf welches Angebot diese Buchung basiert, könnten Sie damit eventuell auch ein gewolltes Abonnement sperren. Sind die monatlichen Beträge außerdem eher gering, wird man sich nicht so schnell darum bemühen, die monatlichen Buchungen abzustellen.

Für die Betreiber aber rechnet sich dieses Spielchen sehr gut: Zahlen z.B. 1000 Mitglieder monatlich nur 4,99 Euro, ergibt sich für den Betreiber ein Umsatz von fast 60.000 Euro im Jahr. Dafür muss so mancher hart arbeiten.

Prüfen Sie Angebote im Internet vor Abschluss eines Abonnement-Vertrages genau, damit später die Enttäuschung und der Ärger nicht groß werden. Informieren Sie sich in den Suchmaschinen über die Firma und deren Angebote. Wenn das Angebot unseriös ist, werden Sie im Internet sehr schnell etwas darüber finden.

Tipp . . . .

Abos mit versteckten Kosten

Eine härtere Abzock-Variante für Abonnements im Internet stellen die so genannten versteckten Abos dar. Die Webseiten dieser Anbieter werden absichtlich so gestaltet, dass sie auf den ersten Blick den Eindruck erwecken, absolut kostenlos zu sein. Doch wenn man diese Angebotsseiten intensiver studiert, wird man schon bald einen versteckten Preis entdecken. Der Preis wird absichtlich an schwer zugänglichen Stellen angebracht, so dass der User ihn leicht übersieht. Nachfolgend ein Beispiel:

Verbraucher werden hinters Licht geführt

Das Angebot von www.lifetime-tester.com wirkt auf den ersten Blick kostenlos. Auch bei einem komplett geöffneten Browser sieht man nur den Anmeldeteil, der für den unbedachten User kostenlos wirkt. Doch unten im Kleingedruckten versteckt sich ein teures Abonnement: Abbildung 4.32 zeigt den unteren Teil der Webseite mit dem Kleingedruckten, welches man nur nach Scrollen entdeckt.

```
Um Missbrauch und wissentliche Falscheingaben zu vermeiden, wird Ihre IP-Adresse 84.153.123.228
bei der Teilnahme gespeichert.
Anhand dieser IP-Adresse und der Provider-Kennung p54997BE4.dip.t-dialin.net
kann die Identität eines Nutzers ermittelt werden.
Der Nutzer kann unser Angebot innerhalb des Anmeldetages bis 24.00 Uhr
kostenlos nutzen und bis zu diesem Zeitpunkt jederzeit wieder kündigen.
Der Preis von 12,- Euro monatlich bei einer Laufzeit von 24 Monaten mit einer
jährlichen Abrechnung (Gesamtsumme: 144,- Euro) wird dem Nutzer im Voraus in Rechnung
gestellt. Weitere Informationen sind den AGB, der Widerrufsbelehrung sowie den
Datenschutzinfos zu entnehmen.
```

Abbildung 4.32: Erst nach dem Scrollen kommt Licht ins Dunkel. Man schließt ein 2-Jahres-Abo zu 288,- Euro ab!

Der Text wird absichtlich als Grafik eingebunden, so dass er von den Suchmaschinen nicht indizierbar ist und somit auch nicht in den Suchergebnisseiten auftaucht.

*Der Preis steht
unten!* Wenn man sich nun den Gesamtpreis für die 24 Monate Laufzeit ausrechnet, sind das stolze 288,- Euro! Dieser Preis führt eher dazu, Ihr Leben zu
verkürzen. Aber mal abgesehen davon: Wie oft soll man denn nachschauen,
wie alt man wird?

Einmalige Serviceangebote

Das Internet ist voll davon: Einmalige Serviceangebote gibt es zu allen erdenklichen Themen in allen Sprachen weltweit. Bei diesem Geschäftsmodell stellt
der Webseitenbetreiber verschiedene Angebote ins Netz, aus denen der Kunde
gegen Einmalzahlung wählen kann. Vergleichbar mit einem Internetshop
kann man hier Waren in digitaler Form bestellen mit dem Unterschied, dass
die Leistung meistens per E-Mail zugestellt wird. Ein Beispiel für ein seriöses
Internet-Serviceangebot stellt die Webseite von JANOLAW dar. Hier kann
man Verträge und rechtsverbindliche Dokumente direkt online erstellen, die
individuell auf Ihre Bedürfnisse zugeschnitten sind.

Abbildung 4.33 zeigt das Erstellen eines Mietvertrages auf `www.janolaw.de`
online.

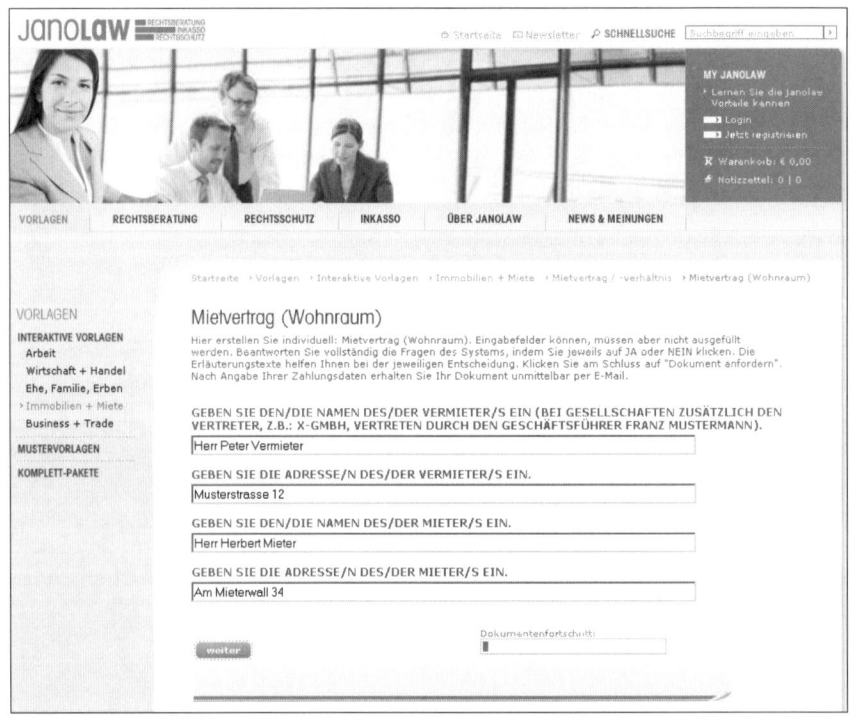

Abbildung 4.33: Guter Service mit klaren Kosten. So sollte es eigentlich sein.

Den fertigen Mietvertrag können Sie dann einfach online bezahlen, und er wird Ihnen schon nach ein paar Minuten per E-Mail zugestellt.

Aber wie in allen Branchen gibt es auch hier viele schwarze Schafe, die nur an Ihr hart verdientes Geld möchten. Diese Art von Abzock-Service erweckt auf den ersten Blick den Eindruck, absolut kostenlos zu sein. Doch wenn man die Angebotsseite intensiver studiert, wird man schon bald einen versteckten Preis entdecken. Der Preis wird absichtlich an für den User schwer zugänglichen Stellen angebracht, so dass man ihn leicht übersieht.

Dazu noch ein Beispiel: www.lebenscheck.com. Wie auch bei www.lifetime-tester.com wird der User hier absichtlich in die Irre geführt. Auch in diesem Beispiel sieht der User bei einem komplett geöffneten Browser nur den Anmeldevorgang, der auf den ersten Blick ebenfalls kostenlos wirkt.

Doch unten im Kleingedruckten versteckt sich ein einmaliger Preis. Abbildung 4.34 zeigt den unteren Teil der Webseite mit dem Kleingedruckten:

> Durch Ausfüllen und Absenden des Anmeldeformulars nehmen Sie die Möglichkeit Lebenscheck Test zu machen. Lebenscheck.com wertet ihren Test aus und stellt Ihnen Daten und Fakten rund um das Thema Lebenserwartung und Lebensprognose zur Verfügung. Unsere Kundeninformationen finden Sie hier. Nach Anmeldung bei Lebenscheck.com beauftragen Sie Lebenscheck.com für Sie den Test bereitzustellen sowie ein Zertifikat auszustellen. Für den Lebenscheck.com Service zahlen Sie einmalig **99,00 Euro** pro Test.

Abbildung 4.34: Diesmal werden 99,- Euro fällig.

Hier steht unter anderem: »Nach Anmeldung bei Lebenscheck.com beauftragen Sie Lebenscheck.com für Sie den Test bereitzustellen sowie ein Zertifikat auszustellen. Für den Lebenscheck.com Service zahlen Sie einmalig 99,00 Euro pro Test.«   *Preis steht unten!*

So tappen Sie nicht in die Abo- oder Service-Falle

Falls Sie sich entschließen sollten, ein entsprechendes Abonnement-Angebot wahrzunehmen, sollten Sie sich an unseren »Wie vermeide ich späteren Ärger«-Vorsorgeplan halten:

>> Seien Sie äußerst vorsichtig, wenn es sich bei dem Angebot um einen Gratis-Service handelt. Wer hat denn heutzutage schon etwas zu verschenken?

>> Lassen Sie sich von tollen Gewinnversprechen nicht blenden, denn diese sollen meistens nur von den Kosten ablenken.

>> Prüfen Sie die Seriosität, indem Sie zuerst das Internet nach dem Namen dieser Webseite oder Servicedienstleitung durchforsten und es nach bereits existierenden positiven oder negativen Beiträgen auswerten.

>> Lesen Sie sich vor Vertragsabschluss immer die Allgemeinen Geschäfts-
bedingungen (abgekürzt: AGB) aufmerksam durch, damit Sie später
nicht Ihr blaues Wunder erleben. Sie können auch unter Zuhilfenahme
der Suchfunktion Ihres Browsers nach den Wörtern »Euro«, »Betrag«
etc. suchen. So durchforsten Sie selbst ellenlange AGB in Sekunden.

>> Scrollen Sie die Bestellseite auf dem Bildschirm immer ganz nach unten,
falls ein Bereich davon nicht sichtbar ist. Dort verstecken manche
Abzocker gerne teure Zusatzhinweise, mit deren Wissen Sie die Bestellung niemals getätigt hätten.

>> Suchen Sie im Text nach versteckten Kosten. Viele Abzock-Webseiten
sind absichtlich mit überflüssigem Text überfüllt. Dies soll Sie irritieren
und vom aufmerksamen Lesen abhalten. Dadurch übersehen Sie leicht
die im Text enthaltenen Zusatzkosten oder Vertragslaufzeiten.

>> Sichern Sie schon bei Anmeldung Beweise und fertigen Sie notfalls Bild-
schirmausdrucke unter Beisein eines unabhängigen Zeugen an.

>> Drucken Sie sich immer alle Informationen bezüglich des Abonnement-
oder Servicevertrages aus, damit Sie später alle Unterlagen für eine
mögliche Kündigung oder für einen Rechtsstreit zur Hand haben. Dazu
gehören die Angebotswebseiten, die Allgemeinen Geschäftsbedingungen, Impressum und alle E-Mail-Bestätigungen.

>> Achten Sie darauf, dass der Anbieter unter Kontakt nicht nur ein Post-
fach zur Verfügung stellt. Wenn der Firmensitz des Anbieters im Ausland liegt, wird es schwer, sich bei einem Rechtsstreit durchzusetzen.

So wehren Sie sich

Falls Sie unseren »Wie vermeide ich späteren Ärger«-Vorsorgeplan noch
nicht kannten und bereits auf eine Abonnement-Abzocke hereingefallen
sind, geben wir Ihnen jetzt Hilfestellungen, wie Sie sich wehren können:

>> Wenn Sie mit dem gekauften Angebot unzufrieden sind, kündigen Sie
immer sofort. Sie denken jetzt sicher, warum denn sofort, wo Sie doch
für einen Monat bezahlt haben? Wenn Sie abwarten und das Angebot
sowieso nicht weiter wahrnehmen möchten, könnte es Ihnen passieren,
dass Sie aus Vergesslichkeit die Frist für eine rechtzeitige Kündigung
verpassen und noch einen weiteren Monat »teuer« bezahlen müssen.
Und genau damit rechnen die Webseitenbetreiber.

>> Prüfen Sie, ob die vertraglichen Vereinbarungen der deutschen Recht-
sprechung entsprechen.

Tipp . . . . . . *In Deutschland können Abonnement-Verträge höchstens für 24 Monate
geschlossen werden, und höchstmögliche Kündigungsfrist beträgt 3 Monate
zum Ende der Laufzeit. Diese Bestimmungen sind im § 309 BGB festgelegt.*

>> Bei unseriösen Angeboten ist die Möglichkeit einer Kündigung von Abonnements oft sehr versteckt oder erst gar nicht vorhanden. Lesen Sie deshalb alle Bestätigungen, die Sie per E-Mail erhalten haben, aufmerksam durch und schreiben Sie notfalls an den Betreiber, den Sie über das Impressum oder eine »Whois«-Abfrage ermitteln können.

Kündigen können Sie oft auch beim zuständigen Billing-Provider, *denn dieser belastet ja schließlich Ihr Konto. Dessen Anschrift erfahren Sie über Ihre Hausbank oder Ihr Kreditkarteninstitut. Wenn der Billing-Provider Ihre Kündigung nicht entgegennehmen kann oder will, wird er Ihnen sicher alle Informationen über den Webseitenbetreiber, die Sie für eine ordentliche Kündigung benötigen, mitteilen. Ein Billing-Provider ist mindestens Vertragspartner des Webseitenbetreibers.*

>> Bei Verdacht auf Betrug sollten Sie eine Rücklastschrift bei der Bank einreichen. Dafür genügt im Normalfall ein Anruf bei Ihrer Hausbank. Wenn Sie allerdings nur unzufrieden sind, sollten Sie eine ordentliche Kündigung anstreben, denn Sie sind ja schließlich ein Vertragsverhältnis eingegangen.

Was die wenigsten wissen: Auch Kreditkartenbuchungen können wie Lastschriften zurückgebucht werden. Dazu informiert Sie Ihr Kreditkarteninstitut oder Ihre zuständige Bank.

Wenn Sie mit versteckten Kosten abgezockt worden sind, durchforsten Sie zuerst das Internet nach den Namen dieser Webseite oder Servicedienstleistung und suchen Sie nach bereits existierenden Abwehr-Tipps von anderen Geschädigten oder der Presse und vor allem nach bereits gesprochenen Gerichtsurteilen. Dadurch erfahren Sie am einfachsten und kostengünstig, ob Sie bezahlen müssen oder nicht.

Versteckte Kosten – zahlen oder nicht zahlen?

Was tun, wenn von so einer Firma eine Rechnung ins Haus flattert?

>> *Wurden Sie deutlich über Ihr Widerrufsrecht informiert? Bei Vertragsabschlüssen im Internet haben Sie normalerweise die Möglichkeit, den Vertrag binnen zwei Wochen zu widerrufen. Erfolgte keine ordnungsgemäße Belehrung über das Widerrufsrecht, können Sie oftmals den Vertrag auch noch zu einem späteren Zeitpunkt rückgängig machen.*

>> *Wichtig: Die vom Anbieter eventuell gespeicherte IP-Adresse Ihres Computers ist als Nachweis für einen zustande gekommenen Vertragsschluss nicht ausreichend!*

>> *Haben Minderjährige den vermeintlich kostenlosen Vertrag abgeschlossen, sollten die Erziehungsberechtigten dem Anbieter mitteilen, dass der Vertrag nicht genehmigt wird.*

>> *Gleichzeitig sollten Sie gegenüber dem Rechnungssteller vorsorglich den Widerruf und die Anfechtung wegen Irrtums erklären.*

>> *Bestreiten Sie den kostenpflichtigen Vertragsabschluss und fordern Sie den Anbieter zum Nachweis des angeblichen Abschlusses auf.*

>> *Lassen Sie sich von Mahnungen und Inkassoschreiben des Anbieters nicht unter Druck setzen. Handlungsbedarf besteht erst, wenn Sie einen gerichtlichen Mahnbescheid erhalten.*

>> *Suchen Sie rechtlichen Rat und Unterstützung bei Ihrer örtlichen Verbraucherzentrale.*

Tipp ...... *Falls Ihr noch minderjähriges Kind den Service bestellt hat, besteht hierbei keine Verpflichtung zur Vertragserfüllung. Der so genannte Taschengeldparagraph gilt in solchen Fällen nicht, da Sie Ihr Kind sicherlich nicht zum Abschluss eines Abonnements bevollmächtigt haben.*

>> *Bei Betrugverdacht können Sie selbstverständlich auch Anzeige bei Ihrer zuständigen Polizei oder der Staatsanwaltschaft erstatten.*

Handelt es sich bei der Bankbuchung um eine Lastschrift für einen Internetservice, die über ein Internet-Zahlungsmodul durchgeführt worden ist, können Sie diese Zahlung sogar binnen sechs Monaten zurückbuchen lassen, auch wenn Sie den Service selbst bestellt haben. Die reguläre Frist für eine Rückbuchung einer Lastschrift für »Offline«-Buchungen beträgt nur sechs Wochen.

Der folgende Vordruck von der Verbraucherzentrale Sachsen-Anhalt hilft Ihnen bei der Formulierung eines Anschreibens wegen Widerrufs und Anfechtung wegen Irrtums, per Einschreiben versteht sich:

Absender

Einschreiben mit Rückschein

Adresse des Anbieters

Ort, Datum

Unberechtigte Forderung

Sehr geehrte Damen und Herren,

ich beziehe mich auf Ihr Schreiben vom ...., in dem Sie einen Betrag von .... Euro für die angebliche Inanspruchnahme einer Internet-Serviceleistung verlangen.

(Formulierungsvorschlag bei Verträgen mit Minderjährigen):

Der angeblich mit Ihnen abgeschlossene Vertrag wurde von meinem minderjährigen Sohn/ meiner minderjährigen Tochter abgeschlossen. Ich habe weder in einen Vertragsabschluss eingewilligt, noch genehmige ich einen Vertrag.

(Formulierungsvorschlag bei unberechtigten Zahlungsaufforderungen):

Nach meiner Überzeugung habe ich keinen Vertrag mit Ihnen abgeschlossen.

Sollten Sie anderer Meinung sein, so weisen Sie mir bitte nach, wann und wie es zu einer übereinstimmenden Willenserklärung kam, wie Sie mich gemäß den gesetzlichen Bestimmungen zum Fernabsatz belehrt haben und mich u. a. gemäß § 312e BGB, bzw. § 1 der BGB-Info VO informiert haben.

Vorsorglich fechte ich den angeblich abgeschlossenen Vertrag wegen arglistiger Täuschung an. Daneben widerrufe ich den geschlossenen Vertrag nach den maßgeblichen Vorschriften über Fernabsatzverträge. Außerdem erkläre ich auch vorsorglich die Anfechtung wegen eines Irrtums über den Inhalt der abgegebenen Willenserklärungen.

Mit freundlichen Grüßen

(Unterschrift)

(Quelle: http://www.vzsa.de/mediabig/31922A.rtf 07.09.2007)

4.3.2   Sexseiten

Wer kennt sie nicht, die unzähligen Sexseiten im World Wide Web, die mit ihren »eindeutig zweideutigen« Angeboten die Internetnutzer in ihren Bann ziehen wollen. Nun ist die bloße Existenz solcher Seiten nicht verwerflich, wenn es ohne Weiteres möglich wäre, sie problemlos wieder zu verlassen. Doch hier haben die diversen Anbieter einen Riegel vorgeschoben, denn wenn man die betreffenden Seiten schließt, muss man oft noch eine Armada von Werbefenstern wegklicken. Das kann soweit gehen, dass der frustrierte Surfer sich gezwungen sieht, seinen Rechner neu zu starten. Außerdem sind viele Angebote jugendgefährdend: Gratis-»Happen« gibt's oft auch ohne Altersnachweis.

Sex sells

Doch kaum etwas verkauft sich im Internet so gut wie Pornografie. Angepriesen werden Bilder, Videos, Live-Shows und sogar Datenbanken mit Profilen von freizügigen Damen und Herren aus der Nachbarschaft. Wer die diese Webseiten aufruft, bekommt was er will – allerdings nur gegen Bezahlung. Und die Betreiber von Sexseiten kennen viele Wege, um an Ihre Geldbörse zu gelangen.

Wer kennt diese Angebote nicht: »Sex, absolut kostenlos! Jetzt unverbindlich und absolut kostenlos testen! Sofort-Zugriff auf 100.000 Videos und 1 Mio. unzensierte Hardcore-Bilder«. Doch hier ist absolute Vorsicht geboten. Die Betreiber von solchen schlüpfrigen Angeboten lassen sich ständig etwas Neues einfallen, um Sie zu einer Mitgliedschaft zu überreden.

Noch vor wenigen Jahren waren es die so genannten Dialer, die so manchem Internetnutzer schlaflose Nächte bescherten. Aber weniger wegen der erotischen Bilder und Videos, sondern vielmehr wegen der exorbitant hohen Kosten, welche am Monatsende die Telefonrechnung belasteten. Skrupellose Geschäftemacher hatten es in jenen Tagen mit den Dialern einfach übertrieben. Immer abenteuerlichere Wege wurden beschritten, um an die 3,63 DM pro Minute zu kommen. Die Dialer sind jedoch fast gänzlich vom Markt verschwunden, und so mussten die Porno-Abzocker immer neue Wege finden, um an das Geld der User zu kommen. Sex im Internet? Wahrlich ein sehr heißes Pflaster.

Die Masche mit dem Schnupperabo

Das Schnupperabo

Dieses Kind hat viele Namen. Mal wird es Probeabo, Schnupperabo, Testzugang, Gratistestzugang, Kennenlernangebot, oder auch 3 Tage Test Mitgliedschaft genannt. Der Hintergrund ist immer derselbe. Zuerst wird man »eingeladen«, sich von der Güte und Größe des Angebots für eine kurze Zeit zu überzeugen. Danach, so wird dem ahnungslosen Nutzer suggeriert, kann er sich in aller Ruhe entscheiden, ob er Mitglied auf der Seite bleiben will oder nicht.

Meist hat er da aber die Rechnung ohne den Seitenbetreiber gemacht. Dieser hat nämlich ganz und gar nicht die Absicht, dem User kostenlos irgendwelche Inhalte zu präsentieren. Er zielt vielmehr darauf ab, irgendwie an die Kreditkarten- oder Bankdatendaten des Users zu kommen. Meist soll sich bei dieser Methode der User altersverifizieren.

Das Ganze läuft in etwa so ab: »Zur Überprüfung Ihrer Volljährigkeit geben Sie bitte in diese Box Ihre genauen Kreditkartendaten ein.« Abgesehen davon, dass in Deutschland ein Alters-Check über Kreditkarte rechtlich nicht ausreichend ist, will der Anbieter hier gar nicht Ihr Alter prüfen, sondern nur Ihre Kreditkartendaten für eine spätere Buchung sicherstellen. Wenn das Probeabonnement vorbei ist (in der Regel 1 bis 3 Tage), wird er munter den fälligen monatlichen Mitgliedsbeitrag von Ihrem Konto abbuchen. Aber auch günstige, kostenpflichtige Schnupperabos verlängern sich meistens laut Kleingedrucktem automatisch, wenn sie abgelaufen sind.

Tausende tappen täglich in diese Falle und werden dadurch Monat für Monat um einen saftigen Betrag ärmer. Da viele dieser Anbieter von erotischen Inhalten ihren Firmensitz im Ausland haben, ist es sehr schwierig, die Buchungen zu stoppen. Sie können den Betrag zwar jeden Monat bei Ihrem Kreditkarteninstitut zurückbuchen lassen, aber in schwierigen Fällen hilft nur eine Sperrung der Kreditkarte.

Vorsicht! Gerade auf englisch-sprachigen Sexseiten klickt man schnell auf das falsche OK. Wer nur einmal kurz reinschauen wollte, ist am Ende »Mitglied« und wird für ein teures Abonnement zur Kasse gebeten. Da wieder herauszukommen, ist selten einfach. Schonen Sie lieber Ihre Nerven.

Tipp . . . . . .

Nachfolgend finden Sie z.B. zwei vertrauenswürdige Altersverifikationssysteme aus Deutschland:

Abbildung 4.35: Altersverifikationssystem der Coolspot AG

Abbildung 4.36: Altersverifikationssystem RESISTO IT GmbH

Webseiten, die diese beiden Varianten als Jugendschutzsysteme verwenden, werden regelmäßig durch die Altersverifikationsanbieter auf Inhalt und Qualität überprüft.

Solange Sie keine Bank- oder Kreditkartendaten angeben müssen, ist »schnuppern« nicht gefährlich.

Andere Masche: Silber-, Gold- und Platin-Mitgliedschaften

Wer die Wahl hat, hat die Qual. Viele Sexseiten-Anbieter offerieren unterschiedliche Mitgliedschaftspakete. Je teurer das Paket, desto mehr Inhalt oder Funktionalität steht dem User zur Verfügung. Die einzelnen Mitgliedschaftsmöglichkeiten werden in der Regel günstiger, wenn Sie diese mit einer längeren Laufzeit bestellen. Bei einem so genannten Jahresabo kann man im Vergleich zu einem Monatsabo oft enorm viel Geld sparen.

Aber überlegen Sie sich gut, ob Sie wirklich ein ganzes geschlagenes Jahr auf dieser Seite verweilen wollen. Das macht nur dann Sinn, wenn der Anbieter seinen Mitgliedern täglich oder wöchentlich neuen Content (englisch für Inhalte) zur Verfügung stellt und dadurch die Seite immer mit etwas Neuem aufwarten kann.

Wenn Sie sich zu einer solchen Mitgliedschaft entschließen sollten, prüfen Sie die Unterschiede der einzelnen Angebote genau, besser gesagt Ihre Kreditkartenabrechnung: Allzu häufig kommt es vor, dass die Betreiber dem ahnungslosen Kunden, unabhängig von dem Level der Mitgliedschaft, immer schonungslos den Höchstbetrag abbuchen.

Der Anbieter einer solchen Sexseite baut darauf, dass der User unauffällig und unerkannt bleiben will. Lieber zahlt man doch einen etwas höheren Preis für einen längeren Zeitraum, als dass die eigene Frau eine Mahnung von einem einschlägigen Sexportal öffnet, oder?

Erotische Kontaktbörsen

Einige Anbieter wissen schon sehr lang, wie man den männlichen User bei der Stange hält: Nach Abschluss eines gebührenpflichtigen Abonnements bekommt dieser in regelmäßigen Abständen elektronische Post von scheinbar interessierten Frauen. Hierbei werden Lebensgeschichten erzählt und intime Wünsche ausgetauscht.

Doch zu einem realen Treffen kommt es nie. Die vermeintlichen Frauen – vielleicht sind auch ein paar Männer darunter – arbeiten für den Betreiber und sollen den zahlenden User Monat für Monat in der Hoffnung auf ein echtes »Date« lassen. Für den User ist das schlichtweg Zeitverschwendung, für den Seitenbetreiber bares Geld.

Die gleiche Masche funktioniert auch mit Premium SMS-Diensten. Der Seitenbetreiber bezahlt so genannte »Profi-Chatter«, die den User dazu animieren sollen, möglichst viele teure SMS zu verschicken.

Dass es sich bei den Chat-Partnern nur um professionelle Animateure handelt, kann man in so manchen Allgemeinen Geschäftsbedingungen der jeweiligen Anbieter nachlesen:

Allgemeine Geschäftsbedingungen:

1. Der Seitenbetreiber stellt einen SMS Chat gegen ein Entgelt von 1.99€/SMS (zzgl. Vodafone-/T-Mobile-TL von 12 Cent) zur Verfügung.

2. Der Teilnehmer erkennt an, dass sich im System Männer als Frauen und Frauen als Männer ausgeben können.

3. Weiter erkennt der Teilnehmer an, dass alle Teilnehmer unter mehreren Identitäten das System nutzen können.

4. Punkte 2 und 3 gelten auch für Teilnehmer, die vom Seitenbetreiber zu Ihrer Unterhaltung gestellt und bezahlt werden.

Abbildung 4.37: Der Gipfel der Abzocke. Zumindest aber steht es in den AGB, lesen lohnt sich also auch in diesem Fall.

Eine weitere wirkungsvolle Betrugsmasche, mit der Millionenbeträge ergaunert werden, sind kostenpflichtige Telefonnummern aus dem Ausland. Stellen Sie sich einmal Folgendes vor: Aufgrund einer Annonce in einer Kontaktbörse lernen Sie eine sehr nette und auffällig offene Dame kennen. Schon bald will sie mit Ihnen persönlich sprechen und sie schickt Ihnen ihre private Telefonnummer.

Sie sind erfreut über diesen unverhofften Kontakt und telefonieren mit der Dame stundenlang und vielleicht auch jeden Tag. Doch am Ende des Monats kommt das böse Erwachen mit Ihrer Telefonrechnung, wenn Sie feststellen, dass Ihre Flirtpartnerin auf einer Insel in der Karibik zu Hause ist und Ihnen eine teure gebührenpflichtige Telefonnummer untergejubelt hat. Jede Minute, die Sie telefoniert haben, wurde sie oder die Firma, die dahinter stand, um eine nette Summe reicher.

Das Landgericht München I entschied im Urteil vom 17. Juni 2003, Az. 22 O 9966/03 wie folgt:

> *»Wenn eine Webseite vorgibt, Kontakte zu attraktiven Frauen herzustellen, obwohl in Wirklichkeit bezahlte Mitarbeiter dahinter stecken, ist dies unlauterer Wettbewerb.«*

Zugang per Handy/Premium SMS

Mobile Bezahlung   Nach der Regulierung der 0900-Dialer in 2005 wurden auf vielen Sexseiten Premium SMS als Abrechnungsmethode angeboten. Premium SMS sind Kurznachrichten, die beim Versand bis zu 9,99 Euro kosten können. Damit ist es möglich, Dienstleistungen bequem per Handy zu bestellen und zu bezahlen. Ein Kunde sendet eine SMS an eine Kurzwahl und bezahlt auf diese Weise eine Dienstleistung. Dieses Entgelt wird durch den Mobilfunkbetreiber über die Handyrechnung oder bei Prepaidkarten durch Guthabenabzug eingezogen.

Das ist eigentlich keine schlechte Sache, sofern diese Technik seriös eingesetzt wird. Wie bei fast allen Abrechnungssystemen in der Telekommunikation gibt es natürlich auch beim Premium SMS-Service dubiose Anbieter, die es nur auf das schnelle Geld abgesehen haben.

Das Spektrum der Premium SMS-Dienste reicht von der Teilnahme an Chats oder Gewinnspielen über den Download von Logos, Klingeltönen oder aktuellen Chartsongs bis hin zu unserem eigentlichen Thema: Tricks mit Tarifen und Mitgliedschaften auf Sexseiten.

Unseriöse Anbieter täuschen bewusst darüber hinweg, dass man mit dem Versand einer Premium SMS ein Abonnement bestellt und dadurch weitere Kosten entstehen.

Ein Beispiel dieser Art von Abzocke ist dieser Erotik-Anbieter:

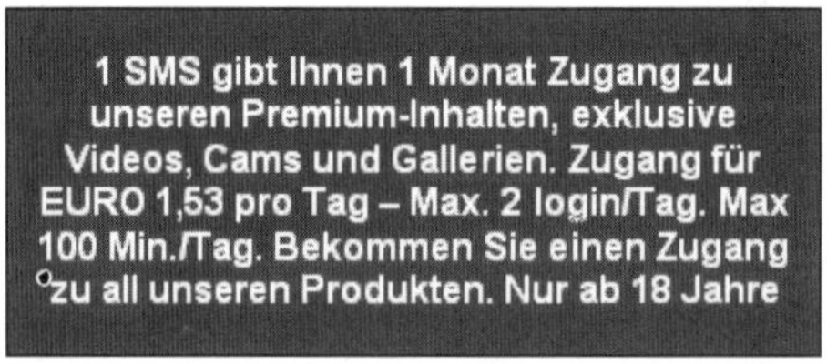

> 1 SMS gibt Ihnen 1 Monat Zugang zu unseren Premium-Inhalten, exklusive Videos, Cams und Gallerien. Zugang für EURO 1,53 pro Tag – Max. 2 login/Tag. Max 100 Min./Tag. Bekommen Sie einen Zugang zu all unseren Produkten. Nur ab 18 Jahre

Abbildung 4.38: 1,53 Euro pro Tag – im Abo macht das schnell 45 Euro pro Monat.

Durch die geschickte Formulierung des Textes wird der ahnungslose User in die Kostenfalle gelockt. Mit dem Versand einer solchen SMS schließt man einen Vertrag über ein Monatsabonnement zum Preis von über 45 Euro – eben 1,53 Euro pro Tag.

Wenn Sie sich durch einen Premium SMS-Dienst betrogen oder getäuscht fühlen, sollten Sie folgende Schritte unternehmen:

>> Sichern Sie Beweise. Drucken Sie, unter Beisein von unabhängigen Zeugen, die Internetseite mit dem unseriösen Angebot aus und halten Sie Uhrzeit und Datum fest.

>> Ermitteln Sie den Anbieter des Premium SMS-Dienstes. Dieser muss bei den jeweiligen Netzbetreibern erfragt werden. Dies kann auch online über ein Suchformular auf den Webseiten der Betreiber geschehen.

>> Erstatten Sie Strafanzeige bei der Polizei oder der Staatsanwaltschaft.

>> Informieren Sie Ihren Handy-Provider, die Zentrale zur Bekämpfung des unlauteren Wettbewerbs und die Freiwillige Selbstkontrolle Telefonmehrwertdienste (FST) über den Vorfall.

>> Widersprechen Sie bei Ihrem Provider gegen die strittigen Gebühren. Begründen Sie in Ihrem schriftlichen Widerspruch genau, warum Sie die fraglichen Premium-SMS-Gebühren nicht bezahlen wollen und geben Sie dabei das Aktenzeichen Ihrer Strafanzeige an.

>> Wurden Sie nicht über den Preis informiert, fechten Sie den Vertrag wegen arglistiger Täuschung an.

>> Hat Ihr minderjähriges Kind den Vertag abgeschlossen, sollten Sie als Erziehungsberechtigter dem Anbieter mitteilen, dass der Vertrag nicht genehmigt wird.

4.4 Betrug bei eBay

eBay ist nach wie vor das Online-Auktionshaus Nummer Eins. Täglich werden über eBay tausende von guten Geschäften getätigt. Aber wie auch im normalen Leben, überall, wo große Umsätze gemacht werden, versuchen Gauner und Betrüger durch allerlei Tricks, an Ihr Geld zu kommen. Dabei sind es in den meisten Fällen die Käufer, die über den virtuellen Warentisch gezogen werden.

4.4.1 So beugen Sie vor

Halten Sie sich unbedingt an die Ratschläge, die wir Ihnen in diesem Kapitel geben. Vermeiden Sie es, insbesondere in den letzten Auktionsminuten, hektisch oder gierig zu werden. Informieren Sie sich über den Artikel und den Verkäufer schon Tage vorher und machen Sie von den eBay-Funktionen FRAGE AN DEN VERKÄUFER und DIESEN ARTIKEL BEOBACHTEN Gebrauch.

>> Lesen Sie das Auktionsangebot Zeile für Zeile aufmerksam durch. Oft verstecken unseriöse Verkäufer nämlich Mängel des Produkts in ellenlangen Beschreibungen. Im Nachhinein berufen sie sich dann auf die Beschreibung des Artikels, in der alles »schwarz auf weiß« steht. Achten Sie dabei insbesondere auf die Höhe der Versandkosten. Lesen Sie den Text unbedingt bis zum Schluss durch. Oft verbirgt sich dort nämlich die Wahrheit mit Zusätzen wie »nicht funktionstüchtig« oder »mit leichten Schönheitsfehlern«.

>> Benutzen Sie bei größeren Beträgen immer den eBay Treuhandservice. Akzeptieren Sie niemals andere Treuhänder.

>> Achten Sie bei Bildern auf kleine Zusätze wie »Produkt kann von Bild abweichen«, »Abbildung ähnlich«, »Größe kann variieren« etc.

>> Auch der Zusatz »Originalversion« ist in manchen Zusammenhängen verdächtig. Mit einer Originalversion einer asiatischen DVD werden Sie nicht viel Freude haben, wenn der Originalton japanisch und der Untertitel koreanisch ist.

>> Überprüfen Sie, ob die Firma, von der Sie etwas kaufen möchten, einen Eintrag im Telefonbuch hat. Keine Firma, die es auf schnelle Abzocke abgesehen hat, wird im normalen Telefonbuch der Telekom zu finden sein. Bei größeren Summen rentieren sich die paar Minuten für die Recherche sicherlich.

>> Es kann ebenfalls nicht schaden, bei der Firma, mit der man ein Geschäft tätigen möchte, anzurufen.

>> Werden Sie misstrauisch, wenn man einem Händler »die Türen ein-rennt« und wegen atemberaubend günstiger Preise enorm viele Auktio-nen gleichzeitig laufen. Betrüger legen es oftmals nach einer kurzen Zeitspanne, in der sie seriös agieren, auf einen »großen Coup« an.

>> Treibt jemand den Preis in die Höhe? Wenn von einem Verkäufer meh-rere Auktionen gleichzeitig laufen, vergewissern Sie sich, ob dort nicht ein Username öfters auftaucht. Überprüfen Sie dabei nicht nur den Höchstbietenden, sondern auch die überbotenen Mitbieter. Klicken Sie dazu unter ÜBERSICHT auf die Anzahl der Gebote. Sie sehen dort den Verlauf der gesamten Auktion. Taucht ein Name sehr oft auf und bietet er auch noch auf völlig unterschiedliche Produkte, ist Vorsicht geboten.

Bieter: 8   Gesamtzahl Gebote: 9   Restzeit: 1 Tag 7 Stunden 56 Minuten

Es werden nur aktuelle Gebote angezeigt, nicht jedoch das jeweilige Maximalgebot eines Bieters. Maximalgebote können von jedem Bieter mehrere Tage oder Stunden vor dem Ende des Angebots abgegeben werden. Mehr zum Thema Bieten.

Bieter	Gebotsbetrag	Zeitpunkt des Gebots
dirk2106 (100 ☆)	EUR 705,00	30.08.07 14:03:48 MESZ
reinhardnell (62 ★)	EUR 700,00	30.08.07 14:04:00 MESZ
technovozzy (91 ★)	EUR 650,00	30.08.07 01:49:49 MESZ
renekoeteles (0) ☖	EUR 512,00	30.08.07 12:51:28 MESZ
metall87 (592 ☆)	EUR 501,11	30.08.07 00:33:16 MESZ
branco146 (7)	EUR 350,00	29.08.07 22:07:27 MESZ
metall87 (592 ☆)	EUR 301,11	30.08.07 00:32:59 MESZ
hasehome (20 ☆)	EUR 150,00	29.08.07 22:11:40 MESZ
kornping1499 (39 ☆)	EUR 10,00	29.08.07 20:05:49 MESZ
Startpreis	EUR 1,00	29.08.07 19:33:36 MESZ

Wenn Sie und ein anderes Mitglied denselben Gebotsbetrag eingegeben haben, hat das zuerst abgegebene Gebot Priorität, sofern nicht zu einem früheren Zeitpunkt ein höheres Maximalgebot abgegeben wurde.

Abbildung 4.39: Die detaillierte Gebotsübersicht bei eBay gibt Aufschluss über die Bieter.

>> Vergleichen Sie anhand der Bewertungen welche Waren der Verkäufer vor einigen Monaten verkauft hat. Sollte sich herausstellen, dass er noch vor Wochen zwei Euro-Artikel verkauft hat, nun aber 100 Laptops anbietet, ist Vorsicht geboten. Es ist sehr leicht, in kurzer Zeit mit Billigartikeln hunderte positiver Bewertungen zu sammeln, um danach groß abzuzocken.

eBay legt natürlich sehr viel Wert darauf, dass Betrügereien auf der Auktionsplattform so wenig wie möglich vorkommen. Dies schadet dem Ruf des Unternehmens und natürlich auch den Umsätzen. Aus diesem Grunde betreibt eBay eigens eine Seite rund um das Thema Sicherheit – das eBay Sicherheitsportal.

http://pages.eBay.de/sicherheit   WWW . . . . .
Hier wirbt eBay mit den »4 Services für mehr Sicherheit«, welche jedem Käufer ein optimales Maß an Sicherheit bieten.

Der eBay-Sicherheitsschlüssel

Der Schlüssel befindet sich noch in der Testphase und wird direkt von eBay für 4,95 Euro angeboten.

> *Der Sicherheitsschlüssel schützt Ihr Mitgliedskonto mit einem individuellen 6-stelligen Sicherheitscode, den Sie beim Einloggen zusätzlich zu Ihrem Mitgliedsnamen und Passwort eingeben müssen. Jedes Mal, wenn Sie sich in Ihr eBay- oder PayPal-Konto einloggen möchten, benötigen Sie einen neuen, individuellen Sicherheitscode. Dieser wird alle 30 Sekunden von Ihrem Sicherheitsschlüssel per Knopfdruck erzeugt. So einfach ist das! (Quelle: eBay, 30.08.2007,* http:// pages.eBay.de/sicherheitsportal/sicherheitsschluessel.html*)*

Abbildung 4.40: Der Sicherheitsschlüssel für Ihren eBay-Account

Das neue eBay-Bewertungssystem

Seit Mai 2007 bietet eBay ein verbessertes Bewertungssystem an, welches für mehr Transparenz und Sicherheit sorgen soll. Man kann mit dem neuen System folgende Punkte auf einer Skala von 1 bis 5 bewerten, wobei 5 die beste Bewertung darstellt: ARTIKEL WIE BESCHRIEBEN, KOMMUNIKATION, VERSANDZEIT, VERSAND- UND VERPACKUNGSGEBÜHREN.

Detaillierte Verkäuferbewertung	(seit Mai 2007)		⑦
Kriterien	Durchschnittliche Bewertung	Anzahl der Bewertungen	
Artikel wie beschrieben	⭐⭐⭐⭐½	22	
Kommunikation	⭐⭐½☆☆	22	
Versandzeit	⭐⭐½☆☆	22	
Versand- und Verpackungsgebühren	⭐⭐⭐½☆	22	

Abbildung 4.41: Das detaillierte Bewertungs-Modell von eBay arbeitet mit Sternen.

Der PayPal-Käuferschutz

Dieser Schutz greift, wenn ein Artikel nicht geliefert wird oder erheblich von der Artikelbeschreibung abweicht. Haben Sie einen eBay-Artikel, für den der PayPal-Käuferschutz gilt, mit PayPal bezahlt, genießen Sie automatisch den kostenlosen Käuferschutz bis 500 Euro. Mehr Informationen dazu erhalten Sie auf http://pages.ebay.de/paypal/Kaeuferschutz.html.

Der Treuhandservice

» Wenn Sie einen höherpreisigen Artikel kaufen und ihn vor der endgültigen Bezahlung gründlich prüfen möchten, sollten Sie den Treuhandservice nutzen. Dabei überweist der Käufer den Kaufbetrag zunächst auf das Konto des Treuhandservice. Erst, wenn er die Ware erhalten und inspiziert hat, wird das Geld vom Treuhandservice an den Verkäufer überwiesen.«

(Quelle: http://pages.ebay.de/treuhandservice, *30.08.2007)*

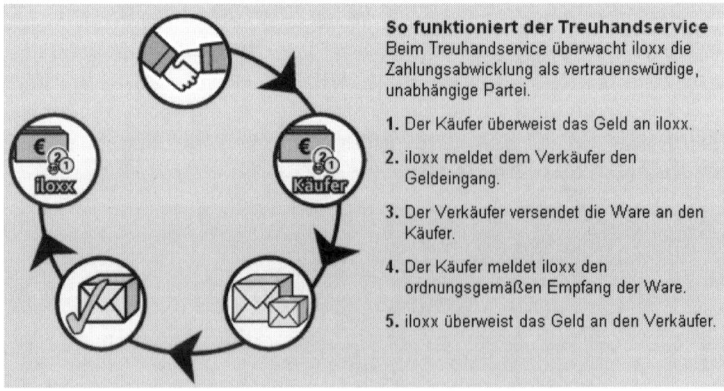

So funktioniert der Treuhandservice
Beim Treuhandservice überwacht iloxx die Zahlungsabwicklung als vertrauenswürdige, unabhängige Partei.

1. Der Käufer überweist das Geld an iloxx.
2. iloxx meldet dem Verkäufer den Geldeingang.
3. Der Verkäufer versendet die Ware an den Käufer.
4. Der Käufer meldet iloxx den ordnungsgemäßen Empfang der Ware.
5. iloxx überweist das Geld an den Verkäufer.

Abbildung 4.42: Die Funktionsweise des Treuhandservices. (Quelle: eBay)

Ein weiteres Stück Sicherheit erhalten Sie durch die Installation der eBay Toolbar. Diese kleine Leiste integriert sich in Ihren Browser und bietet neben nützlichen Funktionen für Kauf und Verkauf auch eine Warnfunktion, sollten Sie auf zweifelhafte Seiten stoßen.

Abbildung 4.43: Die kostenlose eBay Toolbar mit Sicherheits-Check.

Der Sicherheits-Check warnt Sie über ein Pop-up-Fenster, wenn Sie im Begriff sind, Ihr eBay- oder PayPal-Passwort auf einer Website einzugeben, die zwar aussieht wie eine eBay oder PayPal-Seite, die jedoch nicht von eBay oder PayPal geprüft ist.

Abbildung 4.44: Die Toolbar schlägt Alarm.

Leider ist die Toolbar momentan nur für den Internet Explorer erhältlich. Hier der Link zum Download: `http://pages.eBay.de/eBay_toolbar`.

Weitere Tipps zum sicheren Bezahlen bei eBay von eBay selbst:

>> Akzeptieren Sie keine Zahlungen über Bargeldtransferservices wie z.B. Western Union oder MoneyGram. Bargeldtransferservices können leider auch in betrügerischer Absicht genutzt werden – von Käufern wie Verkäufern. Ein Bargeldtransferservice (z.B. Western Union oder MoneyGram) ist daher nicht geeignet, um Transaktionen mit Unbekannten durchzuführen. Wenn ein Verkäufer auf die Bezahlung über einen Bargeldtransferservice besteht, bezahlen Sie bitte nicht, sondern melden Sie den Verkäufer an unseren Kundenservice.

>> Akzeptieren Sie niemals Überzahlungen von Käufern für Artikel, bei denen der Käufer Sie um eine Rückerstattung der Überzahlung bittet.

>> Bitte denken Sie daran, dass Zahlungen über bestimmte Zahlungsmethoden (wie z.B. International Cashier's Checks) auch dann wieder zurückgezogen werden können, wenn Sie die Zahlung bereits erhalten haben und der Betrag auf Ihrem Bankkonto gutgeschrieben worden ist.

>> Betrüger können auch gefälschte Online-Treuhandservices vorschlagen. Nutzen Sie daher bitte nur den von uns empfohlenen Treuhandservice von `www.iloxx.de` (Quelle: `http://pages.ebay.de/sicherheitsportal`, 06.09.2007)

Unter dem Motto »Online Kaufen – mit Verstand!« starten die Polizeiliche Kriminalprävention der Länder und des Bundes (ProPK), der weltweite Online-Marktplatz eBay und der Bundesverband des Deutschen Versandhandels (bvh) ab sofort eine gemeinsame Aufklärungskampagne zum sicheren Online-Handel. Das Ziel der Partner: Internet-Nutzer über die wichtigsten Grundregeln zum sicheren Einkaufen im Internet zu informieren und sie zu motivieren, vorhandene Sicherheitsangebote aktiv für sich zu nutzen. Im Mittelpunkt

»Online Kaufen – mit Verstand!«

der Aufklärung stehen zum Start der Kampagne die von den Partnern entwickelten »7 Goldenen Regeln zum sicheren Online-Handel«, die auf der Kampagnen-Website www.kaufenmitverstand.de *abrufbar sind. Die Regeln wurden von den Partnern außerdem visuell in eine Safety Card übersetzt, wie man sie aus dem Flugzeug kennt. (Quelle: Pressemappe »Online kaufen – mit Verstand« vom 26.05.2006, herausgegeben von ProPK, eBay und bvh)*

Für Ihre Sicherheit
Die 7 Goldenen Regeln zum sicheren Online-Handel

1. Wählen Sie sichere Passwörter und geben Sie diese niemals an Dritte weiter

2. Achten Sie auf technische Sicherheit bei der Datenübertragung

3. Überprüfen Sie die Seriosität des Anbieters

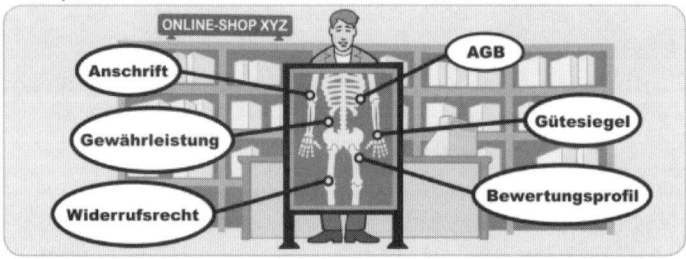

Abbildung 4.45: Die Safety Card Nummer 1 zum sicheren Einkaufen bei eBay, Download bei https://www.kaufenmitverstand.de

4. Prüfen Sie Artikelbeschreibung sowie Versand- und Lieferbedingungen

5. Wählen Sie sichere Zahlungsmethoden

6. Achten Sie auf Ihr Widerrufs- bzw. Rückgaberecht bei gewerblichen Anbietern

7. Schützen Sie sich vor gefälschten E-Mails (Phishing)

Abbildung 4.46: Die Safety Card Nummer 2 sollte auf keinem Schreibtisch fehlen.

4.4.2 So wehren Sie sich

>> Sollten Sie auf einen unseriösen Anbieter hereingefallen sein, lassen Sie sich nicht vertrösten. Oftmals warten die Täter nur noch auf die restlichen Zahlungseingänge. Käufer, die schon vor längerer Zeit bezahlt haben, werden mit Ausreden beruhigt, und so vergeht Tag um Tag.

>> Sollte es zu Unstimmigkeiten mit einem Verkäufer gekommen sein, bietet eBay eine telefonische Hotline an.

Abbildung 4.47: Die eBay-Hotline.

>> Ist schon jemand auf denselben Verkäufer hereingefallen? Recherchieren Sie bei Google, ob der Name irgendwo auftaucht.

So kommen Sie Schritt für Schritt zu Ihrem Recht

Nach 7 Tagen ohne Lieferung

Vorausgesetzt, Sie haben den Auktionsbetrag sofort überwiesen, und Ihre Bank hat Ihren Sitz nicht gerade in Panama, müsste der Verkäufer ca. am zweiten Tag nach Auktionsende das Geld auf seinem Konto gutgeschrieben haben. Sollte in der Auktion nichts Gegenteiliges behauptet worden sein, können Sie ca. nach einer Woche mit dem Verkäufer Kontakt aufnehmen. In dieser ersten Phase reicht noch eine normale E-Mail, welche z.B. so aussehen könnte:

Musterschreiben: Erster E-Mail-Kontakt

eBay-Kauf vom XX.XX.XX / Artikel-Nr. [...]

Sehr geehrter Herr Mustermann,

Ich warte nunmehr seit [...] Tagen auf die bei Ihnen am [...] zum Preis von [...] gekaufte [Warenart-/name]. Wie in Ihren AGB [oder "wie vereinbart] sollte diese bis spätestens zum [...] bei mir eingetroffen sein - dies ist jedoch nicht der Fall.

Bitte teilen Sie mir doch mit, ob es bei der Versendung Verzögerungen gegeben hat oder ob Sie anderweitig Schwierigkeiten haben, mir diese Ware umgehend zu liefern. Ansonsten erwarte ich von Ihnen die Lieferung bis zum [...].

In Erwartung einer raschen Antwort verbleibe ich mit freundlichen Grüßen,

Abbildung 4.48: Aufforderung zur Lieferung bezahlter Ware. (Quelle: eBay: Abgezockt? – So schlagen Sie zurück! 03.08.2007, Alex Leinhos, www.netzwelt.de)

Nach 10 Tagen ohne Lieferung

Ca. 10 Tage nach Auktionsende können Sie eBay von dem Vorfall informieren. Dies ist ein zwingender Schritt, falls Sie später einen Antrag auf den eBay Käuferschutz stellen wollen. eBay versucht Unstimmigkeiten wegen nicht erhaltener oder erheblich von der Beschreibung abweichender Artikel durch direkte Kommunikation zwischen Käufer und Verkäufer zu klären und beizulegen. Dies soll in 5 Schritten erfolgen:

Schritt 1: Der Käufer meldet eine Unstimmigkeit.
Schritt 2: eBay setzt sich mit dem Verkäufer in Verbindung.
Schritt 3: Der Verkäufer antwortet.
Schritt 4: Käufer und Verkäufer kommunizieren miteinander.
Schritt 5: Der Vorgang wird geschlossen.

Abbildung 4.49: Die fünf Schritte zur gütlichen Einigung.

Von dieser Seite aus können Sie eBay informieren: `http://pages.eBay.de/`
`help/tp/inr-snad-process.html#step1.`

Nun müssen Sie etwas schwerere Geschütze auffahren und zwar in Form eines Einschreibens mit Rückschein. Setzen Sie in Ihrem Schreiben eine letzte Frist zur Lieferung von 7 Tagen.

Nach 20 Tagen ohne Lieferung

Musterschreiben: Fristsetzung

Fristsetzung / eBay-Kauf vom XX.XX.XX / Artikel-Nr. [...]

Sehr geehrter Herr Mustermann,

am [...] ist zwischen uns beiden über das Auktionshaus eBay ein wirksamer Kaufvertrag gem. § 433 BGB und § 9, I, II eBay-AGB zustande gekommen. Ich habe dort unter der Artikel-Nummer [...] den von Ihnen angebotenen [...] zum Preis von bestellt von [...] EUR ersteigert.

Seit nunmehr [...] Tagen warte ich auf Lieferung. Meine E-Mails und Anrufe bei Ihnen, in denen ich um eine feste Terminzusage zur Warensendung bat, zeigten keine Wirkung, bzw. haben nicht zur Einhaltung der von Ihnen selbst gesetzten Neu-Frist beigetragen.

Ich setzte Ihnen hiermit schriftlich eine Frist bis zum [...] (meist sieben Tage, Anm. d. Red.), mir die Ware zu liefern. Sollte sie bis zu diesem Datum nicht eingegangen sein, werde ich vom Kaufvertrag zurücktreten.

Für diesen Fall behalte ich mir weitere rechtliche Schritte gegen Sie vor.

Mit freundlichem Gruß,

Abbildung 4.50: Fristsetzung zur Lieferung. (Quelle: eBay: Abgezockt? – So schlagen Sie zurück! 03.08.2007, Alex Leinhos, www.`netzwelt.de`)

Ist nach Ablauf dieser Frist immer noch keine Ware eingetroffen, können Sie nun schriftlich vom Vertrag zurücktreten. Natürlich versäumen Sie nicht, im gleichen Schreiben Ihr Geld zurückzufordern. Räumen Sie dem Verkäufer wiederum eine Frist von 7 Tagen ein und wählen als Zustellungsart wieder das Einschreiben mit Rückschein.

Nach 27 Tagen ohne Lieferung

Musterschreiben: Rücktritt

Rücktritt vom Kaufvertrag / eBay-Kauf vom XX.XX.XX / Artikel-Nr. [...]

Sehr geehrter Herr Mustermann,

am [...] ist zwischen uns beiden über das Auktionshaus eBay ein wirksamer Kaufvertrag gem. § 433 BGB und § 9, I, II eBay-AGB zustande gekommen. Ich habe dort unter der Artikel-Nummer [...] den von Ihnen angebotenen [...] zum Preis von bestellt von [...] EUR ersteigert.

Sie haben meiner Fristsetzung vom [...] nunmehr nicht entsprochen. Die Ware ist bis zum [...], dem von mir gesetzten Fristablauf nicht eingetroffen. Deshalb erkläre ich hiermit schriftlich meinen sofortigen Rücktritt vom Kaufvertrag. Ich bitte um Rücküberweisung der von mir an Sie gezahlten Summe in Höhe von [...] Euro bis zum [...] auf mein unten angeführtes Konto.

Sollte der fällige Betrag nicht termingerecht dort eingehen, werde ich weitere zivil- und strafrechtliche Mittel einleiten. Weitere Ansprüche auf Schadenersatz wegen Nichterfüllung des Kaufvertrages behalte ich mir ausdrücklich vor. Ebenso werde ich die Presse als auch die eBay-Sicherheit über diesen Fall informieren.

Mit freundlichem Gruß,

Abbildung 4.51: So treten Sie vom Vertrag zurück. (Quelle: eBay: Abgezockt? – So schlagen Sie zurück! 03.08.2007, Alex Leinhos, www.netzwelt.de)

Nach 30 Tagen ohne Lieferung

Haben Sie nach 30 Tagen weder Ware noch Geld erhalten, bleibt Ihnen noch die Möglichkeit, die Sache via eBay Käuferschutz zu regeln. So können Sie pro Fall noch maximal 175 Euro von eBay bekommen. Unter bestimmten Voraussetzungen versteht sich:

>> Der Verkaufspreis des Artikels liegt über EUR 25,00. Sie können nicht mehrere gekaufte Artikel in einem Antrag auf Käuferschutz zusammenfassen, um den Mindestbetrag zu erreichen, auch wenn Sie alle Artikel bei demselben Verkäufer gekauft haben. Bei Multiauktionen muss der Kaufpreis aller Artikel den Mindestbetrag von EUR 25,00 überschreiten.

>> Sie waren entweder Höchstbietender oder Käufer eines Sofort-Kaufen-Artikels (Festpreis) auf der eBay-Website. Der eBay Standard-Käuferschutz gilt nicht für Käufe auf Websites anderer Unternehmen.

>> Sie sind vom Handel bei eBay nicht ausgeschlossen worden.

>> Sie und der Verkäufer müssen bei Angebotsende über ein Bewertungsprofil von 0 oder besser verfügt haben.

>> Der Artikel, den Sie gekauft haben, ist zulässig im Sinne unserer Grundsätze für das Einstellen von Artikeln sowie den Allgemeinen Geschäftsbedingungen von eBay.

>> Sie haben den Artikel bereits bezahlt und können die Zahlung nachweisen.

>> Ein Antrag auf Käuferschutz kann nur dreimal innerhalb von 6 Monaten ausgezahlt werden. Dazu zählen auch Käuferschutzanträge über den eBay Express-Marktplatz. Maßgeblich ist das Datum des Angebotsendes.

>> Sie haben den Artikel auf einer eBay-Website gekauft, die Käuferschutz anbietet. Welche der internationalen eBay-Websites Käuferschutz anbietet, sehen Sie auf der jeweiligen Artikelseite rechts oben unterhalb der »Angaben zum Verkäufer« und im Bereich »Akzeptierte Zahlungsmethoden« weiter unten auf der Artikelseite.

>> Sie haben alle erforderlichen Unterlagen, die von unserem Kundenservice nach Ihrer Antragstellung per E-Mail angefordert wurden, fristgerecht und vollständig innerhalb von 14 Tagen eingereicht.

>> Wenn Sie den Artikel per Kreditkarte (entweder direkt an den Verkäufer oder über andere Online-Zahlungsmethoden als PayPal) bezahlt haben, müssen Sie sich vor dem Antrag auf Käuferschutz an Ihr Kreditkartenunternehmen gewandt und die Rückerstattung beantragt haben. Bitte halten Sie die Nachweise darüber bereit.

Sollte der Verkäufer nun immer noch nicht geliefert oder Ihnen Ihr Geld zurückerstattet haben, ist es an der Zeit, die Sache an den Anwalt zu übergeben und/oder bei Ihrem zuständigen Amtsgericht einen Mahnbescheid zu erwirken. Danach müssen Sie einen Vollstreckungsbescheid erwirken.

4.5 Betrug beim Autokauf

Die Betrugsfälle beim Autokauf im Internet nehmen immer mehr zu. Es vergeht kaum ein Monat, in dem nicht eine neue Masche oder ein noch dreisterer Trick Schlagzeilen macht. Die Opfer sind meist gutgläubige Autokäufer, welche sich die zugegebenermaßen hervorragenden Recherchemöglichkeiten und die gigantische Auswahl im Internet beim Autokauf zunutze machen wollten. Doch leider gibt es anstelle des erhofften Automobils oft nur Ärger und finanziellen Schaden. Und beim Autokauf kann das natürlich in die Tausende gehen. Hier ist also wirklich Vorsicht geboten.

Der ADAC hat nun mit den beiden Automobilbörsen AutoScout24.de und mobile.de eine Aufklärungsoffensive gestartet. Unter www.sicherer-autokauf.de *finden Sie Informationen über aktuelle Betrugsmaschen, Tipps, wie man den Autokauf im Internet sicher abwickeln kann und woran man Betrüger erkennt. Informieren Sie sich, bevor Sie einen Kauf tätigen – denn Aufklärung ist der beste Schutz gegen die Betrugsversuche der »schwarzen Schafe«. (Quelle: ADAC.de, 04.09.2007)*

Abbildung 4.52: ADAC, Autoscout24 und Mobile.de machen gemeinsam mobil gegen Betrug beim Fahrzeugkauf im Internet.

4.5.1   Tipps für Käufer

Leisten Sie niemals Vorkasse, egal, ob in bar, per Überweisung oder Bargeldtransfer wie z.B. über Western Union, MoneyGram, Escrow. Diese Services werden sehr gerne von Betrügern genutzt bzw. missbraucht.

Warnung der Polizei vor Betrügern bei Autokauf übers Internet:

Dem LKA Sachsen sind 45 Fälle bekannt geworden, bei denen Betrüger mit einer neuen Vorgehensweise nichts ahnende Auto-Interessenten um bisher insgesamt 132.419,78 EUR geprellt haben.

Die Täter hatten im Internet unter www.mobile.de und www.autoscout24.de Fahrzeuge günstig zum Kauf angeboten. Daraufhin meldeten sich Interessenten per E-Mail.

Durch die Täter wurden dann die Kaufmodalitäten vorgegeben: Als Beweis der Ernsthaftigkeit des Kaufinteresses erwarteten sie von den Interessenten, dass diese bei einem Anbieter von Bargeldtransfer-Services einen festgelegten Betrag einzahlen. Als Empfänger sollten sie sich selbst oder einen Verwandten etc. angeben.

Weiterhin wurde von den Kauf-Interessenten verlangt, dass der eingescannte Einzahlungsbeleg an die angeblichen Fahrzeuganbieter per E-Mail verschickt werden soll.

Bereits kurz nachdem die Käufer das Geld eingezahlt hatten, ist es durch die Täter in einem anderen Geldinstitut, was den Service für Western Union anbietet, verfügt worden. Bei der Auszahlung haben die Betrüger offensichtlich Fälschungen portugiesischer Ausweise vorgelegt. In den Ausweisfälschungen war durch die Täter der Vor- und Zunamen des jeweiligen Kaufinteressenten eingetragen worden. (Quelle: www.polizei-beratung.de/aktuelles/kriminalfaelle/news_2/, *06.09.2007)*

Abbildung 4.53: Mit einer der beliebtesten Tricks der Abzocker – Vorkasse per Western Union.

>> Kaufen Sie ein Auto von einer Privatperson, achten Sie darauf, dass die Person identisch mit dem im Brief eingetragenen Fahrzeugbesitzer ist.

>> Seien Sie extrem skeptisch bei Fahrzeugen aus dem Ausland. Sollen Sie eine Überführung per Vorkasse bezahlen, lieber die Finger von dem Angebot lassen.

>> Immer das Auto persönlich und vor Ort begutachten.

>> Das Auto unbedingt Probe fahren.

Grundsätzlich haben Sie bessere Karten, wenn Sie von einem gewerblichen Händler ein Fahrzeug kaufen, da dieser nach der Rechtsprechung umfangreiche Prüfungspflichten hat, die den technischen Zustand des Fahrzeuges betreffen. Ferner muss Ihnen der gewerbliche Verkäufer eine Gewährleistung von mindestens einem Jahr einräumen. (http://www.internetrecht-rostock.de/autokauf-internet.htm)

Tipp . . . .

Nutzen Sie die ausführlichen Suchfunktionen der verschiedenen Anbieter und suchen Sie sich Fahrzeuge im näheren Umkreis aus. So können Sie immer sicher sein und sind gar nicht erst anfällig für die vielen Tricks der Täter. Allein der gesunde Menschenverstand lässt Sie zuerst die Ware begutachten, bevor Sie Zahlungen leisten.

4.5.2 Tipps für Verkäufer

>> Seien Sie vorsichtig, wenn jemand Ihr Auto mit Scheck bezahlen will. Gehen Sie insbesondere nicht auf »Deals« ein, wobei der Scheck höher ausgestellt wird als der Kaufpreis und Sie die Differenz in Bar aushändigen sollen. Die Betrüger verwenden für diese Masche die unterschiedlichsten, immer dreisteren Geschichten. Oft sind die Schecks dabei gestohlen oder nicht gedeckt.

>> Lassen Sie sich keine Kaufinteressenten von irgendjemandem »vermitteln«. In diesem Falle werden Sie per SMS oder E-Mail aufgefordert, eine Vermittlungs- oder Vermarktungsfirma anzurufen. Lassen Sie sich nie auf solche Vermittlungsangebote ein und unterlassen Sie unbedingt jegliche Kontaktaufnahme.

Online-Marktplätze sind bereits effiziente Mittler zwischen Verkäufer und Käufer. Es bedarf keiner zusätzlichen Vermittlungsfirma – selbst wenn ein potenzieller Käufer mündlich zugesichert wird! (www.sicherer-autokauf.de)

>> Schließen Sie die Gewährleistung aus! Ansonsten sind Sie wie ein Händler zwei Jahre lang gewährleistungspflichtig und müssen eventuell für anfallende Reparaturen bezahlen.

>> Wie auch beim normalen Autoverkauf: Verkaufen Sie das Auto abgemeldet! Sie können sonst im schlimmsten Fall als nicht abgemeldeter Halter für Verkehrsverstöße und sogar Verbrechen des neuen Besitzers belangt werden.

>> Versenden Sie keine Kopien vom Fahrzeugschein.

>> Ein mittlerweile sehr alter, aber immer noch »guter« Trick im Internet: Ein Interessent heuchelt per E-Mail starkes Interesse und bittet um Rückruf. Allerdings über eine gebührenpflichtige Telefonnummer.

>> Auch beim Autokauf im Internet ist die Betrugsmasche des »Phishings« sehr beliebt, und darum gilt auch hier: Fallen Sie nicht auf fingierte E-Mails oder gar SMS der Verkaufsplattform herein. Keiner der großen Anbieter fragt Sie per E-Mail nach Kreditkartennummern, Passwörtern, Inseratsnummern oder anderen Daten.

`WWW .....`

Autoscout24.de
http://ww2.autoscout24.de/mz_home.aspx?article=7936

Gemeinsame Initiative von AutoScout24, mobile.de und ADAC
www.sicherer-autokauf.de

Tipps von Autobild.de
www.autobild.de/artikel/Themen-Autokauf-Auf-der-sicheren-Seite_57561.html

4.6   Gefahren von WLAN

Ein kabelloses Netzwerk oder WLAN ist schon eine sehr schöne Sache. Ohne lästiges Kabel-Wirrwarr genießt man die neu gewonnene Freiheit und surft im Garten, im Wohnzimmer oder auch mal schnell im Hobbyraum. Wir möchten Sie jedoch zu etwas mehr Vorsicht aufrufen, denn im Auslieferungszustand sind nur die wenigsten Netzwerke ohne Kabel abgesichert.

Oft sind sich die ahnungslosen Neulinge den Gefahren gar nicht bewusst, denen sie seit der Anschaffung des WLANs ausgesetzt sind. Wer über ein ungesichertes WLAN surft, so könnte man sagen, könnte auch seinen Rechner nachts eingeschaltet vor der Haustüre stehen lassen. So etwas würde natürlich niemandem einfallen, aber der Vergleich ist an dieser Stelle schon sehr treffend, denn:

>> Datendiebe können mit den bekannten Folgen Passwörter und Zugangscodes ausspähen.

>> Es können über Ihren Zugang massenhaft illegale Inhalte aus dem Netz geladen werden.

>> Über Ihre Leitung wird Spam verschickt, was ebenfalls nicht legal ist.

>> Und, was vielleicht noch das kleinste Übel darstellt, Sie bieten jedermann kostenfreien Zugang zum Internet.

4.6.1   WLAN absichern

Um Ihr WLAN vor Angriffen und unbefugten Zugriffen zu sichern, sollten Sie die unten genannten Punkte Schritt für Schritt befolgen. Sie bieten zwar keine 100%ige Sicherheit, aber für den normalen Gebrauch dürfte dann ein ausreichender Schutz gewährleistet sein.

So verwalten Sie Ihre Access Points sicher

Access Points sind ab Werk mit einem Standard-Passwort ausgestattet. Leider sind diese Passwörter im Internet, übersichtlich nach Hersteller und Modell geordnet, sehr leicht ausfindig zu machen. Ihr erster Schritt in Richtung Sicherheit beginnt also damit, dem Access Point ein neues Passwort zuzuweisen. Wie auch bei anderen Passwörtern achten Sie darauf, eine Kombination aus Zahlen und Buchstaben, gemischt mit Groß- und Kleinschreibung, zu verwenden.

Im nächsten Schritt deaktivieren Sie die Fernkonfiguration. Diese ist beim privaten Gebrauch wenig sinnvoll und stellt nur ein Sicherheitsrisiko dar.

Firmware und Software aktualisieren

Die meisten Hersteller bieten regelmäßig Software- und Treiber-Updates für die verschiedenen Geräte an. Es schadet also nicht, von Zeit zu Zeit auf der Webseite der verschiedenen Hersteller vorbeizuschauen und die neuesten Versionen herunterzuladen.

Bestmögliche Verschlüsselung einsetzen

Dieses ist zweifelsohne der wichtigste Schritt, Ihr WLAN sicher zu machen. Die drei wichtigsten Verschlüsselungsverfahren für drahtlose Netzwerke sind:

>> WEP (Wired Equivalent Privacy) bietet heutzutage keinen optimalen Schutz mehr, da veraltet.

>> WPA (Wi-Fi Protected Access) bietet nur guten Schutz, wenn das Passwort wie oben beschrieben aus einer möglichst komplizierten Kombination besteht.

>> WPA2 (Wi-Fi Protected Access 2) bietet momentan den besten Schutz. Achten Sie allerdings darauf, dass alle Geräte in Ihrem Netzwerk dieses Verfahren unterstützen, denn auch hier gilt der alte Spruch: Eine Kette ist nur so stark wie ihr schwächstes Glied.

SSID ändern und Broadcast unterbinden

Der so genannte Service Set Identifier (SSID) ist der Name des einzurichtenden drahtlosen Netzwerks. Diesen sollten Sie in einen Namen ändern, der weder Rückschlüsse auf den Betreiber noch auf den Standort zulässt. Abzuraten ist von Wörtern wie WLAN oder Funknetz.

Nun deaktivieren Sie die »SSID-Broadcast«-Option. Mit diesen beiden Schritten haben Sie Ihr Netzwerk wieder einen kleinen Schritt sicherer gemacht.

Reichweite des WLAN-Funksignals beschränken

Hier ist weniger oft mehr. Stellen Sie die Reichweite nur so weit ein, wie es bei Ihren Räumlichkeiten nötig ist. Warum sollten Sie bis in die nächsten Häuserblocks brüllen: »Hallo, hier ist ein WLAN, schaut alle, wie weit ich senden kann ...« Diese Maßnahme schützt Sie leider nicht, falls ein potenzieller Täter Ihr WLAN mit einer Richtantenne anpeilt.

DHCP deaktivieren und MAC-Filter einsetzen

Eine weitere Möglichkeit, den unbefugten Zugriff auf das WLAN zu erschweren, bietet der MAC-Filter. Damit erlauben Sie nur ausgewählten Rechnern mit bestimmten Netzwerk-Hardware-Adressen die Anmeldung im Netz.

So ermitteln Sie die MAC-Adresse der Rechner, die auf Ihr Netz Zugriff bekommen sollen:

>> Klicken Sie am jeweiligen Computer auf START / AUSFÜHREN ...

>> Geben Sie `cmd` ein und drücken Sie die Eingabetaste.

>> Geben Sie `ipconfig /all` ein und drücken Sie die Eingabetaste.

>> Notieren Sie die physikalische Adresse.

>> Tragen Sie die ermittelten Adressen aller Computer in die MAC-Filtertabelle Ihres Routers ein.

>> Aktivieren Sie die MAC-Zugangskontrolle im Router.

```
C:\WINNT\system32\cmd.exe                                          _ □ x
      Primäres DNS-Suffix . . . . . . :
      Knotentyp . . . . . . . . . . . : Broadcastadapter
      IP-Routing aktiviert. . . . . . : Nein
      WINS-Proxy aktiviert. . . . . . : Nein
      DNS-Suffixsuchliste . . . . . . : eye-net.de

Ethernetadapter "LAN-Verbindung":

      Verbindungsspezifisches DNS-Suffix: eye-net.de
      Beschreibung. . . . . . . . . . : 3Com EtherLink XL 10/100 PCI f³r vol
lständige PC-Verwaltung-NIC (3C905C-TX)
      Physikalische Adresse . . . . . : 00-50-DA-EE-C9-1C
      DHCP-aktiviert. . . . . . . . . : Ja
      Autokonfiguration aktiviert . . : Ja
      IP-Adresse. . . . . . . . . . . : 192.168.20.57
      Subnetzmaske. . . . . . . . . . : 255.255.255.0
      Standardgateway . . . . . . . . : 192.168.20.18
      DHCP-Server . . . . . . . . . . : 192.168.20.31
      DNS-Server. . . . . . . . . . . : 192.168.20.31
      Lease erhalten. . . . . . . . . : Mittwoch, 5. September 2007 17:10:37

      Lease läuft ab. . . . . . . . . : Mittwoch, 5. September 2007 18:10:37

C:\Dokumente und Einstellungen\singer>
```

Abbildung 4.54: So ermitteln Sie die physikalische Adresse.

Nun sollten Sie noch die automatische Zuweisung von IP-Adressen per DHCP deaktivieren.

Firewall, Paketfilter, Logbücher

Aktivieren Sie Firewall und Paketfilter, um ein noch höheres Maß an Sicherheit zu erlangen. Typische Funktionen sind die Abwehr von Denial of Service-Attacken, Ping-Anfragen und fragmentierten Datenpaketen. Nun sollten Sie in regelmäßigen Abständen die Log-Dateien überprüfen, um Gewissheit darüber zu haben, ob Unbefugte versuchen, Zugriff auf Ihr Netz zu erhalten.

4.7 Weiterführende Informationen zum Thema Sicherheit im Netz

Eine sehr umfangreiche Informationsseite unter der Schirmherrschaft des Bundesinnenministeriums zum Thema Sicherheit finden Sie unter:

www.sicher-im-netz.de

Auf der Seite finden Sie eine Vielzahl an Filmen, Checklisten, Tipps und Tricks, übersichtlich gegliedert nach den Bedürfnissen von Kindern und Jugendlichen, Privatnutzern und Unternehmen.

5

Kinder in Gefahr

Geschäfte mit Minderjährigen

Skrupellose Abzocker machen im Internet selbst vor Kindern und Jugendlichen nicht halt. In »kindgerechter Aufmachung« bieten Sie alles feil, was Kids gerne mögen. Mit vermeintlichen Gratisangeboten machen sie Jagd auf ihre jungen Opfer und gehen dabei nicht weniger raffiniert vor als bei erwachsenen Usern. Hier zeigen wir Ihnen, wie Sie Ihre Kinder sensibilisieren und was Sie tun können, wenn »das Kind in den Brunnen gefallen ist«.

Sexuelle Belästigung

Die wohl größte Gefahr im Internet ist es, dass ein Kind mittels moderner Medien in Kontakt mit einem pädophil veranlagten Menschen kommt. Daher ist bei dieser besonders gefährlichen Bedrohung aus dem Netz die Prävention eine der wichtigsten Maßnahmen. In diesem Abschnitt zeigen wir Ihnen, wie Sie Ihre Kinder schützen.

Online Games und virtuelle Welten

Mit die beliebteste Freizeitbeschäftigung von Kindern ist das Spielen am Computer. Noch vor einigen Jahren waren die immer realistischer und brutaler werdenden Spiele die größte Gefahr für die kleinen »Spielefreaks«. Durch die Interaktion mit anderen Spielern weltweit schleichen sich jedoch immer neue Probleme ins Kinderzimmer. Wir erläutern Ihnen in diesem Abschnitt, wie Sie sich verhalten und Ihre Kinder zur Medienkompetenz erziehen können.

Kinderpornografie

In diesem Abschnitt zeigen wir Ihnen, was zu tun ist, wenn Sie oder auch Ihre Kinder auf irgendeine Art mit kinderpornografischem Material im Internet in Berührung gekommen sind. Hier finden Sie ebenso alle Online-Meldestellen, sortiert nach Bundesländern.

Cyberbullying

Wenn Kinder andere Kinder unter Zuhilfenahme von modernen Medien schikanieren, spricht man von »Cyberbullying«. Hier erfahren Sie, was sich hinter diesem Begriff genau verbirgt und wie Sie handeln können, wenn Ihre Kinder Probleme dieser Art bekommen haben.

Andere Gefahren aus dem Netz

Wenn man an jugendgefährdende Inhalte im Netz denkt, denkt man sofort an Pornografie. Dies stellt natürlich nach wie vor ein Problem dar, aber es gibt in den Weiten des Internets weit gefährlichere Inhalte – frei zugänglich für Kinder und Jugendliche! Informieren Sie sich in diesem Abschnitt über die Gefahren.

Sicheres Surfen für Kids und Teens

Nachdem wir in diesem Kapitel alle Gefahren und Bedrohungen des Internets aufgezeigt haben, erfahren Sie hier, wie Sie Ihre Kinder effektiv schützen können. Alleine das Einrichten eines »kindersicheren« Browsers zum Beispiel bringt schon ein gewisses Maß an zusätzlichem Schutz.

>>>

Das Internet übt auf Kinder und Jugendliche einen fast magischen Reiz aus. Alleine die vielen Gratisangebote wie der kostenlose Download von Klingeltönen und Musikstücken, Songtexten und Spieledemos sowie Gratis-SMS und Gewinnspiele locken Minderjährige in das Internet. Auch Chats, Fotogalerien und die Homepage des Lieblingsstars stehen bei Jugendlichen hoch im Kurs. Daher wird das Internet zum Zeitvertreib und Spaß, aber auch als schier unerschöpfliche Informationsquelle genutzt.

Leider sind Kinder und Jugendliche aber auch leichte Beute für skrupellose Geschäftemacher und – natürlich noch schlimmer – für Erwachsene, welche sich zu Kindern allzu »hingezogen« fühlen. Aber auch die gleiche Altersgruppe kann Kindern durch Beleidigung und Mobbing bzw. Cyberbullying gehörig zusetzen. Bedauerlicherweise wenden sich Kinder nur in den seltensten Fällen von alleine an ihre Eltern, wenn sie im (oder durch das) Internet Probleme bekommen haben. Verlassen Sie sich also nicht alleine auf die Vernunft und das Versprechen Ihrer Kinder, »Ihnen alles sofort zu sagen«.

Werden Sie insbesondere aufmerksam, wenn

>> Ihr Kind mehr telefoniert als vorher. Insbesondere Gespräche in fremde Städte oder gar ins Ausland sind verdächtig.

>> Ihr Kind plötzlich Telefonanrufe bekommt, insbesondere von Erwachsenen.

>> Ihrem Kind Päckchen und Briefe zugeschickt werden.

>> Ihr Kind gereizt reagiert, wenn Sie an den Computer wollen.

>> Ihr Kind zu ungewöhnlichen Zeiten oder spät nachts surft.

>> Ihr Kind sofort alle Browserfenster schließt, wenn Sie das Zimmer betreten.

>> Ihr Kind sich über einen fremden Internet-Account einwählt.

Sollte Ihr Kind plötzlich mehrere dieser Verhaltensweisen an den Tag legen, heißt das natürlich noch nicht, dass Sie Ihrem Kind sofort den Zugang zum Computer verbieten müssen, und auch nicht, dass es in ernster Gefahr wäre. Allerdings sollten Sie sich nun etwas näher mit den Surfgewohnheiten Ihres Kindes auseinandersetzen, selbstverständlich ohne allzu sehr in die Privatsphäre des Kindes einzudringen.

In den folgenden Kapiteln möchten wir Sie auf potenzielle Gefahren hinweisen, welchen Kinder im Internet ausgesetzt sind. Auch wenn Ihr Kind keine Probleme beim Umgang mit dem Internet hat, können Sie dieses Kapitel »überfliegen«, um im Ernstfall sensibilisiert zu sein und sofort reagieren zu können.

5.1 Geschäfte mit Minderjährigen

Abzocke im Internet trifft Kinder und Eltern gleichermaßen überraschend. Die Kinder sind meist zutiefst verängstigt, wenn Ihre Eltern eine satte Rechnung eines Online-Service erhalten. Meist herrscht dann auch noch Unklarheit über die rechtliche Lage. Sollten die Abzocker soweit gehen, dass Sie gar mit Mahnungen, Inkassodiensten und dergleichen gegen die Eltern vorgehen, bringt das ordentlich Wirbel ins Familienleben. In diesem Kapitel möchten wir Sie auf die Maschen der Täter hinweisen, so dass Sie im Ernstfall gelassen reagieren können. Weiter geben wir Ihnen Tipps, wie Sie Ihre Kinder wirkungsvoll gegen solche Betrügereien schützen können, dass es erst gar nicht zum Ernstfall kommt.

5.1.1 Abzocke, Vertragsfallen und versteckte Kosten

Das Handy und alles, was damit zusammenhängt, übt auf Kinder eine ungeahnte Faszination aus. SMS, Klingeltöne, Games und Sounds – allzu verlockend sind die ganzen Angebote. Dies machen sich im Internet skrupellose Geschäftemacher zunutze und missbrauchen so exzessiv das Internet als Werbemedium, um ihre jungen »Opfer« zu ködern. Die beliebtesten »Köder« in diesem Zusammenhang sind »Gratis-SMS-Versand«, Gewinnspiele mit modernen Handys als Gewinn und der sehr beliebte »kostenlose Download von Klingeltönen«.

Das Handy: Lock- und Zahlmittel in einem

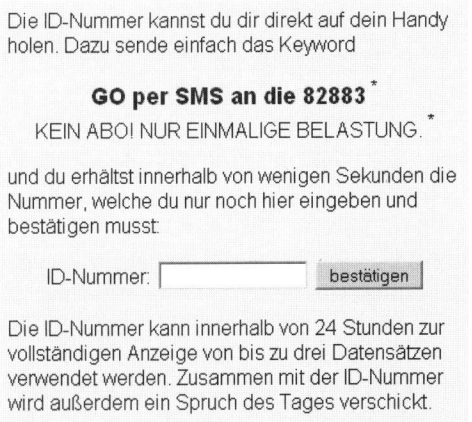

Abbildung 5.1: Zahlung per Premium SMS für Angebote im Internet.

Aber das Handy birgt noch andere Gefahren in sich: Oft werden Kinder und Jugendliche auf Webseiten aufgefordert, für kostenpflichtige Inhalte per Handy zu bezahlen. Dies ist technisch kein Problem. Man sendet eine SMS an eine kostenpflichtige Nummer. Daraufhin erhält man ein Passwort oder einen Zugangscode. Die Beträge belasten dann die Handyrechnung. Noch schlimmer wird die Sache, wenn man zusätzlich noch ein Abo per Premium SMS abgeschlossen hat.

Das Bezahlen mit dem Handy für Internetangebote wird zwar oft angeboten, aber es lässt sich mit dieser Methode nicht so leicht verheimlichen, dass es sich um einen Bezahlvorgang handelt. Auch ein Kind reagiert bei dem etwas komplizierten Bezahlvorgang skeptisch oder bricht den Vorgang vorzeitig ab. Aus diesem Grund wird von den Betreibern dubioser Webangebote sehr viel häufiger auf die Masche mit dem »versteckten Abo« zurückgegriffen.

Weitere Kosten-
fallen für Kinder
Machen Sie Ihre Kinder darauf aufmerksam, bei Hausaufgaben-Hilfsangeboten, Intelligenztests, Lebenserwartungsprognosen, Gewinnspielen und Warenproben aller Art besonders vorsichtig zu sein. Die »Abo-Masche« hat den Dialer abgelöst! Versuchen Sie Ihre Kinder zu sensibilisieren, indem Sie einige Stunden gemeinsam mit Ihnen im Internet surfen. Mit ziemlicher Sicherheit stoßen Sie schon nach kurzer Zeit auf eine Seite, auf der Sie ungewollt ein Abo abschließen sollen. Lesen Sie in diesem Zusammenhang auch im Kapitel 4 über finanzielle Schäden, welche Erwachsenen durch das Internet entstehen. Die Tricks der Täter sind meist identisch in der Art und Weise, wie Sie Ihre Opfer ins Netz locken – nur die Köder unterscheiden sich.

5.1.2   So wehren Sie sich

Die Masche läuft meist nach demselben Strickmuster ab. Zuerst wird ein Kunde geködert und dann so lang eingeschüchtert, bis er zahlt. Diese Vorgehensweise ist im Übrigen, bis auf wenige Ausnahmen und Formulierungen, die gleiche, wie wenn Erwachsene in eine Vertragsfalle tappen. Ihre Erfolgschancen errechnen die Täter nach einem sehr einfachen Schema mittels Prozentrechnung. Wer es schafft, durch Werbung, Verlinkung, Newsletter und andere Maßnahmen täglich zum Beispiel nur 1.000 Kinder auf seine Webseite zu locken, hat bei einer Quote von 4% schon 40 Kinder in die Vertragsfalle gelockt.

Nur einmal angenommen, 10% der Eltern zahlen sofort, hat der Anbieter täglich schon 4 zahlende Kunden. Schafft man es nun, durch gezielte Einschüchterung nochmals 10% der Eltern zur Zahlung zu bringen, sind das (aufgerundet) nochmals 4 Kunden. Und selbst aus dem Rest der unfreiwilligen »Vertragspartner« lassen sich durch ein dubioses Anwaltsschreiben oder bitterböse Mahnungen nochmals einige zur Zahlung »überreden«. Das macht im Schnitt 12 bis 15 zahlende Kunden täglich. Bei einem Jahresabo für 99 Euro kann man sich die Gewinne eines Tages leicht ausrechnen. Und da es im Internet auch keine Ladenöffnungszeiten gibt, verdienen die Täter 24 Stunden am Tag, 7 Tage die Woche.

Sind zufrieden stellende Quoten erreicht, machen sich die Anbieter solcher Services an das »Feintuning« Ihres Angebotes. Die Ausbeuten der einzelnen Schritte nur um ein Prozent zu steigern, bedeuten erheblich höhere Gewinne. Haben diese skrupellosen Geschäftemacher erst einmal den Bogen raus und die Arbeitsabläufe optimiert, lassen sich die Angebote durch neue Themen und weitere Webangebote leicht skalieren, das heißt vervielfältigen. Was bei

IQ-Tests funktioniert, bringt auch mit Rezepten, Horoskopen, Referaten usw. ordentliche Umsätze.

Um gegen die Methoden dieser Betrügereien gewappnet zu sein, empfiehlt es sich gerade bei Fällen mit Kindern, Folgendes zu wissen:

§ 104 BGB Geschäftsunfähigkeit besagt, dass geschäftsunfähig ist, wer das siebente Lebensjahr nicht vollendet hat. Minderjährige von sieben bis siebzehn Jahren können nur mit Zustimmung ihrer Eltern bzw. Sorgeberechtigten Geschäfte rechtsgültig abschließen. Daher ist ein Vertrag, dem die Eltern nicht im Vor- oder Nachhinein zugestimmt haben, unwirksam.

Gerne berufen sich die Geschäftemacher auch auf den so genannten Taschengeld-Paragraph, um ihren Forderungen Nachdruck zu verleihen und skeptische Eltern weiter einzuschüchtern. Der § 110 »Bewirken der Leistung mit eigenen Mitteln« besagt:

> *Ein von dem Minderjährigen ohne Zustimmung des gesetzlichen Vertreters geschlossener Vertrag gilt als von Anfang an wirksam, wenn der Minderjährige die vertragsmäßige Leistung mit Mitteln bewirkt, die ihm zu diesem Zweck oder zu freier Verfügung von dem Vertreter oder mit dessen Zustimmung von einem Dritten überlassen worden sind.*

Der Taschengeld-Paragraph

Allerdings greift der § 110 nicht bei größeren Geschäften und bei Geschäften mit dauerhafter Bindung. Ein Abo kann daher durchaus als dauerhafte Bindung angesehen werden. Solche Verträge sind bis zur Einwilligung der Eltern »schwebend unwirksam«.

Wenn Ihr Kind auf einen fragwürdigen Service hereingefallen ist und Sie oder gar Ihr Kind zahlen sollen:

>> Machen Sie Ihrem Kind keine Vorwürfe. Die Maschen unterscheiden sich kaum von Angeboten, auf welche auch Erwachsene täglich hereinfallen.

>> Bleiben Sie gelassen. Zu 99%iger Sicherheit erweist sich die Sache als Betrügerei.

>> Teilen Sie der Firma schriftlich mit, dass laut den oben genannten Gesetzen kein Vertrag zustande gekommen ist und Sie daher keine Zahlung leisten werden und auch Ihre Zustimmung zu diesem Vertrag verweigern.

>> Unter Verwendung der Worte »hilfsweise« oder »vorsorglich« widerrufen Sie den Vertrag. Wenn Sie diese Wörter nicht verwenden, würden Sie nämlich zugestehen, dass ein Vertrag zustande gekommen ist.

>> Weitere Schreiben ignorieren Sie einfach. Lassen Sie sich insbesondere nicht von Inkassobüros, Anwaltsschreiben und Mahnungen einschüchtern.

>> **Einzige Ausnahme:** Wenn Ihnen ein Mahnbescheid vom Amtsgericht per Postboten zugestellt wird, müssen Sie reagieren und innerhalb von 14 Tagen Widerspruch einlegen!

Sollte Ihnen also eine Rechnung ins Haus flattern, reagieren Sie mit einem Brief, der wie folgt aussehen kann. Beachten Sie dabei, dass Sie natürlich Ihren Namen angeben (nicht den des Kindes). Senden Sie den Brief per Einschreiben mit Rückschein.

(Absender)

....   Einschreiben und Rückschein

....

....

(Firma)

....

....

....   *(Datum)*...

Strittige Forderung – Serviceleistung und Minderjährigkeit

Sehr geehrte Damen und Herren,

ich beziehe mich auf Ihr Schreiben vom ...., in dem Sie einen Betrag von ....Euro für eine Serviceleistung verlangen.

Der angeblich bestehende Vertrag wurde von meinem minderjährigen Sohn/meiner minderjährigen Tochter abgeschlossen. Ich habe aber nicht in den Abschluss des Ihrer Meinung nach bestehenden Vertrages eingewilligt und würde/werde ihn auch nicht nachträglich genehmigen.

Nach meiner Überzeugung wurde auch unabhängig davon kein rechtsgültiger Vertrag abgeschlossen. Dennoch widerrufe ich zusätzlich vorsorglich den Ihrer Meinung nach bestehenden Vertrag gemäß den Bestimmungen des Fernabsatzrechtes und fechte ihn auch hilfsweise wegen arglistiger Täuschung an. Auch erkläre ich vorsorglich die Anfechtung wegen eines Irrtums über den Inhalt der abgegebenen Willenserklärungen.

Ich gehe davon aus, dass die Angelegenheit erledigt ist und bitte Sie um eine entsprechende Bestätigung.

Mit freundlichen Grüßen

Abbildung 5.2: Quelle: Verbraucherzentrale Baden-Württemberg

Weitere Vordrucke im Internet erhalten Sie bei:

Tipp . . . . .

http://www.verbraucherzentrale-nrw.de/mediabig/31922A.rtf
Verbraucherzentrale NRW

http://www.verbraucherzentrale-niedersachsen.de/UNIQ117820801607134/
link300682A.html
Verbraucherzentrale Niedersachsen

5.1.3   So beugen Sie vor

Dass im Internet viele Gefahren für Kinder und Jugendliche lauern, ist bekannt. In diesem Kapitel geht es um rein finanzielle Schäden. Sprechen Sie darum mit Ihrem Kind folgende Punkte durch:

>> Erklären Sie Ihrem Kind die Problematik der »Lockangebote«. Machen Sie ihm klar, dass sich hinter vielen solcher Angebote nur dubiose Firmen verbergen, welche die Leichtgläubigkeit von Kindern schamlos ausnützen. Ihr Kind soll insbesondere dann skeptisch werden, wenn Angebote groß und breit mit den Worten »kostenlos« und »gratis« beworben werden. In diesen Fällen kann man schon fast davon ausgehen, dass es sich um das genaue Gegenteil handelt.

>> Vereinbaren Sie mit Ihrem Kind, dass es sich Internetseiten mit verlockenden Angeboten merken soll und versprechen Sie ihm, die Angebote gemeinsam zu überprüfen. Halten Sie sich auch an dieses Versprechen. Dann rufen Sie die Seite auf und zeigen Ihrem Kind die versteckten Kostenfallen. Durchforsten Sie zuerst die ganze Seite (immer bis nach ganz unten scrollen), das Kleingedruckte und vor allem die AGB. Ist irgendwo ein Preishinweis vorhanden, haben Sie den Beweis für ein unseriöses Angebot zusammen mit Ihrem Kind gefunden und erarbeitet. In diesem Zusammenhang erklären Sie Ihrem Kind auch, dass, wenn es AGB durch Anklicken akzeptieren soll, diese AGB auch lesen und verstehen muss.

>> Erklären Sie Ihrem Kind, dass es besonders skeptisch bei allen fünfstelligen Telefonnummern sein soll. Hinter diesen Nummern verbergen sich Premium SMS-Dienste. Solche Nummern gibt es von 11111 bis 99999.

>> Untersagen Sie Ihrem Kind, das Handy als Mittel zum Bezahlen eines Internetangebots zu benutzen.

Sollte Ihr Kind auf eine solche Betrügerei im Internet hereingefallen sein, ist das zwar sehr ärgerlich, aber bedenken Sie dabei auch, dass es sich nur um einen finanziellen Schaden handelt. Wir möchten an dieser Stelle nochmals alle Kinder in Schutz nehmen, denen solch ein Missgeschick passiert ist und allen Eltern versichern, dass es für Kinder fast unmöglich ist, solche Tricks zu durchschauen. Übertriebenes Schimpfen ist bei solchen Fällen garantiert der falsche Weg.

5.2   Sexuelle Belästigung

Die sexuelle Belästigung Minderjähriger im Internet stellt wohl eine der größten Gefahren für Kinder und Jugendliche dar. Die Technik scheint den Tätern dabei in die Hände zu spielen. Die Verbreitung und Beschaffung jugendgefährdender Materialien und auch die Kontaktanbahnung mit Kindern werden durch das Internet immer leichter. Wäre ein pädophil veranlagter Erwachsener früher auf den Spielplatz gegangen und hätte mal eben ein Kind nach einem Nacktfoto gefragt? Im Zeitalter des Internets ist das leider an der Tagesordnung, denn der Spielplatz hat sich bei manchen Kindern in einen Chatraum verlagert, und auch die nötige Hardware ist in jedem Kinderzimmer vorhanden.

Ein Beispiel: Wie hätte es ein Mädchen oder ein Junge vor 10 Jahren schaffen sollen, binnen Minuten ein Nacktbild von sich zu bekommen, um es einem vermeintlich netten Chatteilnehmer zukommen zu lassen? Hätte es den komplizierten und teuren Fotoapparat der Eltern geholt, sich fotografiert, den Film zum Entwickeln gebracht, ein Foto eingescannt und dann per Modem ins Netz gestellt? Wohl kaum!

Heute sieht das so aus: Man mache mit Handy, Digitalkamera oder Webcam ein Foto von sich, lade es (falls nicht eh schon mit der Webcam erstellt) auf den PC und klicke auf »Absenden«. Eine Übung, die heutzutage ein zehnjähriges Kind bewältigen kann. Wenn es selbst nicht weiß, wie es geht, wird es der »nette Onkel« per Chat oder E-Mail schon erklären.

Im folgenden Kapitel möchten wir Sie über die Gefahren, die in Chat und Co. auf Ihre Kinder lauern hinweisen und Ihnen helfen, die Probleme Ihrer Kinder besser zu verstehen.

5.2.1   Chatrooms

Die Recherchen und Befragungen von jugendschutz.net belegen, dass in der Mehrzahl der Chats problematische und sogar gefährliche Kontakte an der Tagesordnung sind. Ein Großteil der chattenden Kinder und Jugendlichen kennen Übergriffe. In der Online-Umfrage der »Blinden Kuh« (einer kindgerechten Seite) berichteten 160 von 200 Kindern von sexuellen Belästigungen. (Quelle: Broschüre »Chatten ohne Risiko« jugendschutz.net, 2006)

Wir vermuten, dass sich die restlichen 40 Kinder wohl nur nicht einer Belästigung bewusst waren. Wir raten allen Eltern daher dringend davon ab, Kinder in nicht-moderierten Chaträumen chatten zu lassen.

Erwachsene, die Kinder in einem Chatraum sexuell belästigen, machen sich strafbar, denn sexuelle Belästigung von Kindern ist – auch ohne Zustandekommen eines körperlichen Kontakts – im Strafgesetzbuch geregelt.

Bei Missbrauch ohne körperlichen Kontakt (§ 176 Abs. 3 StGB/alt; § 176 Abs. 4 StGB/neu) wird der Strafrahmen von bisher Freiheitsstrafe bis zu 5 Jahren oder Geldstrafe auf künftig Freiheitsstrafe von 3 Monaten bis zu 5 Jahren angehoben.

Für Kinder sind laut jugendschutz.net besonders folgende Chats zu empfehlen. Sie erhielten die Bewertung »kein Risiko«:

www.cyberzwerge.de

www.toggo.de

Gewarnt wird in diesem Zusammenhang vor dem Chatangebot der bekannten und von tausenden von Kindern sehr gut besuchten Seite www.beepworld.de. Erschreckend die Beurteilung dieser Seite von jugendschutz.net:

> »Mit sexuellen Belästigungen muss gerechnet werden«

So mancher Erwachsene würde sich in einem Chatraum unwohl fühlen, der so beschrieben wird. Leider gilt diese Beurteilung nicht nur für diesen einen Chatraum, sondern für viele andere ebenso, welche von jugendschutz.net nicht getestet wurden.

Weiterführende Informationen finden Sie bei:

www.jugendschutz.net/pdf/chatten_ohne_Risiko.pdf

5.2.2   Foren

Bei einem Forum handelt es sich im Prinzip nur um einen langsameren Chat. Oft werden Foren von Pädophilen daher zur ersten Kontaktaufnahme mit Jugendlichen genutzt. Durch ein gemeinsames Hobby ist es sehr leicht, mit Kindern ins Gespräch zu kommen und Vorlieben auszuhorchen.

Bei einem Internetforum sollten Eltern im Prinzip genauso vorsichtig sein wie im Chat. Erlauben Sie Kindern nur Postings in Foren zu schreiben, die Sie kennen und die Sie schon einmal gemeinsam besucht haben. Da bei einem Forum immer bestimmte Themengebiete behandelt werden, ist es schwer, hier Empfehlungen auszusprechen.

Wenn sich z.B. ein zehnjähriger Junge brennend für Modellbau interessiert, ist es eigentlich positiv anzusehen, wenn er in Fachforen von Erwachsenen Wissen und Informationen sammelt. Lassen Sie sich von Ihrem Kind zeigen, welche Foren es interessieren. Im Gegensatz zu einem Chat lassen sich in einem Forum auch alle zurückliegenden Postings durchforsten. Lesen Sie einfach ein paar der alten Postings durch und machen Sie sich ein Bild von dem »Umgangston« in diesem Forum.

Es gibt selbstverständlich auch Foren, welche für Kinder absolut tabu sein sollten, wie z.B. Foren über Drogen, Foren neonazistischer Vereinigungen oder Foren, in denen andere illegale Themen diskutiert werden.

5.2.3   ICQ und andere Messenger

Mit einem Messenger wie z.B. ICQ baut man eine direkte Verbindung zwischen zwei Computern auf. Man ist also sozusagen »unter sich«, ohne sich in einem Chatraum unter vielen anderen zu befinden. Das birgt natürlich noch größere Gefahren in sich, als es das Chatten in einem Chattraum ohnehin schon tut. Es kann kein Betreiber mehr verantwortlich gemacht werden, und auch einen Moderator gibt es in einer Unterhaltung via Messenger natürlich nicht. Übrigens: Ein Messenger ist keine Hardware, wie man als Laie denken könnte. Es handelt sich dabei lediglich um eine im Internet kostenlos zu erhaltende Software verschiedener Anbieter.

Wir empfehlen Ihnen, Jugendlichen unter 13 Jahren nicht zu erlauben, einen Messenger auf dem heimischen Rechner zu installieren oder zu verwenden. Wenn es aber trotzdem sein muss, weil »alle meine Freunde auch einen haben«, sollten Sie auf alle Fälle darauf achten, die Sicherheitseinstellungen auf die höchste Stufe zu stellen. Wir empfehlen die folgende Konfiguration eines Messengers:

>> Automatisches Ablehnen von Nachrichten von Personen, welche nicht auf der Kontaktliste stehen.

>> Aufnahme in Kontaktlisten soll nur mit Erlaubnis möglich sein.

>> Öffentliche Statusanzeige deaktivieren.

>> Die Funktion »alle Nachrichten/Verlauf speichern« aktivieren.

>> Bildanzeige deaktivieren.

>> Mit Profilangaben vorsichtig sein.

>> Dateitransfer, Webcam und VoIP ausschalten.

Diese können jedoch von Anbieter zu Anbieter variieren, und so empfehlen wir Ihnen, einfach im Internet nach den Suchbegriffen »Ihr Messenger« + »Version Ihres Messengers« + »Sicherheitseinstellungen« zu suchen.

Wie wahrscheinlich Belästigungen und Übergriffe via Messenger ohne hohe Sicherheitseinstellungen sind, können Sie feststellen, indem Sie den Messenger Ihres Kindes aktivieren. Warten Sie nun eine geraume Zeit ab.

Mit ziemlicher Sicherheit wird man schon nach wenigen Minuten von irgendeinem anderen User kontaktiert. Erlauben Sie Ihrem Kind einmal unter Ihrer Aufsicht ein Gespräch anzufangen. Am Verlauf erkennen Sie dann sehr schnell, um was es dem anderen User wirklich geht. Sollte die Unterhaltung in eine für Kinder ungeeignete Richtung abschweifen, brechen Sie die Unterhaltung einfach ab.

Erklären Sie in diesem Zusammenhang Ihrem Kind auch, dass die Faustregel aus dem realen Leben »Sprich nie mit einem Fremden« im Internet genauso gültig und wichtig ist.

5.2.4   E-Mails

Fast jedes Kind hat heutzutage eine E-Mail-Adresse. Eine Kommunikation per E-Mail kann man wohl als die persönlichste Art der Unterhaltung im Internet ansehen. Kein Dritter, kein Moderator, kein Außenstehender hat Einblick. Darum bergen E-Mails auch ein großes Gefahrenpotenzial in sich. Nun wäre es sicherlich der falsche Ansatz, alle E-Mails eines Kindes zu öffnen und zu lesen. Daher ist auch hier Prävention der bessere Weg.

Zuerst sollten Sie die E-Mail-Adresse Ihres Kindes unbedingt kennen und Ihrem Kind auch nicht mehr als zwei Adressen erlauben. So behalten Sie einen Überblick. Dann erklären Sie Ihrem Kind, dass es seine E-Mail-Adresse so behandeln soll wie seine richtige Adresse. Die gibt man schließlich auch nicht jedem sofort, nur weil man zwei Sätze mit ihm gesprochen hat. Richten Sie Ihrem Kind also eine Adresse ein, welche es an enge Freunde oder Familienangehörige (der Tante in Kanada) weitergeben darf. Versichern Sie Ihrem Kind, dass Sie E-Mails an diese Adresse wie echte Briefe behandeln und diese nicht öffnen oder lesen. Das schafft Vertrauen.

In der Praxis hilft das aber leider nicht sehr viel. Sollte Ihr Kind auf Internetseiten (egal welcher) seine Adresse preisgeben, um z.B. an einem Gewinnspiel, einer Umfrage oder ähnlichem teilzunehmen, hat Ihr Kind wenige Tage später so genannten Spam in seinem Postfach. Da die Versender natürlich nicht wissen, wer sich hinter einer Adresse verbirgt, erhält Ihr Kind jetzt Angebote über Viagra, Penisvergrößerungen, Sexseiten usw. Richten Sie Ihrem Kind aus diesem Grund eine zweite Adresse ein, welche es für solche Zwecke verwenden kann. Wir empfehlen Ihnen dringend den Posteingang dieser Adresse zu überwachen. Mit allergrößter Wahrscheinlichkeit ist das Postfach mit Viren, Viagra, Casinoangeboten und sonstigem Schund voll.

5.2.5   So wehren Sie sich

>> Wenn Ihr Kind im Chat sexuell belästigt wird, soll Ihr Kind sofort den Moderator rufen und den Chatraum verlassen. Sie sollten umgehend Anzeige erstatten.

>> Sichern Sie Beweise. Eine genaue Anleitung dazu erhalten Sie im Kapitel 10.

Sollten Sie den Verdacht haben, dass Ihr Kind im Internet sexuell belästigt wird, weil sich z.B. das Verhalten Ihres Kindes in kurzer Zeit ändert, müssen Sie tätig werden. Es gibt eine unserer Meinung nach sehr heikle Methode, Licht ins Dunkel zu bringen.

Durch den Einsatz einer Überwachungssoftware auf Ihrem PC oder dem PC Ihres Kindes kann unbemerkt nahezu jede Aktivität auf dem Rechner protokolliert, aufgezeichnet und im Nachhinein eingesehen werden.

§§§ ......   *Der Einsatz einer solchen Software ist umstritten und in der BRD sogar im Sinne von § 201, § 202 StGB strafbar. Zum Überwachen von Erwachsenen raten wir also vom Einsatz solcher Software ab. Allerdings heiligt in manchen Fällen der Zweck die Mittel, und so möchten wir Sie im Zusammenhang mit dem Thema »Abwehr von sexueller Belästigung von Kindern im Internet« auf folgende Software aufmerksam machen:*

WWW .....   www.protectcom.de/spectorsoft/SpectorPro/index.php
Beschreibung des Programms SpectorPro auf Deutsch

www.spectorsoft.com/products/SpectorPro_Windows/index.html
Englische Seite des Herstellers

Mithilfe dieser Software lassen sich z.B. Bildschirmaufnahmen erstellen und der E-Mail-Verkehr überwachen. Sie ermöglicht eine Chataufnahme und die Aufzeichnung von Unterhaltungen via Messenger und vieles mehr.

5.2.6   So beugen Sie vor

>> Chatten Sie mit Ihren Kindern gemeinsam. So lernen Sie die Webseiten kennen, auf denen sich Ihre Kinder aufhalten. Des Weiteren können Sie mit einem »kritischen Auge« am Chat teilnehmen und so überprüfen, ob dort alles mit rechten Dingen zugeht. Sollte es zukünftig zu Problemen kommen, haben Sie zumindest schon einmal einen Anhaltspunkt, wo sie mit Ihrer Recherche beginnen können. Ansonsten bleibt Ihnen das Verhalten Ihrer Kinder in der Cyberwelt völlig fremd.

>> Kinder sollten geschlechts- und altersneutrale Namen im Internet wählen. Also bitte nicht »Susi12Jahre« oder gar »Hotgirl« etc.

>> Im besten Falle wissen Sie das Passwort/die Passwörter Ihrer Kinder im Internet. Sprechen Sie mit Ihren Kindern über diese Notwendigkeit und überprüfen Sie die Passwörter von Zeit zu Zeit, aber bitte ohne in die Privat- oder Intimsphäre Ihrer Kinder einzudringen.

>> Suchen Sie gemeinsam mit Ihrem Kind ein digitales Foto aus, welches es an Chatfreunde schicken oder tauschen darf. Dass es sich dabei natürlich nicht um ein auch nur ansatzweise freizügiges Bild handeln sollte, versteht sich von selbst. Am besten ist ein ganz einfaches Passbild. Und auch hier gilt wieder: Niemals ein Bild an einen Fremden oder einen flüchtigen Bekannten schicken.

>> Erklären Sie Ihrem Kind eindringlich, dass es Ihnen sofort mitteilen muss, falls es Fotos mit nackten Personen (egal, ob Bilder von Kindern oder Erwachsenen) zugeschickt bekommt. Gleiches gilt natürlich auch für Bilder mit nicht jugendfreien Inhalten wie gewaltverherrlichende oder andere unangenehme Bilder.

>> Sollte sich Ihr Kind mit einer »Internet-Bekanntschaft« treffen wollen, seien Sie besonders vorsichtig. Fragen Sie genau nach, und am allerbesten begleiten Sie Ihre Kinder zu solchen Treffen. Lassen Sie es auf keinen Fall zu, dass sich Ihr Kind alleine mit einer Internet-Bekanntschaft trifft. Natürlich gibt es Ausnahmen von dieser Regel: Hat Ihr Kind ein anderes Kind aus Ihrer Stadt kennen gelernt, können Sie einem Treffen zustimmen – natürlich in Ihrer Begleitung.

>> Erklären Sie Ihren Kindern genau, wie sie sich bei Drohungen verhalten sollen. Gerne werden Kinder zum Beispiel mit einem »gemeinsamen Geheimnis« in die Enge getrieben. Mit Sätzen wie »Du bist ja eine tolle Freundin, ich erzähle Die mein Geheimnis, und Du sagst mir nicht einmal, wo Du wohnst ...« schüchtern potenzielle Täter ihre Opfer ein. Erklären Sie Ihren Kindern, dass sie im Internet niemandem etwas schuldig sind und im Notfall einfach einen Chat verlassen dürfen, ohne zu antworten.

>> Machen Sie Ihr Kind darauf aufmerksam, dass es sich jederzeit an einen Moderator (falls vorhanden) wenden darf, wenn ihm irgend etwas merkwürdig vorkommt.

5.3 Online Games und virtuelle Welten

Früher traf man sich noch auf dem Spielplatz, heute treffen sich Kinder im Internet. Damit ist auch die Zahl der Spielkameraden gestiegen, denn täglich sind mehrere Millionen Spielerinnen und Spieler online. Und auch der Faktor Zeit spielt keine Rolle mehr. Wurde es früher noch gegen Abend auf dem Spielplatz langweilig, weil alle nach Hause mussten, ist im Internet aufgrund der Zeitverschiebung immer was los. Man trifft sich zu jeder Tages- und Nachtzeit.

In so genannten Massively Multiplayer Online Games spielt man nicht wie früher gegen den Computer, sondern jeder gegen jeden bzw. in den Role-Playing Games Clan gegen Clan. Eine große Gefahr bei diesen Spielen sind die komplexen Spielhandlungen. Solche Spiele erstrecken sich meist über einen sehr langen Zeitraum, oft mehrere Monate, in manchen Fällen sogar Jahre (!).

Die Gefahren von Massively Multiplayer (Role-Playing) Online Games

Mit der Zeit kann es so zu einer Spielsucht kommen. Da man in solchen Spielen mit anderen Spielern interagiert, können auch die Zeiten, zu denen gespielt wird, für Jugendliche ein Problem werden. Manchmal wird bis in den frühen Morgen gespielt, was natürlich Komplikationen mit dem normalen Tagesablauf nach sich zieht. Denn im Gegensatz zu klassischen Rollenspielen kann der Spieler sein Spieltempo nicht mehr selbst bestimmen. Er kann das Spiel auch nicht aufhalten. Werden Sie misstrauisch,

>> wenn Ihr Kind über sehr lange Zeiträume vor dem Computer sitzt,

>> wenn es ständig zum Streit kommt, wenn Sie das Kind zum Aufhören bewegen wollen,

>> wenn Ihr Kind tägliche Pflichten wie die Hausaufgaben vernachlässigt,

>> wenn das Kind das Haus nicht mehr verlassen will oder

>> wenn Ihr Kind seine Persönlichkeit verändert und plötzlich anders redet als gewohnt.

Zu den bereits aufgeführten Gefahren, die solche Online Games in sich bergen, kommt noch der finanzielle Aufwand. Mit dem Kauf des Spiels sind nämlich nur die Anschaffungskosten gedeckt, nicht die »laufenden« Kosten. Diese müssen monatlich per Lastschriftverfahren, Kreditkartenabrechnung oder über Gamecards, die in Computerläden gekauft werden können, bestritten werden. Monatlich sind so noch mal schnell 20 Euro und mehr für das Spiel fällig.

Die Gefahren in Online Games

Online-Spiele üben auf Kinder und Jugendliche aufgrund der Kommunikations- und Interaktionsmöglichkeiten einen besonderen Reiz aus, bergen aber auch besondere Gefahren in sich. Neben dem generellen Risiko der sexuellen Belästigung während eines Online Games haben manche Kinder auch mit Beleidigungen und Ausgrenzungen aus dem Spiel zu kämpfen.

Die Gefahren in virtuellen Welten

Bei so genannten virtuellen Welten, handelt es sich um eine vollanimierte, dreidimensionale »Welt«, die von ihren Benutzern mitgestaltet und weiterentwickelt wird. Die bekannteste virtuelle Welt ist momentan »Second Life« mit fast neun Millionen »Bewohnern« weltweit. Ein Bewohner einer solchen Welt wird auf dem Bildschirm als »Avatar« dargestellt, eine dreidimensionale Figur, meist in menschlicher Gestalt.

Diesen Avataren ist es nun möglich, miteinander zu interagieren und z.B. auch sexuelle Handlungen aneinander vorzunehmen. Da es bei Second Life keine Alterskontrolle gibt, können Kinder so Augenzeugen von nicht jugendfreien Inhalten werden. Äußerst bedenklich werden solche Welten natürlich, wenn Kinder bzw. deren Avatare zu sexuellen Handlungen mit Erwachsenen bewegt werden.

Eine weitere Problematik ist, dass Kinder diese realen Welten allzu ernst nehmen und sich zu sehr mit dem »Leben online« identifizieren. Kinder erliegen besonders leicht der Faszination dieser virtuellen Welten und der damit verbundenen Möglichkeit, dem realen Alltag zu entfliehen. Sollte Ihr Kind ein verstärktes Verlangen nach einer Flucht aus dem Alltag aufweisen, kann möglicherweise ein Suchtverhalten auftreten, das in seinen Auswirkungen der Spielsucht ähnelt.

Wir raten Eltern aus den oben genannten Gründen davon ab, Kindern den Zugang in »Second Life« oder anderen virtuellen Welten, in denen sich Erwachsene aufhalten, zu erlauben.

Kindgerechte Alternativen zu Second Life:

www.clubpenguin.com

WWW ......

5.3.1   So wehren Sie sich

>> Legen Sie gemeinsam mit Ihren Kindern feste Spielzeiten fest und halten Sie diese strikt ein.

5.3.2   So beugen Sie vor

>> Bestehen Sie darauf, dass Ihr Kind sich an die Altersbeschränkung auf Webseiten wie MySpace oder Second Life hält. Das empfohlene Alter zur Anmeldung bei den Kontakt-Websites liegt in der Regel bei 18 Jahren.

>> Sprechen Sie mit Ihren Kindern über Pädophile und die potenziellen Gefahren, die von solchen Menschen ausgehen. Erklären Sie den Begriff »pädophil« genau und für ein Kind verständlich.

>> Jüngeren Kindern sollten Sie nicht erlauben, einen eigenen Rechner im Kinderzimmer zu haben. In einem für alle gut sichtbaren Bereich der Wohnung, z.B. im Wohnzimmer, haben Sie weit bessere Kontrolle. Dieser Ratschlag ist nicht nur ein Schutz gegen übermäßiges Spielen, sondern auch gegen andere Gefahren aus dem Internet.

Erlauben Sie Ihren Kindern nur für ihre Altersgruppe freigegebene Spiele. Eine Beurteilung aktueller und beliebter Spiele (online und offline) finden Sie unter www.spieleratgeber-nrw.de *oder* www.usk.de. *Sie können sich auf dieser Seite auch Empfehlungen für die unterschiedlichen Altersstufen anzeigen lassen.*

WWW ......

Die fünf Kennzeichen der USK (Unterhaltungssoftware Selbstkontrolle)

Abbildung 5.3: Freigegeben ohne Altersbeschränkung gemäß § 14 JuSchG. Spiele mit diesem Siegel sind aus der Sicht des Jugendschutzes für Kinder jeden Alters unbedenklich. Sie sind aber nicht zwangsläufig schon für jüngere Kinder verständlich oder gar komplex beherrschbar.

Abbildung 5.4: Freigegeben ab 6 Jahren gemäß § 14 JuSchG. Die Spiele wirken abstrakt-symbolisch, comicartig oder in anderer Weise unwirklich. Spielangebote versetzen den Spieler möglicherweise in etwas unheimliche Spielräume oder scheinen durch Aufgabenstellung oder Geschwindigkeit zu belastend für Kinder unter sechs Jahren.

Abbildung 5.5: Freigegeben ab 12 Jahren gemäß § 14 JuSchG. Kampfbetonte Grundmuster in der Lösung von Spielaufgaben. Zum Beispiel setzen die Spielkonzepte auf Technikfaszination (historische Militärgerätschaft oder Science-Fiction-Welt) oder auch auf die Motivation, tapfere Rollen in komplexen Sagen und Mythenwelten zu spielen. Gewalt ist nicht in alltagsrelevante Szenarien eingebunden.

Abbildung 5.6: Freigegeben ab 16 Jahren gemäß § 14 JuSchG. Rasante bewaffnete Action, mitunter gegen menschenähnliche Spielfiguren, sowie Spielkonzepte, die fiktive oder historische kriegerische Auseinandersetzungen atmosphärisch nachvollziehen lassen. Die Inhalte lassen eine bestimmte Reife des sozialen Urteilsvermögens und die Fähigkeit zur kritischen Reflexion der interaktiven Beteiligung am Spiel erforderlich erscheinen.

Abbildung 5.7: Keine Jugendfreigabe gemäß § 14 JuSchG. In allen Spielelementen reine Erwachsenenprodukte. Der Titel darf nur an Erwachsene abgegeben werden. Bei Verstoß drohen Ordnungsstrafen bis 50.000 Euro. Der Inhalt ist geeignet, die Entwicklung von Kindern und Jugendlichen zu einer eigenverantwortlichen und gemeinschaftsfähigen Persönlichkeit zu beeinträchtigen. Voraussetzung für die Kennzeichnung ist, dass §14 JuSchG Abs.4 und §15 JuSchG Abs.2 und 3 (»Jugendgefährdung«) nicht erfüllt sind.

(Quelle: www.usk.de, 22.08.2007)

5.4   Kinderpornografie

Kinderpornografie ist ein Verbrechen, welches es nicht erst seit dem Internet gibt. Seit jedoch das WWW Einzug in unser Leben gehalten hat, ist es immer wahrscheinlicher, damit in Berührung zu kommen. Da es sich bei diesem Delikt um eine ernste Straftat handelt, ist es unsere Pflicht, dieses mit allen Mitteln zu bekämpfen. Als normaler Internetnutzer ebenso wie als Elternteil.

Verschließen Sie nicht die Augen! Egal, ob Sie Kinder haben oder nicht, egal, ob Ihr Kind betroffen ist oder nicht, bringen Sie jeden Fall von Kinderpornografie im Internet sofort zur Anzeige!

Niemals kinderpornografisches Material sichern!

§§§......

Speichern Sie niemals kinderpornografisches Material – auch nicht als Beweismaterial! Der Besitz von Festplatten, Disketten oder sonstigen Datenträgern mit gespeicherten Bildern und Filmen, die die sexuelle Ausbeutung von Kindern dokumentieren, ist strafbar! Und selbstverständlich ist es auch strafbar, solches Material als Beweis auszudrucken. Dies ist im § 184b StGB »Verbreitung, Erwerb und Besitz kinderpornographischer Schriften« geregelt.

5.4.1 So wehren Sie sich

Wenn Sie oder auch Ihre Kinder auf irgendeine Art mit kinderpornografischem Material im Internet in Berührung gekommen sind, ist immer die Polizeidienstelle Ihres Wohnsitzes der beste Ansprechpartner. Gehen Sie wie folgt vor:

Wenn Sie Kinder-/Tierpornografie auf einer Internetseite entdeckt haben

Wenn Sie eine Internetadresse festgestellt haben, auf der kinder-/tierpornografische Schriften zu finden sind, so teilen Sie die Adresse dieser Seite bitte der für Ihren Wohnsitz zuständigen Polizeidienststelle, der Staatsanwaltschaft oder dem Landeskriminalamt Ihres Bundeslandes mit.

Sollten Sie diese Seite mit Ihrem Internetbrowser aufgerufen haben, so löschen Sie bitte den Inhalt des Cachespeichers (beim Microsoft Internet Explorer ist dies standardmäßig der Inhalt des Ordners `Temporary Internet Files` im Windows-Verzeichnis; beim Netscape Navigator ist der Inhalt des Ordners `Cache` im Programmverzeichnis des Navigators zu löschen). Dort werden möglicherweise die Inhalte der aufgerufenen Internetseiten über das Ende der Internetsitzung hinaus gespeichert, so dass Sie sich rechtlich gesehen im Besitz von Kinderpornografie befinden. (Quelle: `www.bka.de`)

Wenn Sie Kinder-/Tierpornografie in einer Newsgroup gefunden haben

In diesen Fällen bitten wir Sie, die festgestellte Nachricht an die für Ihren Wohnsitz zuständige Polizeidienststelle, die Staatsanwaltschaft oder an das Landeskriminalamt Ihres Bundeslandes weiterzuleiten oder mitzuteilen, in welcher Newsgroup und durch wen das Posting zu welchem Zeitpunkt erfolgte. (Quelle: `www.bka.de`)

Wenn Ihnen oder Ihrem Kind Kinder-/Tierpornografie per E-Mail zugesandt wurde

Sollte Ihnen unaufgefordert Kinder-/Tierpornografie zugesandt worden sein, so bitten wir Sie ebenfalls, diese Mail mit Anhang der für Ihren Wohnsitz zuständigen Polizeidienststelle, der Staatsanwaltschaft oder dem Landeskriminalamt Ihres Bundeslandes zukommen zu lassen und danach von Ihrer Festplatte zu löschen. (Quelle: `www.bka.de`)

Wenn Ihr Kind online belästigt wird

Sichern Sie alle Beweise und erstatten Sie vor Ort oder online Anzeige.

Baden-Württemberg	`flz@lka.bwl.de`
Bayern	`blka@polizei.bayern.de`
Berlin	`lka@polizei.berlin.de`
Brandenburg	`dauerdienst.lka@polizei.brandenburg.de`
Bremen	`office@polizei.bremen.de`
Hamburg	`www.polizei.hamburg.de`
Hessen	`hlka@polizei.hessen.de`
Mecklenburg-Vorpommern	`www.isinet-mv.de/pages/index.htm?/pages/inhalt_meldestelle.htm`
Niedersachsen	`www.polizei.niedersachsen.de/dst/lka/aktuelles/archiv/2002/kinderpornografie.htm`
Nordrhein-Westfalen	`https://service.polizei.nrw.de/egovernment/service/internet.php`
Rheinland-Pfalz	`landeskriminalamt.fahndung@polizei.rlp.de`
Saarland	`kpik6kdd@land.slpol.de`
Sachsen	`lka@polizei.sachsen.de`
Sachsen-Anhalt	`Anzeigen.Hinweise@lka.pol.lsa-net.de`
Schleswig-Holstein	`www.polizei.schleswig-holstein.de/wir/wir_missbrauch.html`
Thüringen	`cybercop-tlka@t-online.de`
Österreich	`www.bmi.gv.at/meldestellen/`
Schweiz	`www.cybercrime.admin.ch`

5.5   Cyberbullying

Unter diesem Begriff versteht man den Umstand, dass ein Kind oder Minderjähriger ein anderes Kind unter Zuhilfenahme moderner Medien bedroht, beleidigt, belästigt oder beschimpft. Dies geschieht per E-Mails,

Instant Messaging, in Chatrooms und auch per SMS. Selbst die Handykamera wird dabei zur Waffe, wenn die morgens auf dem Schulhof gedrehten Videos und Fotos schon beim Mittagessen auf YouTube zu sehen sind.

Cyberbullying ist eine Art Cyberstalking mit Kindern als Akteuren und Opfern. Das Anwenden von verbaler und psychischer Gewalt steht dabei im Vordergrund und ist oft verletzender als eine körperliche Peinigung. So kann es zum Beispiel für ein zwölfjähriges Mädchen eine furchtbare Last sein, wenn sie von mehreren Mitschülern auf einer so genannten »Voting-Site« schlechte Bewertungen bekommt.

Auf solchen Seiten wird einfach ein Handyfoto hochgeladen, und jeder User kann über das Aussehen der betreffenden Person abstimmen, Punkte oder Noten vergeben und Kommentare schreiben. Mit der sinkenden Punktezahl auf der Voting-Seite schwindet gleichzeitig das Selbstwertgefühl des jungen Mädchens. Werden solche Methoden über einen längeren Zeitraum angewandt, können schwerwiegende psychische Probleme auftreten.

Sie als Eltern sollten die Gefahren des Cyberbullying nicht unterschätzen. Die meisten Kinder und Jugendlichen sind den Erwachsenen weit voraus, wenn es um moderne Medien geht. Früher war eine Rauferei auf dem Schulhof noch mit das Schlimmste, was einem in der Schule passieren konnte. Die Probleme und die damit verbundene psychologische Belastung von Kindern, die von einem »Bully« schikaniert werden, sehen heute ganz anders aus:

Peinliche Fotos werden in Blogs und auf Webseiten veröffentlicht und somit einem breiten Publikum zugänglich gemacht. Im Schulalltag ist es mit der Handykamera (welche fast jedes Kind besitzt) ein Leichtes, peinliche Fotos von jemandem zu schießen. Beim Turnunterricht oder in der Umkleidekabine ist mit einem Handy schnell ein Foto geknipst. Noch ehrverletzender sind Fotos, die heimlich auf Toiletten aufgenommen werden.

Der Schüler ist noch nicht einmal auf seinen Platz im Klassenzimmer zurückgekehrt, aber bereits die halbe Klasse hat das Foto per MMS (Multi Media Message) auf das Handy geschickt bekommen. Schon eine Stunde später ist das Foto im Internet und kann nun von der kompletten Schule betrachtet werden. Eine Situation, die Schüler sogar fast in den Selbstmord getrieben hat.

Was schon bei Erwachsenen zu erheblichem Erklärungsnotstand führt, kann für Kinder und Jugendliche zu einer permanenten psychischen Belastung führen. Verteilt ein Mitschüler zum Beispiel die E-Mail-Adresse seines Opfers auf hunderten von pornografischen Seiten, kann sich das Opfer vor E-Mails mit pornografischen Inhalten nicht mehr retten. Bei der Menge von Mails wird es immer schwieriger, diese vor den Eltern zu verbergen und zu löschen. Auch die Angst davor, die Eltern könnten glauben, man habe alle diese Seiten wirklich besucht, nagt an einem Teenager unaufhörlich.

Eine extreme Form des Cyberbullying stellt das so genannte Happy Slapping dar. Das Opfer wird grundlos brutal zusammengeschlagen und dabei mit dem Handy gefilmt. Einziger Beweggrund des Täters: Das Video ins Internet zu stellen oder es wiederum an andere per MMS weiterzuleiten.

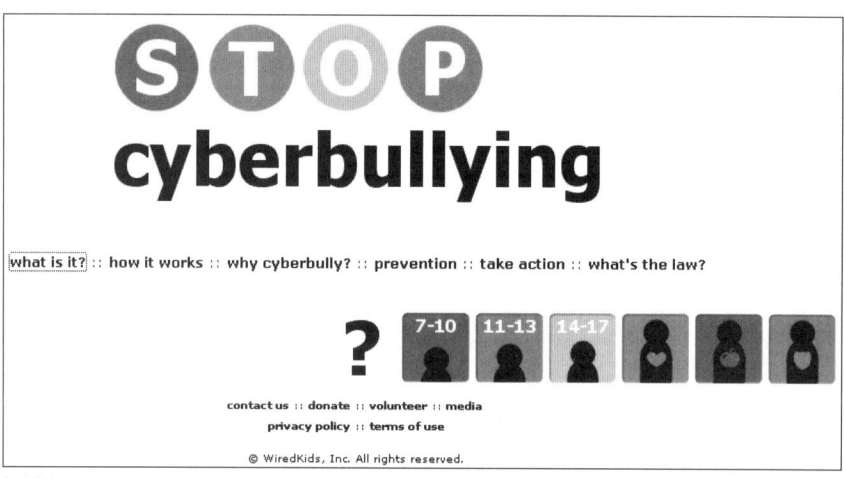

Abbildung 5.8: www.stopcyberbullying.org

5.5.1   So wehren Sie sich

>> Wie auch beim Cyberstalking, bei dem Erwachsene zum Opfer werden, soll Ihr Kind nie auf Nachrichten, Kommentare oder E-Mail, in denen es beleidigt wird, reagieren.

>> Wenn Ihr Kind Opfer eines Cyberbullying-Angriffes geworden ist, sprechen Sie mit dem Lehrer des Kindes über das Problem.

5.5.2   So beugen Sie vor

>> Erklären Sie Ihrem Kind, dass es, falls es im Internet oder per Handy beleidigt, beschimpft oder bedroht wird, sofort mit Ihnen darüber reden kann.

>> Erklären Sie Ihrem Kind, dass man mit Cyberbullying andere schwer verletzen und kränken kann. Es soll sich nicht in die Machenschaften eines Bullys hineinziehen lassen. Ihr Kind soll aus diesem Grunde keine Nachrichten oder Bilder an andere weiterleiten und dem Bully bei der Verbreitung seines Materials behilflich sein. Solches Material soll Ihr Kind einfach löschen.

>> Kinder mit einem gesunden Selbstvertrauen sind gegen Angriffe von Bullys weniger anfällig. Stärken Sie das Selbstvertrauen Ihres Kindes.

www.cyberbullying.ca
www.stopcyberbullying.org
Umfangreiche Seiten zum Thema Cyberbullying auf Englisch

5.6   Andere Gefahren aus dem Netz

Fast das gesamte Wissen der Menschheit ist im Internet für jedermann frei zugänglich. Leider gilt das auch für das ganze Spektrum an negativen Inhalten. Pessimistisch ausgedrückt könnte man sagen, das Einloggen ins Internet kommt dem Öffnen »der Büchse der Pandora« gleich. Das eigentliche Problem dabei ist die leichte Zugänglichkeit zu allen Inhalten.

Noch vor zwanzig Jahren war es für einen Teenager nahezu unmöglich, eine Anleitung zum Mixen chemischer Kampfstoffe zu erhalten. Zumindest wäre die Recherche danach aufgefallen. Auch ein Pornovideo musste aufwendig versteckt werden, und eine »Josefine Mutzenbacher« ist gegen die heutigen Inhalte im Internet als eher harmlos zu betrachten.

Während wir uns in diesem Kapitel bislang immer mit Kommunikation und Interaktion beschäftigt haben, möchten wir Sie nun auf für Kinder sehr bedenkliche Seiten hinweisen, die im Netz kursieren. Seiten mit Inhalten, welche für Jugendliche als eher zweifelhaft einzustufen sind und über deren Existenz Sie Bescheid wissen sollten.

5.6.1   Zweifelhafte und gefährliche Webangebote

Wenn Eltern sich mit dem Problem auseinandersetzen, welche Webangebote für Kinder und Jugendliche geeignet sind und welche nicht, fällt immer zuerst das Schlagwort »Pornografie«. Sicherlich ist es wichtig, Kinder und Jugendliche vor pornografischen Inhalten zu schützen, jedoch lauern im Netz auch ganz andere Gefahren und Webseiten.

Fast kein Erwachsener kann heute von sich behaupten, er wisse zu 100 Prozent, was seine Kinder im Internet treiben. Oft sind Eltern schockiert darüber, welche Inhalte im Internet für Kinder frei zugänglich sind. Materialien, welche Kinder und Jugendliche noch vor zehn Jahren unmöglich in die Hände bekommen hätten, sind heute nur einen Mausklick entfernt. Dazu gehören:

Suizid-Foren – jugendschutz.net prüfte 2006 52 Angebote, von denen der Großteil keine Verstöße aufwies. Sie dienten – so jugendschutz.net – der Krisenbewältigung und böten suizidgefährdeten Jugendlichen konkrete Beratung an. Allerdings wurden vier Angebote beanstandet, welche Selbsttötung als Problemlösung verherrlichten. Auf diesen Portalen wurden sogar konkrete Anleitungen und Aufforderungen zum Selbstmord gegeben. Selbst Verabredungen zum Selbstmord wurden auf diesen Portalen nicht durch einen Moderator unterbunden.

Suizid-Foren mit tödlichen Folgen!

Pro-Ana- (für Magersucht) und **Pro-Mia-Seiten** (für Ess-Brechsucht) sind Communitys von Mager- beziehungsweise Ess-Brechsüchtigen im Internet. Die Anhänger von Pro-Ana, fast ausschließlich junge Frauen, tauschen sich über spezielle Pro-Ana-Websites aus. Sie stellen dort die Magersucht bildhaft als extremes Schlankheits- und Schönheitsideal dar, dem sie sich mit radikalen Maßnahmen nähern, um schließlich Zufriedenheit mit sich und ihrem Aussehen zu erreichen. (…) (Quelle: wikipedia.de)

»Dünn zu sein ist besser als gesund zu sein« oder »Du darfst nie etwas essen, ohne Dich dabei schuldig zu fühlen«. Mit diesen und ähnlichen Lösungen putschen sich Betroffene gegenseitig auf, um länger an ihrer Essstörung festhalten zu können. In unzähligen Internet-Communitys verherrlichen sie eine Krankheit, an der immerhin bis zu 20% der Betroffenen sterben. (Quelle: www.magersucht-online.de)

jugendschutz.net untersuchte 180 solcher Seiten, wobei 66 Seiten bedenkliche Inhalte aufwiesen. jugendschutz.net konnte durch seine Aktivitäten 33 dieser Seiten sperren lassen. Aber damit ist die Gefahr natürlich nicht gebannt. Alleine die im Internet veröffentlichten »ANA Gesetze« sollten bestimmt nicht in Hände junger Mädchen gelangen, welche unter dieser Krankheit leiden.

---

§ 3 Essverhalten

* Während dem Essen wird viel getrunken, um schneller satt zu werden.
* Wasser darf stets nur in 3er, 5er und 10er schlucken getrunken werden (Ausnahme: nachfolgender Punkt)
* Jeder Bissen muss (es kommt auf die Konsistenz an) mindestens 10 mal gekaut werden. (Dies kann einige Kalorien reduzieren, aber nicht alle) Zwischen den Bissen muss ein Schluck Wasser getrunken werden.
* Das Essen darf nicht genossen werden, sondern muss langsam gegessen und gehasst werden.
* Gegessen wird nicht in Gegenwart anderer bis auf die Eltern. Für Ausnahmesituationen gibt es Sonderregelungen.
* Gegessen wird ausschließlich in der Küche und im Wohnzimmer. Du wirst dich schneller satt fühlen, wenn du dich darauf konzentriertest, was du isst. Und denk daran langsam zu essen!
* Im Schlafzimmer wird niemals gegessen! Dieses Zimmer sollte auf jedenfall eine essensfreie Zone bleiben, bei Heißhunger ziehst du dich einfach in dein Zimmer zurück.
* Iss nicht vor dem PC oder dem Fernseher. Wenn du abgelenkt bist isst du 100 (!) Kalorien mehr!
* Schluck 2 Esslöffel Essig vor dem Essen. Das saugt das Fett aus dem Essen. (Stattdessen kann auch Apfelessig verwendet werden)
* Es wird niemals etwas gegessen das größer ist als deine Faust. Besonders kein Fleisch!
* Jede Portion wird in zwei Hälften geteilt. Gegessen wird nur eine Hälfte und der Rest wird an den Rand des Tellers geschoben.
* Iss von einem kleineren Teller. (Da sieht die Portion größer aus) Dunkle Farben wie - -Schwarz oder Blau machen eher satt!
* Stell dir vor jedem Essen die Frage: "Will ich das jetzt wirklich essen?"

Abbildung 5.9: Ausschnitt aus den ANA Gesetzen, welche auf allen Magersucht-Seiten zu finden ist. Oft können diese Gesetze mit einem Mausklick an andere weitergeleitet werden.

Angebote **mit neonazistischen Inhalten** im Internet sind so alt wie das Internet selbst. Laut jugendschutz.net hat sich die Anzahl der »Neonazi-Kameradschaften«, welche Webauftritte unterhalten, in den letzten drei Jahren verdreifacht. Auch die NPD war 2006 mit 131 Verbänden online und wirbt mit kostenlosen Musikdownloads um Nachwuchs.

Viele Links zu rechten Seiten!

> *Charakteristisch für rechtsextreme Seiten sind unter anderem Glorifizierungen oder Verharmlosungen der Nazizeit und des Krieges, die Diskriminierung von Minderheiten sowie eine feindliche Haltung gegenüber dem demokratischen Rechtstaat. Es ist strafbar dieses Angebot zu verbreiten. Allerdings müssen rechtsextreme Internetangebote konkrete Äußerungen oder Symbole wie z.B. ein »Hakenkreuz« oder den »Hitler-Gruß« enthalten, damit sie als unzulässig gelten. Dieses »Schlupfloch« nutzt die rechtsextremistische Szene aus, indem sie versucht Angebote so zu gestalten, dass sie gerade noch unter der Strafbarkeitsschwelle bleiben. (Quelle:* www.klicksafe.de, *22.08.2007)*

Das am Anfang dieses Punktes erwähnte Thema der **pornografischen Inhalte** im Internet ist und bleibt (trotz aller Gegenmaßnahmen) ein großes Problem. Es wäre unserer Ansicht nach reine Augenwischerei zu glauben, einem 13-jährigen Jungen durch gutes Zureden die Suche nach pornografischen Bildern oder Videos im Internet ausreden zu können.

Auch wenn Sie bei sich zuhause alle Vorsichtsmaßnahmen ergriffen haben, ist das verlorene Liebesmüh, wenn die Eltern der gleichaltrigen Freunde es mit diesem Thema nicht so genau nehmen und dort gesurft wird. Haben Sie also ein Auge darauf, mit wen Ihre Kinder die Freizeit verbringen. Setzen Sie sich mit den Eltern der Freunde Ihres Kindes in Verbindung und informieren Sie sich, ob der Rechner im fremden Haushalt kindersicher ist.

> *Bestimmte schriftliche, zeichnerische, fotografische und filmische Darstellungen sexueller Verhaltensweisen stören Kinder und Jugendliche nachhaltig in ihrer persönlichen Entwicklung. Dies liegt teils in der Eigenart der Darstellung, teils im Fehlen natürlicher emotionaler Einbindung in eine zwischenmenschliche Beziehung. Deshalb können Heranwachsende ein gestörtes Verhältnis zur Sexualität aufbauen oder falsche Wertvorstellungen entwickeln. Hieraus können im späteren Leben erhebliche Konflikte mit der eigenen sexuellen Identität oder der in unserer Gesellschaft vorherrschenden Haltung zur Sexualität erwachsen. (…) (Quelle: Medienwelten, Bayerisches Staatsministerium für Unterricht und Kultus)*

So wehren Sie sich

>> Sollten Sie misstrauisch werden, welche Seiten Ihre Kinder im Internet aufsuchen, gibt Ihr Browser unter der Funktion »Verlauf« Auskunft. Solche Daten sind jedoch sehr heikel, und es kann leicht als »Vertrauensbruch« gewertet werden, wenn Sie diese Methode wählen. Fakt ist jedoch, diese Funktion gibt genauen Aufschluss darüber, welche Seiten besucht wurden, bietet aber natürlich keinen hundertprozentigen Schutz

>> Wenn Sie oder Ihr Kind auf jugendgefährdende Inhalte im Internet gestoßen sind, können Sie dies melden. Die zuständigen Verbände werden den Fällen nachgehen.

WWW . . . . .

Auf der Seite von www.jugendschutz.net *können Sie Hinweise auf Verstöße gegen die Jugendschutzbestimmungen im Internet melden. Dies ist auch anonym möglich. Wenn Sie also im Internet auf Angebote gestoßen sind, die Sie für illegal, jugendgefährdend oder entwicklungsbeeinträchtigend halten, können Sie dies auf der Seite von jugendschutz.net unter dem Link* HOTLINE *melden.*

Auf der Seite von www.inhope.org *können Sie Seiten melden, welche Ihnen nicht geheuer vorkommen. Besonders gut bei dieser Initiative ist, dass man Seiten aus derzeit 25 Ländern melden kann, von wo aus die Inhalte verbreitet werden. Gleichzeitig führt inhope.org eine Recherche durch, um die Inhalte im Einklang mit der nationalen Rechtslage aus dem Netz zu verbannen.*

www.internet-beschwerdestelle.de

So beugen Sie vor

Um sehr junge Internetnutzer vor allzu extremen Inhalten zu schützen, empfehlen wir Ihnen, die Ratschläge in diesem Kapitel zu befolgen. Allerdings machen wir Sie darauf aufmerksam, dass auch die dort beschriebenen Maßnahmen keinen 100%igen Schutz bieten können.

So entschärfen Sie die Google Bildersuche

Wenn Sie auf Ihrem heimischen Rechner, den auch Ihr Kind benutzt, Google als Startseite eingetragen haben, können Sie zumindest die Bildersuche bei Google etwas entschärfen. So präsentieren Sie Ihren Kindern nicht gleich Hardcore-Pornografie auf dem Silbertablett.

Sucht man mittels der Bildersuche bei Google z.B. nach »Penis«, was bei einem Jungen in der Pubertät ja durchaus vorkommen kann, findet Google neben Abbildungen aus Lehrbüchern natürlich auch die ganze Bandbreite an pornografischem Material. Dies reicht von noch relativ harmlosen Abbildungen von Vibratoren und SM-Spielzeug, bishin zur Hardcore-Pornografie. Natürlich immer mit dem direkten Link zur Fundstelle im Web.

Aber diese Problematik lässt sich dank der so genannten »Google Safesearch« zumindest etwas eindämmen. Google schreibt dazu:

Viele Nutzer ziehen es vor, keine nichtjugendfreien Seiten in ihre Suchergebnisse aufzunehmen (insbesondere wenn ihre Kinder denselben Computer verwenden). Google SafeSearch sucht nach Websites, die expliziten sexuellen Content enthalten, und löscht diese aus den Suchergebnissen. Kein Filter arbeitet mit 100-prozentiger Genauigkeit, allerdings wird das meiste ungeeignete Material durch SafeSearch entfernt.

So aktivieren Sie die Google SafeSearch

Wechseln Sie von der Google Websuche auf die Google Bildersuche. Dazu klicken Sie einfach auf BILDER über der Google Suchzeile. Nun klicken Sie auf den kleinen Link EINSTELLUNGEN. Das Dialogfeld ALLGEMEINE VOREINSTELLUNGEN erscheint. Dort aktivieren Sie unter dem Punkt SAFE-SEARCH-FILTER die Option STRIKTE FILTERUNG VERWENDEN.

SafeSearch-Filter	Durch Google Safesearch werden Seiten mit pornographischem Inhalt aus den Suchergebnissen herausgefiltert.
	⦿ Strikte Filterung verwenden (Beides filtern, eindeutigen Text und eindeutige Bilder)
	○ Moderate Filterung verwenden (Filter nur für Bilder mit eindeutigem Inhalt - Standardeinstellung)
	○ Meine Ergebnisse nicht filtern

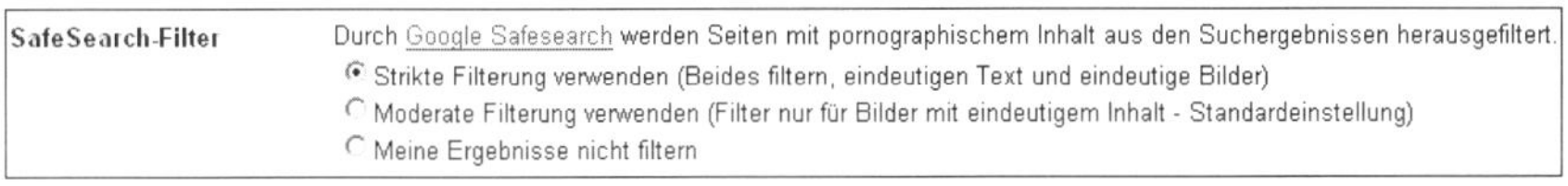

Abbildung 5.10: So aktivieren Sie die Funktion »SafeSearch« bei Google.

5.6.2   Download von Songs, Games, Crackz und Moviez

Vieles wird im Internet zum kostenlosen Download angeboten – kostenlos ja, aber auch legal? Die meisten Kinder und Jugendlichen wissen, dass es nicht legal ist, die neuesten Videofilme und Songs aus dem Netz (bzw. von einem anderen Rechner via Filesharing, oder Peer-to-Peer) herunterzuladen. Allerdings wird dies meist als Kavaliersdelikt abgetan. Auch der Download teurer Software oder Passwörter für Software ist bei Jugendlichen an der Tagesordnung.

Es drohen zivilrechtliche Klagen der Musik-, Film- und Softwareindustrie, die nicht nur Verbreiter von Dateien treffen, sondern auch die Nutzerinnen und Nutzer, welche solche Materialien downloaden. Durch die so genannten Flatrates und die heutzutage enorm hohen Übertragungsgeschwindigkeiten sind dem massenhaften Download Tür und Tor geöffnet. Und auch die Speicherkapazitäten, welche noch vor wenigen Jahren die Downloadlust der Jugend zügelten, sind, seit jeder Rechner Daten im Giga- und Terabyte-Bereich speichern kann, kein Hindernis mehr.

So staunt manch Erziehungsberechtigter nicht schlecht, wenn er auf den Festplatten der Kinder hunderte von Filmen und tausende von illegal heruntergeladenen Musikstücken entdeckt.

Personen, die Musik im Internet »tauschen« oder »hochladen« – insbesondere in großen Mengen –, gehen das Risiko ein, strafrechtlich verfolgt zu werden. Eltern können für das verantwortlich gemacht werden, was auf dem Familiencomputer passiert – auch wenn sie nicht selbst in illegale Aktivitäten verwickelt sind. Durch-

schnittlich mussten Personen, die eine außergerichtliche Einigung erzielt haben, mehrere Tausend Euro bezahlen. (Quelle: Jugendinitiativen Childnet International und Net Family News)

Den Leitfaden können Sie unter `http://www.pro-musicorg.de/pdfs/childnet_leitfaden.pdf` downloaden.

Aber die Peer-to-Peer Software birgt auch noch andere Gefahren in sich. Oft werden pornografische Inhalte absichtlich falsch benannt. So entpuppt sich ein laut Titel völlig harmloses Video über Skateboard-Tricks schnell als knallharter SM-Porno. Des Weiteren kann über die P2P- Software auch gechattet werden. Da der Jugendliche z.B. auf der Suche nach einem bestimmten Musikstück ist, wird er für Angebote wie »Wir können uns ja mal treffen, und ich bring dir ein Autogramm von dieser Band mit ...« eventuell sehr empfänglich sein.

Sehr wahrscheinlich ist es auch, dass sich hinter »getauschten« Musikstücken allerhand Spyware, Viren und Trojaner verbergen, welche dann den heimischen Rechner lahm legen.

So wehren Sie sich

Falls Sie den Verdacht haben, dass Ihre Kinder auf dem eigenen oder auf dem Familien-PC Tauschsoftware und/oder illegal heruntergeladenes Material installiert bzw. gespeichert haben, können Sie das überprüfen und im Bedarfsfall einschreiten. Dazu gehen Sie wie folgt vor:

Finden Sie die Tauschsoftware, die auf Ihrem Rechner installiert ist. Dazu klicken Sie unter Windows auf die Schaltfläche START links unten in der Taskleiste. Danach wechseln Sie über EINSTELLUNGEN in die SYSTEMSTEUERUNG. Doppelklicken Sie SOFTWARE. Nun sehen Sie alle auf Ihrem Rechner installierten Programme. Sortieren Sie diese zur besseren Übersicht rechts oben nach Namen. Sollten Sie eines der folgenden Programme in dieser Liste finden, haben Sie die Software, die zum Tauschen und Downloaden von anderen Rechnern nötig ist, entdeckt und können diese durch Betätigen der Schaltfläche ENTFERNEN von Ihrem Rechner löschen.

Beliebte P2P-Software		
Azureus	Filenavigator	KaZaA Lite
BearShare	Filetopia	LimeWire
BitTorrent	Gnucleus	Morpheus
Blubster	Gnutella	Overnet
eDonkey	Grokster	Piolet
eMule	KaZaA	Shareaza

Diese Liste enthält sehr beliebte Filesharing-Software, erhebt aber selbstverständlich keinen Anspruch auf Vollständigkeit.

Sie werden von Ihren Kindern vermutlich nicht gerade gelobt, wenn Sie entdecken, dass Sie die Filesharing-Software deinstalliert haben. Als legale Alternative zum Download von Musik können Sie Ihren Kindern nun die Seite `www.pro-music.org/musiconline.htm` empfehlen.

Wenn Sie eines der o.g. Programme oder auch ein anderes auf Ihrem Rechner entdeckt haben, können Sie davon ausgehen, dass Ihr Kind auch damit gearbeitet, sprich, etwas heruntergeladen hat.

Die meisten für P2P freigegebenen (und heruntergeladenen) Dateien werden in einem Ordner auf Ihrem Computer gespeichert, der in der Regel eine Bezeichnung wie `My Shared Files` oder `shared media` trägt. Ein Blick in Ihren Explorer gibt Aufschluss darüber. Wundern Sie sich nicht, wenn Sie in solchen Ordnern mehrere Tausend Musikdateien finden. Bevor Sie diese nun löschen, sollten Sie dennoch mit Ihrem Kind darüber reden und es fragen, ob es sich unter der Problematik des »Urheberrechts« etwas vorstellen kann. Finden Sie gemeinsam eine Lösung dieses Problems.

Illegale Musikstücke auf dem Rechner finden

Sollte es sich bei den entdeckten Dateien wirklich und ausschließlich um illegale Kopien handeln, müssten Sie diese nun aus rein rechtlicher Sicht und auch zum Selbstschutz löschen. Wie erzieherisch wertvoll diese drastische Maßnahme jedoch ist, müssen Sie für sich selbst entscheiden.

Das Auffinden und Entfernen von Software und Musik-, Video- und Bilddateien können Sie aber auch mittels des kostenlos im Internet erhältlichen Programms DIGITAL FILE CHECK durchführen.

`http://www.ifpi.org/dfc/downloads/dfc.html`
Download-Link für die Software DIGITAL FILE CHECK *von IFPI*

WWW......

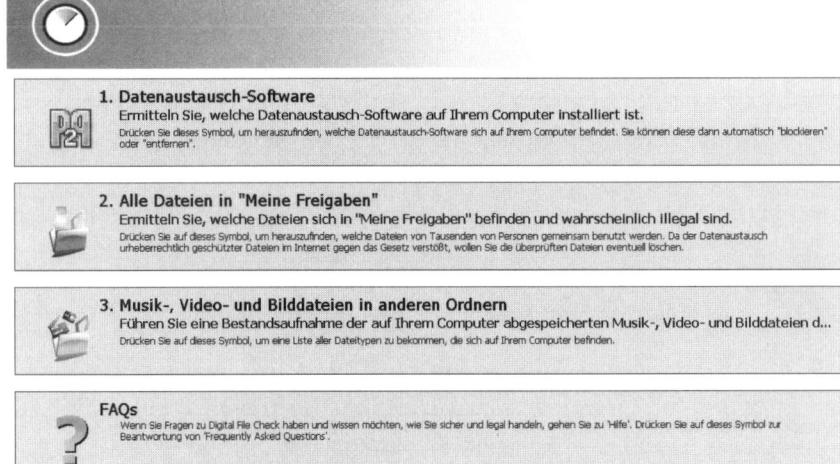

Abbildung 5.11: Auswahlmenü der Software Digital File Check von IFPI.com.

So beugen Sie vor

Machen Sie Ihre Kinder auf folgende Problematik durch Gespräche aufmerksam:

>> Sprechen Sie im Zusammenhang über Tauschbörsen mit Ihrem Kind auch über Moral und Ethik. Durch das Tauschen von urheberrechtlich geschütztem Material wird dem Künstler, Musiker oder Komponisten im Prinzip etwas gestohlen.

>> Sollte es zu einer Anzeige kommen, werden in vielen Fällen die Eltern zur Verantwortung gezogen – fragen Sie Ihr Kind ganz offen, wie es ihm gefallen würde, wenn die Sachlage anders herum wäre. Was würde das Kind sagen, wenn es von seinem Taschengeld einen Strafzettel der Eltern bezahlen müsste?

5.7   Sicheres Surfen für Kids und Teens

In den einzelnen Abschnitten dieses Kapitels haben wir versucht, Ihnen die Gefahren aufzuzeigen, welchen Ihre Kinder im Netz ausgesetzt sind. Sie können allerdings neben den Ratschlägen, die wir Ihnen bereits gegeben haben, auch noch weitere Vorkehrungen treffen, damit das Internet für Ihre Kinder nicht zum »Tatort« wird.

5.7.1   Das persönliche Gespräch

Ein ausführliches persönliches Gespräch ist die Grundlage zur Schaffung einer persönlichen Medienkompetenz von Jugendlichen. Nehmen Sie gemeinsam mit Ihren Kindern dieses Buch zur Hand und gehen dieses Kapitel Schritt für Schritt durch. Es wird Sie wie ein roter Faden durch die verschiedenen Gefahren im Netz führen und Ihnen Diskussionsgrundlagen liefern.

So erfahren Sie im Gespräch mit Ihren Kindern, ob es vielleicht schon zu Problemen mit dem Medium Internet gekommen ist. Neben all den technischen, präventiven Maßnahmen ist ein Gespräch zwischen Eltern und Kindern die am besten geeignete Methode, um Kinder und Jugendliche vor bösen Überraschungen und Erfahrungen im Internet zu schützen.

5.7.2   Jugendschutzsoftware und Filterprogramme

jugendschutz.net hat verschiedene Jugendschutzprogramme überprüft. Ihre Effizienz wurde an Hand eines Testszenarios mit 1.150 Websites aus unterschiedlichen Kategorien (von absolut unzulässigen bis zu positiven Kinderangeboten) geprüft. Keines der Systeme erreichte eine zufrieden stellende Wirksamkeit. Im Themenbereich

Sex/Pornografie waren die Leistungen bei einigen Filtern deutlich besser als in den Bereichen Gewalt, Rassismus oder Glücksspiel. Eine gute Filterleistung im Bereich der jugendschutzrelevanten Inhalte geht allerdings häufig mit der Blockade zahlreicher empfehlenswerter Kinder- und Jugendseiten einher. Beim gegenwärtigen Stand der Technik wird etwa jede vierte Seite durch die Filter falsch behandelt. Filterprogramme können daher die elterliche Aufsicht beim Surfen im Internet generell nur ergänzen, nicht ersetzen. (Quelle: jugendschutz.net, Jahresbericht 2006)

Natürlich steht es Ihnen trotzdem frei, auf solche Angebote zurückzugreifen.

www.icra.org/icraplus

Arbeitet u.a. mit dem Selbstkennzeichnungssystem der ICRA

www.jugendschutzprogramm.de

Mehr Sicherheit durch Kindersicherungsprogramme

Sie können auch auf Software zurückgreifen, um den Zugang zum Internet und den Funktionsumfang Ihres PCs zu regulieren. Diese Programme bieten eine Vielzahl an Features. Eine sicherlich nützliche Funktion ist das Setzen von Zeitlimits. So kommen Kinder erst gar nicht in Versuchung, viel zu lange zu surfen oder zu spielen. Der Computer schaltet sich einfach ab.

Parent Friend z.B. ist für den privaten Gebrauch als Freeware erhältlich und verfügt über folgende Features:

>> keine pornografischen Webseiten

>> Programmsperren durch Passworte

>> Internetsperre durch Passwortschutz

>> beliebig viele Benutzerkonten

>> Zeitkonten für jeden Benutzer

>> volle Aktivitätskontrolle

>> Schutz aller PC-Einstellungen

>> Schutz der Desktopeinstellungen

>> Schutz von Dateien gegen Löschen

>> Zeitlimits für Internet

>> Zeitlimits für beliebige Programme

>> Verhindert systemweit das Anlegen neuer Dateien

WWW ...... http://www.parents-friend.de/
Kindersicherung, kostenlos als Freeware für den privaten Gebrauch

Eine kommerzielle Variante von Kindersicherung bietet das Programm Kindersicherung 2007. Dieses Programm ist für 29,95 Euro erhältlich und bietet eine Fülle an Filtern, die Möglichkeit, Zeitlimits einzurichten und vieles mehr.

Abbildung 5.12: Unerwünschte Seiten filtern mit Kindersicherung 2007.

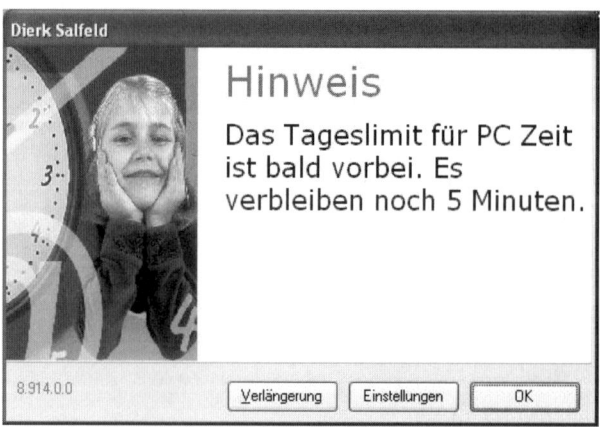

Abbildung 5.13: Der PC schaltet sich nach einer definierten Zeit ab.

WWW ...... http://www.salfeld.de/software/kindersicherung/index.html
Arbeitet u.a. mit »Zeit-Taschengeld«

5.7.3   Für Kinder geeignete Webseiten

Gerade bei jüngeren Kindern ist es nötig, ihnen nur einige wenige Internet-angebote zur Verfügung zu stellen, um im enormen Informationsangebot des Internets den Überblick zu bewahren. Besonders wichtig ist dabei eine für Kinder geeignete Suchmaschine. Wie Sie Ihrem Kind zum Beispiel die »Blinde Kuh« als Starseite festlegen, beschreiben wir im Kapitel 5.7.4. Aber es gibt neben der Kuh natürlich noch weitere interessante Seiten für Kinder.

Weitere für Kinder geeignete Start- und Suchseiten:

www.milkmoon.de

www.helles-koepfchen.de

Spiel, Spaß und Wissen für Kinder:

www.kidsville.de

www.kindernetz.de

Bei Problemen und Sorgen helfen diese Seiten:

www.kummernetz.de/kinder

Und sogar eine Seite rund um das Thema Liebe und Sexualität gibt es speziell für Kinder und Heranwachsende:

www.loveline.de

Eine sehr umfangreiche Liste mit Seiten, die von Medienpädagogen recherchiert wurden, finden Sie auf dem sehr informativen Webportal von www.klicksafe.de/kompetent/linktipps.php.

Besuchen Sie die Linkliste von Klicksafe und suchen Sie mit Ihrem Kind gemeinsam interessante Seiten heraus. Da die Linktipps unserer Meinung allesamt gut für Kinder geeignet sind, lassen Sie ruhig Ihr Kind frei auswählen. Anhand dieser Seiten erstellen Sie dann eine »Whitelist« wie im Kapitel 5.7.4 beschrieben. Mit der Zeit können Sie Ihre Liste dann erweitern.

5.7.4   Browser für Kinder

Stellen Sie Ihrem Kind einen eigenen Browser zur Verfügung, welchen Sie »kindgerecht« einrichten. Das beginnt schon damit, eine geeignete Startseite festzulegen. Wenn Sie als Erwachsener als Startseite Google verwenden, macht das durchaus Sinn, ein Kind ist damit hoffnungslos überfordert. Sie servieren Ihrem Kind damit alle ungeeigneten Inhalte sozusagen auf dem Silbertablett. Ihr Kind stößt, wenn es über Google (oder auch eine andere Suchmaschine) sucht, garantiert durch »falsche« Suchbegriffe schon nach kurzer Zeit auf Seiten mit jugendgefährdenden Inhalten.

So legen Sie eine kindgerechte Startseite fest

Firefox für Kinder einrichten

Die Startseite eines Browsers legen Sie wie folgt fest: Verwenden Sie Mozilla Firefox, klicken Sie in der Menüleiste auf EXTRAS, dann auf EINSTELLUNGEN. Unter ALLGEMEIN sehen Sie unten abgebildetes Fenster. Geben Sie unter STARTSEITE die Seite ein, die sich immer öffnen soll, wenn Ihr Kind den Browser startet. In unserem Beispiel ist das die Seite »Blinde Kuh«:

Die Startseite des Firefox-Browsers festlegen

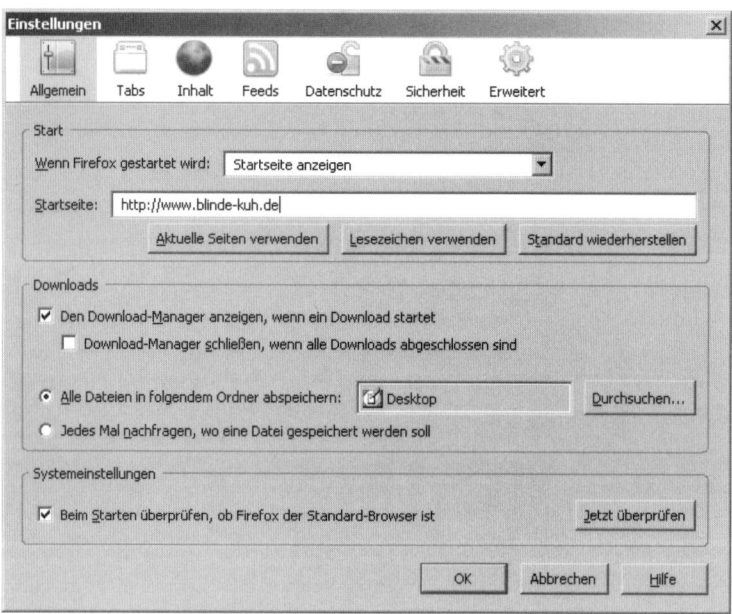

Abbildung 5.14: Die Startseite des Firefox-Browsers festlegen.

Den Firefox-Browser mit »Glubble« kindersicher machen

Die kostenlose Erweiterung »Glubble« der Firma Glaxstar hilft Ihnen dabei, den Browser Firefox kindersicherer zu machen. Die Glubble-Erweiterung arbeitet über das Funktionsprinzip einer Whitelist, das heißt, es können nur Seiten angesurft werden, welche von den Eltern auf die »weiße Liste« eingetragen wurden. Sie müssen sich also nur einmal die Mühe machen, Ihre persönliche Whitelist zu erstellen. Leider gibt es Glubble momentan nur in englischer Sprache.

Aber die farbenfrohen Symbole von Glubble sind auch ohne Englischkenntnisse leicht verständlich. Zielgruppe sind Eltern mit Kindern unter 12 Jahren. Des Weiteren bietet Glubble auch eine Suche über Google und Yahoo an, findet aber selbstverständlich nur Seiten, die auch auf der Whitelist stehen. Auf www.glubbleworld.com können Sie die Seiten sehen, die mit Glubble besucht werden können. Dort findet man derzeit 402 kindersichere Seiten (Stand: September 2007).

www.glubble.com
Hier können Sie das kostenlose Firefox-Plugin downloaden.

Abbildung 5.15: Sicheres Surfen mit Glubble.

Create your Glubble

Name your Glubble

Michelles Seiten

6 to 30 characters

Enter your user name

Michelle

2 to 30 characters

OK

Abbildung 5.16: Im Dialogfeld wird die Whitelist und der Name des Kindes benannt.

Das Erhöhen der Sicherheitseinstellungen im Mozilla Firefox-Browser ist nicht so komfortabel wie beim Internet Explorer. Sollten Sie dennoch die Einstellungen erhöhen wollen, gelangen Sie über EXTRAS und EINSTELLUNGEN in das entsprechende Menü. Wir empfehlen Ihnen das Plugin »Glubble«, wie weiter oben beschrieben, zum Schutz Ihrer Kinder zu installieren. Wenn Sie trotzdem selber »Hand anlegen« wollen, finden Sie unter www.heise.de/security/dienste/browsercheck detaillierte Anleitungen.

Sicherheit des Firefox-Browsers erhöhen

Internet Explorer 6 für Kinder einrichten

Verwenden Sie noch einen Internet Explorer 6, gelangen Sie über EXTRAS, INTERNETOPTIONEN, dann ALLGEMEIN zum Eingabefeld STARTSEITE. Auch hier legen Sie die »Blinde Kuh« als Startseite fest.

Startseite festlegen beim Internet Explorer

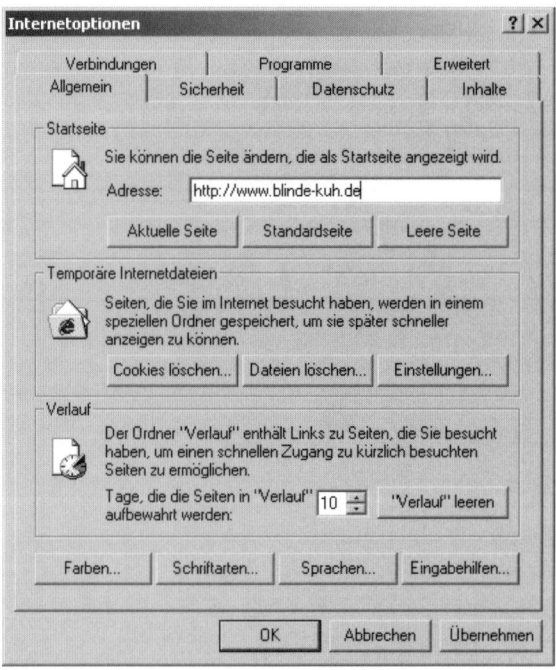

Abbildung 5.17: Startseite festlegen beim Internet Explorer.

Mit dieser Methode können Sie natürlich die Startseite Ihrer Wahl festlegen. Wir empfehlen Ihnen aber bei unserem Beispiel zu bleiben und sich für die Seite www.blinde-kuh.de zu entscheiden. Diese Kindersuchmaschine wurde von 1997 bis 2004 rein ehrenamtlich betrieben und ab 2004 gefördert durch das Bundesministerium für Familie, Senioren, Frauen und Jugend. »Die Kuh« hat mehrere Auszeichnungen erhalten und ist von einer großen Mehrheit der Jugendschutz-Iniativen mit sehr gut bewertet worden.

Abbildung 5.18: Die Startseite der Kinderseite »Blinde Kuh« mit integrierter Suchleiste ganz oben.

Sie können zudem den Internetzugang auch ohne weitere Software mit zusätzlichen Einstellungen in Ihrem Browser einschränken. Beim Internet-Explorer 6 finden Sie unter dem Menüpunkt EXTRAS/ INTERNETOPTIONEN/ INHALTE den Inhaltsratgeber. Sie können dort verschiedene Filter aktivieren und damit einstellen, wie viel Gewalt, Nacktaufnahmen, Sex oder jugend-gefährdende Sprache ein Internetangebot enthalten darf.

Filtern mit dem Browser

Nun müssen Sie noch die Einstellungen speichern und einen Kennworthin-weis einrichten, um das einfache Zurücksetzen der Einstellungen zu verhin-dern.

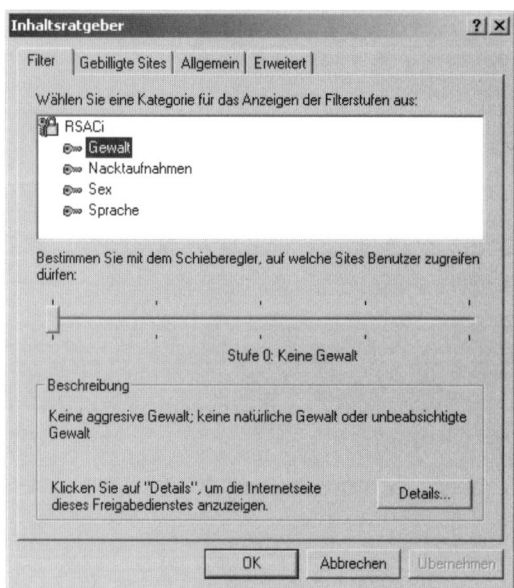

Abbildung 5.19: Den »Inhaltsratgeber« einstellen.

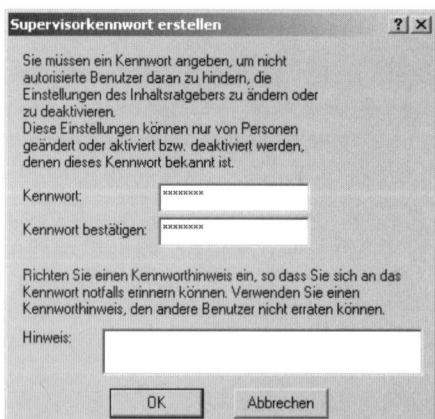

Abbildung 5.20: Wählen Sie ein Passwort und einen Kennworthinweis.

Tipp ....

Achtung: Es ist verlorene Liebesmüh, wenn Sie einen Browser kindersicher konfigurieren, aber auf Ihrem Rechner noch andere Browser installiert sind. Denn die Filterfunktionen des Internet Explorers gelten nicht für andere Browser. Achten Sie also darauf, dass entweder nur ein Browser installiert ist, oder machen Sie alle Browser kindersicher.

Möchten Sie die Seiten, die Ihr Kind besuchen darf, selbst bestimmen, haben Sie die Möglichkeit, eine so genannte »Whitelist« oder »Positivliste« zu erstellen. Es können dann nur Seiten aufgerufen werden, welche Sie vorher eingerichtet haben. Aber das System kann auch mit einer »Negativliste« betrieben werden. Dies ist allerdings weniger sinnvoll, denn es ist unmöglich alle für Kinder ungeeigneten Seiten aufzulisten.

Eine Whitelist im Internet Explorer 6 erstellen

Um Einstellungen vornehmen zu können, klicken Sie auf EXTRAS/INTERNET-OPTIONEN, um in den Inhaltsratgeber zu wechseln. Dort können Sie dann unter GEBILLIGTE SEITEN Ihre Liste erstellen und später bearbeiten. Vergessen Sie daher nicht, Ihr »Supervisor-Passwort«, welches Sie sich beim erstmaligen Erstellen selbst aussuchen.

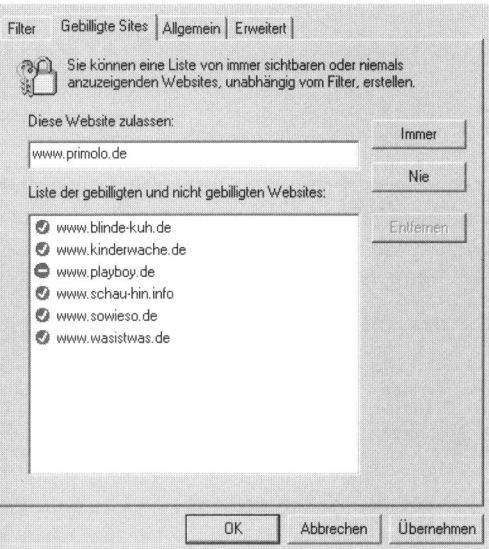

Abbildung 5.21: Eine Whitelist im IE erstellen.

Achten Sie auch darauf, dass unter dem Reiter ALLGEMEIN die Option ZUGANG AUF UNGEFILTERTE SITES ZULASSEN **nicht** aktiviert ist.

Nun können Sie Ihre Einstellungen testen. Versuchen Sie, auf die Seite des »Playboy« zu surfen, oder auf eine andere Seite, welche nicht in der Liste steht.

Die Methode, mit einer Whitelist das Surfen für Kinder sicherer zu machen, ist eine sehr gute Wahl. Wir möchten Sie an dieser Stelle nochmals darauf hinweisen, dass Ihre Bemühungen vergebens sind, wenn Sie auf Ihrem Rechner einen zweiten Browser »für Erwachsene« installiert haben.

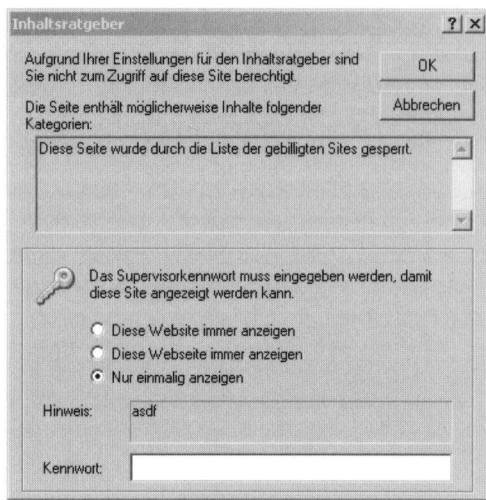

Abbildung 5.22: Der Zugriff auf www.playboy.de ist nur noch mit Kennwort möglich.

Wenn Sie als Erwachsener einen »Kinderbrowser« verwenden möchten, deaktivieren Sie einfach die Schutzeinstellungen. Vergessen Sie allerdings nicht, diese auch wieder zu aktivieren, wenn Sie nicht mehr surfen.

Erhöhen Sie die allgemeinen Sicherheitseinstellungen im Internet Explorer 6

Dies ist ein weiterer sehr wichtiger Schritt in Richtung Sicherheit. Indem Sie die Einstellungen Ihres Browsers verändern, müssen Sie allerdings für ein erhöhtes Maß an Sicherheit mit Einbußen bei der Anzeige/Interaktion von Webinhalten rechnen.

Sicherheitseinstellungen im Internet Explorer 6 Die meisten Einstellungen werden im Menü Internetoptionen vorgenommen. Um dieses Menü zu öffnen, klicken Sie in der Menüleiste Ihres Browsers auf EXTRAS und dann auf INTERNETOPTIONEN. Wählen Sie die Registerkarte SICHERHEIT: Klicken Sie nun nacheinander auf die verschiedenen WEBINHALTSZONEN. Beginnen Sie mit INTERNET. Daraufhin klicken Sie auf STUFE ANPASSEN.

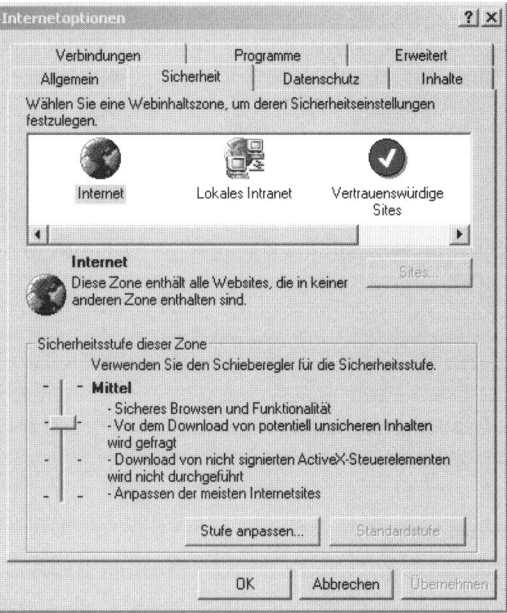

Abbildung 5.23: Sicherheitseinstellungen des MS Internet Explorers 6 erhöhen.

Daraufhin öffnet sich das Fenster SICHERHEITSEINSTELLUNGEN. In diesem
Fenster können Sie entweder alle Detail-Einstellungen selber vornehmen
oder vordefinierte Einstellungen durch das Dropdown-Menü ganz unten
auswählen. Das ist für einen Laien sicher die bessere Variante.

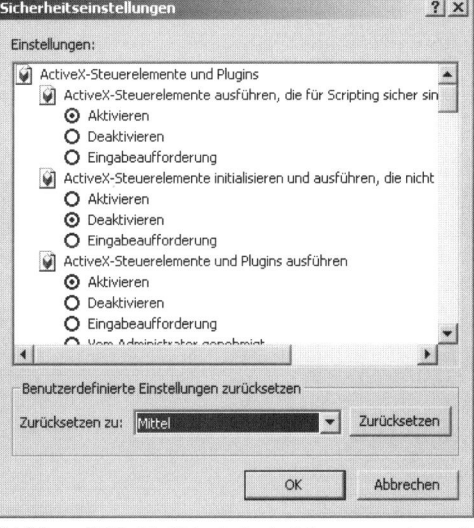

Abbildung 5.24: Die Sicherheitseinstellungen werden auf »mittel« gesetzt.

Bestätigen Sie Ihre Einstellungen mit OK. Sie können nach diesem Verfahren nun alle anderen drei Webinhaltszonen individuell einstellen. Entweder wählen Sie die komfortablere Methode über den Schieberegler (empfohlen) oder Sie machen die Einstellungen selbst, indem Sie jeweils auf STUFE ANPASSEN klicken.

Wechseln Sie nun auf die Registerkarte DATENSCHUTZ. Hier legen Sie fest, welche Cookies auf Ihrem Computer gespeichert werden dürfen. Auch hier können Sie mittels Schieberegler Ihre Einstellungen treffen. Wir empfehlen Ihnen die Einstellung MITTELHOCH.

Es kann nun leider vorkommen, dass Ihr Browser so sicher ist, dass er kaum mehr eine Webseite vernünftig anzeigt. Den Browser, den Ihre Kinder verwenden, so zu sichern, dass das Surfen damit langweilig wird, ist wohl auch nicht der richtige Weg und ersetzt keinesfalls ein aufklärendes Gespräch mit den Kindern über die Gefahren des Internets.

Internet Explorer 7 für Kinder einrichten

Verwenden Sie den Internet Explorer 7, gelangen Sie auch hier über EXTRAS, INTERNETOPTIONEN, dann ALLGEMEIN zum Eingabefeld Startseite. Auch hier legen wir die »Blinde Kuh« als STARTSEITE fest.

Abbildung 5.25: Die »Blinde Kuh« wird als Sprungbrett ins Internet verwendet.

Als nächsten Schritt wechseln Sie auf die Registerkarte INHALTE und von dort aus auf INHALTSRATGEBER. Dort finden Sie den Schalter AKTIVIEREN ....

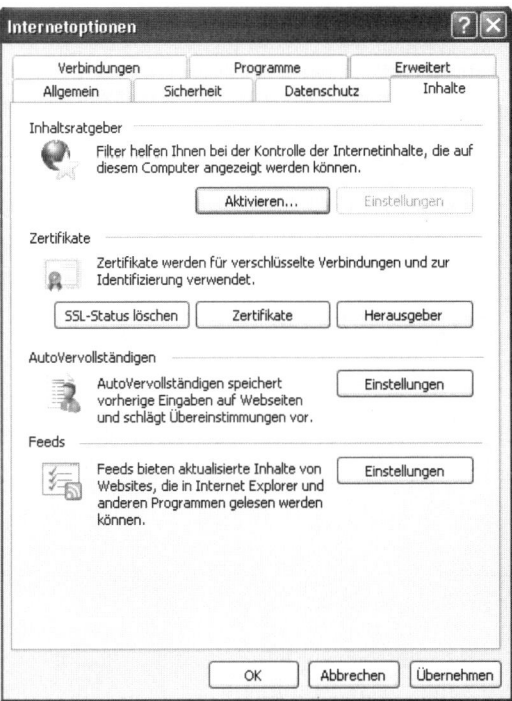

Abbildung 5.26: Hier aktivieren Sie den »Inhaltsratgeber«.

Legen Sie ein zunächst ein »Supervisor-Passwort« fest, wie schon in der Abbildung 5.20 beschrieben. Nun können Sie weitere Einstellungen vornehmen.

Im Menü FILTER können Sie mittels des Schiebereglers Einstellungen von KEINE bis UNEINGESCHRÄNKT vornehmen. Gehen Sie die Liste der Filter Schritt für Schritt durch.

Über die drei weiteren Registerkarten ZUGELASSENE SITES, ALLGEMEIN und ERWEITERT treffen Sie weitere selbsterklärende Einstellungen. Auch an dieser Stelle möchten wir Sie nochmals darauf hinweisen, dass das Erhöhen der Sicherheitseinstellungen keinesfalls ein Ersatz für elterliche Aufsicht und ein persönliches Gespräch mit den Kindern ist.

Abbildung 5.27: Im Inhaltsratgeber nehmen Sie die Einstellungen Ihrer Wahl vor.

5.7.5   Der Internetnutzungsvertrag zwischen Kindern und Eltern

Nachdem Sie alle Punkte dieses Kapitels befolgt haben und sich mit Ihrem Kind eingehend über die Gefahren im Internet unterhalten haben, sollten Sie der Sache einen gewissen »offiziellen Charakter« verleihen. Sie schließen mit Ihrem Kind einen »echten« schriftlichen Vertrag über die Nutzung des Mediums Internet und anderer moderner Medien.

Machen Sie Ihrem Kind klar, dass es sich hierbei um einen Vertrag handelt, wie ihn auch Erwachsene abschließen, und dass sich beide Parteien daran zu halten haben. Ebenso wichtig ist es, eine »Vertragsstrafe« zu vereinbaren. Begeht das Kind »Vertragsbruch«, droht eine »einstweilige Internetsperre«. Werden Eltern vertragsbrüchig, winkt z.B. ein Besuch in einem Burger-Restaurant.

Vertrag über die Nutzung des Internets zwischen

Herrn Peter Mustermann

und seiner Tochter / seinem Sohn

Emil Mustermann

Emil Mustermann verpflichtet sich, folgende Punkte immer einzuhalten. Kann ihm ein Verstoß gegen nur einen dieser Punkte nachgewiesen werden, darf Emil das Internet für eine ganze Woche nicht mehr nutzen.

§ 1 Ich verrate niemandem mein Passwort. Nicht einmal meinem besten Freund.

§ 2 Ich erzähle niemandem, wo ich wohne, wie ich heiße, unsere Telefonnummer, meine Handynummer oder auf welche Schule ich gehe.

§ 3 Wenn mir irgendwas im Internet komisch vorkommt, ich Angst bekomme oder mich jemand im Chat komische Sachen fragt, höre ich sofort auf zu surfen und sage meinen Eltern Bescheid.

§ 4 Ich treffe mich unter keinen Umständen mit Leuten, die ich aus dem Internet kenne. Bei Kindern muss ich meine Eltern fragen.

§ 5 Wenn mich jemand nach Bildern fragt oder nach Sachen, die mir peinlich sind, höre ich auch sofort auf zu surfen und sage meinen Eltern Bescheid.

§ 6 Alle diese Regeln gelten auch für mein Handy oder für Spiele über meine Spielekonsole.

Herr Peter Mustermann verpflichtet sich, die folgenden Punkte einzuhalten. Sollte er einen Punkt nicht beachten, muss er Emil einen Besuch bei … spendieren.

§ 7 Emil darf auf Seiten, die wir besprochen haben, täglich eine Stunde surfen.

§ 8 Wenn Emil im Internet auf komische Seiten stößt oder komische E-Mails bekommt, werde ich ihn nicht bestrafen. Ich weiß, dass er nichts dafür kann.

6

Unternehmen und Organisationen in Gefahr

KAPITEL 6

Unternehmen und Organisationen in Gefahr

Attacken auf das Unternehmen oder die Organisation

Cybercrime, Datendiebstahl, Wirtschaftsspionage, Spear Phishing! Die Liste der Angriffe auf ein Unternehmen ließe sich beliebig fortsetzen. Machen Sie Ihr Unternehmen sicher – oder zumindest etwas sicherer. Denn fest steht: Ein Angriff auf ein Firmennetzwerk bedeutet Ärger, finanzielle Einbußen oder sogar Kunden- und Imageverlust für jedes betroffene Unternehmen.

Attacken auf die Kunden eines Unternehmens oder einer Organisation

Eine weitere große Bedrohung, welche allzu oft unterschätzt wird, sind Attacken auf die Kunden eines Unternehmens. Lassen Sie es nicht zu, dass von Ihnen gespeicherte Kundendaten in falsche Hände gelangen oder gar Ihren Kunden selbst Schaden entsteht. Der Imageverlust kann für ein Unternehmen gewaltig sein.

Risikofaktor Mitarbeiter

Oft kommen Bedrohungen aus den eigenen Reihen. Bewusst oder unbewusst, so mancher Mitarbeiter bringt durch grob fahrlässiges Handeln mit internen Daten Ihr Unternehmen in Gefahr. Wir zeigen Ihnen, wie Sie reagieren oder vorbeugen können, damit sensible Daten die Mauern Ihrer Firma nicht verlassen.

>>>

Internetbedrohungen sind ein globales Phänomen. Unternehmen und Organisationen werden immer häufiger zu Opfern von Betrugsdelikten und Erpressungen in der virtuellen Welt. Am häufigsten werden Unternehmen der E-Commerce-Branche, Unternehmensnetzwerke und IT-Infrastrukturen angegriffen, und das erfordert Höchstleistungen von den IT-Verantwortlichen und Administratoren.

Außerdem stehen kleinere Unternehmen im Visier der Angreifer: Sie werden am zweithäufigsten von Attacken heimgesucht. Aber auch ausgeklügelte Angriffe auf das Führungspersonal sind an der Tagesordnung. Denn der Diebstahl von vertraulichen Firmendaten bringt auf dem Schwarzmarkt viel Geld, und es besteht eine große Nachfrage für illegal beschaffte Datenbanken und Firmengeheimnisse. Aber das Cybercrime-Spektrum reicht mittlerweile von Erpressung, Wirtschaftsspionage, Betrug, Geschäftsschädigung bis hin zum finanziellen Ruin des Unternehmens.

Die Bedrohung durch Cybercrime wächst

Der Kreis der Online-Kriminellen entwickelt sich rasant weiter, und dazu gehören hochqualifizierte Spezialisten, die immer bessere Schadprogramme für Attacken auf Unternehmen und Organisationen entwickeln. Ebenso wächst die Zahl der Internetnutzer, die den kriminellen Machenschaften der Online-Betrüger zum Opfer fallen. Die Attacken auf die weltweite Wirtschaft nehmen zu, und auch erfolgreiche Startup-Unternehmen bleiben nicht lange von den Angriffen verschont. Den betroffenen Firmen entstehen dabei hohe finanzielle Verluste kombiniert mit der Beschädigung ihres guten Rufes, den man monetär nicht beziffern kann.

Nur wer das Thema IT-Sicherheit sehr ernst nimmt, kann langfristig in der virtuellen Wildnis überleben. Antiviren-Programme, Spamfilter und Netzmonitore sind unumgänglich, denn nur ein komplexer Ansatz in Sachen Sicherheit und Infrastruktur bietet effektiven Schutz gegen die immer weiter wachsende Online-Kriminalität.

Man unterscheidet drei Arten von Angriffen: Attacken auf das Unternehmen oder die Organisation selbst, Attacken auf deren Kunden und Angriffe aus den eigenen Reihen, sprich durch die eigenen Mitarbeiter.

6.1   Attacken auf das Unternehmen oder die Organisation

Die Bedrohungen für die IT-Infrastrukturen von Unternehmen haben sich in den vergangenen Jahren verändert. Mit jeder neuen Schutzmaßnahme steigt die Komplexität und die Gefahr, von weiterentwickelten Angriffen heimgesucht zu werden. Doch auch die alten Gefahrenquellen bleiben präsent.

Virenangriffe, Datendiebstahl und der Diebstahl von IT-Ausrüstung sind die häufigsten Ursachen für Sicherheitslücken bei Unternehmen auf der ganzen Welt. Die organisierte Kriminalität, der Terrorismus oder die Wirtschaftsspionage sind nur einige Schlagworte, die eine zunehmende Bedrohung für

Unternehmen und ihre Manager verdeutlichen. Schon semiprofessionelle Angriffe auf Unternehmen, Einrichtungen und Einzelpersonen können verheerende Auswirkungen auf deren Existenz haben. Viele der Angriffe auf Unternehmen und ihre Mitarbeiter werden oft nicht sofort als solche erkannt und zeigen erst nach ein paar Monaten ihre vernichtende Wirkung.

6.1.1 Datendiebstahl

Der Diebstahl von Unternehmensdaten gehört zu den lukrativsten Geschäften der Online-Betrüger. Die Hacker machen hierbei auch nicht vor öffentlichen Stellen wie zum Beispiel den Finanzbehörden halt. Auf dem Schwarzmarkt werden Daten von Mobilfunkteilnehmern bis hin zu Datenbanken der Passbehörde angeboten, aber auch gestohlene Kreditkarten- und Sozialversicherungsnummern kann man gewinnbringend veräußern. Der Preis für solche gestohlenen Informationen kann viele Tausend Euro betragen und richtet sich nach der Aktualität und Vollständigkeit der Daten. Die Käufer nutzen diese Informationen dann in der realen Welt für ihre kriminellen Machenschaften.

Wenn es um Datendiebstahl geht, spielen sehr oft auch Mitarbeiter der Firma eine wichtige Rolle. So genannte Informanten geben dem Hacker Einblicke in das Firmennetzwerk, Serverarchitektur, Datenstrukturen und Datenbankformate. Damit sind die Programmierer von Malware in der Lage, perfekte Schadprogramme zugeschnitten auf das jeweilige Unternehmen zu entwickeln. Die Firmen, die einen »Maulwurf« unter ihren Mitarbeitern haben, haben schlechte Karten bei der Prävention von Datendiebstahl. Deshalb ist es für Unternehmen und Organisationen von äußerster Wichtigkeit, die eigene Infrastruktur durch den Einsatz von Personal, Software, Hardware und einer Aufklärung der Mitarbeiter über mögliche Gefahren zu schützen.

6.1.2 Wirtschaftsspionage und Erpressung

Das Hauptinteresse von Cyberkriminellen konzentriert sich normalerweise auf die unzähligen Internetnutzer und deren persönlichen Daten. Doch wenn es um Wirtschaftsspionage und Erpressung geht, trifft es in den meisten Fällen Unternehmen und Organisationen und sogar schon deren Manager oder Führungskräfte.

Malware verschlüsselt firmeninterne Dateien

Online-Betrüger schleusen Schadprogramme gezielt in eine Organisation ein, die wichtige Dateien innerhalb des Unternehmens verschlüsseln. Dadurch kann das Tagesgeschäft vollständig zum Erliegen kommen. Der Täter fordert dann einen bestimmten Geldbetrag und gibt im Gegenzug die gekidnappte Datei wieder frei. Internetshops, Online-Auktionen und tausend andere netzabhängige Unternehmen, die durch solche Attacken viel

Geld und Vertrauen der Kunden verlieren, sind zu beliebten Zielen von Online-Kriminellen geworden. Das Problem dabei ist, dass viele dieser blockierten Unternehmen bereitwillig zahlen und so die Hacker zu immer neuen Attacken ermutigen.

> *Drei von vier Unternehmensnetzwerken sind mit Malware infiziert. Zu diesem Ergebnis kommt das neue Security-Audit Tool von Panda Security »Malware Radar«. Seit dem offiziellen Launch im April überprüfte der Audit-Service Unternehmensnetzwerke mit zwischen 20 und 30.000 zusammengeschlossenen Workstations und Servern auf Malware und Sicherheitslücken. Während in 75% aller überprüften Netzwerke Malware, also Viren, Würmer, Trojaner, Spyware, etc. gefunden wurden, waren wiederum fast die Hälfte aller insgesamt geprüften PC's, nämlich aktuell 41%, infiziert. (Quelle:* `http://www.panda-software.de/PandaWebsite/presse/presse-meldungen/2007/Produkte/2007-09-13_75%25Malware.htm`*, 02.10.2007)*

WWW ...... `http://www.panda-software.de/index.htm`

Professionelle Sicherheitslösungen bietet Panda Security.

Eine noch raffiniertere Methode ist das gezielte Anschreiben von Führungspersonal eines Unternehmens per E-Mail, da diese natürlich Zugang zu Firmeninterna haben.

Führungskräfte im Visier

Die Versender dieser E-Mails kennen den korrekten Namen und den genauen Wortlaut der Position im Unternehmen, die der Empfänger ausübt. Als Anhang werden bevorzugt mit Malware verseuchte Office-Dateien wie Worddokumente oder Excel-Tabellen verschickt. Durch das Öffnen des Attachments installiert sich ein Schadprogramm, das zum Beispiel die Tastatureingaben mitprotokolliert und an den Internet-Betrüger weiterleitet. Dadurch können sich Kriminelle leicht Zugang zu vertraulichen Unternehmensdaten verschaffen.

Und die Methoden der Online-Betrüger werden immer ausgefeilter: Durch das so genannte »Social Engineering« werden möglichst viele Informationen über das Opfer gesammelt, und das Internet ist voll von Daten über Familie, Kinder, Hobbys und Vorlieben des Adressaten. Mit diesen Informationen werden die Späh-Mails glaubhaft verpackt, so dass der ahnungslose Empfänger denkt, die Mail stammt von einer ihm bekannten Person aus seinem sozialen Umfeld. Dann ist man auch als Manager eines Unternehmens nicht gegen das Öffnen eines verseuchten Anhangs gefeit.

DoS-Attacken blockieren Unternehmen

Eine weitere Erpressungsvariante in der virtuellen Welt ist eine DoS (engl. Denial of Service)-Attacke. Der Hacker blockiert im Schutz der Anonymität wichtige Zugänge eines Unternehmens und gibt diese erst wieder gegen Bezahlung eines nicht unerheblichen Lösegeldes innerhalb einer bestimmten Frist frei. Angeforderte polizeiliche Ermittlungen sind in diesem Fall keine Sofortmaßnahme, sondern vielmehr als langfristig anzusehen. Wenn die laufenden Geschäfte des Unternehmens durch die Blockade gefährdet sind, wird es auch in diesem Fall bereitwillig die geforderte Summe zahlen.

Durch die sehr hohe Zahlungsbereitschaft der Unternehmen werden Cyberkriminelle motiviert, immer bessere Schadprogramme zu entwickeln oder größere und intelligentere Botnetze für ihre Attacken aufzubauen.

E-Mail-Denial of Service-Attacke

Dieser Angriff ist eine Denial of Service-Attacke (DoS) und gilt gezielt dem Mailserver eines Unternehmens. Der Hacker bedient sich mehrerer Zombie-Rechner in einem Bot-Netz und sendet eine sehr hohe Anzahl von E-Mails an willkürlich ausgewählte Empfänger innerhalb einer Domain des Unternehmens. Dabei ist es wichtig, dass die meisten E-Mail-Empfänger gar nicht existieren und der SMTP-Server (Simple Mail Transfer Protocol) den Posteingang mit einem NDR (No-Delivery Report) quittiert. Durch die immense zeitgleiche Kommunikation erreicht der Mail-Server schnell seine Grenzen, das System fällt wegen Überlastung vollständig aus. Dadurch wird die E-Mail-Kommunikation in Unternehmen oft für Stunden lahm gelegt.

Directory Harvesting Attacks

Bei Directory Harvesting Attacks (DHA) versucht ein Spammer, in den Besitz von möglichst vielen E-Mail-Adressen im World Wide Web zu gelangen. Er versucht, die existierenden von den nicht existierenden E-Mail-Adressen auszusieben und zu ernten (englisch Harvesting). Dabei kann es ebenfalls zu Verzögerungen oder sogar zum Totalausfall von Mailservern kommen.

6.1.3 Spear Phishing

Wir haben auf internetvictims.de schon mehrmals vor den so genannten »Phishing-Attacken« und »Phishing-Mails« gewarnt, welche, als normale E-Mail getarnt, zur Herausgabe persönlicher Passwörter verleiten wollen. Diese Attacken richten sich an Millionen von Nutzern gleichzeitig, wobei den Betrügern schon bei einer Trefferquote im Promillebereich erhebliche Gewinne winken. Dabei gehen die Betrüger rein auf Masse, als würden Sie ein Schleppnetz durch die Weiten des Internets ziehen. »Irgendwas wird schon drin hängen bleiben«, ist dabei die Vorgehensweise.

Anders ist das Vorgehen der »Spear Phisher«. Sie machen gezielt Jagd auf die großen Fische, wie mit einer Harpune. Die Opfer: Unternehmen, Organisationen, Institutionen, geschlossene und kleine Benutzergruppen! Die Beute: Finanzdaten von Kunden, Geschäftsgeheimnisse, geistiges Eigentum, und andere wertvolle Daten!

Eine Spear Phishing-Attacke braucht zwar eine sehr viel größere Vorbereitung, dafür kann sie für ein betroffenes Unternehmen weitaus größeren Schaden bedeuten. Mit Insider-Informationen und einer intensiven Recherche werden Firmendaten zusammengetragen, und so flattert dem ahnungslosen Angestellten eines Morgens eine Rund-E-Mail vom IT-Verantwortlichen oder vom Administrator auf den Schreibtisch.

Natürlich auch mit den entsprechenden Namen und der firmeninternen Abteilung. Unter einem plausibel klingenden Vorwand wird dieser nun aufgefordert, Passwörter herauszugeben oder sich in bestimmte Systeme einzuloggen. Diese E-Mail sieht aus wie alle internen Firmen-Mails, der Mitarbeiter schöpft also keinen Verdacht. Auch die Nachfrage beim Kollegen »Hast Du auch so eine Mail bekommen …?« wird bejaht, und schon hängt der Mitarbeiter am Haken bzw. an der Harpune.

Macht er jetzt den fatalen Fehler, diese Informationen einzutippen, wird er an Bord gehievt, um bei unserem Beispiel vom Fischfang zu bleiben. Ein kleines Programm übermittelt dem »Phisher« nun firmeninterne Daten und Passwörter, der damit Zugriff auf Ihr Firmennetzwerk hat!

Wenn Sie als Chef nun wissen möchten, wie anfällig Ihre Firma für solche Attacken ist, erfahren Sie dies mit einem kleinen harmlosen Test. Schreiben Sie oder Ihr Admin eine Rund-Mail an Angestellte Ihrer Firma, welche solche Passwörter innehalten. Denken Sie ein bisschen »betrügerisch«. Welche aktuellen Geschehnisse könnten bei Ihnen in der Firma als Köder dienen? Bekommen Sie gerade neue Software oder Hardware, die einen Datenabgleich erforderlich macht? Wird ein neues Projekt gestartet? Vielleicht ist auch in der Lohnbuchhaltung etwas durcheinander gekommen …

Das Ganze lassen Sie aussehen wie eine ganz normale firmeninterne E-Mail. Nun fordern Sie auf, diese Mail schnellstmöglich zu beantworten und an Sie zurückzusenden. Unterschrift und Abteilung nicht vergessen. Wenn Sie nur eine einzige Mail mit den angefragten Passwörtern bekommen, wissen Sie, dass auch Ihre Firma Sicherheitslücken aufweist. Stellen Sie sich vor, was ein Außenstehender mit diesen Passwörtern anstellen kann oder welchen Wert solche Informationen für Ihre Mitbewerber darstellen. Auch wenn Sie denken, Ihr Netzwerk ist gut von der Außenwelt abgeschirmt, bedenken Sie, wer nun in Besitz dieser Daten ist. Otto Normalverbraucher kann damit sicherlich wenig anfangen, aber ein Hacker mit genug krimineller Energie sicherlich schon.

Beugen Sie Spear Phishing-Angriffen auf Ihr Unternehmen vor, denn:

»Die geschulte Aufmerksamkeit von Angestellten, insbesondere solchen mit vielen Außenkontakten, ist die wirksamste Abwehrmaßnahme gegen derartige Angriffe.« (Quelle: PCWelt)

Am besten verfassen Sie regelmäßig eine Rund-Mail, indem Sie auf die Gefahren hinweisen und Ratschläge zur Prävention geben.

>> Geben Sie in einer Antwort auf eine firmeninterne E-Mail-Anfrage niemals persönliche oder finanzielle Daten oder Passwörter preis, ganz gleich, von wem sie zu stammen scheint.

>> Erhalten Sie eine Mail, die Ihnen verdächtig vorkommt, rufen Sie bei der als Absender angeführten Person oder Organisation an, bevor Sie auf die Mail antworten oder angehängte Dateien öffnen.

>> Klicken Sie unter keinen Umständen auf Links in einer E-Mail-Nachricht. Geben Sie die stattdessen die Webadresse direkt in das Browserfenster ein.

>> Melden Sie unbedingt jede E-Mail, bei der Sie vermuten, dass es sich um Spear Phishing handelt.

Eigentlich selbstverständlich: Heben Sie Zugangsberechtigungen von ehemaligen Mitarbeitern unverzüglich auf. Oft wird das vergessen, oder niemand fühlt sich zuständig.

6.1.4   So beugen Sie vor

Um Ihr Unternehmen oder Ihre Organisation vor Angriffen zu schützen, sollten Sie folgende Maßnahmen auf jeden Fall mit Ihren IT-Verantwortlichen durchgehen. Bitte beachten Sie, dass nicht alle Maßnahmen für jedes Unternehmen geeignet sind.

>> Installieren Sie eine Firewall-Lösung zwischen Internet und LAN.

>> Setzen Sie Netzwerkanalyse-Programme wie den Microsoft Baseline Security Analyzer ein.

>> Sperren Sie unsichere Protokolle wie Telnet oder FTP vor dem Zugriff Dritter.

>> Setzen Sie Intrusion Detection/Prevention-Technologien zum Erkennen und Verhindern von Angriffen auf Computersysteme ein.

>> Setzen Sie automatische Scripts zur Überwachung der Sicherheit ein.

>> Setzen Sie Desktop Firewalls ein.

>> Setzten Sie automatische Scripts ein, die Anti-Viren-Programm-Updates auf den Arbeitsstationen installieren.

>> Implementieren Sie Vulnerability/Patch Management-Systeme zum Erkennen und Schließen von Sicherheitslücken in Computernetzen.

>> Erlauben Sie den Einsatz von PDAs durch Ihre Mitarbeiter ausschließlich mit aktueller Sicherheitssoftware.

>> Niemals die Voreinstellungen oft genutzter Services beibehalten, sondern immer durch geschultes IT-Personal gegen Angriffe von außen abriegeln lassen.

>> Weisen Sie Ihre Mitarbeiter in einer Rund-Mail auf die möglichen Gefahren hin und geben Sie klare Richtlinien zur Prävention. Achten Sie auch auf die Einhaltung der erteilten Richtlinien.

>> Bauen Sie redundante Systeme auf, damit Sie bei einer Erpresser-Blockade schnell auf ein Ersatzsystem wechseln können.

Kleinere Unternehmen setzen überwiegend Virenschutzsoftware und Firewalls ein und sind damit gut gegen virtuelle Gefahren wie Viren, Würmer oder Trojaner geschützt.

Die TOP Spyware[a]	
+++	Gator
++	ZQuest
++	Zango-Muncher
++	Zango-Solitaire
+	U88
++	UCMore
++	1-ACT Parental Advisor 2006
+	Radmin
++	OneToolbar
+	HackerWacker

Tabelle 6.1: Die am häufigsten auftretende Spyware und deren Gefahrenpotenzial.
(Quelle: http://www.virenschutz.info/beitrag_Kleine+Firmen+haben+Gefahr+von+Viren+erkannt_1027.html, 11.10.2007)

a. + geringe Gefahr, ++ erhöhte Gefahr, +++ höchste Gefahr

Tipp ...... *Nehmen Sie die Gefahr durch Angriffe auf Ihr Unternehmen oder Ihre Organisation sehr ernst und sparen Sie nicht mit den Sicherheitsmaßnahmen!*

6.1.5 So wehren Sie sich

Bei Angriffen auf Ihr Firmennetzwerk, Datendiebstahl, Spionage, Erpressung und Betrug sollten Sie immer sofort die Polizei einschalten und Strafanzeige gegen eine bestimmte Person oder gegen Unbekannt stellen. Achten

Sie hierbei darauf, dass Sie eventuelle Spuren (z.B. die IP-Adresse) des Täters vorab durch Ihren Administrator oder Ihre IT-Spezialisten sichern, oder lassen Sie die Experten der Polizei die Spurensicherung durchführen. Die Log-Files auf einem Server oder das Dekompilieren eines Schadprogrammes durch einen Spezialisten geben häufig Aufschluss auf den Ursprungspunkt des Angreifers. Wenn Ihr Tagesgeschäft durch Erpressung zum Erliegen kommt und ein Anhalten der Blockade Ihren finanziellen Ruin bedeuten würde, bleibt Ihnen wohl nichts anderes übrig, als die geforderte Summe zu zahlen.

Schalten Sie dabei immer die Spezialisten von der Polizei ein, damit diese den Übergabevorgang kontrollieren oder die Täter im Vorfeld lokalisieren und verhaften können. Versuchen Sie, den geforderten Betrag zu drücken, aber achten Sie immer auf eine schnelle Abwicklung, damit Sie Ihre lebenswichtigen Geschäftsaktivitäten schon bald wieder aufnehmen können. Denn Zeit ist schließlich Geld. Versuchen Sie in Zukunft, redundante System aufzubauen, so dass Sie bei einer eventuellen kriminellen Blockade schnell auf ein Ersatzsystem wechseln und dadurch der Erpressung entkommen können.

6.2 Attacken auf die Kunden eines Unternehmens oder einer Organisation

Die Zahl der Opfer von Online-Kriminellen steigt Jahr für Jahr. Wenn die Kunden Ihres Unternehmens oder Ihrer Organisation von Online-Verbrechern angegriffen werden, bedeutet dies vor allem einen drohenden Vertrauensverlust seitens Ihrer Klientel. Ihre Kunden vertrauen Ihnen als Unternehmen und erwarten ein höchstes Maß an Sicherheit und Zuverlässigkeit. Wenn Ihr System gehackt wurde, wird sich das sehr schnell in der Cyberwelt herumsprechen, und niemand wird Ihnen seine persönlichen Daten, geschweige denn Bank- oder Kreditkartendaten, mehr anvertrauen. Für Sie als Unternehmer kann das den wirtschaftlichen Ruin bedeuten.

6.2.1 Datendiebstahl

Bei Attacken auf Kunden geht es oft um Datendiebstahl. Wie so ein Diebstahl im Internet vor sich geht, welche schädlichen Programme zu diesem Zweck eingesetzt werden und wie der User sich vor diesen Trojanern, Viren und Spyware schützen kann, wurde ausführlich im Kapitel 4 geschildert.

An dieser Stelle wollen wir lediglich noch einmal kurz auf die Vorgehensweise bei Online-Diebstählen eingehen. Der Betrüger versucht, in einem ersten Schritt an die persönlichen Daten der User zu gelangen. Dies geschieht auf unterschiedlichste Art und Weise, wie zum Beispiel durch Phishing, Pharming, Hacking und Unachtsamkeit bei der Vergabe der Passwörter. Ist der Hacker erst einmal im Besitz der sensiblen Daten, kann er sich ohne große Mühe Zugang zu den entsprechenden Ressourcen verschaffen. Danach ist es ein Leichtes, mit dem eigentlichen Datendiebstahl zu beginnen und sich virtuelles Eigentum illegal anzueignen. Leider gibt es zurzeit keinerlei Anzeichen dafür, dass Schadprogramme zur Umsetzung derartiger Online-Verbrechen auf dem Rückzug seien.

6.2.2   Geschäftsschädigung

In den vorangegangenen Punkten haben wir den finanziellen Schaden behandelt, dem Unternehmen und Organisationen durch Datendiebstahl oder Erpressung ausgesetzt sind.

Aber es gibt noch eine weitere Gefahr für Firmen.

Die Schädigung des guten Rufes

Wird Ihr Firmenname oder werden Ihre Produkte bzw. Serviceangebote im Internet durch den Schmutz gezogen, wurde dies oft durch einen Ihrer Mitbewerber veranlasst. Günstigere Angebote oder das Abwerben eines Großkunden sind nur wenige Beispiele für eine solche Motivation. Aber auch verärgerte Kunden oder ehemalige Mitarbeiter können sehr nachtragend sein.

Ein paar negative Blog-Einträge, ein paar abfällige Bemerkungen über Ihre Produkte in Verbraucherforen oder das Verfassen nicht ganz so positiver Artikel auf Portalen wie Ciao.de können den Ruf Ihres Unternehmens sehr schnell dahinschmelzen lassen.

Ein kleines Video mit großer Wirkung:

> *(…) Ebenso wie bei Kryptonite, dem Klassiker unter den schlechten Vorbildern. Der US-Fahrradschlosshersteller, der im Ruf steht, gewissermaßen Tresore für Räder herzustellen, wurde per Blog durch ein Wackel-Video bloßgestellt, das eindeutig zeigte, wie simpel das Ding mit einem Kuli zu knacken ist. Laut Blog-Suchmaschinen-Anbieter Technorati waren bereits eine Woche später 1,8 Millionen User darüber im Bilde. Darunter auch Kryptonite-Mitarbeiter. Dort entschied man sich aber fürs Aussitzen. So lange, bis es nicht mehr ging: bis sich aufgebrachte Kunden zuhauf meldeten und Printmedien wie die New York Times und Agenturen wie AP von der peinlichen Panne berichteten. Erst jetzt wurde eine Rückrufaktion gestartet. Schaden: zehn Millionen US-Dollar, schätzt das Magazin Fortune.(…) (Quelle: Die Zeit, 20.07.2007, Digitale Mundpropaganda, Chris Löwer,* `http://www.zeit.de/2006/30/Blogs`*)*

Nachfolgend möchten wir Ihnen einen realen Fall schildern, welche dramatischen Auswirkungen vorsätzliche Geschäftsschädigung haben kann.

Öffentliche Rufschädigung unserer Firma

Ich betreibe, zusammen mit meinem Mann, einen seit 2002 sehr erfolgreichen CarAudio Shop im Internet. Unser Firmensitz ist in Griechenland, seit ca. 2 Jahren bieten wir unsere Produkte auch an deutsche Kunden an.

Uns ist in den letzten Monaten zur Kentniss gekommen, daß in einem sehr großen Deutschen HiFi Forum, mit Tausenden Mitgliedern, sehr beleidigende und unwahre Stellungsnahmen verfaßt werden.

Das Forum besteht aus privaten und kommerziellen (gekennzeichneten) Mitgliedern. Private Forum Mitglieder fragen an, ob jemand unseren Shop kennt, da Kaufinteresse besteht.

Zu 99 % werden alle Ruckantworten von kommerziellen Mitgliedern verfaßt (Shopbetreiber anderer, Deutscher CarHifi Shops), die als Antwort z.B: Griechischer Shop? Garantie? Zuverlässigkeit? etc...neee, laß mal, das riecht ja schon nach Betrug! usw...

Das ging soweit, daß auch einer der »Kollegen« uns unterstellen wollte, daß er anscheinend bei uns gekauft hat, sein Geld verloren hat...und vieles mehr. Ihr versteht.

Nun habe ich endlich, nach Monaten, Stellung zu den Kommentaren genommen, indem ich mich im Forum anmeldete und ganz höflich gebeten habe, solch Unterstellungen und Gerüchte zu unterlassen.

Nun...ratet mal! Die ganzen kommerziellen Mitglieder sind wie wütende Löwen über mich gefallen, was ich überhaupt will, ich würde derer Brot von Griechenland aus stehlen...usw.

Einige kopierten Inhalte meiner Webseite ins Forum und versuchten (versuchen noch) diese frei, verleumdend und mit persönlichen Angriffen zu interpretieren. Sogar »Lügner« wurden wir bezeichnet.

Wir haben niemals auf irgendwelche Forumbeiträge reagiert, jedoch dachten wir, daß wir endlich Stellung nehmen mußten, da wir sehr hart (wie alle) arbeiten und solch Postings unseren Ruf schädigen. Ganz abgesehen davon, daß viele Kunden, nach Einsicht in die Beiträge, niemals bei uns einkaufen werden.

Das schlimme an der ganzen Situation ist, daß die negativen Beitrage und Wörter zu unserer Person wirklich nur von »Konkurrenten« verfaßt werden.

Und noch schlimmer: Die Moderatoren sind dabei und alles was sie zu berichten haben ist: »was ist den hier los? Da werd ich mal ein Auge drauf werfen «....natürlich nett den kommerziellen Teilnehmern gegenüber gemeint....

(Quelle: http://www.internetvictims.de/forum/viewtopic.php?t=607 24.10.2007)

Hacken von Informationsportalen

In den vergangenen Jahren nimmt das Hacken von Informationsportalen zum Zweck der Infizierung ihrer Besucher mit Schadprogrammen drastisch zu. Diesen Angriffen fallen auch große kommerzielle Seiten zum Opfer. Dies bedeutet, dass die Computer der Besucher dieser Webseiten mit Malware infiziert werden und Sie als Unternehmen zu deren Verbreitung unwissentlich beitragen.

Angriffe auf Webanwendungen

Webanwendungen von Unternehmen sind attraktive Ziele für Angreifer, denn sie sind stark im Internet verbreitet und können leicht ausgenutzt werden. Bei einem Angriff auf die Webseiten eines Unternehmens versucht der Hacker, Zugang zum System über den Computer eines Endanwenders zu erlangen und umgeht so übliche Sicherheitseinrichtungen. Diese Attacken stellen eine erhebliche Bedrohung für die Infrastruktur von Unternehmen dar.

Tipp . . . . . .   *Scannen Sie die Dateien Ihrer eigenen Firmen-Webseite regelmäßig mit einer Anti-Viren-Software.*

Spammen über fremde Server

Unternehmensserver werden aber auch zum Versand von Spam-Mails verwendet. Dadurch ist der Mailserver des Unternehmens zweifellos der Absender dieser ungewünschten Werbemails. Die Nachrichten über gehackte Server von großen Informationsplattformen verbreiten sich im Internet sehr schnell, und das betroffene Unternehmen hat große Probleme, das verlorene Vertrauen der Kunden zurückzugewinnen.

6.2.3   So beugen Sie vor

Die Technik allein bietet nicht den Basisschutz, wenn es um IT-Sicherheit geht. Vielmehr muss der Endanwender verstehen, worauf es bei IT-Sicherheit ankommt und warum gewisse technische Beschränkungen notwendig sind. Er muss geschult werden, um potenzielle Risiken zu erkennen und entsprechend reagieren zu können. Mit jeder neuen Schutzmaßnahme steigen die Komplexität und die Gefahr von Fehlern. Am stärksten sind Unternehmen und Organisationen durch digitale Schädlinge bedroht.

Warnen Sie Ihre Kunden zum Beispiel durch eine Veröffentlichung auf Ihrer Firmen-Webseite vor betrügerischen Absichten und klären Sie sie über alle bekannten Vorsichtsmaßnahmen auf. Halten Sie diese Hinweise immer aktuell, denn Online-Kriminelle suchen ständig nach neuen Möglichkeiten, die sich ihnen sich in den Weg stellenden Hindernisse zu umgehen.

Unterziehen Sie Ihr Unternehmen, Ihre Produkte und Marken einer regelmäßigen Ist-Analyse, um eventuelle Rufschädigung schon im Keim zu ersticken.

Web 2.0-Monitoring für Firmen:

Kennen Sie sich online?   Die Firma P4M, welche eigentlich auf das Aufspüren von Plagiaten im Internet spezialisiert ist, bietet mit dem Service des »Web 2.0-Monitoring« Firmen die Möglichkeit zu beobachten, wie Ihre Firma im Internet von anderen wahrgenommen wird. Sollte das Image zu schlecht werden und die

Marke, sprich die Marken-Reputation leiden, greift P4M durch gezielte Gegenmaßnahmen ein.

Das Medium Internet entwickelt sich zusehends zu einem ernstzunehmenden Meinungsmacher. Informationen und Informationssuche verlagern sich ins Internet, Verbraucher diskutieren auf Web 2.0 Plattformen und Beiträge vernetzen sich in real-time um den ganzen Globus. Internetuser sprechen offen ihre Meinung aus. Schriftlich festgehalten beeinflussen sie Kaufentscheidung, Markenwahrnehmung, Unternehmensimage. Mit dem Web 2.0 Monitoring schafft P4M Transparenz in diesem dynamischen und vielfältigen Umfeld und erschließt kundenrelevante Meinungen – hören Sie zu, was über Sie im Internet gesprochen wird.

Mit Hilfe eigens entwickelter Analysesoftware screenen wir Meinungsplattformen wie z.B. Diskussionsforen, Blogs, Newsgroups und Produktbewertungsportale und werten diese aus. Die Software erlaubt dabei die Messung einer Vielzahl von Eigenschaften, u.a. die Meinungstonalitäten und -relevanz, sowie die Verdichtung zu Themenclustern. Das Resultat ist ein aufbereitetes, umfassendes Meinungsbild im Internet und eine Übersicht über die am meisten diskutierten Themen, Entwicklungen und Bewertungen. (Quelle: `http://www.die-internetagenten.de/html/web_2_0_-_monitoring.html`, *24.09.2007)*

P4M erwidert diese negativen Äußerungen durch die Einleitung schneller, gezielter Gegenmaßnahmen, wie z.B. Gegendarstellungen und Beitragslöschungen. Besonders kritische Plattformen werden weiter beobachtet.

`http://www.die-internetagenten.de/`
Vertriebssicherung und Markenschutz im Internet

`http://www.pr-blogger.de/`
Bekannter Blog von Klaus Eck

6.2.4 So wehren Sie sich

Bei Hacker-Angriffen auf Ihre Business-Webseite oder Datendiebstahl bei Ihren Kunden sollten Sie immer die Polizei einschalten, damit diese mögliche Spuren sichern kann. Da das Image Ihres Unternehmens jetzt sehr angekratzt ist, müssen Sie das Vertrauen Ihrer Kunden langsam zurückgewinnen.

Klären Sie die Vorfälle auf der Webseite wahrheitsgemäß auf und erläutern Sie die neuen Sicherheits- und Abwehrmaßnahmen. Überzeugen Sie Ihre Kundschaft und zeigen Sie, dass Sie aus dem unangenehmen Vorfall gelernt haben. Das Zurückgewinnen Ihrer Kunden ist ein sehr langsamer und anstrengender Prozess, aber das ist jetzt Ihre einzige Chance.

Wenn es um Rufschädigung geht, haben Sie in den meisten Fällen einen sehr steinigen Weg vor sich, da das Löschen sämtlicher negativer Einträge im Internet sehr schwer bis fast unmöglich ist. Sind die Anschuldigungen gegen Ihre Person, Firma oder Produkte unberechtigt oder gar verleumderisch, sollten Sie auf jeden Fall unter Zuhilfenahme eines Fachanwaltes zuerst eine Abmahnung an die gegnerische Partei schicken.

Wenn diese nicht fristgerecht durch die beigefügte Unterlassungserklärung akzeptiert wird, sollten Sie eine einstweilige Verfügung gegen die anschuldigende Person erwirken. Weitere Informationen über mögliche rechtliche Schritte erhalten Sie in Kapitel 8.

Fight Fire with Fire – Der Corporate Blog
Was andere können, können Sie – bzw. Ihr Unternehmen und Ihre Mitarbeiter – auch. Vermutlich sogar besser, weil mehrere an einem Strang ziehen. Eröffnen Sie einen Corporate Blog. Unter einem Corporate Blog versteht man das offizielle Weblog eines Unternehmens. Sie schaffen so einen Gegenpol zu allerhand Anschuldigungen und Kritik, welchen ein Unternehmen heutzutage im Internet ausgesetzt ist.

> *Corporate Blogs treten in unterschiedlichen Formen auf und können unterschiedliche Funktion haben. Charakteristisch für Corporate Blogs ist, dass sie dazu dienen, Kommunikations- oder Marketingziele des Unternehmens zu verfolgen. Sie werden in der Regel von Mitarbeitern eines Unternehmens geführt. In den USA ist es üblich, alle businessrelevanten Blogs, die von Mitarbeitern gepflegt werden, zu den Corporate Blogs hinzuzählen. Nicht immer sind Corporate Blogs dabei eindeutig gebranded, weil einige Mitarbeiter ihre Blogs eher als private verstehen bzw. das Unternehmen zunächst vorsichtig mit diesem Kommunikationsinstrument experimentiert und damit nicht seine Marke beschädigen möchte. (Quelle:* `http://de.wikipedia.org/wiki/Corporate_Blog`*, 11.10.2007)*

Buchempfehlung: »Corporate Blogs. Unternehmen im Online-Dialog zum Kunden« von Klaus Eck, Orell Füssli, Februar 2007

`http://de.wikipedia.org/wiki/Corporate_Blog`
Grundlegende Informationen zum Firmen-Blog

`http://www.frostablog.de/blog/`
Mitarbeiter-Blog von Frosta

6.3   Risikofaktor Mitarbeiter

Noch vor Jahren war das Schreckgespenst des Unternehmers der während der Arbeitszeit surfende Mitarbeiter. Statistiken und Umfragen belegten anschaulich, welchen finanziellen Schaden ein Mitarbeiter anrichten konnte, der täglich einen halbe Stunde surft. Zu dieser Zeit war der »pornosurfende Mitarbeiter« noch der IT-sicherheitstechnische Supergau.

Allerdings sind die Schäden durch das Surfen wahrend der Arbeitszeit geradezu lächerlich, wenn man sich ansieht, welche Sicherheitsrisiken ein Mitarbeiter (oder ein Ex-Mitarbeiter) einem Unternehmen bewusst oder unbewusst zufügen kann.

Die Bedrohung wird durch die Studie »Interne IT-Bedrohungen in Europa 2006« der Firma Infowatch noch deutlicher:

Als größte IT-Bedrohungen werden ganz klar Datendiebstahl (78 Prozent) und Fahrlässigkeit der Angestellten (65 Prozent) angesehen. Diese Tatsache ist signifikant, da in vielen Fällen beide Vorkommnisse miteinander verquickt sind, denkt man nur an den Diebstahl eines Laptops mit unverschlüsselten Daten aus dem Auto eines Angestellten. (Quelle: Interne IT-Bedrohungen in Europa 2006, Infowatch, 02.10.2007, siehe Abbildung 6.1)

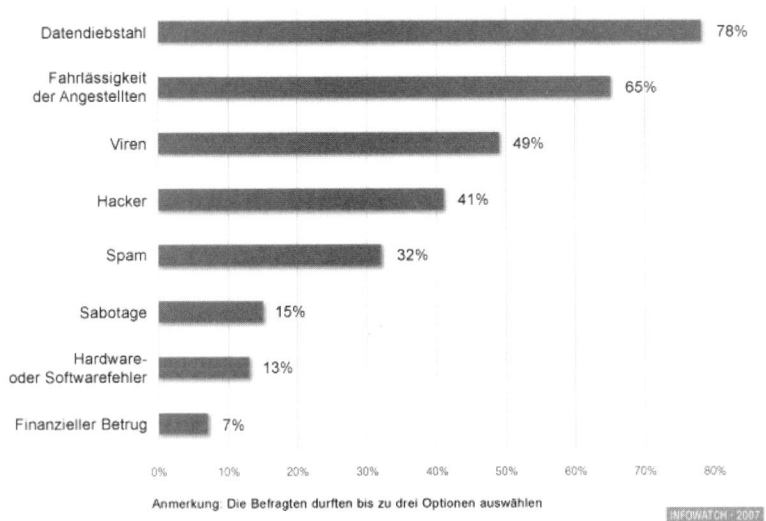

Abbildung 6.1: Größte IT-Bedrohungen, (Quelle: Infowatch)

Als interne Bedrohungen werden z.B. Datendiebstahl, Sabotage, Fahrlässigkeit und Betrug durch Mitarbeiter angesehen. Dabei macht der Verlust vertraulicher Daten mit 93% den Löwenanteil des Schadens aus, dicht gefolgt von der Verfälschung sensibler Daten mit 85%.

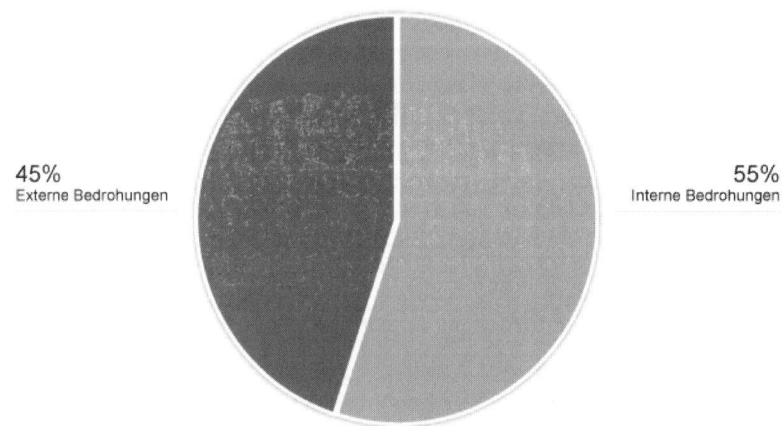

Abbildung 6.2: Interne vs. externe Bedrohungen, (Quelle: Infowatch)

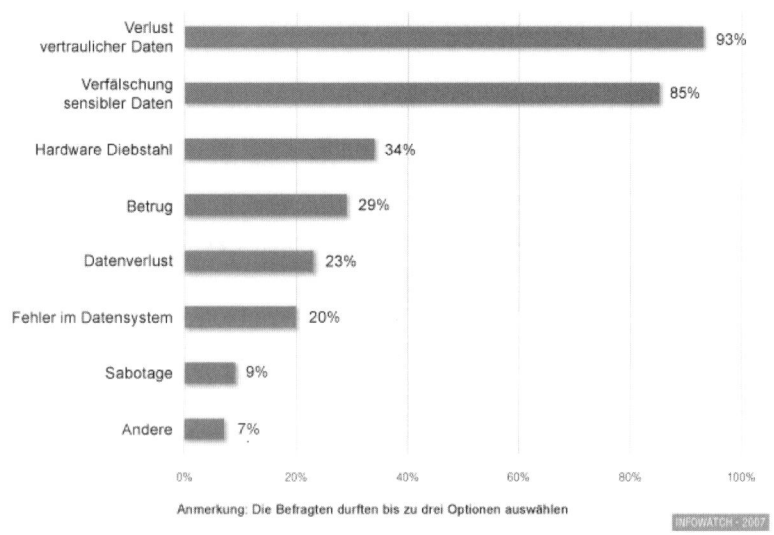

Abbildung 6.3: Hauptbedrohungen der internen Datensicherheit, (Quelle: Infowatch)

Gefahr tragbare Speichermedien!

Laut einer aktuellen Studie von McAfee und ICM Research verlassen pro Woche und Mitarbeiter neun vertrauliche Dokumente auf tragbaren Geräten die Büroräume deutscher Unternehmen. Dabei verwenden die Mitarbeiter unter anderem Speicher-Sticks und Mobiltelefone, um vertrauliche Daten mitzunehmen. Dank unserer modernen Technik gleich gigabyteweise.

Modernes trojanisches Pferd. Der USB Stick.

Aber auf diesem Wege verlassen nicht nur Daten die Firma, es gelangen auch Daten hinein. Sehr beliebt ist es z.B., dem Kollegen schnell das neueste Musikstück vorzuspielen oder ihm die Fotos des letzten Familienurlaubs zu zeigen. Gerade junge Mitarbeiter nutzen Ihre Gadgets gerne in der Firma.

So werden Handy, MP3-Player und Digitalkameras ungesichert und mit allen möglichen, potenziell gefährlichen Dateien gerne an Firmenrechner angeschlossen.

Als gefährlichsten »Datenverlustkanal« hat Infowatch die tragbaren Speichermedien ausgemacht, auf denen 69% der Daten ein Unternehmen verlassen.

Gefahr E-Mail-Verkehr!

Datenverlust durch E-Mail

Vertrauliche und sensible (Kunden-) Daten verlassen täglich per E-Mail das Unternehmen. Sogar ganze Business-Pläne und Kalkulationen aus der Finanzabteilung werden weitgehend ungesichert auf die Reise durch das WWW geschickt. So mancher Mitarbeiter sendet die Daten gar über seinen privaten Web-Mail-Dienst von Yahoo, Hotmail oder Google. Ohne das Wissen der IT-Abteilung und vorbei an teuren Sicherheitssystemen.

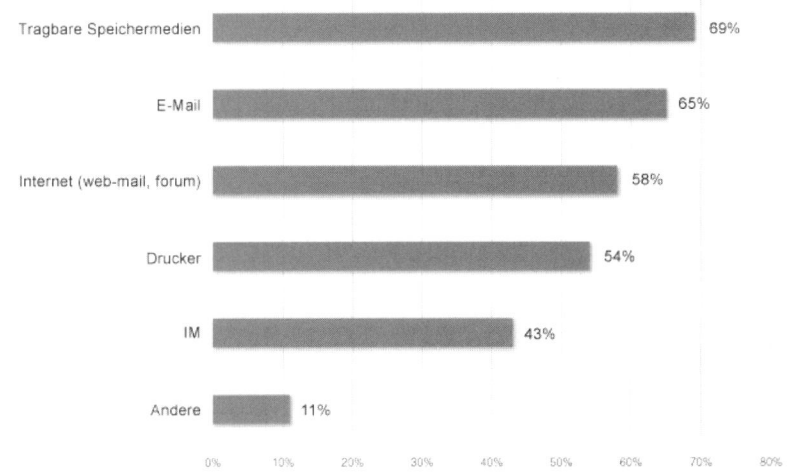

Abbildung 6.4: So verlassen vertrauliche Daten die Firma, (Quelle: Infowatch)

Mobile Anwender zeigen eine hohe Risikobereitschaft bei Internet-Anwendungen und gefährden so die Unternehmenssicherheit. Je mobiler ein Endanwender ist, desto wahrscheinlicher wird er vertrauliche Informationen über potenziell unsichere Instant Messaging- oder Web-Mail-Services versenden. Zu diesem Ergebnis kommt eine internationale Studie von Trend Micro. (Quelle: http://www.cio.de/knowledgecenter/security/842222, 01.10.2007*)*

Gefahr Laptop!

Laut der McAfee-Studie nutzt fast ein Viertel aller Mitarbeiter in Europa unternehmenseigene Laptops, um zu Hause auf das Internet zuzugreifen. Davon lässt es jeder fünfte Angestellte zu, dass Familienangehörige und Freunde diesen Laptop privat nutzen, um Zugang zum Internet zu erhalten.

Schließt der betreffende Mitarbeiter den ungeschützten Laptop dann wieder an das Firmennetzwerk an, setzt er das Unternehmen einer ernsthaften Gefahr aus.

Gefahr Programme!

Mitarbeiter installieren oder verwenden Anwendungen wie z.B. Instant Messaging, VoIP, Online-Spiele und Peer-to-Peer-Programme auf dem Arbeits-PC.

WWW . . . . .   *Die komplette Studie von Infowatch »Interne IT-Bedrohungen in Europa 2006« finden Sie unter* `http://www.infowatch.com/de/threats?chapter=162971949&id=26`.

Gefahrenquelle Social-Network-Dienst!

Sind Ihre Mitarbeiter oder Ex-Mitarbeiter in einer Business-Networking-Plattform wie »Xing« oder »LinkedIn« aktiv, eröffnen sie damit möglichen Angreifern und Saboteuren eine schier unerschöpfliche Informationsquelle.

Manche Mitarbeiter geben durch detaillierte Profile und Informationen Daten preis, welche, als Ganzheit betrachtet, Rückschlüsse auf die komplette Unternehmensstruktur, auf die in einem Betrieb verwendete Sicherheitssoftware, Pläne, Finanzen und zukünftige Geschäfte zulassen.

Dabei ist es oft erschreckend, wie unvorsichtig Mitarbeiter mit firmeninternen Daten in den diversen Diskussionsforen umgehen. Die E-Mail-Adresse der Firma wird verwendet, die Abteilung, die Namen von Kollegen, Vorgesetzte, frühere Arbeitgeber usw. werden offen genannt und sind so für ca. 4 Millionen andere frei einsehbar.

> *Ein Mitarbeiter wendet sich mit einem Firewall-Problem Hilfe suchend an ein Diskussionsforum im Internet. Um einen möglichst breiten Kreis von Experten anzusprechen formuliert er seine Frage zudem in englischer Sprache. Dabei macht er nicht nur sehr exakte Angaben zum Hersteller und Release-Stand, sondern verwendet auch seine Firmen-E-Mail-Adresse. Mit der Datumsangabe ist somit eine zentrale Einheit der Infrastruktur des Unternehmens für die Öffentlichkeit und die Nachwelt dokumentiert. Ein Sahne-Bonbon für jeden interessierten Hacker. (Quelle: Artikel Social-Network-Dienste als unternehmerisches Sicherheitsrisiko, IT im Unternehmen Ausgabe 6/2007 05.10.2007, von Th3 3vil Osc4r (Pseudonym))*

Wie leicht sich mit ein bisschen Recherche so frappierende Zusammenhänge ergeben, ist erschreckend. So lassen sich z.B. die »Kontakte« eines Nutzers solcher Netzwerke geografisch anzeigen. Daraus lassen sich dann sehr einfach Rückschlüsse auf Lieferanten, Projekte und Geschäfte eines Unternehmens ziehen.

Benötigt man weitere Informationen über ein Unternehmen – kein Problem. Einfach den Firmennamen eingeben, sich alle Angestellten anzeigen lassen und den einen oder anderen unter einem Vorwand kontaktieren. Noch besser: Sich über einen dritten Teilnehmer »vorstellen lassen« und so einen Kontakt herstellen. Das Geltungsbedürfnis mancher Arbeitnehmer ermöglicht es, so immer mehr Informationen über ein Unternehmen zu sammeln, bis sich ein komplettes Profil des Unternehmens ergibt.

Sie können sich einmal den »Spaß« machen und nach Ihrem eigenen Unternehmen recherchieren. Die Anmeldung bei solchen Diensten ist kostenlos, und in wenigen Minuten können Sie sich als Cyberdetektiv versuchen, aber Vorsicht! Machen Sie sich auf einiges gefasst!

Suchen Sie nach:

>> dem Namen Ihres Unternehmens

>> Ihrer PLZ

>> Namen von Mitarbeitern

>> Namen von Ex-Mitarbeitern

>> Namen von Praktikanten

>> Namen von Lieferanten

>> Ihrer Branche

www.xing.de

www.linkedin.com

WWW .....

Ist Ihr Unternehmen nur von mittlerer Größe, haben Sie nun sicherlich den einen oder andern (Ex-) Mitarbeiter Ihrer Firma entdeckt. Nun informieren Sie sich anhand der zahlreichen Suchfunktionen, den diese Services bieten, welche Informationen veröffentlicht wurden. Daraufhin durchforsten Sie die Kontaktlisten der Mitglieder. Ein bisschen Google-Recherche nach den entsprechenden Namen, schon ergänzen Foreneinträge Ihre Informationen.

Mit nur ein wenig Kombinationsgabe wären Sie nach kurzer Zeit in der Lage, Ihren Mitarbeitern gefälschte E-Mails mit bekannten Absendern unterzujubeln. »Hallo Herr X – Ich hatte Ihnen vor Kurzem den Kontakt mit Herrn Y hergestellt, Sie erinnern sich? Ich habe hier noch etwas Interessantes zu Ihrem Posting bei Xing gefunden. Die Datei finden Sie im Anhang«.

Diese Mail versenden Sie an die Firmen-E-Mail-Adressen Ihrer Mitarbeiter, und mit ziemlicher Sicherheit wird jemand aus Neugier den Anhang öffnen. Vielleicht nicht alle, aber ein unvorsichtiger Mitarbeiter reicht ja aus. Vergleichbar mit einem Burgbewohner, der die Zugbrücke für das feindliche Heer herunterlässt.

Aus unternehmerischer Sicht ist bedenklich, dass Mitarbeiter mit einem erheblichen Drang zur Selbstdarstellung eine öffentliche Schwachstelle für eine innerbetriebliche Sicherheitspolicy werden, wenn sie ihre Kontakte und Beziehungen interner wie auch externer Art detailliert dokumentieren und anhand eines umfangreichen Profils ausreichend Angriffsziel für gezielte Attacken des Social Engineering werden. Dies so gesammelten Daten bieten die Basis für gezielte Attacken im Hinblick auf Industriespionage im Allgemeinen und via technischer Attacken auf die Infrastruktur im Speziellen. Daher sind aus Unternehmenssicht vor allem jene Mitarbeiter kritisch zu betrachten, die ohne Erlaubnis der Firma handeln und an strategisch wichtigen Positionen im administrativen Umfeld, vornehmlich in der IT, sitzen. Denn: Was nutzt eine Verschwiegenheitserklärung des Mitarbeiters, wenn dieser in öffentlichen pseudo-elitären Systemen seine Tätigkeiten und Projekte fein säuberlich für jedermann lesbar deponiert? (Quelle: Artikel Social-Network-Dienste als unternehmerisches Sicherheitsrisiko, IT im Unternehmen Ausgabe 6/2007 05.10.2007, von Th3 3vil Osc4r (Pseudonym))

Es wird vermutlich schwer machbar (oder auch sinnvoll) sein, seinen Mitarbeitern die Mitgliedschaft in einem solchen Social-Network zu untersagen, aber es wird sicherlich nicht schaden, im Unternehmen auf die Problematik hinzuweisen und die Mitarbeiter zu sensibilisieren, etwas mehr nachzudenken, bevor Sie Informationen veröffentlichen. Oft sind sich die Mitarbeiter nämlich gar nicht bewusst, dass sie mit jedem noch so kleinem Stück Information, welches sie in einem Social-Network veröffentlichen, einen kleinen Beitrag zu einer möglichen Industriespionage liefern.

Jede preisgegebene Information ist ein Puzzle-Teil. Fügt jemand alle Teile zusammen, wird das Unternehmen angreifbar.

6.3.1   So beugen Sie vor

Mehr Sicherheit durch Information

Überprüfen Sie anhand von Checklisten, wie sicher Ihr Unternehmen ist, und machen Sie alle Mitarbeiter auf Sicherheitslücken aufmerksam. Oft sind es einfache Richtlinien an Mitarbeiter, und schon haben Sie ein höheres Maß an Sicherheit in Ihrem Unternehmen.

Solche Checklisten finden Sie z.B. auf der Seite von »Sicher im Netz e.V.« unter der Schirmherrschaft des Bundesministeriums für Sicherheit. Diese Seite bietet neben Patches, Updates, Videos und Communitys auch sehr viel Material zum Thema »Risikofaktor Mitarbeiter«.

www.sicher-im-netz.de

Abbildung 6.5: Zur Förderung der Sicherheit privater und gewerblicher Computeranwender haben dreizehn Mitglieder aus Unternehmen, Verbänden und der Politik »Deutschland sicher im Netz e.V.« ins Leben gerufen. (Quelle: www.sicher-im-netz.de, 09.10.2007)

Checkliste Mitarbeiter: Erfülle ich die wichtigsten IT-Sicherheitsrichtlinien?

```
https://www.sicher-im-netz.de/content/sicherheit/ihre/mittelstand/db/
06_Awareness/Checkliste%20Mitarbeiter.pdf
```

Ein hervorragender Ratgeber und viele weitere Checklisten finden Sie unter:

```
https://www.sicher-im-netz.de/content/sicherheit/ihre/mittelstand/db/
09_SAP-Fibel/PocketseminarIT-Secprint.pdf
```

Weitere nützliche und ausführliche Informationen bietet das »IT-Sicherheitspaket Mittelstand«, welches für Geschäftsführer, IT-Verantwortliche und Mitarbeiter gleichermaßen sehr interessant ist.

```
https://www.sicher-im-netz.de/default.aspx?sicherheit/ihre/mittelstand/
default
```

Viel Hintergrundinformationen und sinnvolle Vorsichtsmaßnahmen zum Thema »Faktor Mensch«:

```
https://www.sicher-im-netz.de/content/sicherheit/ihre/software/
FibelFaktorMensch.pdf
```

Weitere, sehr umfangreiche Broschüren mit folgenden Themen finden Sie auf der Seite:

```
https://www.sicher-im-netz.de/default.aspx?sicherheit/ihre/mittelstand/
bestpractice
```

>> *Branchenblatt Dienstleistung*

>> *Branchenblatt Elektro*

>> *Branchenblatt Handel*

>> *Branchenblatt Logistik*

>> *Praxisbeispiele Mittelstand 2004*

>> *Praxisbeispiele Mittelstand 2003*

>> *Sicherer Umgang mit Daten*

>> *Sicherer Umgang mit Daten-Vernetzt*

>> *Sicherheitsrichtlinie Nutzung IT-Infrastruktur*

>> *Sicherheitsrichtlinie Kommunikation*

>> *Sicherheitsrichtlinie Virenschutz*

>> *Sicherheitsrichtlinie Betrieb von IT-Systemen*

>> *Sicherheitsrichtlinie Mobile Geräte*

>> *Sicherheitsrichtlinie Passwörter*

>> *Sicherheitsrichtlinie Datenschutz*

Passwortrichtlinien

>> Ein Passwort besteht aus mindestens 8 Zeichen.

>> Es müssen jeweils mindestens ein Groß- und ein Kleinbuchstabe sowie ein Sonderzeichen oder eine Ziffer verwendet werden.

>> Das Passwort darf kein Wort sein, das in einem Wörterbuch enthalten ist.

>> Es dürfen keine einfach zu ratenden Kombinationen verwendet werden (Kfz-Kennzeichen, Geburtsdatum oder bekannte Zahlenfolgen wie 0815).

>> Das Passwort muss geheim gehalten und darf keiner anderen Person mitgeteilt werden.

>> Das Passwort darf nicht aufgeschrieben werden, es sei denn, es ist für ein Notfallkonzept erforderlich. In diesem Fall sollte das Passwort in einem verschlossenen Umschlag in einem Safe aufbewahrt werden.

>> Das Passwort muss regelmäßig gewechselt werden.

>> Frühestens nach sechs Passwortänderungen darf sich ein Passwort wiederholen (laut IT-Grundschutz- Katalogen gar nicht).

(Quelle: secure-it in NRW, http://www.secure-it.nrw.de/_media/pdf/sec_1250.pdf, 01.10.2007)

Schulungen

Schulen Sie Ihre Mitarbeiter durch einen moderierten Live-Hacking/Awareness Performance-Workshop. Diese Workshops klären über einen sicherheitsbewussten Umgang mit dem Internet auf, und potenzielle Sicherheitslücken werden anschaulich aufgezeigt. Diese Workshops werden auf Ihre Bedürfnisse themenspezifisch ausgerichtet. Nähere Informationen zu diesen sehr interessanten Workshops erhalten Sie bei http:// www.internet-sicherheit.de und Dipl. Inform. (FH) Markus Linnemann, markus.linnemann@internet-sicherheit.de

Ausschnitt aus den Szenarien eines Live-Hackings

>> Knacken einer Passwort-Datenbank

>> Angriff eines PC mit Microsoft Windows-Betriebssystem

>> Phishing-Angriffe

>> Knacken von Kennwort-geschützten Word-Dokumenten

http://www.branchenbuch-it-sicherheit.de/
Umfangreiche Adresssammlung von IT-Sicherheitsfirmen und Ratgeber.

7

Diebstahl von geistigem Eigentum

KAPITEL 7

Diebstahl von geistigem Eigentum

Das Urheberrecht im Internet

»Das ist alles nur geklaut ...« lauten die ersten Zeilen dieses Abschnitts. In der Tat nehmen es viele Nutzer mit dem Urheberrecht im Internet nicht so genau. Aber was genau ist eigentlich geschützt? Was ist ein Werk oder was ein Urheber? Dieser Abschnitt gibt Auskunft über diese Fragen.

So beugen Sie vor

Wenn Sie mit schöpferischer Arbeit Ihren Lebensunterhalt verdienen, müssen Sie Ihre Werke fast zwangsläufig vor Diebstahl im Internet schützen. Wir zeigen Ihnen hier, wie Sie mit erstaunlich wenig Aufwand schon ein Mindestmaß an Schutz Ihres geistigen Eigentums bewirken können.

So wehren Sie sich

In diesem Abschnitt zeigen wir Ihnen, wie Sie Plagiate im Internet aufspüren können und gegebenenfalls eine Löschung veranlassen. Ist der Dieb Ihres geistigen Eigentums bekannt, zeigen wir Ihnen Möglichkeiten auf, wie Sie zu Ihrem Recht gelangen und welche Mittel Ihnen offen stehen, Ihr Recht zu erlangen.

>>>

Info ......

Die Expertenmeinungen in diesem Kapitel stammen von Rechtsanwalt Dr. Jürgen Weinknecht.

§§§ ......

Expertenmeinung: Diebstahl von geistigem Eigentum

Der Begriff »geistiges Eigentum« entstammt nicht dem deutschen, sondern dem anglo-amerikanischen Rechtsraum (intellectuel property). Er bedeutet, dass auch an einem geistigen, nicht körperlichen, nicht anfassbaren Etwas Rechte bestehen können. So, wie jemandem sein Haus gehört, d.h. dass er dessen Eigentümer ist, so kann der Architekt an dessen Gestaltung Rechte besitzen. Allerdings nennt man in Deutschland den Architekten dann nicht »Eigentümer«, sondern »Urheber«. Zu den so genannten geistigen Eigentumsrechten gehören nach internationalem Verständnis neben dem Urheberrecht u.a. auch das Patent-, Marken-, Namens-, Titel- und Designrecht, um die Wichtigsten zu nennen. In diesem Kapitel geht es nur um das Urheberrecht und zwar um das deutsche, denn dieses Buch ist ja für deutsche Leser geschrieben worden.

Ob Texte, Grafiken, Fotos, Layouts oder komplette Webauftritte – im Internet wird geklaut, was nicht niet- und nagelfest ist. Scheinbar verwechseln so manche Zeitgenossen das Netz mit einem Selbstbedienungsladen ohne Kasse. User mit einer solchen »Open Source-Mentalität« sind sich oft gar nicht darüber im Klaren, dass sie sich mit (fast) jedem »Copy and Paste« strafbar machen!

§§§ ......

»Die Urheber von Werken der Literatur, Wissenschaft und Kunst genießen für ihre Werke Schutz nach Maßgabe dieses Gesetzes.« (Quelle: §1 UrhG)

Wer sind die Content-Diebe? Warum aber wird so viel Content im Internet von Usern geklaut, kopiert, entführt oder sonst wie entwendet? Man kann dabei zwei Typen von Tätern unterscheiden:

Der unwissende Täter

Er ist meist ein Hobby-Webmaster, welcher sich durch die technischen Möglichkeiten im Web 2.0 wie Blogs oder MySpace als Layouter, Texter oder Programmierer versucht und feststellt, dass es gar nicht so einfach ist, Grafiken, Bilder und Texte selber herzustellen.

Was liegt also näher, als sich das benötigte Material zum Seitenbau einfach irgendwo in den Weiten des Internets zu besorgen und in die eigene Webseite einzubauen? Dabei ist er sich meist nicht bewusst, gesetzeswidrig zu handeln, denn er unterliegt folgenden Missverständnissen:

>> Alle Inhalte, die im Internet stehen, dürfen von jedem kopiert werden.

>> Durch die Veröffentlichung im Internet erteilt der Urheber allen das Recht, seine Inhalte frei zu übernehmen.

>> Die Seite hat keinen Copyrightvermerk und ist damit nicht urheberrechtlich geschützt.

Der Betreiber von Seiten zur Gewinnerzielung

Wir nennen diese Art von Tätern bewusst nicht Betreiber von *kommerziellen* Webseiten. Ein Betreiber einer kommerziellen Seite arbeitet meist für eine Firma oder ist selbstständig. Solche Webmaster entwenden nur sehr selten Inhalte im großen Stil, denn sie sind sich der möglichen Folgen bewusst.

Der Webmaster mit Seiten zur Gewinnerzielung betreibt mehrere (manchmal tausende) von Seiten mit meist unterschiedlichen Themengebieten, welche er massiv mit Werbung von Partnerprogrammen, so genannten Affiliate-Programmen, versieht.

Nun braucht er für diese Seiten möglichst viel Content, um in den Suchmaschinen besser (oder überhaupt erst) gelistet zu werden. Am liebsten ist ihm dabei aktueller »Unique Content«, also Inhalte, welche es im Netz nur einmal gibt.

Da er nicht über diese große Menge an eigenem Content verfügt, um seine Seiten zu füllen, oder auch weil er nicht das nötige Fachwissen hat, um selbst über ein bestimmtes Thema zu schreiben, bedient er sich einfach auf den Seiten anderer Webmaster. Er ist sich dabei voll bewusst, dass er illegal handelt, hofft allerdings, dass seine gestohlenen Inhalte nicht in den unendlichen Weiten des Internets vom Urheber entdeckt werden.

So wie es zwei Tätertypen gibt, gibt es auch zwei Typen von Opfern, wobei die Folgen des Diebstahls für die beiden Typen unterschiedlich schwer ausfallen:

Der private Seitenbetreiber reagiert entweder beleidigt oder sogar amüsiert, wenn er seine Inhalte auf einer fremden Seite entdeckt. Er empfindet es nicht als sonderlich schlimm, wenn man z.B. ein Urlaubsfoto oder eine Textpassage von ihm entwendet.

Weit schlimmer ist ein Content-Diebstahl für den Betreiber einer gewerblichen Seite. Er hat in der Regel sehr viel mehr Arbeit, Zeit und vor allem Geld in seinen Internetauftritt investiert, um durch einen professionellen Webauftritt zu mehr Besuchern und folglich zu mehr Kunden zu kommen. Für ihn ist ein Content-Diebstahl ein schwerer Schlag:

>> Dem Opfer entgehen Umsätze und Gewinne. Hat der Urheber z.B. einen besonders guten Verkaufstext für eine eBay-Auktion geschrieben, und dieser Text wird nun unerlaubt auch für andere Auktionen verwendet, können dadurch erhebliche finanzielle Schäden entstehen. Er verliert Käufer an den Content-Dieb.

Die Folgen für die Opfer

>> Der Geschädigte kann sein gutes Suchmaschinen-Ranking verlieren. Tauchen seine Inhalte nämlich in derselben Form auf vielen Seiten auf, stufen die Suchmaschinen das als so genannten »Duplicate Content«

ein. Bei einem Suchbegriff erscheint so derselbe Inhalt auf mehreren Seiten, und genau das wollen Suchmaschinen vermeiden. Im schlimmsten Fall führt der Content-Diebstahl nun dazu, dass die Seite des Urhebers in den Suchergebnissen weiter hinten gelistet wird oder gar ganz aus dem Index verschwindet. Für einen kommerziellen Seitenbetreiber kann z.B. ein Abrutschen seiner Webseite von nur wenigen Plätzen enorme Umsatzeinbußen nach sich ziehen.

>> Es kommt zu einem Besucherrückgang, da sich bei einer Vervielfältigung des Contents nun die potenziellen Interessenten auf mehrere Seiten verteilen. Auch dies führt zu einem Umsatzrückgang.

WWW......
Auf der Seite `http://googlewebmastercentral-de.blogspot.com/2007/03/duplicate-content-best-practice-bei_08.html` *finden Sie eine ausführliche Erklärung zum Thema »Duplicate Content«.*

7.1 Das Urheberrecht im Internet

§§§......
Expertenmeinung: Das Urheberrecht im Internet

In der ersten Zeit nach der Einführung des World Wide Web dachten viele der damaligen Web-Pioniere, im virtuellen Raum Internet dürfe man alles das machen, was man machen könne, also alles, was damals technisch möglich war. Und einige Leute glauben das bis heute. Weit gefehlt! Denn das Internet ist kein rechtsfreier Raum (Einzelheiten dazu s. Kapitel 8). Das deutsche Urheberrecht, welches uns in der realen Welt betrifft, gilt also auch für unser Handeln im Internet! Daher folgt nun eine kurze Einführung in die Grundlagen des deutschen Urheberrechts, damit Sie als Leser/in die späteren konkreten Ratschläge einordnen und vor allem auch andere Situationen als die dort geschilderten meistern können.

Das deutsche Gesetz über Urheberrecht und verwandte Schutzrechte – Urheberrechtsgesetz oder abgekürzt UrhG – regelt, wie schon sein voller Name sagt, nicht nur das eigentliche Urheberrecht, sondern auch die so genannten verwandten Schutzrechte, also z.B. die Rechte der Schnappschussfotografen, der Schauspieler und Sänger sowie der CD- und Datenbankproduzenten. Diese werden in der Regel den Urhebern gleichgestellt.

»Das ist alles nur geklaut ...«
Dieses Kapitel richtet sich in erster Linie an Urheber, welche ihre schöpferische Arbeit nicht gewerbsmäßig betreiben, aber trotzdem ihre geistigen Werke vor Content-Dieben schützen wollen. Seien es Texte, Bilder oder ganze Webseiten, es ist für niemanden erfreulich, bestohlen zu werden. Noch tiefer sitzt der Speer, wenn sich der Dieb dann mit den fremden Federn (in unserem Fall Grafiken, Geschichten, Fotos etc.) schmückt oder sogar Profit damit erwirtschaftete.

Zunächst aber muss sich ein Urheber darüber im Klaren sein, ob sein Werk überhaupt schützbar ist:

Was ist bzw. was kann unter bestimmten Voraussetzungen an einer Internetseite geschützt sein?

>> Texte

>> Bilder

>> Grafiken

>> Design

>> Audio- und Videodateien

>> Computergenerierte Bilder

>> Die optische Gestaltung von Internet-Seiten

>> Der Aufbau, die Verknüpfung und Anordnung der Internet-Seiten untereinander

>> Logos

>> Datenbanken, wie z.B. Rezeptsammlungen oder Wörterbücher

>> Programm-Code

>> Script-Sprachen-Code

Expertenmeinung: Der Urheber

»Urheber« kann nach dem UrhG immer nur eine natürliche Person sein, also z.B. Sie und ich, nie jedoch eine juristische Person, also eine Firma bzw. ein Unternehmen. Urheber dieses Buches sind daher seine Autoren, nicht jedoch der Verlag. Dieser hat nur so genannte abgeleitete Rechte, die ihm die Autoren zum Zwecke der Vermarktung dieses Buches übertragen haben, sonst hätten Sie es nämlich nicht kaufen können.

»Urheber« ist der, der eine »persönliche, geistige Schöpfung« hervorbringt; machen das mehrere gemeinsam, dann sind sie Miturheber. »Schöpfer« kann demnach jeder Mensch sein, der etwas erdenkt und dann umsetzt, wie z.B. die Autoren dieses Buches, die ihre Ideen zu den einzelnen Themen niedergeschrieben haben. Die Umsetzung ist entscheidend für den urheberrechtlichen Schutz! Eine bloße Idee, die z.B. jemand am Stammtisch in der Kneipe ausplaudert, ist nicht geschützt. Jeder, der es mithört, kann die Idee problemlos für seine Zwecke nutzen. Folglich sollte man kreative Ideen immer erst dokumentieren (aufschreiben, aufzeichnen usw.), bevor man damit an die Öffentlichkeit geht.

Wie entsteht ein Urheberrecht an Werken?

Ein Urheberrecht entsteht durch den Vorgang der Schöpfung eines schutzfähigen Werkes. Voraussetzung für die Schutzfähigkeit eines Werkes ist, dass sich »die Werke durch ihre individuelle Eigenart« von alltäglichen Produkten geistiger Tätigkeiten abheben. Ein Werk muss also die folgenden Voraussetzungen erfüllen, damit es als geschützt gelten kann.

>> Das Werk ist ein Original.

>> Das Werk wurde von einer Person geschaffen.

>> Das Werk ist nicht von trivialer Natur.

Als Schöpfungshöhe (auch: Gestaltungshöhe, Werkhöhe) wird im deutschen Urheberrecht das Maß an Individualität (persönlicher geistiger Schöpfung) in einem Produkt geistiger Arbeit bezeichnet. Es entscheidet darüber, ob ein »Werk« vorliegt und insofern Urheberrechte bestehen können. In der Praxis wird der Begriff vor allem als Ja/Nein-Option verwendet: Schöpfungshöhe muss gegeben sein, um einem solchen Produkt Werkcharakter und damit Urheberrechtsschutz zusprechen zu können, mangelnde Schöpfungshöhe begründet dagegen Gemeinfreiheit. Die Schöpfungshöhe stellt als notwendige Bedingung sozusagen die Untergrenze des Urheberrechtsschutzes dar. (Quelle: http://de.wikipedia.org, *27.09.2007)*

§§§ ......   *Expertenmeinung: Das Werk*

Allerdings sind nicht alle Schriftstücke, die täglich produziert werden, »Werke« im Sinne des UrhG. Banalitäten und Dinge, deren Inhalt durch ihren Zweck vorgegeben wird, sind nicht geschützt. Zu Letzteren gehören in der Regel z.B. Stellenanzeigen, Rezepte, Anwaltsschreiben und Todesanzeigen. Enthält aber z.B. eine Todesanzeige neben den üblichen Floskeln wie »Nach langer, schwerer Krankheit verstarb ...« ein selbstgeschriebenes Gedicht oder ist sie in Reimform abgefasst, dann ist das Gedicht ein Werk im Sinne des UrhG, und die Todesanzeige insgesamt kann es auch sein. Es kommt also in jedem Einzelfall auf die konkreten Umstände an! Nach dem UrhG können folgende »Werke« von »Urhebern« geschaffen werden: Schriftwerke, Reden, Computerprogramme, Musikstücke, Theaterstücke, Bilder, Bauwerke, Fotos, Filme und Darstellungen technischer Art (Diagramme, Stadtpläne usw.).

Von dem Grundsatz des deutschen Urheberrechts, dass ein Urheber ein Werk »schaffen/schöpfen« muss, um Schutz zu erlangen, gibt es aufgrund des Einflusses der EU eine wichtige Ausnahme: Datenbanken. »Datenbanken« sind nach dem UrhG Ansammlungen von Elementen, die besonders angeordnet sind, die einzeln zugänglich sind und für deren Herstellung wesentliche Investitionen erforderlich sind. Jeder kennt die beliebten Telefonbuch-CDs und -Onlineangebote. Liegt eine solche Ansammlung vor, dann ist allerdings nicht derjenige durch das UrhG geschützt, der gesammelt und angeordnet hat, sondern der, der das Geld dafür bezahlt hat.

Der Geschützte heißt daher auch nicht Urheber, sondern »Datenbankhersteller«. Und weil große Datenbanken meist sehr teuer in der Herstellung sind, sind deren herstellende Unternehmen (GmbH, AG usw., so genannte juristische Personen) geschützt. Zudem sagt schon der Begriff »Sammlung«, dass es sich bei den Elementen nicht um eigene handeln muss. Wenn also jemand Links auf seinen Webseiten zusammenstellt, dann kann er damit eine »Datenbank« schaffen und somit »Datenbankhersteller« werden. Es kommt im Einzelfall auf den Umfang und den Aufwand an. Eine »Investition« im obigen Sinne kann daher außer im Geld- auch im Arbeits- und Zeiteinsatz bestehen.

Mein Tipp also: Sammeln Sie Links und werden Sie Datenbankhersteller. Aber Achtung: Wer von einer anderen Webseite nicht nur einzelne Links, sondern gleich die ganze Linksammlung kopiert, der klaut damit die fremde Datenbank und verstößt gegen die Rechte des Datenbankherstellers.

Denken Sie, dass damit geklärt wäre, wer und was nach dem UrhG geschützt ist? Nein, natürlich nicht! Denn Urheber und Datenbankhersteller usw. erlangen nach dem UrhG Rechte, die ihre Position als Urheber erst ausmachen. Diese Rechte entstehen allein dadurch, dass jemand ein Werk schafft. Es bedarf also keiner weiteren Schritte wie z.B. einer Eintragung in ein Register, damit der Urheber zum Urheber wird.

Das Urheberpersönlichkeitsrecht

Das Urheberpersönlichkeitsrecht *schützt den Urheber gem. §§ 12 - 14 UrhG in seinen geistigen und persönlichen Beziehungen zu seinem Werk sowie in der Nutzung des Werkes. Es dient zugleich der Sicherung einer angemessenen Vergütung für die Nutzung des Werkes. Der Urheber bestimmt:*

>> ob seine Werke veröffentlicht werden dürfen,

>> in welcher Art und Weise sie veröffentlicht werden,

>> in welchem Umfang sie veröffentlicht werden,

>> den Zeitpunkt bzw. Zeitbereich der Veröffentlichung,

>> ob als Name des Urhebers sein richtiger Name oder ein Pseudonym erscheint.

>> Des Weiteren hat er das Recht, Entstellungen und andere Beeinträchtigungen des Werkes zu verhindern.

7.2   So beugen Sie vor

Wie schon bei den anderen Themen in diesem Buch ist auch hier der beste Schutz vor Content-Diebstahl, präventiv tätig zu werden. Merkwürdigerweise nehmen es die meisten User, die Inhalte im Internet frei zugänglich machen, mit dem Schutz nicht so genau.

Niemand würde im realen Leben auf die Idee kommen, Bilder oder Manuskripte von gewissem Wert über Nacht auf einer Parkbank liegen zu lassen. Werden Inhalte aber ins Internet gestellt, hofft jeder auf die Ehrlichkeit der anderen Surfer. »Es wird schon nichts wegkommen ...«, denkt so mancher Urheber, und so ist die Überraschung groß, wenn man Bilder und Texte, Grafiken und ganze Layouts anderswo wieder entdeckt.

In den folgenden Punkten zeigen wir Ihnen, wie Sie Ihren Inhalten zumindest einen »Grundschutz« zukommen lassen können. Im Prinzip ist nämlich fast alles, was im Internet veröffentlicht wird, kopierbar. Wenn man einen Inhalt auf seinem Rechner »sieht«, sprich, den Inhalt von einem Webserver heruntergeladen hat, hat man den Inhalt damit kopiert und kann ihn speichern und weiterverwenden. Im Folgenden zeigen wir Ihnen einige Maßnahmen, wie Sie Ihre Werke schützen können.

Abbildung 7.1: Anticopy spürt Diebe von eBay-Texten auf.

7.2.1 Technische Schutzmaßnahmen

Ein Kopierschutz für eBay-Auktionstexte und ein kostenloses Wasserzeichen-Tool für Bilder bietet der Service anticopy.de. Dabei wird in eBay-Auktionstexte ein transparentes Bild in den Quelltext geschrieben. Kopiert jemand unerlaubt den Text, kopiert er unbemerkt dieses Bild mit. Verwendet er den Text wieder, wird er entlarvt, und ein roter Warnhinweis erscheint auf seiner Webseite. Der Urheber der Texte wird über den Diebstahl per E-Mail informiert.

ebay-Texte schützen

> *Anticopy erkennt genau welches Ebay-Mitglied Ihre Texte kopiert und eingestellt hat. Sie werden beim ersten Aufruf der Auktion mit Ihrem Code informiert und bekommen einen Link zu der Auktion geschickt. (Quelle* http://www.anticopy.de/anticopy_ebay.php, *13.09.2008)*

Das Wasserzeichen-Tool von anticopy.de ist für den Privatgebrauch sicherlich eine gute Möglichkeit, seine Bilder einigermaßen wirkungsvoll zu schützen. Dieses Tool bindet einen gut sichtbaren Copyrightvermerk in ein beliebiges Bild ein. Farbe, Positionierung und Text des Vermerks sind dabei frei editierbar.

Bilder mit Wasserzeichen schützen

Abbildung 7.2: Mit dem anticopy Bilderschutz versehen Sie Ihre Bilder mit einem frei editierbaren Copyrightvermerk.

WWW ......
http://www.anticopy.de

Bietet Schutz für eBay-Auktionstexte und einen Wasserzeichen-Service für Bilder. Beide Services sind für die private Nutzung kostenlos.

Bilder lassen sich auch mit der kostenlosen Software von Bildschutz.de vor allzu dreisten Dieben schützen.

Bildschutz ist Kopierschutz und nützliche Software (auch Grafik-konverter) für Grafikdesigner, Fotografen und alle, die Fotos oder Grafiken digital weitergeben oder im Web veröffentlichen und vor fremden Zugriff schützen oder als Werbeträger nutzen wollen. (Quelle: http://www.bildschutz.de*, 13.09.2007)*

Mit der Software können Sie alle gängigen Grafikformate wie JPG, BMP, GIF, PNG, TIFF, WMF und EMF bearbeiten.

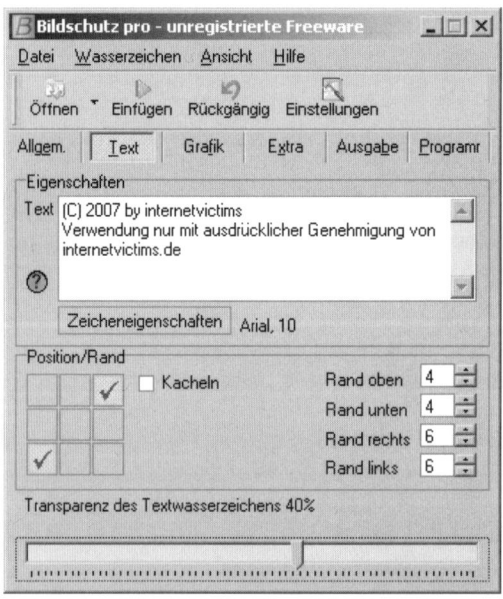

Abbildung 7.3: Bildschutz.de macht Ihre Bilder im Internet etwas sicherer.

WWW ......
http://www.bildschutz.de

Mit der Software von Bildschutz.de können Sie Bilder mit digitalen Wasser-zeichen versehen. Diese Wasserzeichen können aus mehrzeiligem Text oder auch einer Grafik, z.B. einem Logo, bestehen.

Texte in Webseiten schützen

Mit dem Service von PlagAware schützen Sie die Texte Ihrer Webseite. Je nach ausgewähltem Service durchsucht PlagAware das Internet, um festzu-stellen, ob Texte von Ihrer Webseite anderswo unerlaubt verwendet wer-den. Der Basisservice ist kostenlos und durchforstet das Netz einmal täglich.

Nachdem man ein kleines Banner auf die Startseite seines Webauftritts eingefügt hat, erfolgt die kostenlose Erstellung eines Benutzer-Kontos.

> *PlagAware fahndet nach Webseiten, die Teile Ihres Contents wortgleich verwenden. Dazu werden Wortgruppen Ihrer Webseite (»Phrasen«) gezielt gesucht und die Ergebnisse detailliert ausgewertet. Webseiten, die als verdächtig eingestuft werden, werden Ihnen farbig markiert im Benutzerbereich angezeigt. (Quelle:* `www.plagaware.de/informationen/funktion`*, 13.09.2007)*

Beispiel 2: 45%-Plagiat mit starker Nachbearbeitung

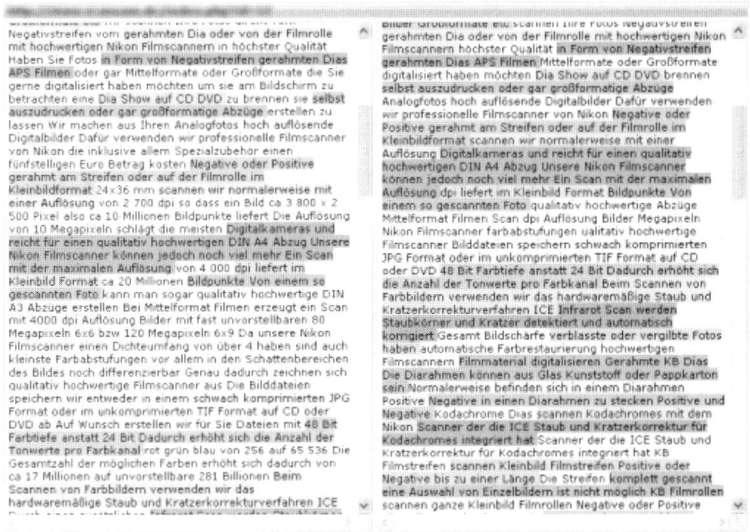

Abbildung 7.4: PlagAware stellt Original und Kopie gegenüber und zeigt das Ausmaß des Plagiats an.

> *Das PlagAware Content-Schutz Banner dient dazu, Besuchern Ihrer Webseite zu verdeutlichen, dass Ihr Content von PlagAware überwacht wird und jeder Kopierversuch bemerkt werden wird. PlagAware verfolgt die Philosophie, Plagiate und Kopien bereits vor ihrer Entstehung zu verhindern und damit die Qualität der Inhalte des Web zu verbessern; entsprechende Abmahnwellen sollen nach Möglichkeit vermieden werden. Die Einbindung des Banners ist deshalb notwendig vorgeschrieben. (Quelle:* `http://` `www.plagaware.de/informationen/installation/`*)*

Nachdem das Banner eingefügt wurde, müssen Sie nun noch definieren, welche Seiten und welche Teilbereiche der Seiten Sie schützen wollen. Dies geschieht durch das Einfügen eines Tags in den Quellcode Ihrer Seiten. So können Sie z.B. Menüstrukturen oder nicht schützbaren Content von der Überwachung ausklammern.

Abbildung 7.5: Der Tag definiert die zu überwachenden Elemente Ihrer Webseite. (Quelle: `http://www.plagaware.de/informationen/installation/wahl_scanbereich`, 27.09.2007)

WWW .....   `http://www.plagaware.de`

Mit PlagAware spüren Sie Plagiate Ihrer Werke im Internet auf!

7.2.2   Programmierte Schutzmaßnahmen

Natürlich können Sie auch Schutzmechanismen in den Code der einzelnen Webseiten einbauen. Damit wird zumindest ein Diebstahl durch die Heerscharen von Hobby-Webmastern etwas minimiert. Diese sind sich meist keiner Schuld bewusst, technisch wenig versiert und betreiben kleine private Seiten oder Blogs. Sie entwenden meist nur einige Bilder oder Grafiken, vielleicht ein paar Textpassagen oder einen originellen Slogan.

Durch das fehlende technische Wissen sind diese bei ihren Beutezügen schnell frustriert, wenn man ihnen einige technische Riegel vorschiebt, da sie nicht wissen, wie sie diese umgehen können.

Rechtsklick verbieten

Den »Rechtsklick« können Sie zumindest im Internet Explorer mit einem kleinen Code deaktivieren. Fügen Sie in jeder zu schützenden Seite zwischen `</TITLE>` und `</HEAD>` den folgenden JavaScript-Code ein:

```
<SCRIPT LANGUAGE="JavaScript">
<!--
function click()
{
if (event.button==2)
alert('Copyright by "Ihr Name""Jahreszahl"');
}
document.onmousedown=click
// -->
</SCRIPT>
```

Möchte ein potenzieller Langfinger nun Ihre Texte oder Bilder unter Zuhilfenahme der rechten Maustaste kopieren, sieht er folgenden Warnhinweis:

Abbildung 7.6: Copyright-Hinweis nach »Rechtsklick«.

Markieren verbieten

Wer gefallen an solchen kleinen Spielchen hat, kann mit folgender Zeile Code das Markieren eines Textes unterbinden. Aber wie schon gesagt, es handelt sich dabei nur um einen sehr geringen Schutz und das auch nur bei Verwendung des Internet Explorers.

```
<body onselectstart="return false">
```

7.2.3   Sonstige Schutzmaßnahmen

Sie können Ihre Werke bzw. Ihren Content natürlich auch vorbeugend schützen. Vergleichbar sind diese Methoden mit dem Anbringen eines Schildes am Gartenzaun »Vorsicht bissiger Hund«. Egal, ob man nun einen Hund besitzt oder dieser wirklich bissig ist, so ein Schild verfehlt seine Wirkung nicht.

Vorsicht! Bissiger Hund

Expertenmeinung: Das ©

(...) Ein einfacherer, aber nur formaler Schutz ist es, alle seine Texte, Fotos usw. mit einem ©-Vermerk zu versehen. Das hält die meisten Raubkopierer zwar nicht ab, sorgt aber dafür, dass diese später eigenes Verschulden (Vorsatz oder zumindest Fahrlässigkeit) nicht bestreiten können. Nur dann aber haben Sie Anspruch auf Schadensersatz und ggf. auf Schmerzensgeld. Eine weitergehende Bedeutung hat der ©-Vermerk nach dem deutschen Urheberrecht nicht. (...)

Zum einem wird der Dieb durch die vermeintliche Existenz des Hundes abgeschreckt, zum anderen aber auch durch die Annahme, dass es der Besitzer des Grundstückes mit dem Schutz seines Eigentums wirklich ernst meint. Ähnlich wie mit dem Schild aus unserem Beispiel können Sie auch Inhalte Ihrer Webseite durch verschiedene Maßnahmen schützen.

Schutz durch Hinweise

Zeigen Sie Flagge und weisen die Besucher (und auch potenzielle Diebe) auf Ihre Rechte als Urheber hin. Damit gelten Sie nämlich bis zum Beweis des Gegenteils als Urheber.

>> Ein Hinweis auf Ihr Copyright, etwa durch das bekannte ©, ist rechtlich zwar nicht erforderlich, aber empfehlenswert, denn das Zeichen ©

hat über all die Jahre einen sehr hohen Bekanntheitsgrad erlangt. Siehe obige Expertenmeinung dazu.

>> Weitere Möglichkeiten zum Schutz sind die Hinweise »Copyright liegt bei <Ihr Name>« oder »Urheberrechtlich geschützt«.

>> Verwenden Sie zusätzliche Hinweise wie: »Die Übernahme von Texten und Bildern von dieser Webseite ist rechtlich nicht zulässig!« oder auch »Alle Texte, Grafiken und das Layout auf diesen Seiten sind urheberrechtlich geschützt und dürfen nicht ohne Erlaubnis verwendet werden.«

>> Zudem schadet es nicht, wenn Sie einen etwas ausführlicheren Hinweis in Ihr Impressum oder in die AGB einbauen: Ein solcher Hinweis kann in etwa diesen Wortlaut haben:

»Alle auf dieser Webseite veröffentlichten Angaben, Beiträge und Abbildungen sind urheberrechtlich geschützt. Jede vom Urheberrechtsgesetz nicht zugelassene Verwertung bedarf vorheriger schriftlicher Zustimmung der Anbieter. Dies gilt insbesondere für Vervielfältigung, Bearbeitung, Übersetzung, Einspeicherung, Verarbeitung bzw. Wiedergabe von Inhalten in Datenbanken oder anderen elektronischen Medien und Systemen. Fotokopien und Downloads von Webseiten dürfen nur für den persönlichen, privaten und nicht kommerziellen Gebrauch hergestellt werden.«

>> Allerdings: Vervielfältigung, Bearbeitung, Übersetzung, Einspeicherung, Verarbeitung bzw. Wiedergabe von Inhalten in Datenbanken oder anderen elektronischen Medien und Systemen zum privaten Gebrauch sind zulässig!

Schutz durch Banner

Sollten Sie die Dienste von PlagAware oder Copyscape nutzen, können Sie das auch Ihren Besuchern bzw. möglichen Langfingern zeigen, indem Sie die dort zum Download angebotenen »Warnbanner« auf Ihre Seiten einbauen:

Abbildung 7.7: Warnbanner von PlagAware, (Quelle: www.plagaware.de)

PAGE PROTECTED BY
COPYSCAPE
DO NOT COPY

Abbildung 7.8: Warnbanner von Copyscape, (Quelle: www.copyscape.com)

Schutz durch Lizenzen

Creative Commons (englisch, »schöpferisches Gemeingut, Allmende«) ist eine gemeinnützige Gesellschaft, die im Internet verschiedene Standard-Lizenzverträge veröffentlicht, mittels derer Autoren an ihren Werken, wie zum Beispiel Texten, Bildern, Musikstücken usw. der Öffentlichkeit Nutzungsrechte einräumen können. Anders als etwa die von der Freie-Software-Szene bekannte GPL, sind diese Lizenzen jedoch nicht auf einen einzelnen Werkstyp zugeschnitten, sondern für beliebige Werke. Ferner gibt es eine starke Abstufung der Freiheitsgrade: von Lizenzen, die sich kaum vom völligen Vorbehalt der Rechte unterscheiden, bis hin zu Lizenzen, die das Werk in die Public Domain stellen, das heißt, bei denen auf das Urheberrecht so weit wie möglich verzichtet wird. (Quelle: http://de.wikipedia.org/wiki/Creative_commons, 17.09.2007)

»Manche Rechte vorbehalten«

Allerdings sieht das im deutschen Recht etwas anders aus. Man kann nämlich nach deutschem Recht nicht auf seine Urheberrechte verzichten, höchstens auf die Ausübung selbiger!

Die creative commons-Lizenzen sind daher in Deutschland insoweit wirkungslos, als ein völliger Verzicht erklärt wird!

Abbildung 7.9: Logo creative commons, (Quelle: http://creativecommons.org/presskit, 17.09.2007)

Sie können Ihre Werke nun mit einem von sechs Standard-Lizenzen schützen. Diese reichen von einem strengen Copyright »all rights reserved« bis zu »no rights reserved«:

Abbildung 7.10: Der Name des Autors muss genannt werden.

Abbildung 7.11: Der Name des Autors muss genannt werden. Das Werk darf nicht bearbeitet werden.

Abbildung 7.12: Der Name des Autors muss genannt werden. Das Werk darf nicht für kommerzielle Zwecke verwendet werden.

Abbildung 7.13: Der Name des Autors muss genannt werden. Das Werk darf nicht für kommerzielle Zwecke verwendet werden. Das Werk darf nicht bearbeitet werden.

Abbildung 7.14: Der Name des Autors muss genannt werden. Das Werk darf nicht für kommerzielle Zwecke verwendet werden. Wenn das Werk bearbeitet wurde, muss das neu entstandene Werk unter einer Lizenz mit vergleichbaren Bedingungen weitergegeben werden.

Abbildung 7.15: Der Name des Autors muss genannt werden. Wenn das Werk bearbeitet wurde, muss das neu entstandene Werk unter einer Lizenz mit vergleichbaren Bedingungen weitergegeben werden.

Diese Standard-Lizenzen setzen sich – wie folgt – aus den vier Rechte-Modulen zusammen:

Abbildung 7.16: Namensnennung: Sie müssen den Namen des Autors/Rechteinhabers in der von ihm festgelegten Weise nennen (wodurch aber nicht der Eindruck entstehen darf, Sie oder die Nutzung des Werkes durch Sie würden entlohnt).

Abbildung 7.17: Keine Bearbeitung: Dieses Werk darf nicht bearbeitet oder in anderer Weise verändert werden.

Abbildung 7.18: Weitergabe unter gleichen Bedingungen: Wenn Sie dieses Werk bearbeiten oder in anderer Weise umgestalten, verändern oder als Grundlage für ein anderes Werk verwenden, dürfen Sie das neu entstandene Werk nur unter Verwendung von Lizenzbedingungen weitergeben, die mit denen dieses Lizenzvertrages identisch, vergleichbar oder kompatibel sind.

Abbildung 7.19: Keine kommerzielle Nutzung: Dieses Werk darf nicht für kommerzielle Zwecke verwendet werden.

WWW..... *Weitere Informationen zum Schutz Ihrer Werke finden Sie unter* `http://de.creativecommons.org`.

Schutz durch Hinterlegen beim Notar oder Rechtsanwalt

Einen sehr wirksamen Schutz Ihrer Werke und einen Nachweis der eigenen Urheberschaft erhalten Sie durch eine Hinterlegung bei einem Notar oder bei einem Rechtsanwalt. Dies war früher noch ein sehr aufwändiger Prozess, musste man doch sein Werk ausdrucken, einen Termin vereinbaren, diesen Termin wahrnehmen und die Hinterlegung mit seiner Unterschrift bestätigen.

Im Zeitalter des Internets geht das natürlich eleganter, und so haben sich einige Firmen auf das »digitale Hinterlegen beim Notar« spezialisiert. Man lädt seine Werke einfach hoch und hat laut Seitenbetreiber einen angeblichen Beweis für die Urheberschaft, also ab welchem Zeitpunkt Sie im Besitz Ihres Werkes waren.

Dabei kann es sich bei einem Werk um Texte, Entwürfe, Musikstücke oder Konzepte handeln.

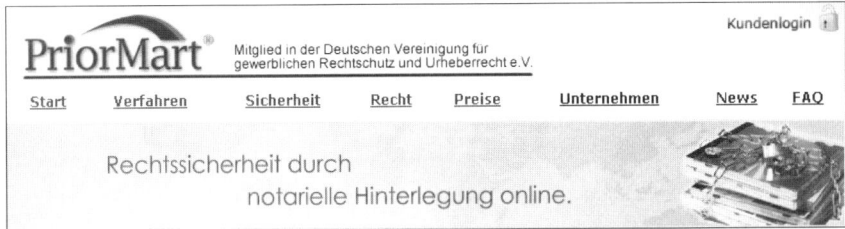

Abbildung 7.20: www.priormart.com/de Eine einzelne Hinterlegung einer Datei ist bei PriorMart schon ab 20,- Euro zu bekommen.

Ein weiterer Service zur Hinterlegung von Werken beim Notar bietet die Firma Notatus. Die Hinterlegung Ihres Werks bei Notatus liefert Ihnen das Indiz für Ihre schöpferische Leistung und Urheberschaft bereits ab 15,- Euro.

http://www.notatus.de/index.php

Urheberschutz- und Erfinderportal

Aber es geht auch einfacher und vor allem billiger: Schicken Sie sich eine
Kopie Ihres Werkes selbst per Einschreiben. Sie dürfen diesen Brief jedoch nicht öffnen und müssen ihn an einem sicheren Ort aufbewahren.

Schutz durch Markenanmeldung

Wenn Sie einen Namen oder ein Logo für bestimmte Produkte oder Dienstleistungen schützen lassen wollen, können Sie dies über eine Markenanmeldung tun. Das Markenrecht ist ein sehr wirksames Instrument, um seine Domain, Firmennamen, Texte oder Slogans schützen zu lassen. Die Kosten dafür belaufen sich auf ca. 300,- Euro. Sie genießen dann Markenschutz für die nächsten 10 Jahre und können diesen Schutz um weitere 10 Jahre verlängern lassen.

Als Marken kommen verschiedene Formen von Kennzeichnungen in Betracht:

>> Wortmarke (z.B. »Siemens«)

>> Bildmarke (z.B. die springende Raubkatze von »Puma«)

>> Wort-Bild-Marke (z.B. das »Bayer-Kreuz«)

>> Dreidimensionale Formen (z.B. die Kühlerfigur von Rolls-Royce)

>> Hörmarken (z.B. Erkennungsmelodien wie bei Radiosendern)

>> Farben, Farbkombinationen

>> Zahlen

>> Buchstaben (Einzelbuchstaben oder Gruppen von Buchstaben)

>> Slogans (Bei Werbeslogans bzw. sloganartigen Wortfolgen ohne bildhafte Ausgestaltung handelt es sich um Wortmarken)

(Quelle: Deutsches Patent- und Markenamt, `http://www.dpma.de/infos/einsteiger/einsteiger_marke01.html`, 13.07.2007)

Abbildung 7.21: Das ®-Zeichen (für »registriert«) dürfen Sie erst dann verwenden, wenn Ihre Marke eingetragen wurde.

WWW .....   `http://www.dpma.de/index.htm`

Zuständig für die Erteilung von Marken und Geschmacksmustern ist das Deutsche Patent- und Markenamt in München.

Schutz durch Zugangsbeschränkungen

Eine weitere Möglichkeit, Inhalte wie Texte oder Fotos zu schützen, ist das Einrichten eines passwortgeschützten Bereiches mittels der Datei `htaccess`. Dabei muss jemand, der Ihren Content sehen will, zunächst von Ihnen ein Passwort erhalten. So können Sie entscheiden, wem Sie ein Passwort geben und wem nicht. Die Inhalte sind so über das Internet abrufbar, aber eben nicht mehr für »Hinz und Kunz«, sondern nur für Personen, welchen Sie nach Prüfung ein Passwort zuteilen.

Allerdings variieren die Schritte zum Einrichten einer Zugangsbeschränkung je nach eingesetztem Webserver und Hosting-Provider stark. Im Internet finden Sie aber zahlreiche Quellen und Anleitungen zu diesem Thema. Suchbegriffe wie »htaccess einrichten« oder auch »passwortgeschützen Bereich einrichten« führen schnell zu informativen Seiten.

7.3   So wehren Sie sich

Ob und wie man sich gegen einen Diebstahl von Content wehren will, bleibt jedem Internetnutzer selbst überlassen. In der Regel wird allerdings jeder, der mit seinen Inhalten im Internet Geld verdient, wenig erbaut über einen Content-Diebstahl sein. Die folgenden Punkte zeigen Ihnen Möglichkeiten auf, wie Sie Inhalte im Netz finden und wie Sie gegen Content-Diebe vorgehen können.

Aufspüren von gestohlenen Inhalten

Sollten Sie Inhalte im Internet veröffentlichen, besteht immer die Gefahr, dass Ihr Urheberrecht durch jemanden verletzt wird, d.h. Ihre Inhalte ohne Ihre Zustimmung anderswo auftauchen. Meist stößt der Urheber aus reinem Zufall auf ein Bild, einen Text oder gar auf eine komplette Webseite, welche ohne seine Zustimmung gar nicht im Internet (oder auch in einem anderen Medium) auftauchen dürfte.

Man kann natürlich nach kopierten Inhalten im Internet gezielt suchen oder suchen lassen. Eine solche Vorgehensweise kommt eigentlich nur für Urheber in Frage, die durch ihre schöpferische Arbeit ihren Lebensunterhalt verdienen, also z.B. Fotografen oder professionelle Texter und Journalisten. Wie kann man sich also auf die Suche nach illegal kopierten Inhalten im Internet machen?

Durch manuelle Recherche

Sollten Sie auf der Suche nach Texten sein, liegt natürlich das Suchen mit einer normalen Suchmaschine nahe. Kopieren Sie einfach einen Textausschnitt mittlerer Länge in die Suchzeile und setzen ihn in Anführungsstriche. Sollten wirklich ganze Passagen Ihrer Arbeit entwendet worden sein, werden diese so gefunden. Besser ist es allerdings, nach einem bestimmten, seltenen Wort aus Ihren Werken zu suchen. Beide Methoden setzen natürlich voraus, dass die Suchmaschinen die entwendeten Inhalte schon indiziert haben.

Durch automatische Recherche

Ab einer gewissen Menge an Inhalten ist die Suche nach Plagiaten natürlich kaum noch zu bewältigen oder zu überschauen. Denn auf vielen der gefundenen Seiten in den Suchergebnissen dürfen die Inhalte ja legal verwendet werden, z.B. auf Seiten, auf welchen der Urheber seine ausdrückliche Zustimmung zur Veröffentlichung gegeben hat.

Daher kann man bei der Suche nach Plagiaten auch auf einen Service zurückgreifen.

Einen solchen Service bietet die Seite copyscape. Es ist möglich, nach Inhalten zu suchen, die sich auf der eigenen Webseite befinden. Der Service lässt sich kostenlos testen, ist aber auf einen Premium Service erweiterbar. Dann können auch Offline-Inhalte im Netz gesucht werden.

Dies ist z.B. für Autoren von Büchern sinnvoll, denn ihre Texte waren ja nie im Internet zu lesen. Trotzdem könnte jemand Texte abgeschrieben haben und sie nun im Internet verwenden. Der Service Copysentry bietet weitere Features, die für eine professionelle Suche nach Plagiaten notwendig sind. So kann man z.B. Seiten bei der Suche ignorieren, falls diese Seiten die Erlaubnis zur Veröffentlichung haben. Zudem läuft die Suche automatisch, das bedeutet, das Internet wird wöchentlich oder sogar täglich (abhängig vom Preis) gescannt. Werden Plagiate entdeckt, erhält man eine Nachricht per E-Mail.

WWW ...... www.copyscape.com

Einen ähnlichen Service bietet der Textguard. Der Service richtet sich hauptsächlich an Verlage, Unternehmen, Universitäten und Schulen. Man kann den Service nach kurzer Registrierung aber auch kostenlos testen.

http://www.textguard.de/home.html

Auch Google mischt bei der Aufspürung von Plagiaten im Internet mit. Der Service Docoloc durchforstet dabei über 8 Milliarden (!) Dokumente. Dieser Service wird u.a. auch von bekannten deutschen Universitäten zur Plagiatsfindung genutzt.

www.docoloc.de

Neben den eigentlichen Urhebern von geistigem Eigentum, gibt es noch andere Menschen, die großes Interesse am Auffinden von Plagiaten haben, nämlich die Lehrer. Viele Schüler, Studenten und auch andere Personen, die eine wissenschaftliche Arbeit anfertigen müssen, nutzen das Internet zur »Informationsbeschaffung«. Selbstverständlich ohne auf den eigentlichen Urheber zu verweisen.

Die moderne Art des Unterschleifs

> *Studien gehen davon aus, dass mindestens 30 Prozent der schulischen und wissenschaftlichen Arbeiten ganz oder teilweise aus dem Internet abgeschrieben sind (von Hausarbeiten, über Referate bis zu Diplomarbeiten).* (http://www.plagiarism-finder.de/index.htm, 19.09.2007)

www.plagarism-finder.de

Professionelle Vertriebssicherung und Markenschutz im Internet

Gerade wenn es um viel Geld bei Urheberrechtsverletzungen geht, sollte man die Sache einem professionellen Anbieter überlassen. Die Firma P4M GmbH z.B. hat sich auf das Aufspüren von Plagiaten, Urheberrechtsverletzungen und Persönlichkeitsrechtsverletzungen spezialisiert. P4M verspricht, durch Produkt- und Marken-Monitoring sowie durch ein so genanntes Web 2.0-Monitoring Content-Diebe aufzuspüren. Dieser Service richtet sich eher an Firmen, welche Produktpiraterie, Markenpiraterie sowie Markenrechtsverletzungen im Internet aufspüren möchten.

Sollten Sie also Produkte herstellen und wissen wollen, ob im Internet Plagiate verkauft werden, Ihre Marke oder Ihre Logos unerlaubt verwendet werden oder Ihre Produkte unautorisiert im Internet gehandelt werden, dann wenden Sie sich an die Firma P4M – die Internetagenten.

http://www.die-internetagenten.de/index.html

P4M bietet folgende Lösungen und Dienstleistungen an:

Produkt- und Marken-Monitoring: Dabei fokussiert P4M die Problemstellungen, die sich für Hersteller und Markenartikler durch den Vertrieb ihrer Produkte im Internet ergeben.

>> eBay-Urheberrechtsverletzungen – VeRI/VeRO

>> Graumarkthandel

>> Marktpreisspiegel

>> Selektiver Vertrieb

>> Plagiate

>> Inventurverlust und Diebstahl

>> Lizenzsicherung

>> Urheberrecht

>> Raubkopien

Media-Monitoring: Probleme der Inhaber von Urheber- und Lizenzrechten aus der Film-, Musik- und Softwareindustrie mit dem Medium Internet.

>> Raubkopien

>> Urheberrecht

>> Watermarking

Web2.0-Monitoring: stellt für uns die Beobachtung des Marktes zur Erschließung eines Meinungsspiegels bzgl. Ihres Produkts oder Unternehmens dar.

>> Marken- und Produktbewertung

>> Online-Marktbeobachtung

>> Response-Messung

>> Persönlichkeitsrechtsverletzungen

(Quelle: http://www.die-internetagenten.de/html/anwendungen.html, 24.09.2007)

Weiterführende Informationen zum Thema Urheberrechtsverletzung, Raubkopien und Plagiate finden Sie hier:

Aktion gegen Ideenklau

http://www.plagiarius.com/d_index.html

Verleiht einen Preis für die dreisteste Rechtsverletzung im Internet

http://www.dasschwarze-schaf.de

7.3.1 Löschen von gestohlenen Inhalten

Neben einem finanziellen Schaden hat der Urheber mit einem weiteren Problem zu kämpfen. Die ihm entwendeten Inhalte schwirren nun völlig frei und ohne (oder einen fremden) Copyrightvermerk durch die Weiten des Internets. Das gefällt dem Urheber ebenso wenig wie den Opfern anderer Delikte aus diesem Buch, z.B. einem Rufmordopfer.

Leider hat es auch der Urheber nicht leicht, seine »Schäfchen« wieder einzufangen und »nach Hause« auf seine Webseite zu holen. Der Faktor Zeit spielt dabei eine große Rolle. Lässt man einen Inhalt zu lange im Netz, vermehrt er sich so unkontrolliert und oft, dass man der Menge der Quellen, an denen der Inhalt auftaucht, einfach nicht mehr Herr wird. Um so einen »Flächenbrand« schon im Keim zu ersticken, können Sie folgende Methoden anwenden:

Bilder aus Flickr entfernen

Sollten Sie auf der Seite von Flickr ein Foto entdecken, welches dort ohne Ihre Zustimmung eingestellt wurde, haben Sie eine Möglichkeit, dagegen vorzugehen. Denn laut eigenen Aussagen achtet das Team von Flickr das geistige Eigentum der Fotografen sehr.

Sie können Flickr bzw. Yahoo auf zwei Wegen über eine Urheberrechtsverletzung informieren. Zum einen können Sie das von Yahoo Deutschland bereitgestellte Formular online ausfüllen.

```
http://help.yahoo.com/fast/help/de/ysearchdevel/cgi_feedback
```

www......

Zum anderen können Sie per E-Mail einen Verstoß melden:

Meldung über eine Urheberrechtsverletzung

Mein Werk: [Link(s) -- sofern verfügbar. Andernfalls bitte das Material beschreiben, das die Eigentumsrechte verletzt]

Die Eigentumsrechte verletzendes Material: [Link(s) auf Flickr]

Ich bin nach Treu und Glauben der Meinung, dass die strittige Verwendung weder durch den Inhaber der Urheberrechte oder den geistigen Eigentümer noch durch seinen Vertreter oder das Gesetz erlaubt ist.

Ich bin mir der Strafbarkeit eines Meineids bewusst und versichere an Eides statt, dass die Informationen in meiner obigen Mitteilung der Wahrheit entsprechen und ich der Rechtsinhaber bin bzw. berechtigt bin, im Auftrag des Rechtsinhabers zu handeln.

Ihr Name

Ihr Name

Ihre Postadresse

Ihre Telefonnummer

Ihre E-Mail-Adresse

Diese E-Mail senden Sie an `copyright@yahoo-inc.com`.

Um sich das Abtippen zu sparen, können Sie den Text dieser Mail auch auf der Seite `http://www.flickr.com/report_abuse.gne` kopieren. Wählen Sie aus dem Dropdown-Menü auf dieser Seite die Option: JEMAND POSTET MEINE FOTOS IN SEINEM FLICKR ACCOUNT.

Stop ......

Wir möchten Sie an dieser Stelle darauf hinweisen, dass eine » Versicherung an Eides statt« laut § 154 StGB nur gegenüber einer zur Abnahme von Eiden zuständigen Stelle abgegeben werden kann.

Abbildung 7.22: Hier können Sie einen Missbrauch Ihrer Bilder melden.

DMCA-Beschwerden einreichen

Der Digital Millennium Copyright Act (DMCA) ist ein Gesetz der Vereinigten Staaten zur Verfolgung von Verstößen gegen das Urheberrecht im Internet. Folgende Elemente sind beispielsweise durch den DMCA geschützt: HTML-Quellcode, lange Textpassagen, Fotos, Bilder, Lieder, Filme, Webseiten und E-Mails. Außerdem stellt es ein Verfahren zum Melden und Entfernen von Material, welches das Urheberrecht verletzt.

Findet man also sein zu Unrecht kopiertes Material anderswo wieder, kann man bei der entsprechenden Firma eine DMCA-Beschwerde einreichen. Das kann eine Suchmaschine, ein Provider oder ein Anbieter eines Services sein, z.B. Second Life oder YouTube.

Da der DMCA ein amerikanisches Gesetz ist, kann er logischerweise auch nur gegen amerikanische Firmen herangezogen werden.

Allerdings sollte man sich schon sehr sicher sein, dass man tatsächlich Urheber des Werkes ist und das Werk auch urheberrechtlich schützbar ist. Denn:

Stop ......

Bitte beachten Sie, dass Sie verpflichtet sind, Schadensersatz (einschließlich der Erstattung der entstandenen Kosten und Anwaltshonorare) zu leisten, falls Sie fälschlicherweise behaupten, dass ein Produkt oder eine Aktivität Ihr Urheberrecht verletzt.

Tatsächlich wurde ein Unternehmen (siehe `http://www.onlinepolicy.org/action/legpolicy/opg_v_diebold/` für weitere Informationen), das eine Benachrichtigung über eine Urheberrechtsverletzung eingereicht hatte und die Entfernung solcher urheberrechtlich geschützter Online-Materialien erwirken wollte, dazu verurteilt, diese Kosten und Anwaltshonorare zu übernehmen. Das Unternehmen stimmte zu, mehr als 100.000 US-Dollar zu bezahlen. Dementsprechend empfiehlt es sich, dass Sie sich zunächst an einen Anwalt wenden, wenn Sie sich nicht sicher sind, ob das online verfügbare Material gegen Ihr Urheberrecht verstößt. (Quelle: `http:// www.google.com/intl/de/notebook_dmca.html`, 19.09.2007)

Als Beispiel sehen Sie hier, wie die standardisierte Beschwerde bei Google aussieht (gekürzte Version):

Benachrichtigung über eine Urheberrechtsverletzung bei Google

1. Geben Sie das betreffende urheberrechtlich geschützte Werk im Detail an.

2. Geben Sie das Material an, das Ihrer Meinung nach gegen das Urheberrecht des unter Abschnitt 1 angegebenen Werks verstößt.

3. Geben Sie die Informationen an, die Google benötigt, um Kontakt mit Ihnen aufzunehmen (vorzugsweise Ihre E-Mail-Adresse).

4. Geben Sie die erforderlichen Informationen zum Inhaber/Administrator der Webseite oder des Contents an, die bzw. der das mutmaßlich gegen das Urheberrecht verstoßende Material enthält, damit Google die entsprechende Person benachrichtigen kann (vorzugsweise E-Mail-Adresse).

5. Fügen Sie auch folgende Erklärung bei: »Ich habe guten Grund anzunehmen, dass die Verwendung des oben beschriebenen urheberrechtlich geschützten Materials auf den genannten Webseiten nicht durch den Inhaber des Urheberrechts, dessen Agenten oder per Gesetz erlaubt ist.«

6. Fügen Sie auch folgende Erklärung bei: »Ich versichere, dass die in diesem Dokument enthaltenen Informationen korrekt sind und dass ich der Inhaber des Urheberrechts bin bzw. berechtigt bin, im Namen des Inhabers eines ausschließlichen Rechts zu handeln, gegen das vermutlich verstoßen wurde.«

7. Unterschreiben Sie das Dokument.

8. Senden Sie die schriftliche Mitteilung an Google.

Sollten Ihre Bemühungen Erfolg haben, wird der Content schon bald aus den verschieden Google Services bzw. den Suchergebnissen verschwunden sein. Anstelle des Suchergebnisses erscheint ein Text, wie er in Abbildung 7.23 zu sehen ist.

Infolge einer Beschwerde, die hinsichtlich des US Digital Millennium Copyright Act (amerikanisches Datenschutzgesetz) bei uns eingegangen ist, haben wir 1 Ergebnis(se) aus dieser Seite entfernt. Sie können die DMCA-Beschwerde, die dieser Entfernung zugrunde liegt, unter ChillingEffects.org lesen.

Goooooooooogle ▶

Ergebnisseite   1 2 3 4 5 6 7 8 9 10 **Vorwärts**

Abbildung 7.23: Anstelle eines Suchergebnisses erscheint der DMCA-Hinweis mit dem Link zu www.ChillingEffects.org.

Bei anderen Firmen bzw. Webseiten finden Sie Informationen zu einer DMCA-Beschwerde am ehesten, indem Sie den Suchbegriff »DMCA« oder »Copyright« in die Suchfunktion der entsprechenden Seite eingeben.

Hier die Links zu den DMCA-Seiten der wichtigsten Suchmaschinen und anderer Anbieter:

Seite	URL für DMCA-Beschwerde
Google	http://www.google.de/dmca.html
Yahoo	http://de.docs.yahoo.com/copyright.html
MSN	http://www.microsoft.com/info/cpyrtInfrg.htm

Das Verifizierte Rechte Inhaber Programm von eBay

Um dem Inhaber von gewerblichen Schutzrechten, Urheber- und Leistungsschutzrechten sowie sonstigen immateriellen Rechten bei der Durchsetzung seiner Interessen zu helfen, bietet eBay das Programm »VeRI«. Anhand des Schaubildes 7.24 ist gut zu erkennen, wie dieses Programm funktioniert.

Die Teilnahme am VeRI-Programm bietet dem Teilnehmer folgende Vorzüge:

>> Löschung der Angebote, die eine Verletzung Ihrer Schutzrechte darstellen

>> Herausgabe der bei uns hinterlegten Adressdaten des Anbieters

>> Bearbeitung Ihrer Anzeige mit höchster Priorität durch speziell hierfür zuständige und geschulte Mitarbeiter von eBay

eBay hält eine Liste rechtsverletzender Angebote bzw. Beendigungsgründe bereit. Trifft einer dieser Gründe zu, kann man VeRi in Anspruch nehmen. Dazu gehören:

Markenrechtsverletzende Artikel

>> Der Eigentümer der Marke stellt diese Art von Produkten nicht her.

>> Bei dem Artikel handelt es sich um eine unerlaubte Nachbildung eines Produkts des Markeninhabers.

>> Der Artikel ist für den Vertrieb in der angebotenen Region nicht lizenziert und daher eine Markenverletzung.

Markenrechtsverletzende Angebotsbeschreibung

>> Das Angebot enthält einen nicht zulässigen Vergleich mit dem Markennamen des Markeninhabers Marke.

>> In dem Angebot wird das Logo des Rechteinhabers auf unzulässige Weise verwendet.

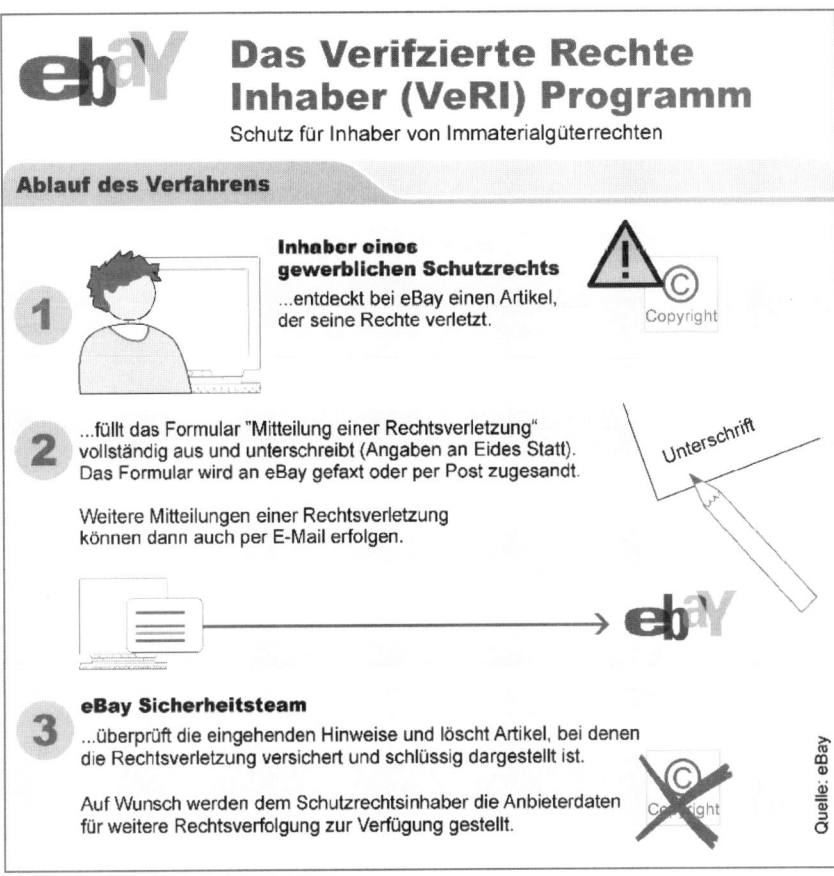

Abbildung 7.24: So funktioniert »VeRI« von eBay.

Urheberrechtsverletzender Artikel

>> Bei dem Artikel handelt es sich um einen nicht autorisierten Live-Mitschnitt.

>> Bei dem Artikel handelt es sich um eine unzulässige Vervielfältigung von Medien (Software, Spiele, Filme usw.).

>> Bei dem Artikel handelt es sich um eine unzulässige Vervielfältigung von gedruckten Materialien.

>> Bei dem Artikel handelt es sich um eine unzulässige Vervielfältigung anderer urheberrechtlich geschützter Originale (Gemälde, Skulpturen usw.).

Urheberrechtsverletzende Angebotsbeschreibung

>> In der Angebotsbeschreibung wird urheberrechtlich geschütztes Bildmaterial ohne Berechtigung verwendet.

Sonstige Regelverletzung

>> Der Artikel verstößt gegen ein gültiges Patent (Patentanmeldenummer erforderlich).

>> Der Artikel verletzt das Recht einer Person auf Schutz von Namen, Stimme und eigenem Bild.

>> Die Angebotsbeschreibung des Artikels verletzt das Recht einer Person auf Schutz von Namen, Stimme und eigenem Bild.

Um eine Rechtsverletzung zu melden, füllen Sie das Formular »Mitteilung einer Rechtsverletzung« aus, unterschreiben es und senden es per Post oder Fax an eBay.

WWW ...... *Hier gelangen Sie zum Mitteilungsformular:*

`http://pages.ebay.de/help/community/copyright-infringement.pdf`

7.3.2 Konsequenzen einer Urheberrechtsverletzung

§§§ ...... *Expertenmeinung: Die Konsequenzen*

Was aber ist los, wenn jemand fremde Werke nutzt, ohne die Nutzungs-rechte erlangt zu haben und die Nutzung auch nicht innerhalb der vorge-nannten Schranken stattfindet? Das nennt man dann u.a. »Diebstahl von geistigem Eigentum«! Der Begriff »Diebstahl« lehnt sich zwar an das Straf-recht an, seine Folgen sind hier im Urheberrecht aber in der Praxis meist nicht Geld- oder Freiheitsstrafe, sondern die so genannten zivilrechtlichen Folgen. Diese sind kurzgefasst am Beispiel der Verwendung fremder Fotos:

>> *Beseitigung der Beeinträchtigung, also z.B. Löschung der Fotos von den Webseiten*

>> *Verpflichtung zur Unterlassung der zukünftigen Benutzung bei gleichzei-tiger Verpflichtung zur Zahlung einer erheblichen Strafe an den Fotogra-fen bei zukünftigem Verstoß gegen die Unterlassungsverpflichtung*

>> *Schadensersatz an den Fotografen in Höhe der Lizenzgebühren, die dieser bei rechtmäßiger Verwendung erhalten hätte*

>> *Schmerzensgeld an den Fotografen, wenn dieser in seinem Persönlich-keitsrecht verletzt worden ist*

>> *Verpflichtung zur Vernichtung oder Überlassung der illegalen Verviel-fältigungsstücke*

>> *Verpflichtung zur Vernichtung oder Überlassung der Vorrichtungen (PC, DVD-Brenner), die nahezu ausschließlich zur Herstellung der ille-galen Kopien verwendet wurden (betrifft wohl ausschließlich professio-nelle Raubkopierer)*

>> *ggf. öffentliche Bekanntmachung des Urteils*

Haben Sie eine Urheberrechtsverletzung festgestellt, sollten Sie nach folgenden Schritten vorgehen:

Expertenmeinung: Dokumentieren

§§§ . . . . . .

Egal, ob Sie später die Gerichte bemühen wollen/müssen, um einen Rechtsverstoß zu unterbinden, müssen Sie Ihre »Fahndungserfolge« dokumentieren. Sichern Sie Quelltexte von Webseiten, machen Sie Bildschirmausdrucke, egal, ob mit einem Grafikprogramm oder als PDF, speichern Sie E-Mails, archivieren Sie Post und Telefaxe. Gedruckte Unterlagen haben vor Gericht den höchsten Beweiswert.

Ggf. müssen Sie Zeugen zur Betrachtung herbeiholen, wenn Ihnen z.B. die obigen Möglichkeiten (gerade) nicht zur Verfügung stehen. Bei der Heranziehung von Zeugen müssen Sie unbedingt beachten, dass Zeugen die schlechtesten Beweismittel vor Gericht sind. Sie kennen das aus Verkehrsverfahren: Drei Zeugen haben mindestens vier verschiedene Unfallhergänge »gesehen«.

Bestehen Sie daher darauf, dass die Zeugen unmittelbar nach ihren Beobachtungen oder sonstigen Wahrnehmungen ein Gedächtnisprotokoll davon anfertigen (mit Datum, Uhrzeit, Ort), dieses eigenhändig unterschreiben und Ihnen im Original übermitteln. Das schützt Sie gegen Gedächtnisschwächen von Zeugen, denn Sie dürfen diese Protokolle den Zeugen in einer mündlichen Verhandlung ggf. »vorhalten«, d.h. ihnen vorlesen und dann fragen: »Stimmt das so, wie Sie das damals aufgeschrieben haben?«

Ganz grundsätzlich gilt: Beobachten, Recherchieren und Dokumentieren sind die unverzichtbare Basis jeder Rechtsdurchsetzung!

Gegner kontaktieren oder Rechtsanwalt einschalten

Wenn Sie die vorstehenden Hürden genommen haben, müssen Sie eine für den weiteren Ablauf oft maßgebliche Entscheidung treffen: Rechtsanwalt einschalten oder (noch) nicht? Dafür gilt folgende Faustformel: Je schwerer, umfangreicher oder gar dreister der Verstoß ist, desto eher sollten Sie einen Rechtsanwalt einschalten. Denn dann müssen Sie mit oft erheblicher Gegenwehr rechnen.

Glauben Sie aber, es handele sich um einen Bagatellverstoß oder einen Verstoß aus Unwissenheit über die gesetzlichen Regelungen, die Sie gerade kennen gelernt haben, dann kontaktieren Sie den Gegner am besten erst einmal persönlich. Das verhindert den Aufbau von lösungshindernden Barrieren und kann, bei geschickter Art und Weise, sogar neue, interessante Kontakte hervorbringen.

Wenn Sie allerdings auf jeden Fall einen Rechtsanwalt einschalten wollen/ müssen, dann sollten Sie das in diesem Stadium tun und nicht erst wochenlang mit dem Gegner verhandeln oder sich von ihm hinhalten lassen. Denn für die späteren gerichtlichen Schritte gelten Fristen, deren Versäumung die

Verfolgung Ihrer Ansprüche verhindern oder zumindest erschweren kann.

Wenn Sie die Person des Gegners nicht ermitteln können und es sich um schwere Verstöße nach Umfang oder Schaden handelt, können Sie auch die Staatsanwaltschaft einschalten, indem Sie Strafanzeige gegen Unbekannt bei der Polizei erstatten. Dafür gibt es Straftatbestände im UrhG, die Freiheits- oder Geldstrafe androhen. Auch hierfür benötigen Sie aber zwingend die genannten Beweismittel.

Wenn Sie selbst einmal in die Rolle des (vermeintlichen) »Verletzers« gera-ten sollten, dann halten Sie sich bitte an Folgendes: Persönliche Verhand-lungen mit dem (vermeintlich) in seinen Rechten Verletzten können Sie immer direkt führen. Allerdings sollten Sie dies telefonisch und nicht schrift-lich (einschließlich E-Mail) tun, damit Sie dem Gegner keine (vermeintli-chen) Beweismittel verschaffen.

Direkten Kontakt mit gegnerischen Rechtsanwälten sollten Sie auf keinen Fall und in keiner Form (mündlich, schriftlich) herstellen oder zulassen. Wenn auf der Gegenseite Rechtsanwälte eingeschaltet sind, dann müssen Sie ebenfalls einen fachlich versierten Rechtsanwalt einschalten. Andernfalls besteht die Gefahr, dass Sie zu Äußerungen verleitet werden, die für Sie schädlich sein können. Außerdem wiegen anwaltliche Aussagen vor Gericht deutlich schwerer als die von Nicht-Anwälten, weil Rechtsanwälte eine so genannte »anwaltliche Versicherung« abgeben können, die einer eidesstatt-lichen Versicherung gleichkommt.

Abmahnen

Wenn der Gegner auf freundliche Aufforderungen, die Benutzung Ihrer Werke zu unterlassen, nicht reagiert, dann müssen Sie den formalen Weg beschreiten. Der erste Schritt auf diesem Weg sollte immer die Abmahnung sein, weil Ihnen ohne vorherige Abmahnung die Kosten späterer gerichtli-cher Schritte auferlegt werden können. Das weiß aber auch der Rechtsan-walt, den Sie spätestens jetzt einschalten sollten! Da davon ausgegangen wird, dass nunmehr ein Rechtsanwalt an Ihrer Seite tätig wird, werden die Formalien der folgenden Schritte nicht mehr beschrieben. Denn Rechts-anwälte müssen diese kennen.

Für einige Rechtsanwälte dürfte es jedoch immer noch ein guter Tipp sein, dass die Abmahnung auch in Kopie an den Provider des Gegners geschickt werden sollte. Denn der Provider hat keine präventiven Prüfungspflichten, sondern muss gegen Rechtsverstöße seiner Kunden erst einschreiten, wenn er Kenntnis davon erhält. Diese Kenntnis erlangt er durch Übersendung der Abmahnung. Nun muss er, will er nicht selbst in die Haftung geraten und damit ebenfalls zum Gegner werden, die rechtswidrigen Inhalte sofort löschen. Dies ist im Übrigen auch der schnellste Weg, rechtswidrige Inhalte verschwinden zu lassen, wenn sich der Gegner sträubt.

Gericht anrufen

Wenn auch die Abmahnung nicht bewirkt, dass Ihren Interessen Rechnung getragen wird, muss ein Antrag auf Erlass einer einstweiligen Verfügung von Ihrem Rechtsanwalt beim Gericht eingereicht werden. Dieser Antrag muss binnen ca. vier Wochen nach Kenntnis von der Verletzung und der Person des Verletzers beim Gericht eingehen, sonst fehlt ihm die erforderliche Dringlichkeit. Die genannte Frist ist nicht gesetzlich vorgeschrieben und wird daher von den Gerichten unterschiedlich lange bemessen. Vier Wochen sind daher nur ein Richtwert.

Gerade in Urheberrechtsangelegenheiten, in denen es entscheidend auf die Bewertung Ihrer Leistung als Werk ankommt, ist der Schritt des Antrages auf Erlass einer einstweiligen Verfügung gründlich zu überlegen. Denn das Verfahren auf Erlass einer einstweiligen Verfügung ist ein so genanntes summarisches, d.h., dass die Prüfung durch das Gericht nur relativ oberflächlich stattfindet. Das birgt das Risiko, dass Ihr Werk nicht hinreichend gründlich geprüft und als solche eingestuft wird. Gerade dann, wenn sich der Werkcharakter Ihrer Leistungen erst aus einer Gesamtschau verschiedener Elemente ergibt, die für sich genommen keine Werke darstellen (Beispiel: Webdesigns), ist das Risiko besonders hoch, mit dem Eilverfahren zu scheitern.

Wenn die zuvor genannte Frist überschritten ist oder andere Gründe gegen einen Antrag auf Erlass einer einstweiligen Verfügung sprechen, dann ist binnen drei Jahren ab Kenntnis (s.o.) Klage einzureichen. Nach diesem Zeitraum sind Ihre Ansprüche aus dem UrhG verjährt, d.h. nicht mehr durchsetzbar.

Der in seinem Urheber- oder Leistungsschutzrecht Verletzte kann gem. § 97 UrhG vom Verletzer Beseitigung, Unterlassung und Schadensersatz verlangen.

> *Wer das Urheberrecht oder ein anderes nach diesem Gesetz geschütztes Recht widerrechtlich verletzt, kann vom Verletzten auf Beseitigung der Beeinträchtigung, bei Wiederholungsgefahr auf Unterlassung und, wenn dem Verletzer Vorsatz oder Fahrlässigkeit zur Last fällt, auch auf Schadenersatz in Anspruch genommen werden. An Stelle des Schadenersatzes kann der Verletzte die Herausgabe des Gewinns, den der Verletzer durch die Verletzung des Rechts erzielt hat, und Rechnungslegung über diesen Gewinn verlangen. (UrhG § 97 Abs.1)*

Die Beseitigung der Beeinträchtigung nach § 97 UrhG

Unter Beseitigung versteht man in erster Linie die Löschung der illegalen Kopie oder, wenn zwar die Kopie, nicht aber die öffentliche Wiedergabe rechtmäßig ist, die Sperrung der öffentlichen Nutzung.

Der Unterlassungsanspruch nach § 97 UrhG

Wer Rechte des Urhebers verletzt, kann von diesem auf Beseitigung der Beeinträchtigung und Unterlassung in Anspruch genommen werden. Handelt er vorsätzlich oder fahrlässig, droht unter Umständen sogar Schadensersatz (§ 97 Absatz 1 UrhG). Dabei hat der Urheber einen Unterlassungsanspruch gegen den Rechtsverletzer, wenn:

>> die Urheberrechtsverletzung nach den konkreten Umständen des Einzelfalls kurz bevorsteht.

>> zum Zeitpunkt der Geltendmachung des Unterlassungsanspruches die Urheberrechtsverletzung noch begangen wird.

>> bei abgeschlossener Urheberrechtsverletzung eine Wiederholungsgefahr besteht.

Unterlassungsanspruch heißt, die Urheberrechtsverletzung muss abgestellt werden, die Inhalte dürfen nicht weiter verwendet werden.

Der Schadensersatzanspruch § 97 UrhG

Wer schuldhaft das Urheberrecht eines anderen verletzt, ist gemäß §97 UrhG zum Ersatz des daraus entstehenden Schadens verpflichtet.

> *Besteht ein Schadensersatzanspruch, so hat der Verletzte, wie auch im gewerblichen Rechtsschutz, eine dreifache Wahlmöglichkeit: Er kann die Herausgabe des Verletzergewinns fordern, er kann im Rahmen der sog. Lizenzanalogie die nachträgliche Zahlung einer angemessenen Lizenzgebühr verlangen oder er kann den ihm konkret entstandenen Schaden in Rechnung stellen. In der Praxis überwiegt die Lizenzanalogie. (Quelle: Urheberrecht im E-Commerce: »Chancen, Risiken und Gestaltungsmöglichkeiten« von Dr. Stefan Freytag, www.jurawelt.com, 20.09.2007)*

Bei der Festlegung des Schadenersatzes wird zwischen materiellem und immateriellem Schaden unterschieden. Im Rahmen der Schadensberechnung steht es dem Urheber frei, die Berechnungsmethode zu bestimmen. Dabei muss der Urheber die Höhe des entstandenen Schadens nachweisen können.

>> Herausgabe des Verletzergewinns

>> Eigener entgangener Gewinn

>> Entschädigungslizenz, Lizenzanalogie

Weitere Informationen zu Schadensersatz im Urheberrecht finden Sie hier:
http://www.anwalt-im-netz.de/urheberrecht/schadensersatz-
urheberrecht.html

(Quelle: Sämtliche Expertenmeinungen in diesem Kapitel veröffentlichen wir mit freundlicher Genehmigung von Rechtsanwalt Dr. Jürgen Weinknecht)

Den gesamten Artikel »Diebstahl von geistigem Eigentum im Internet« lesen Sie hier:

http://www.ojr.de/index.html?/2007/4.htm *Online Journal Recht*

Wenn Sie der Meinung sind, dass Sie ein »Werk« geschaffen haben, dann sollten Sie auch um Ihre Rechte kämpfen. Das deutsche Recht gibt Ihnen dazu passende Mittel an die Hand. Setzen Sie diese aber mit Verstand und erst nach guter Vorbereitung ein!

8

Gesetze, Fachbegriffe und Vorschriften

KAPITEL 8

Gesetze, Fachbegriffe und Vorschriften

Gesetze

Ein Internetgesetz in diesem Sinne gibt es nicht. Vielmehr finden im Internet all die Gesetze und Rechtsgebiete Anwendung, die es auch im realen Leben tun. Hier haben wir die wichtigsten Gesetze, welche in Zusammenhang mit diesem Buch immer wieder auftauchen, für Sie zusammengefasst.

Juristische Fachbegriffe

Während wir dieses Buch geschrieben haben, haben wir festgestellt, dass einige Begriffe immer wieder für Verwirrung und Unklarheit sorgen. Hier finden Sie Definitionen, damit Sie im Falle eines Konfliktes genau wissen, über was Sie reden oder was Ihnen vorgeworfen wird.

Vorschriften und Pflichten

Wer Rechte hat, der hat auch Pflichten. Wenn Sie selbst Inhalte im Internet veröffentlichen wollen, sollten Sie sich schon im Vorfeld über diese Pflichten, Vorschriften und Gesetze im Klaren sein. Dieser Abschnitt zeigt Ihnen, worauf Sie achten müssen.

Rechtliche Schritte

Leider lässt sich manchmal eine gerichtliche Auseinandersetzung nicht vermeiden. Egal, ob Sie als Geschädigter rechtliche Schritte einleiten oder ob Sie sich als Beschuldigter dagegen zur Wehr setzen müssen: In diesem Abschnitt klären wir Begriffe wie Abmahnung, Unterlassungserklärung, einstweilige Verfügung und dergleichen mehr.

>>>

Gesetze und Gesetzestexte unterliegen einem regelmäßigen Wandel. Daher möchten wir Sie darauf hinweisen, dass es sich bei den hier veröffentlichten Gesetzen um den Stand Oktober 2007 handelt. In welcher Form Gesetze aktuell in Kraft sind, kann Ihnen Ihr Rechtsanwalt sagen.

In diesem Kapitel finden Sie:

>> 8.1 Gesetze

>> 8.2 Juristische Fachbegriffe

>> 8.3 Vorschriften und Pflichten beim Betreiben eines Online-Angebotes

>> 8.4 Rechtliche Schritte

8.1 Gesetze

Das Telemediengesetz (TMG), welches am 1. März 2007 das Teledienstegesetz (TDG), das Teledienstedatenschutzgesetz (TDDSG) sowie weitestgehend auch den Teledienste-Staatsvertrag (MdStV) abgelöst hat, regelt die rechtlichen Rahmenbedingungen für so genannte Telemedien in Deutschland. Es ist eine der zentralen Vorschriften des Internetrechts.

Trotzdem, ein Internetgesetz in diesem Sinne gibt es nicht. Vielmehr finden im Internet all die Gesetze und Rechtsgebiete Anwendung, die es auch im realen Leben tun.

Nachfolgend finden Sie einen kurzen Überblick, welche Rechtsgebiete in diesem Zusammenhang relevant sind und die aktuellen Gesetze, die wir in diesem Buch angesprochen haben (Stand: Oktober 2007). Direkt darunter finden Sie auch eine Definition der jeweiligen Begriffe.

Dieses Rechtsgebiet	behandelt u.a.	im
Zivilrecht	Vertragsabschluss, Abmahnung	BGB
Urheberrecht	Schutz des Urhebers	UrhG
		KunstUrhG
Wettbewerbsrecht	wettbewerbsrechtliche Abmahnungen	UWG
Strafrecht	Hacker, Pornografie, Volksverhetzung, Beleidigung, üble Nachrede, Verleumdung, falsche Verdächtigung	StGB
Datenschutzrecht	E-Commerce	TMG
		BDSG
Medienrecht, Jugendmedienschutz-Staatsvertrag	Schutz von Kindern und Jugendlichen	TMG
		JMStV

Dieses Rechtsgebiet	behandelt u.a.	im
Namens- und Markenrecht	Domainregistrierung, Domainnutzung und Domainhandel	MarkenG BGB
Telekommunikationsrecht	Teledienste	TMG TKG IuKDG

BGB	**Bürgerliches Gesetzbuch**
UrhG	**Urheberrechtsgesetz** Gesetz über Urheberrecht und verwandte Schutzrechte
KunstUrhG	**Kunsturhebergesetz** Gesetz betreffend das Urheberrecht an Werken der bildenden Künste und der Fotografie
UWG	**Gesetz gegen den unlauteren Wettbewerb**
StGB	**Strafgesetzbuch**
BDSG	**Bundesdatenschutzgesetz**
TMG	**Telemediengesetz**
JMStV	**Jugendmedienschutz-Staatsvertrag**
MarkenG	**Markengesetz** Gesetz über den Schutz von Marken und sonstigen Kennzeichen
TKG	**Telekommunikationsgesetz**
IuKDG	**Informations- und Kommunikationsdienste-Gesetz** Gesetz zur Regelung der Rahmenbedingungen für Informations- und Kommunikationsdienste

http://bundesrecht.juris.de/index.html

Fast das gesamte aktuelle Bundesrecht im Internet finden Sie kostenlos auf den Seiten des Bundesministerium der Justiz in Zusammenarbeit mit der Firma juris GmbH.

8.1.1 Bürgerliches Gesetzbuch

§ 104 Geschäftsunfähigkeit

Geschäftsunfähig ist:

1. wer nicht das siebente Lebensjahr vollendet hat,

2. wer sich in einem die freie Willensbestimmung ausschließenden Zustand krankhafter Störung der Geistestätigkeit befindet, sofern nicht der Zustand seiner Natur nach ein vorübergehender ist.

§ 110 Bewirken der Leistung mit eigenen Mitteln

Ein von dem Minderjährigen ohne Zustimmung des gesetzlichen Vertreters geschlossener Vertrag gilt als von Anfang an wirksam, wenn der Minderjährige die vertragsmäßige Leistung mit Mitteln bewirkt, die ihm zu diesem Zweck oder zu freier Verfügung von dem Vertreter oder mit dessen Zustimmung von einem Dritten überlassen worden sind.

8.1.2   Strafgesetzbuch

§ 185 Beleidigung

Die Beleidigung wird mit Freiheitsstrafe bis zu einem Jahr oder mit Geldstrafe und, wenn die Beleidigung mittels einer Tätlichkeit begangen wird, mit Freiheitsstrafe bis zu zwei Jahren oder mit Geldstrafe bestraft.

> *Definition: Eine Beleidigung im weiteren Sinne ist jede Verletzung der persönlichen Ehre eines anderen. Die Beleidigung ist die Kundgabe der Miss- oder Nichtachtung einer anderen Person.*

§ 186 Üble Nachrede

Wer in Beziehung auf einen anderen eine Tatsache behauptet oder verbreitet, welche denselben verächtlich zu machen oder in der öffentlichen Meinung herabzuwürdigen geeignet ist, wird, wenn nicht diese Tatsache erweislich wahr ist, mit Freiheitsstrafe bis zu einem Jahr oder mit Geldstrafe und, wenn die Tat öffentlich oder durch Verbreiten von Schriften (§ 11 Abs. 3) begangen ist, mit Freiheitsstrafe bis zu zwei Jahren oder mit Geldstrafe bestraft.

> *Definition: Die Üble Nachrede ist eine Form der Beleidigung, die sich von dieser jedoch in der Begehungsform unterscheidet. Bei der Üblen Nachrede wird insbesondere eine ehrverletzende Tatsachenbehauptung unter Strafe gestellt. Entscheidend ist, dass diese nicht »erweislich wahr« ist. Ist sie unwahr und weiß dies der Täter auch, handelt es sich um eine Verleumdung. (Quelle: wikipedia)*

§ 187 Verleumdung

Wer wider besseres Wissen in Beziehung auf einen anderen eine unwahre Tatsache behauptet oder verbreitet, welche denselben verächtlich zu machen oder in der öffentlichen Meinung herabzuwürdigen oder dessen Kredit zu gefährden geeignet ist, wird mit Freiheitsstrafe bis zu zwei Jahren oder mit Geldstrafe und, wenn die Tat öffentlich, in einer Versammlung oder durch Verbreiten von Schriften (§ 11 Abs. 3) begangen ist, mit Freiheitsstrafe bis zu fünf Jahren oder mit Geldstrafe bestraft.

> *Definition: Verleumdung bedeutet, dass jemand über eine Person ehrverletzende Behauptungen aufstellt, obwohl er weiß, dass sie nicht wahr sind.*

§ 199 Wechselseitig begangene Beleidigungen

Wenn eine Beleidigung auf der Stelle erwidert wird, so kann der Richter beide Beleidiger oder einen derselben für straffrei erklären.

§ 238 Nachstellung

(1) Wer einem Menschen unbefugt nachstellt, indem er beharrlich

1. seine räumliche Nähe aufsucht,

2. unter Verwendung von Telekommunikationsmitteln oder sonstigen Mitteln der Kommunikation oder über Dritte Kontakt zu ihm herzustellen versucht,

3. unter missbräuchlicher Verwendung von dessen personenbezogenen Daten Bestellungen von Waren oder Dienstleistungen für ihn aufgibt oder Dritte veranlasst, mit diesem Kontakt aufzunehmen,

4. ihn mit der Verletzung von Leben, körperlicher Unversehrtheit, Gesundheit oder Freiheit seiner selbst oder einer ihm nahe stehenden Person bedroht oder

5. eine andere vergleichbare Handlung vornimmt

und dadurch seine Lebensgestaltung schwerwiegend beeinträchtigt, wird mit Freiheitsstrafe bis zu drei Jahren oder mit Geldstrafe bestraft.

(2) Auf Freiheitsstrafe von drei Monaten bis zu fünf Jahren ist zu erkennen, wenn der Täter das Opfer, einen Angehörigen des Opfers oder eine andere dem Opfer nahe stehende Person durch die Tat in die Gefahr des Todes oder einer schweren Gesundheitsschädigung bringt.

(3) Verursacht der Täter durch die Tat den Tod des Opfers, eines Angehörigen des Opfers oder einer anderen dem Opfer nahe stehenden Person, so ist die Strafe Freiheitsstrafe von einem Jahr bis zu zehn Jahren.

(4) In den Fällen des Absatzes 1 wird die Tat nur auf Antrag verfolgt, es sei denn, dass die Strafverfolgungsbehörde wegen des besonderen öffentlichen Interesses an der Strafverfolgung ein Einschreiten von Amts wegen für geboten hält.

Definition: Unter Nachstellung wird das willentliche und wiederholte und beharrliche Verfolgen oder Belästigen einer Person verstanden, deren physische oder psychische Unversehrtheit dadurch unmittelbar, mittelbar oder langfristig bedroht und geschädigt werden kann.

§ 184a Verbreitung gewalt- oder tierpornographischer Schriften

Wer pornographische Schriften (§ 11 Abs. 3), die Gewalttätigkeiten oder sexuelle Handlungen von Menschen mit Tieren zum Gegenstand haben,

1. verbreitet,

2. öffentlich ausstellt, anschlägt, vorführt oder sonst zugänglich macht oder

3. herstellt, bezieht, liefert, vorrätig hält, anbietet, ankündigt, anpreist, einzuführen oder auszuführen unternimmt, um sie oder aus ihnen gewonnene Stücke im Sinne der Nummer 1 oder Nummer 2 zu verwenden oder einem anderen eine solche Verwendung zu ermöglichen,

wird mit Freiheitsstrafe bis zu drei Jahren oder mit Geldstrafe bestraft.

§ 184b Verbreitung, Erwerb und Besitz kinderpornographischer Schriften

(1) Wer pornographische Schriften (§ 11 Abs. 3), die den sexuellen Missbrauch von Kindern (§§ 176 bis 176b) zum Gegenstand haben (kinderpornographische Schriften),

1. verbreitet,

2. öffentlich ausstellt, anschlägt, vorführt oder sonst zugänglich macht oder

3. herstellt, bezieht, liefert, vorrätig hält, anbietet, ankündigt, anpreist, einzuführen oder auszuführen unternimmt, um sie oder aus ihnen gewonnene Stücke im Sinne der Nummer 1 oder Nummer 2 zu verwenden oder einem anderen eine solche Verwendung zu ermöglichen,

wird mit Freiheitsstrafe von drei Monaten bis zu fünf Jahren bestraft.

(2) Ebenso wird bestraft, wer es unternimmt, einem anderen den Besitz von kinderpornographischen Schriften zu verschaffen, die ein tatsächliches oder wirklichkeitsnahes Geschehen wiedergeben.

(3) In den Fällen des Absatzes 1 oder des Absatzes 2 ist auf Freiheitsstrafe von sechs Monaten bis zu zehn Jahren zu erkennen, wenn der Täter gewerbsmäßig oder als Mitglied einer Bande handelt, die sich zur fortgesetzten Begehung solcher Taten verbunden hat, und die kinderpornographischen Schriften ein tatsächliches oder wirklichkeitsnahes Geschehen wiedergeben.

(4) 1 Wer es unternimmt, sich den Besitz von kinderpornographischen Schriften zu verschaffen, die ein tatsächliches oder wirklichkeitsnahes Geschehen wiedergeben, wird mit Freiheitsstrafe bis zu zwei Jahren oder mit Geldstrafe bestraft. 2 Ebenso wird bestraft, wer die in Satz 1 bezeichneten Schriften besitzt.

(5) Die Absätze 2 und 4 gelten nicht für Handlungen, die ausschließlich der Erfüllung rechtmäßiger dienstlicher oder beruflicher Pflichten dienen.

(6) 1 In den Fällen des Absatzes 3 ist § 73d anzuwenden. 2 Gegenstände, auf die sich eine Straftat nach Absatz 2 oder Absatz 4 bezieht, werden eingezogen. 3 § 74a ist anzuwenden.

§ 131 Gewaltdarstellung

(1) Wer Schriften (§ 11 Abs. 3), die grausame oder sonst unmenschliche Gewalttätigkeiten gegen Menschen oder menschenähnliche Wesen in einer Art schildern, die eine Verherrlichung oder Verharmlosung solcher Gewalttätigkeiten ausdrückt oder die das Grausame oder Unmenschliche des Vorgangs in einer die Menschenwürde verletzenden Weise darstellt,

1. verbreitet,

2. öffentlich ausstellt, anschlägt, vorführt oder sonst zugänglich macht,

3. einer Person unter achtzehn Jahren anbietet, überlässt oder zugänglich macht oder

4. herstellt, bezieht, liefert, vorrätig hält, anbietet, ankündigt, anpreist, einzuführen oder auszuführen unternimmt, um sie oder aus ihnen gewonnene Stücke im Sinne der Nummern 1 bis 3 zu verwenden oder einem anderen eine solche Verwendung zu ermöglichen,

wird mit Freiheitsstrafe bis zu einem Jahr oder mit Geldstrafe bestraft.

(2) Ebenso wird bestraft, wer eine Darbietung des in Absatz 1 bezeichneten Inhalts durch Rundfunk, Medien- oder Teledienste verbreitet.

(3) Die Absätze 1 und 2 gelten nicht, wenn die Handlung der Berichterstattung über Vorgänge des Zeitgeschehens oder der Geschichte dient.

(4) Absatz 1 Nr. 3 ist nicht anzuwenden, wenn der zur Sorge für die Person Berechtigte handelt; dies gilt nicht, wenn der Sorgeberechtigte durch das Anbieten, Überlassen oder Zugänglichmachen seine Erziehungspflicht gröblich verletzt.

§ 86a Verwenden von Kennzeichen verfassungswidriger Organisationen

(1) Mit Freiheitsstrafe bis zu drei Jahren oder mit Geldstrafe wird bestraft, wer

1. im Inland Kennzeichen einer der in § 86 Abs. 1 Nr. 1, 2 und 4 bezeichneten Parteien oder Vereinigungen verbreitet oder öffentlich, in einer Versammlung oder in von ihm verbreiteten Schriften (§ 11 Abs. 3) verwendet oder

2. Gegenstände, die derartige Kennzeichen darstellen oder enthalten, zur Verbreitung oder Verwendung im Inland oder Ausland in der in Nummer 1 bezeichneten Art und Weise herstellt, vorrätig hält, einführt oder ausführt.

(2) 1Kennzeichen im Sinne des Absatzes 1 sind namentlich Fahnen, Abzeichen, Uniformstücke, Parolen und Grußformen. 2Den in Satz 1 genannten Kennzeichen stehen solche gleich, die ihnen zum Verwechseln ähnlich sind.

(3) § 86 Abs. 3 und 4 gilt entsprechend.

§ 130 Volksverhetzung (gekürzt)

(1) Wer in einer Weise, die geeignet ist, den öffentlichen Frieden zu stören,

1. zum Hass gegen Teile der Bevölkerung aufstachelt oder zu Gewalt- oder Willkürmaßnahmen gegen sie auffordert oder

2. die Menschenwürde anderer dadurch angreift, dass er Teile der Bevölkerung beschimpft, böswillig verächtlich macht oder verleumdet,

wird mit Freiheitsstrafe von drei Monaten bis zu fünf Jahren bestraft.

(2) Mit Freiheitsstrafe bis zu drei Jahren oder mit Geldstrafe wird bestraft, wer

1. Schriften (§ 11 Abs. 3), die zum Hass gegen Teile der Bevölkerung oder gegen eine nationale, rassische, religiöse oder durch ihr Volkstum bestimmte Gruppe aufstacheln, zu Gewalt- oder Willkürmaßnahmen gegen sie auffordern oder die Menschenwürde anderer dadurch angreifen, dass Teile der Bevölkerung oder eine vorbezeichnete Gruppe beschimpft, böswillig verächtlich gemacht oder verleumdet werden,

   a) verbreitet,

   b) öffentlich ausstellt, anschlägt, vorführt oder sonst zugänglich macht,

   c) einer Person unter achtzehn Jahren anbietet, überlässt oder zugänglich macht oder

   d) herstellt, bezieht, liefert, vorrätig hält, anbietet, ankündigt, anpreist, einzuführen oder auszuführen unternimmt, um sie oder aus ihnen gewonnene Stücke im Sinne der Buchstaben a bis c zu verwenden oder einem anderen eine solche Verwendung zu ermöglichen, oder

2. eine Darbietung des in Nummer 1 bezeichneten Inhalts durch Rundfunk, Medien- oder Teledienste verbreitet.

8.1.3 Kunsturhebergesetz

§ 22 Recht am eigenen Bild

Bildnisse dürfen nur mit Einwilligung des Abgebildeten verbreitet oder öffentlich zur Schau gestellt werden. Die Einwilligung gilt im Zweifel als erteilt, wenn der Abgebildete dafür, dass er sich abbilden ließ, eine Entlohnung erhielt. Nach dem Tode des Abgebildeten bedarf es bis zum Ablaufe von 10 Jahren der Einwilligung der Angehörigen des Abgebildeten. Angehörige im Sinne dieses Gesetzes sind der überlebende Ehegatte oder Lebenspartner und die Kinder des Abgebildeten und, wenn weder ein Ehegatte oder Lebenspartner noch Kinder vorhanden sind, die Eltern des Abgebildeten.

Definition: Das Recht am eigenen Bild oder Bildnisrecht ist eine besondere Ausprägung des allgemeinen Persönlichkeitsrechts. Es besagt, dass jeder Mensch grundsätzlich selbst darüber bestimmen darf, ob überhaupt und in welchem Zusammenhang Bilder von ihm veröffentlicht werden dürfen. (Quelle: wikipedia)

8.1.4 Urheberrechtsgesetz

§ 12 Veröffentlichungsrecht

(1) Der Urheber hat das Recht zu bestimmen, ob und wie sein Werk zu veröffentlichen ist.

(2) Dem Urheber ist es vorbehalten, den Inhalt seines Werkes öffentlich mitzuteilen oder zu beschreiben, solange weder das Werk noch der wesentliche Inhalt oder eine Beschreibung des Werkes mit seiner Zustimmung veröffentlicht ist.

§ 13 Anerkennung der Urheberschaft

Der Urheber hat das Recht auf Anerkennung seiner Urheberschaft am Werk. Er kann bestimmen, ob das Werk mit einer Urheberbezeichnung zu versehen und welche Bezeichnung zu verwenden ist.

§ 14 Entstellung des Werkes

Der Urheber hat das Recht, eine Entstellung oder eine andere Beeinträchtigung seines Werkes zu verbieten, die geeignet ist, seine berechtigten geistigen oder persönlichen Interessen am Werk zu gefährden.

8.2   Juristische Fachbegriffe

Aus unserer Arbeit bei internetvictims.de wissen wir, dass einige Begriffe immer wieder für Verwirrung und Unklarheit sorgen. Unsere kleine Liste soll Ihnen helfen, im Falle eines Konfliktes genau zu wissen, über was Sie sprechen oder was Ihnen vorgeworfen wird. Technische Begriffe und Definitionen hingegen finden Sie am Ende des Buches im »Glossar«.

Anstiftung
Unter Anstiftung versteht das deutsche Strafrecht nach § 26 des deutschen Strafgesetzbuches das ernst gemeinte, vorsätzliche und erfolgreiche »Bestimmen« eines anderen, eine (rechtswidrige) Straftat zu begehen. Dabei wird der Anstifter wie der Haupttäter bestraft.

Beihilfe
Beihilfe im Sinne des deutschen Strafrechts § 27 Abs. 1 ist die dem Haupttäter vorsätzlich (wissent- und willentlich) geleistete Hilfe bei der Begehung einer Straftat. Die Bestrafung des Beihelfers orientiert sich an der Strafandrohung für den Haupttäter, kann jedoch gemildert werden.

Beweislast
Die Prozesspartei, die den Beweis für vom Gegner bestrittene Tatsachen führen muss, trägt die »Beweislast«. Grundsätzlich muss im Zivilprozess jede Partei die Tatsachen beweisen, die für ihr Klagebegehren günstig sind.

Copyright
Urheberschutz im anglo-amerikanischen Rechtskreis. Es dient vor allem dazu, wirtschaftliche Investitionen zu schützen.

Einstweilige Verfügung
Die einstweilige Verfügung ist eine vorläufige Anordnung des Gerichts, die der vorübergehenden Sicherung eines Anspruchs oder des Rechtsfriedens dient.

Gerücht(e)
Juristisch relevant sind Gerüchte nur, wenn sich die Urheber oder Verbreiter des Gerüchts sowie schädliche Folgen des Gerüchts benennen lassen. Ein Gerücht ist also juristisch nur dann relevant, wenn Sie auch wissen (und es natürlich auch beweisen) können, wer es in die Welt gesetzt hat. In diesem Fall kann der Tatbestand der üblen Nachrede § 186 StGB oder der vorsätzlichen Verleumdung §187 StGB erfüllt sein.

Internetrecht

Das Internetrecht (auch: Onlinerecht) befasst sich mit den rechtlichen Problemen, die mit der Verwendung des Internets einhergehen. Es stellt kein eigenes Rechtsgebiet dar, sondern ist die Schnittstelle, ein so genanntes Querschnittsrecht.

Mittäterschaft

Wird eine Straftat von mehreren Personen gemeinsam begangen, so wird jede von ihnen als Täter bestraft. Die Täter nennt man dann Mittäter.

Namensrecht

Befugnis, seinen Namen zu führen und andere vom unbefugten Gebrauch des Namens auszuschließen, § 12 BGB.

Prozesskostenhilfe

Wer nach seinen persönlichen und wirtschaftlichen Verhältnissen die Kosten einer Prozessführung nicht, nur zum Teil oder nur in Raten aufbringen kann, erhält auf Antrag Prozesskostenhilfe, wenn die beabsichtigte Rechtsverfolgung oder Rechtsverteidigung hinreichende Aussicht auf Erfolg bietet und nicht mutwillig erscheint.

`http://cdl.niedersachsen.de/blob/images/C6746906_L20.pdf`

Hier finden Sie das Antragsformular und weitere Informationen.

Streitwert

Mit dem Streitwert wird der Wert des Gegenstandes beziffert, über den prozessiert wird.

Unlauterer Wettbewerb

Das Gesetz gegen den unlauteren Wettbewerb (UWG) verbietet insbesondere in § 1 durch die so genannte große Generalklausel Wettbewerbshandlungen im geschäftlichen Verkehr, die nach der Verkehrsauffassung gegen die guten Sitten verstoßen.

8.3 Vorschriften und Pflichten

Noch vor einigen Jahren, nahm man es mit den Pflichten im Internet nicht so genau. Das Medium war neu, daher konnte man so ziemlich alles, was einem gefiel, auf einen Webserver hochladen und einer breiten Masse vorstellen.

Vergleichbar mit dem Straßenverkehr, stieg natürlich mit der Zahl der Nutzer auch die Zahl der Vorschriften, um ein einigermaßen »geregeltes Miteinander« über alle geografischen Grenzen hinweg zu gewährleisten.

Heutzutage muss man schon etwas mehr aufpassen, wenn man Inhalte im Internet veröffentlichen will. Falls Sie also mit dem Gedanken spielen, eine eigene Homepage oder einen Blog zu betreiben, sollten – oder besser gesagt: müssen Sie sich an die unten vorgestellten Regeln und Vorschriften halten. Zumindest, wenn Sie Ihren Wohnsitz in der Bundesrepublik Deutschland haben.

Und vorab noch mal eine Faustregel, welche viele User scheinbar oft vergessen. Es gibt kein Internet-Gesetz als solches, jedoch finden ausnahmslos alle geltenden Gesetze der BRD auch im Internet Anwendung!

Folgen Sie daher Ihrem gesunden Menschenverstand! Wenn es in Deutschland verboten ist, Naziparolen zu verbreiten, ist das auch im Internet verboten! Wenn es verboten ist, jemanden zu belästigen und nachzustellen, ist das auch im Internet nicht gestattet usw.

8.3.1   Pflichten als Betreiber einer Homepage

Für alle im Internet veröffentlichten Publikationen mit der Top-Level-Domain (TLD) »de« gilt:

>> die Impressumspflicht

>> die Haftung für Inhalte und Links

>> das Urheberrecht

>> das Jugendschutzgesetz

>> das Strafrecht und das Zivilrecht

>> das Domainrecht

Die Impressumspflicht

§ 5 TMG (Telemediengesetz) besagt Folgendes: »Diensteanbieter haben für geschäftsmäßige, in der Regel gegen Entgelt angebotene Telemedien folgende Informationen leicht erkennbar, unmittelbar erreichbar und ständig verfügbar zu halten.« Wobei Telemedien kurz gesagt »alle elektronischen Informations- und Kommunikationsdienste« sind. Da ein Dienst durchaus geschäftlich sein kann, ohne gewerblich zu sein, können auch private, unkommerzielle Webseiten unter die Impressumspflicht fallen. Ab wann eine Internetseite als kommerziell gilt, ist zum Stand Oktober 2007 noch umstritten.

Daraus geht hervor, dass Diensteanbieter für geschäftsmäßige Telemedien mindestens folgende Informationen leicht erkennbar, unmittelbar erreichbar und ständig verfügbar zur Verfügung zu stellen haben:

§ 5 Allgemeine Informationspflichten

(1) Diensteanbieter haben für geschäftsmäßige, in der Regel gegen Entgelt angebotene Telemedien folgende Informationen leicht erkennbar, unmittelbar erreichbar und ständig verfügbar zu halten:

1. den Namen und die Anschrift, unter der sie niedergelassen sind, bei juristischen Personen zusätzlich die Rechtsform, den Vertretungsberechtigten und, sofern Angaben über das Kapital der Gesellschaft gemacht werden, das Stamm- oder Grundkapital sowie, wenn nicht alle in Geld zu leistenden Einlagen eingezahlt sind, der Gesamtbetrag der ausstehenden Einlagen,

2. Angaben, die eine schnelle elektronische Kontaktaufnahme und unmittelbare Kommunikation mit ihnen ermöglichen, einschließlich der Adresse der elektronischen Post,

3. soweit der Dienst im Rahmen einer Tätigkeit angeboten oder erbracht wird, die der behördlichen Zulassung bedarf, Angaben zur zuständigen Aufsichtsbehörde,

4. das Handelsregister, Vereinsregister, Partnerschaftsregister oder Genossenschaftsregister, in das sie eingetragen sind, und die entsprechende Registernummer,

5. soweit der Dienst in Ausübung eines Berufs im Sinne von Artikel 1 Buchstabe d der Richtlinie 89/48/EWG des Rates vom 21. Dezember 1988 über eine allgemeine Regelung zur Anerkennung der Hochschuldiplome, die eine mindestens dreijährige Berufsausbildung abschließen (ABl. EG Nr. L 19 S. 16), oder im Sinne von Artikel 1 Buchstabe f der Richtlinie 92/51/EWG des Rates vom 18. Juni 1992 über eine zweite allgemeine Regelung zur Anerkennung beruflicher Befähigungsnachweise in Ergänzung zur Richtlinie 89/48/EWG (ABl. EG Nr. L 209 S. 25, 1995 Nr. L 17 S. 20), zuletzt geändert durch die Richtlinie 97/38/EG der Kommission vom 20. Juni 1997 (ABl. EG Nr. L 184 S. 31), angeboten oder erbracht wird, Angaben über

   a) die Kammer, welcher die Diensteanbieter angehören,

   b) die gesetzliche Berufsbezeichnung und den Staat, in dem die Berufsbezeichnung verliehen worden ist,

   c) die Bezeichnung der berufsrechtlichen Regelungen und dazu, wie diese zugänglich sind,

6. in Fällen, in denen sie eine Umsatzsteueridentifikationsnummer nach § 27a des Umsatzsteuergesetzes oder eine Wirtschafts-Identifikationsnummer nach § 139c der Abgabenordnung besitzen, die Angabe dieser Nummer,

7. bei Aktiengesellschaften, Kommanditgesellschaften auf Aktien und Gesellschaften mit beschränkter Haftung, die sich in Abwicklung oder Liquidation befinden, die Angabe hierüber.

(2) Weitergehende Informationspflichten nach anderen Rechtsvorschriften bleiben unberührt.

Die Haftung für Inhalte und Links

Der Betreiber einer Internetseite haftet für alle Inhalte seiner Webseite und in gewisser Weise auch für die Inhalte anderer Seiten, wenn er darauf einen Link setzt.

Z.B. ist gegen den Linktext »Hier geht es zu heißen Bildern mit Minderjährigen« eigentlich nichts einzuwenden, wohl aber gegen solche illegalen Inhalte.

Als eine Möglichkeit für die Minimierung rechtlicher Risiken wird dabei von vielen Webmastern ein Haftungsausschluss, der so genannte Disclaimer, auf die Webseite, meist auf die Startseite, eingebaut.

Sie können im Internet viele solcher Disclaimer oder Haftungsausschlüsse finden. Einhundertprozentige Sicherheit garantieren sie jedoch nicht.

Nachfolgend sehen Sie ein Beispiel für einen Haftungsausschluss nach dem neuen Telemediengesetz (TMG).

Haftung für Inhalte

Die Inhalte unserer Seiten wurden mit größter Sorgfalt erstellt. Für die Richtigkeit, Vollständigkeit und Aktualität der Inhalte können wir jedoch keine Gewähr übernehmen.

Als Diensteanbieter sind wir gemäß § 7 Abs.1 TMG für eigene Inhalte auf diesen Seiten nach den allgemeinen Gesetzen verantwortlich. Nach §§ 8 bis 10 TMG sind wir als Diensteanbieter jedoch nicht verpflichtet, übermittelte oder gespeicherte fremde Informationen zu überwachen oder nach Umständen zu forschen, die auf eine rechtswidrige Tätigkeit hinweisen. Verpflichtungen zur Entfernung oder Sperrung der Nutzung von Informationen nach den allgemeinen Gesetzen bleiben hiervon unberührt. Eine diesbezügliche Haftung ist jedoch erst ab dem Zeitpunkt der Kenntnis einer konkreten Rechtsverletzung möglich. Bei bekannt werden von entsprechenden Rechtsverletzungen werden wir diese Inhalte umgehend entfernen.

Haftung für Links

Unser Angebot enthält Links zu externen Webseiten Dritter, auf deren Inhalte wir keinen Einfluss haben. Deshalb können wir für diese fremden Inhalte auch keine Gewähr übernehmen. Für die Inhalte der verlinkten Seiten ist stets der jeweilige Anbieter oder Betreiber der Seiten verantwortlich. Die verlinkten Seiten wurden zum Zeitpunkt der Verlinkung auf mögliche Rechtsverstöße überprüft. Rechtswidrige Inhalte waren zum Zeitpunkt der Verlinkung nicht erkennbar. Eine permanente inhaltliche Kontrolle der verlinkten Seiten ist jedoch ohne konkrete Anhaltspunkte einer Rechtsverletzung nicht zumutbar. Bei Bekanntwerden von Rechtsverletzungen werden wir derartige Links umgehend entfernen.

Urheberrecht

Die durch die Seitenbetreiber erstellten Inhalte und Werke auf diesen Seiten unterliegen dem deutschen Urheberrecht. Beiträge Dritter sind als solche gekennzeichnet. Die Vervielfältigung, Bearbeitung, Verbreitung und jede Art der Verwertung außerhalb der Grenzen des Urheberrechtes bedürfen der schriftlichen Zustimmung des jeweiligen Autors bzw. Erstellers. Downloads und Kopien dieser Seite sind nur für den privaten, nicht kommerziellen Gebrauch gestattet.

Die Betreiber der Seiten sind bemüht, stets die Urheberrechte anderer zu beachten bzw. auf selbst erstellte sowie lizenzfreie Werke zurückzugreifen.

Datenschutz

Soweit auf unseren Seiten personenbezogene Daten (beispielsweise Name, Anschrift oder E-Mail-Adressen) erhoben werden, erfolgt dies soweit möglich stets auf freiwilliger Basis. Die Nutzung der Angebote und Dienste ist, soweit möglich, stets ohne Angabe personenbezogener Daten möglich.

Wir weisen darauf hin, dass die Datenübertragung im Internet (z.B. bei der Kommunikation per E-Mail) Sicherheitslücken aufweisen kann. Ein lückenloser Schutz der Daten vor dem Zugriff durch Dritte ist nicht möglich.

Der Nutzung von im Rahmen der Impressumspflicht veröffentlichten Kontaktdaten durch Dritte zur Übersendung von nicht ausdrücklich angeforderter Werbung und Informationsmaterialien wird hiermit ausdrücklich widersprochen. Die Betreiber der Seiten behalten sich ausdrücklich rechtliche Schritte im Falle der unverlangten Zusendung von Werbeinformationen, etwa durch Spam-Mails, vor.

(Quelle: http://www.e-recht24.de/muster-disclaimer.htm, 20.10.2007)

Die oben beschriebenen Disclaimer sind aber nur eine Seite der Medaille. Sie dürfen, wenn Sie Ihren Wohnsitz in Deutschland haben, keinen der folgenden Inhalte im Netz anderen zugänglich machen:

Strafrechtlich verbotene Internet-Inhalte sind:

>> Harte Pornografie, sexuell orientierte Darstellungen von Kindern, sexuelle Handlungen mit Tieren, menschlichen Ausscheidungen oder gewalttätige sexuelle Darstellungen.

>> Extreme Gewaltdarstellungen und Verletzungen der Menschenwürde, Folter- und Tötungsvideos etc.

>> Extremismus und Rassismus, Aufruf zu Gewalt und Terrorismus gegen Menschen anderer Hautfarbe, anderer Kultur oder anderer Meinungen, Leugnung des Holocaust etc.

>> Die Verwendung von Kennzeichen verfassungswidriger Organisationen.

>> Volksverhetzung, beispielsweise die Verharmlosung von Taten während der Zeit des Nationalsozialismus.

Zur Anwendung kommen folgende Paragraphen im Strafgesetzbuch:

>> *§184a StGB*

>> *§184b StGB*

>> *§131 StGB*

>> *§86a StGB*

>> *§130 StGB*

Den genauen Wortlaut finden Sie im Kapitel 8.1.

Das Urheberrechtsgesetz UrhG

Dieser Punkt ist im Detail sehr kompliziert, aber man kann den Sachverhalt auch auf einen sehr einfachen Nenner bringen: Aller Content, also die Inhalte auf einer Seite, muss Ihnen gehören, oder Sie müssen zumindest eine Erlaubnis des Urhebers haben, diese Inhalte auf Ihrer Seite zu verwenden. Noch einfacher ausgedrückt: Das Kopieren von Bildern, Texten, Sounds oder grafischen Elementen ist nicht gestattet. Sie finden zu diesem Thema ausführliche Informationen im Kapitel 7.

`http://bundesrecht.juris.de/urhg/index.html`

Das Jugendschutzgesetz JuSchG

Angenommen, Sie machen ein paar sehr freizügige Fotos von Ihrer Freundin oder auch von Ihrem Freund. Nun möchten Sie diese auf Ihrer Homepage präsentieren. Das dürfen Sie natürlich, da Sie ja der Urheber sind und auch das Einverständnis Ihrer Freundin vorhanden ist. Das achtzehnte Lebensjahr hat Ihre Freundin auch schon vollendet. Weit gefehlt!

Sie dürfen natürlich keinen jugendgefährdenden FSK18 Content auf Ihrer Webseite veröffentlichen. Dazu müssten Sie diesen Content mit einem Altersverifikationssystem sichern. Auch hier ändert sich die Gesetzeslage oft und wird dadurch natürlich nicht einfacher.

http://www.gesetze-im-internet.de/juschg/index.html

Das Strafrecht und das Zivilrecht

Natürlich findet auch das Straf- und Zivilrecht im Internet Anwendung. Wieder auf einen Nenner gebracht: Machen oder schreiben Sie auf Ihrer Webseite nichts, was auch im richtigen Leben strafbar wäre, wie z.B.

>> Anleitung zu Straftaten

>> Volksverhetzung

>> üble Nachrede, Verleumdung und Beleidigung

>> Persönlichkeitsrecht usw.

Das Domainrecht

Wenn Sie eine eigene Domain registrieren, müssen Sie schon im Vorfeld einiges beachten, um nicht bereits bei der Namenswahl (oft sehr teuren) Ärger vorzuprogrammieren: Verwenden Sie

>> keine Marken, keine Namen von Unternehmen

>> keine Namen von Prominenten

>> keine Titel von Zeitschriften, Filmen, Software

>> keine Städtenamen und Kfz-Kennzeichen

>> keine Bezeichnungen von staatl. Einrichtungen

>> keine Tippfehler-Domains

www.domain-recht.de
Hier finden Sie weiterführende Informationen zum Thema Domains.

www.e-recht24.de
Eine sehr hilfreiche Seite zum Thema Online-Recht von Karsten Fernkorn und Sören Siebert

8.3.2   Pflichten als Betreiber eines Internetforums

Im Punkt »Pflichten von Homepage-Betreibern« können Sie sehen, dass der Betreiber einer Homepage viele rechtliche Vorschriften beachten muss. Beispielsweise ist er für Inhalte und Links auf seiner Seite verantwortlich.

Wie sieht es aber aus, wenn es »gar nicht seine« Inhalte sind, da ja irgendwer fragwürdige Texte und Links in das Forum eines Seitenbetreibers geschrieben hat?

Nun, auch dafür ist er laut LG Hamburg haftbar. Allerdings wieder, wie im Internetrecht üblich, mit viel »Wenn und Aber«. Laut LG Hamburg handelt es sich bei einem Forum sogar um eine »besonders gefährliche Einrichtung«.

Lesen Sie dazu bei heise.de nach.

```
http://www.heise.de/newsticker/meldung/72026
```

Auch das Urteil steht dort zum Download bereit. Als grober Leitsatz ist festzuhalten: Der Forenbetreiber ist verantwortlich für alles, was in seinem Forum geschrieben wird. Eigentlich ist man gezwungen, jedes neue Posting zu lesen und per Hand freizuschalten. Wenn zwei Mitglieder streiten und beginnen, die übliche Netiquette zu vergessen, sitzen Sie zwischen den Stühlen und müssen auf Anfrage auch Postings wieder löschen.

Aber natürlich wird auch nichts so heiß gegessen, wie es gekocht wird. Und bei einem kleinen Forum über Modellbau wird es jetzt auch nicht gleich Mord und Todschlag geben. Allerdings sollten Sie z.B. kein brisantes, politisches Forum ins Netz stellen und sechs Wochen in den Urlaub fahren, ohne einen Blick darauf zu werfen.

Die aktuelle Rechtslage

Diensteanbieter, also auch Forenbetreiber, sind weiterhin für eigene Inhalte verantwortlich (§ 7 Abs.1 TMG), nicht aber verpflichtet, die von ihnen übermittelten oder gespeicherten Informationen zu überwachen oder nach Umständen zu forschen, die auf eine rechtswidrige Tätigkeit hinweisen (§ 7 Abs. 2 TMG). Erst ab Kenntnis von der Rechtswidrigkeit der jeweiligen Inhalte trifft sie eine unverzügliche Sperr- oder Löschungsverpflichtung (§ 10 TMG).

8.3.3   Pflichten eines Onlineshop-Betreibers

Als Betreiber eines Onlineshops müssen Sie auf einige grundlegende Dinge achten, sonst riskieren Sie gleich am Anfang Ihres Geschäftes die erste Abmahnung. Wir sprechen hier verschiedene Punkte kurz an, ohne einen Anspruch auf Vollständigkeit und Aktualität dieser Angaben zu erheben. Die Gesetze ändern sich stetig, aber mit den folgenden Punkten werden Sie es immer zu tun haben:

>> Datenschutz

>> Vertragsschluss im Web

>> Widerruf und Rücktritt

>> Anbieterkennzeichnung

>> Produktinformationen

>> Allgemeine Geschäftsbedingungen

>> Wettbewerbsrecht

>> Gewerbeanmeldung

Datenschutz

Die gesetzlichen Grundlagen zum Datenschutz beim Betrieb von Telemediendiensten und zur Herausgabe von Daten sind im Telemediengesetz (TMG) geregelt. Natürlich können Sie nicht all diese Paragraphen kennen. Darum das Wesentliche: Kundendaten sind vertraulich. Erheben Sie in Ihrem Shop also so wenig Daten wie möglich, das sagt der so genannte Grundsatz der Datensparsamkeit. Wenn Sie eine Geschäftsbeziehung mit einem Kunden beenden, löschen Sie die Daten des Kunden. Wenn Sie seine Daten speichern, müssen Sie ein »willentliches Einverständnis« des Kunden haben.

Vertragsschluss im Web

Grundsätzlich müssen, genau wie außerhalb des Internets, beide Vertragsparteien, also Anbieter und Käufer, eine übereinstimmende Willenserklärung abgeben, damit es zum Vertragsabschluss kommt. Dabei sind Bestellungen im Internet auch ohne Unterschrift wirksam. Nach einer eingegangenen Bestellung müssen Sie diese bestätigen, um eine übereinstimmende Willenserklärung herzustellen.

Widerruf und Rücktritt

Ist der Kunde ein Endverbraucher, also keine Firma, so gilt das Fernabsatzgesetz. Sie müssen deutlich auf die Widerrufs- und Rücktrittsrechte des Endkunden hinweisen, d.h., der Kunde hat das Recht, innerhalb von zwei Wochen einen Vertragsabschluss ohne Angabe von Gründen schriftlich zu widerrufen und die Ware zurückzusenden.

Anbieterkennzeichnung

Zu den Informationspflichten eines Anbieters gehört die Anbieterkennzeichnung, also das Impressum. Darin müssen enthalten sein:

>> Name und Anschrift des Unternehmens

>> Telefonnummer

>> E-Mail-Adresse

>> die Aufsichtsbehörde

>> das Handelsregister

>> Vereinsregister,

>> Partnerschaftsregister oder Genossenschaftsregister

>> eine entsprechende Registernummer

>> die gesetzliche Berufsbezeichnung

>> die Umsatzsteueridentifikationsnummer nach § 27 Umsatzsteuergesetz

Produktinformationen

Wie müssen Sie ein Produkt beschreiben, das Sie in Ihrem Onlineshop vertreiben wollen? Beachten Sie folgende Punkte:

>> die wesentlichen Merkmale der Ware oder Dienstleistung

>> Informationen dazu, wann ein Vertrag zustande kommt

>> die Mindestlaufzeit des Vertrags

>> die Modalitäten im Falle von Mängeln und Nichtverfügbarkeit

>> den Preis der Ware oder Dienstleistung einschließlich aller Steuern

>> Einzelheiten zur Zahlungsart

>> Einzelheiten zur Lieferung der Ware

>> Hinweis auf das Widerrufs- und Rückgaberecht

>> Kosten, die dem Verbraucher durch die Nutzung der Fernkommunikationsmittel entstehen

>> die Gültigkeitsdauer befristeter Angebote

Allgemeine Geschäftsbedingungen

Ihre AGB muss der Kunde vor Vertragsabschluss nicht nur sehen und herunterladen können, er muss sie auch akzeptieren. Dies geschieht in den meisten Fällen durch die Aktivierung, also das Anklicken des Kontrollkästchens »AGB akzeptieren«. Ist dieses Kästchen nicht angeklickt, ist auch der Button »Bestellung abschicken« nicht aktiv, d.h., man kann nichts bestellen, ohne die AGB akzeptiert zu haben.

Nun müssen Sie natürlich auch noch AGB besitzen, und darum möchten wir Sie an dieser Stelle davor warnen, sich die mal eben bei einem (ungefragten) Mitbewerber zu kopieren. Ihr Anwalt hilft Ihnen gerne bei der Erstellung Ihrer eigenen AGB.

Wettbewerbsrecht

Im Internet gelten die gleichen Wettbewerbsvorschriften wie im normalen Geschäftsverkehr auch. Besonders zu beachten ist das Verbot von unverlangten Werbe-E-Mails. Verschicken Sie Werbe-Mails nur, wenn Sie das Einverständnis des Kunden besitzen, und geben Sie ihm eine »unsubscribe-Chance«. Des Weiteren muss Werbung optisch von redaktionellen Inhalten der restlichen Website getrennt sein.

Gewerbeanmeldung

Grundsätzlich gilt: Wer auf Dauer Waren mit der Absicht verkauft, einen Gewinn zu erzielen, ist als gewerblicher Händler einzustufen. Sie brauchen also eine Gewerbeanmeldung, welche Sie beim Gewerbeamt Ihrer Stadt ziemlich unkompliziert und auch günstig bekommen.

Wenn Sie weiter und detaillierter in die Materie »Online verkaufen« einsteigen möchten, empfehlen wir Ihnen das Buch »Der Online Shop – Handbuch für Existenzgründer« von Susanne Angeli und Wolfgang Kundler, erschienen im Markt+Technik Verlag.

Tipp . . . . . .

Domainrecht

Für das Domainrecht nehmen Sie sich am Besten einen Fachanwalt zu diesem Thema. Dieser kann aufgrund der Firmierung und des Gründungsjahres Ihrer Firma oder im Personen- und Markenrecht kompetent Rat geben und agieren. Zum Beispiel ist Domain-Grabbing nichts anderes als Diebstahl, und Sie sollten aus diesem Grund immer Strafanzeige erstatten.

www.domain-recht.de

www . . . . .

8.4 Rechtliche Schritte

Bei Datendiebstahl und Angriffen auf Ihr Firmennetzwerk sollten Sie immer sofort die Polizei einschalten und Strafanzeige gegen den/die Täter oder gegen Unbekannt stellen. Achten Sie hierbei darauf, dass Sie eventuelle Spuren (z.B. die IP-Adresse) des Täters vorab sichern oder lassen Sie den Experten der Polizei die Spurensicherung durchführen. Die Log-Files auf einem Server geben häufig Aufschluss auf den Ursprungspunkt des Angreifers.

Wird Ihr Firmenname oder werden Ihre Produkte bzw. Serviceangebote im Internet durch den Schmutz gezogen, wurde dies meist durch einen Ihrer Mitbewerber veranlasst. Günstigere Angebote und das Abwerben eines Großkunden sind nur wenige Beispiele für eine solche Motivation. Aber auch verärgerte Kunden können sehr nachtragend sein.

Nun haben Sie die Qual der Wahl: Abmahnung oder doch gleich Anzeige erstatten? Anwalt, Polizei oder Staatsanwaltschaft? Als Firma sollten Sie immer Rat bei einem Rechtsanwalt suchen.

Die nachfolgenden Seiten zeigen Ihnen alle Möglichkeiten auf und erläutern Ihnen die Kosten und die Konsequenzen. Zwar sind Sie momentan emotional über den Vorfall erregt, doch bitte bedenken Sie, dass alles Gerichtliche mit sehr viel Ärger, Zeitaufwand und eventuell bei einer Niederlage mit Kosten verbunden ist.

Kosten bedeutet: Wenn Sie gewinnen, zahlt Ihr Gegner den gesamten Prozesszug, also Ihren Anwalt, seinen Anwalt, die Gerichtskosten und eventuell auch Schadensersatz. Es kommt aber auch vor, dass das Gericht auf Kostenaufhebung (jeder bezahlt seine eigenen Kosten) oder eine andere Kostenteilung entsprechend den unterschiedlichen Klagepunkten »im Namen des Volkes« urteilt. Deshalb sollten Sie in Ihrem Fall Ihre Chancen genau abwägen und dann die richtige Vorgehensweise wählen.

8.4.1   Schlichten statt Richten

Die nachfolgenden Gründe für eine Schlichtung sollten Sie erst einmal durch den Kopf gehen lassen, bevor Sie eine starre Angriffsposition einnehmen:

>> Oft der bessere Weg: »Schlichten statt Richten«.

>> Schlichten kann mehr Frieden schaffen als Richten.

>> Schlichten kann Konflikte umfassender lösen.

>> Schlichten können Menschen und Fachleute, richten nur Juristen.

>> Schlichten spart Zeit und Geld.

>> Schlichten wahrt Ihre Geheimnisse.

Wenn der leider meist nicht übliche, in Bagatellfällen aber immer zu empfehlende Austausch zwischen Geschädigtem und Gegner per Gespräch oder E-Mail nicht zum Erfolg führt, muss man mit einer Abmahnung beginnen.

8.4.2   Die Abmahnung

Durch eine Abmahnung wird eine Rechtsverletzung angezeigt. Sie dient dazu, ein gerichtliches Verfahren zu vermeiden. Es handelt sich dabei um ein Instrument, Unterlassungsansprüche außergerichtlich durchzusetzen. Dem Abgemahnten wird die Gelegenheit gegeben, auf die Abmahnung zu reagieren und dadurch ein gerichtliches Verfahren abzuwenden.

Abmahnungen sind für jeden Bereich zivilrechtlicher Unterlassungsansprüche einsetzbar. Hauptsächlich kommen Abmahnungen aber im Wettbewerbsrecht und im gewerblichen Rechtsschutz zum Einsatz.

Eine Abmahnung muss nicht unbedingt von einem Rechtsanwalt ausgesprochen werden. Der Abmahner kann sie selbst aussprechen. Doch die Rechtslage ist oftmals komplex, so dass der in seinem Recht Verletzte möglichst einen Anwalt mit der Abmahnung beauftragen sollte.

Es muss erkennbar sein, wer eigentlich abmahnt, und der vorgeworfene Rechtsverstoß muss hinreichend genau bezeichnet sein. Des Weiteren muss zur Abgabe einer strafbewehrten Unterlassungserklärung aufgefordert werden. Wichtig ist dabei, dass Sie vom Gegner eine Vertragsstrafe für den Fall eines weiteren Verstoßes fordern.

Was kostet eine Abmahnung?

Gemäß § 12 Abs. 1 UWG sind Anwaltskosten für eine berechtigte Abmahnung wie in anderen Fällen auch erstattungspflichtig, das heißt, wenn Sie obsiegen, muss Ihr Gegner die Anwaltskosten übernehmen. Diese richten sich nach dem so genannten Streitwert. Die Höhe des Streitwerts resultiert aus dem Interesse des Abmahners, das bedeutet, inwieweit dieser durch die Rechtsverletzung beeinträchtigt ist. Der Anwalt kann Sie in Ihrem Fall gut beraten und einen entsprechenden Gebührenrahmen festlegen. Vorsicht: Bei markenrechtlichen Abmahnungen kann es sehr teurer werden.

Das Hinzuziehen eines Anwalts, der ein günstiges Erstberatungsgespräch in Ihrem benötigtem Fachgebiet anbietet, ist ein sicheres Muss.

Die Kosten für die Erstberatung eines Verbrauchers sind auf max. 190,- Euro netto begrenzt.

Die Abmahnung – der Fehdehandschuh des Internets?

Jeder, der im Internet präsent ist, kann eine kostenpflichtige Abmahnung erhalten. Dabei spielt es keine Rolle, ob Sie ein kommerzielles Projekt oder eine private Webseite betreiben, ja selbst ein Inserat bei eBay reicht aus. Der Markt ist in der heutigen Zeit stark umkämpft. Jede Firma kämpft um einen noch größeren Kundenstamm, und dabei werden teilweise Mittel eingesetzt, die dem Wettbewerbsrecht widersprechen.

Aber auch bei der Erstellung von privaten und kommerziellen Webseiten ist Vorsicht geboten: Oft werden fremde Inhalte einfach von anderen bestehenden Seiten kopiert und in das eigene Projekt eingebunden und dadurch Urheberrechte verletzt.

Auch Internetprovider, die lediglich den Webserver-Plattenplatz zur Verfügung stellen, werden häufig für die Inhalte ihrer Kunden verantwortlich gemacht, auf die sie keinen direkten Einfluss haben.

Die Konsequenz daraus ist, dass viele Betroffene oft ungerechtfertigt abgemahnt werden. Bei Abmahnungen im Internet geht es häufig nicht um Rechtsverteidigung, sondern vielmehr um Gewinnerzielung. Der Abmahner sucht sich gezielt Webseiten heraus, die wettbewerbswidrig oder rechtswidrig sind, um sie gewinnbringend abzumahnen. Ein unvollständiges Impressum auf einer Webseite bietet eine solche Angriffsplattform. Im Internet stehen Sie eben mit der ganzen Welt im Wettbewerb.

Unberechtigte Abmahnung

Haben Sie eine Abmahnung erhalten, die Sie für absolut unberechtigt halten, dann können Sie eine so genannte negative Feststellungsklage erheben. Der Abgemahnte kann dann vor einem Gericht klären, dass dem Abmahner kein Anspruch auf Abgabe einer entsprechenden Unterlassungserklärung zusteht. Die Beweislast liegt dabei allein beim Abmahner.

Tipp ...... *Bei einer unberechtigten Einstweiligen Verfügung: Haben Sie eine Einstweilige Verfügung zu Unrecht erhalten, können Sie Widerspruch einlegen und Schadensersatz geltend machen.*

Massenabmahnung

Eine so genannte Massenabmahnung zielt nur auf Gewinn durch Gebühren für den abmahnenden Anwalt hin. Kann der Abgemahnte beweisen, dass es sich hierbei um eine unberechtigte Massenabmahnung handelt, besteht kein Anspruch auf Abgabe einer Unterlassungserklärung.

Berechtigte Abmahnung

Wenn der in der Abmahnung enthaltene Vorwurf stimmt, sollten Sie trotzdem zuerst prüfen, ob die vorgeschriebene Form eingehalten wurde. Damit eine Abmahnung wirksam ist, muss sie folgende Punkte enthalten:

>> Genaue Angaben über den Abmahner

>> Genaue Bezeichnung des Rechtsverstoßes

>> Aufforderung zur Abgabe einer strafbewehrten Unterlassungserklärung

>> Fristsetzung zur Reaktion des Abgemahnten

>> Androhung von gerichtlichen Schritten, falls die Frist ohne Reaktion verstreicht

Wenn Sie die Möglichkeit haben, sollten Sie die Angelegenheit mit Ihrem Anwalt auf Richtigkeit in der Sache durchsprechen. Ansonsten empfehlen wir Ihnen, dass Sie unter Einhaltung der gesetzten Frist reagieren, da sonst die Kosten auf ein fünffaches ansteigen können. Auch bei einer Abmahnung gilt: Der Verlierer trägt alle Kosten!

Tipp ...... *Bei einer berechtigten Einstweiligen Verfügung: Ein Abschlussschreiben darf frühestens einen Monat nach dem Erlass der einstweiligen Verfügung zugestellt werden. Wenn Sie als berechtigt Abgemahnter gegnerische Anwaltskosten sparen möchten, können Sie die Abschlusserklärung noch vor dem Verfassen des Abschlussschreibens durch den Abmahner abgeben. In der Abschlusserklärung erkennen Sie die Einstweilige Verfügung als endgültige Regelung an.*

8.4.3   Die Unterlassungserklärung

Jeder Abmahnung sollte eine so genannte Unterlassungs- und Verpflichtungserklärung beigelegt werden. In einer derartigen Erklärung macht der Abgemahnte deutlich, ein bestimmtes Verhalten zukünftig zu unterlassen, und gleichzeitig verpflichtet er sich für den Fall der Zuwiderhandlung zur Zahlung einer Vertragsstrafe. Im Klartext heißt das, wenn Ihre Abmahnung berechtigt war, wird der Abgemahnte die Unterlassungserklärung fristgemäß an Sie oder Ihren Anwalt per Fax oder Post zurückschicken, und er trägt dadurch die angefallenen Abmahngebühren. Zusätzlich verpflichtet er sich bei einem erneuten Vergehen zur Zahlung einer Strafe pro weiterem Verstoß.

Sendet der Abgemahnte die beigelegte Unterlassungs- und Verpflichtungserklärung nicht fristgemäß an Sie zurück, sollten Sie über Ihren Anwalt eine einstweilige Verfügung beantragen.

8.4.4   Die Einstweilige Verfügung

Die Einstweilige Verfügung ist eine vorläufige Entscheidung des Gerichts im Eilverfahren und dient der Sicherung eines nicht auf Geld gerichteten Anspruchs bis zur endgültigen Entscheidung. Sie ist in den Paragraphen 935 bis 942 der Zivilprozessordnung (ZPO) geregelt und soll den Anspruch auf einen bestimmten Gegenstand (§ 935 ZPO) oder den Rechtsfrieden (§ 940 ZPO) sichern.

Hat der Abgemahnte die Unterlassungs- und Verpflichtungserklärung nicht fristgemäß abgegeben, wird ihm durch eine Einstweilige Verfügung untersagt, weiterhin Verstöße zu begehen. Anstelle einer Vertragsstrafe werden bis zu 6 Monate Haft oder ein Ordnungsgeld bis zu 250.000 Euro verhängt.

Eine einstweilige Verfügung ist rechtlich nur wirksam und vollstreckbar, wenn sie an den generischen Anwalt oder durch einen Gerichtsvollzieher zugestellt wird.

Wird binnen einer gesetzten Frist keine Abschlusserklärung durch den Gegner abgegeben, gilt die einstweilige Verfügung als nicht akzeptiert, und es muss ein langatmiges Verfügungsverfahren mit anschließendem Hauptsacheverfahren zur weiteren Klärung angestrebt werden.

Ein Gericht erlässt eine Einstweilige Verfügung ausschließlich aufgrund des einseitigen Vortrags des Abmahnenden.

Ein Gericht prüft den Antrag des Abmahnenden zur Erwirkung einer Einstweiligen Verfügung allein im Hinblick auf Glaubwürdigkeit und nicht, ob der Antragsteller im Recht ist. Es prüft, ob die rechtliche Begründung hinreichend ist und ob ein der Angelegenheit angemessener Streitwert zugrunde liegt. In manchen Fällen wird geprüft (z.B. durch Recherche im Internet), ob das Verhalten des Abgemahnten, das vom Abmahnenden als Fehlverhalten angesehen wird, noch aktuell und akut ist.

Befürchten Sie den Erlass einer Einstweiligen Verfügung, können Sie vorab einen Schutzbrief bei Gericht hinterlegen. Dadurch teilen Sie dem Gericht schon im Vorfeld Ihre Sicht der Dinge zu dieser Angelegenheit mit und können nach Erhalt der Einstweiligen Verfügung mittels Widerspruch eine mündliche Verhandlung und Urteil erwirken.

Wenn Sie als Abgemahnter sich nicht der einstweiligen Verfügung unterwerfen und auf diese keine Reaktion zeigen, wird vom gegnerischen Anwalt ein Abschlussschreiben verfasst, für das weitere Anwaltsgebühren anfallen. Im Abschlussschreiben fordert der Abmahnende Sie auf, auf Rechtshilfe zu verzichten und die Auseinandersetzung damit endgültig zu beenden.

Reagieren Sie nicht auf das Abschlussschreiben, kann der Abmahnende Klage einreichen, und die Angelegenheit wird vor Gericht entschieden.

Ohne das Abschlussschreiben würde die Angelegenheit 6 Monate nach dem Erlass der Einstweiligen Verfügung verjähren. Wenn der Abmahnende nicht binnen dieser 6 Monate Klage erhoben hat und Sie sich als Abgemahnter nicht unterworfen haben, haben Sie das Recht, gegen die Einstweilige Verfügung Widerspruch aufgrund von Verjährung einzulegen.

8.4.5   Das Hauptsacheverfahren

Als Hauptsacheverfahren bezeichnet man im Zivilprozess das eigentliche Klageverfahren. Zur Unterscheidung stellt eine Einstweilige Verfügung ein Vorverfahren dar. Haben Sie als Kläger zur Sicherung Ihrer Ansprüche eine Einstweilige Verfügung erwirken können, kann Sie Ihr Gegner zur Erhebung der Klage im Hauptsacheverfahren zwingen. Über seinen Anwalt kann dieser eine bestimmte Frist zur Erhebung der Klage setzen lassen. Wenn Sie bis zum Ablauf dieses Ultimatums das Hauptsacheverfahren nicht angestrebt haben, verlieren Sie auch das gesamte vorangegangene Verfügungsverfahren, und Ihr Gegner kann die gleichen Behauptungen wieder ins Internet stellen.

Steht das Hauptsacheverfahren noch aus, ist das Verfahren also noch nicht abgeschlossen, muss erst einmal dessen Ausgang abgewartet und eventuell auch noch durch alle Instanzen gegangen werden. Das Hauptsacheverfahren kann sich durchaus über mehre Monate und sogar Jahre hinziehen, wobei sämtliche Gebühren aus dem Verfügungsverfahren nochmals anfallen können.

8.4.6 Die Klage

Die Klage ist die Verfahrenseinleitung im Zivilprozess und stellt einen Antrag auf eine gerichtliche Entscheidung durch den Kläger gegen den Beklagten dar. In einem Strafverfahren wird die öffentliche Klage von der Staatsanwaltschaft erhoben und als Anklage bezeichnet.

Bei einer Klage oder Anklage gegen Sie oder Ihre Firma sollten Sie immer einen Anwalt oder Fachanwalt konsultieren. Des Weiteren herrscht bei den Landgerichten und im Berufungsfall bei den Oberlandesgerichten Anwaltszwang. Wenn Sie zurzeit mittellos sind, können Sie beim zuständigen Gericht Prozesskostenhilfe beantragen, die Sie auch als Kläger beanspruchen können.

9

Die Tricks der Täter

KAPITEL 9
Die Tricks der Täter

Surfen und E-Mail-Versand im Schutz der Anonymität

Um gegen etwaige Angriffe gewappnet zu sein oder zumindest ein besseres Verständnis über die technischen Zusammenhänge zu erhalten, zeigen wir Ihnen, mit welchen Mitteln Täter vorgehen, um Ihr schändliches Tun zu verschleiern und nicht entdeckt zu werden.

Rufmord, Beleidigung und Verleumdung

Will jemand Unwahrheiten über Sie im Internet verbreiten, führt dies natürlich nur dann zum Erfolg, wenn diese Einträge auch von Suchmaschinen indiziert werden und dementsprechend in den Suchergebnisseiten auftauchen. Wie es die Täter schaffen, Ihre Schmierereien in Windeseile zu verbreiten, lesen Sie in diesem Abschnitt.

Techniken beim Datenklau

Damit man sich vor Datendieben effektiv schützen kann, muss man Ihre Vorgehensweisen und Ihre Tricks kennen. Wenn Sie diesen Abschnitt gelesen haben, werden Sie ein gesundes Misstrauen gegen so manches Angebot entwickeln, welches Ihnen per E-Mail ins Haus flattert.

Lockangebote

Der Ideenreichtum von Cyberkriminellen ist schier unerschöpflich. Kaum ein Monat vergeht, indem nicht mit einer neuen Masche versucht wird, Ihnen finanziellen Schaden zuzufügen. Lesen Sie hier über Tricks, Maschen und Vorgehensweisen der Täter.

>>>

9.1   Surfen und E-Mail-Versand im Schutz der Anonymität

Bei Aktivitäten im Internet fühlen sich viele Benutzer sicher und anonym. Aber diese Sicherheit und Anonymität ist trügerisch. Ohne entsprechende Schutzmaßnahmen erfährt der aufgerufene Zielrechner die IP-Adresse, Browser-Informationen, Cookies oder die zuletzt besuchten Seiten des Benutzers.

Aber das Internet bietet für Online-Kriminelle eine Vielzahl von Möglichkeiten, unentdeckt zu bleiben. Im Schutze der Anonymität kommen die meisten ungestraft davon. Die Hauptangriffsfläche bietet die verräterische IP-Adresse des eigenen Computers. Damit kann die Polizei oder Staatsanwaltschaft den Übeltäter oftmals ermitteln und zumindest das »Corpus Delicti«, also den Computer, sicherstellen. Aber auch diese riskante Schwachstelle lässt sich oft aushebeln.

9.1.1   Gefahren im Internetcafé

Ein Internetcafé, auch Cybercafé genannt, wird von vielen aufgesucht, die zu Hause keinen Computer haben oder sich gerade im Urlaub befinden. Dort kann man zum Beispiel kleine Bürotätigkeiten erledigen, seine E-Mails abrufen, Online Games spielen, CDs brennen und Dokumente ausdrucken. Ein Internetcafé bietet oft den idealen Schutz für Rufmörder und Online-Betrüger, da man sich anonym an einen Rechner setzen und unbeobachtet in aller Ruhe sein kriminelles Vorhaben erledigen kann. Einer gezielten Rufschädigung oder Beleidigung steht nun nichts mehr im Wege.

Postet der Täter nun fleißig seine Unwahrheiten in Foren und Blogs, wird bei einer späteren Strafverfolgung lediglich das Internetcafé ermittelt, und dies befindet sich sicherlich nicht in der gleichen Stadt, in der vielleicht ein Verdächtiger seinen Wohnsitz hat. Außerdem ist es nicht auffällig, dass man sich dort auch etwas länger aufhält.

Während sich moderne Internetcafés in Europa und den USA fast ausschließlich nur für Rufmörder eignen, da sie die Installation von fremder (Schad-)Software nicht zulassen, bieten so genannte »Zweite Welt Länder« einen offenen Computerpark, auf dem man so ziemlich alles installieren kann, was man für seine illegalen Vorhaben braucht. Das Spektrum reicht von Spam-Software, Spionagesoftware bis hin zu Programmen für Denial of Service (DoS)-Attacken.

9.1.2 Anonymizer

Ein so genannter Anonymizer (englisch für Anonymisierer) ist ein System von Webservern, das Benutzern hilft, ihre Anonymität im Sinne von Datensicherheit und Datenschutz im Internet zu wahren.

Ein Anonymizer verwischt absichtlich die Spuren des Surfers, indem er die Anfragen (engl. Requests) des eigenen Browsers an den Zielrechner durch viele dazwischen geschaltete Server, so genannte Proxies, leitet. Da nun der Proxy anstelle des Ursprungsrechners mit dem Zielrechner verbunden ist, kann die Verbindung nicht ohne Weiteres zurückverfolgt werden. Dies funktioniert allerdings nur, wenn der Proxy-Server anonym ist und nicht wie ein regulärer Proxy dem Zielrechner mitteilt, dass die Anfrage von einem Proxy kommt und welcher Client anklopft.

Surfen mit der Tarnkappe

Damit die Verbindung zwischen dem Anonymizer und dem Internetnutzer nicht »belauscht« werden kann, kommunizieren beide über eine sichere Verschlüsselung. Viele Anonymisierer nutzen das SSL- oder SOCKS-Protokoll und können daher mit allen erdenklichen Internet-Anwendungen verwendet werden.

Der Effekt dabei ist, dass der Internetbenutzer als einzige Spur die IP-Adresse der Anonymizer-Server hinterlässt. Der Zielrechner kennt in diesem Fall nur die IP-Adresse des zuletzt verwendeten anonymen Proxies, auch Exit-Server oder Exit-Knoten (engl. exit node) genannt. Der Täter bleibt so in den meisten Fällen unerkannt. Wartet die Polizei aber gezielt auf eine geplante Aktion, kann der Anonymizer-Anbieter im Vorfeld informiert und so über eine Art Fangschaltung die IP-Adresse des Übertäters ermittelt werden. Der Erfolg des Täters hängt davon ab, dass mindestens einer der Proxy-Server vertrauenswürdig ist und die Strafverfolgungsorgane nicht schon vor der Verbindung den Anfangs- und Endpunkt überwachen. Ein solcher Aufwand lohnt freilich nur bei der Bekämpfung großer Kapitalverbrechen oder gar Cyberterrorismus.

Der Markt bietet eine Fülle von Programmen an, die anonymes Surfen zum Schutz der Privatsphäre des Internetnutzers gewährleisten sollen:

TOR setzt wie alle anderen Anonymizer-Programme die Installation eines Client-Programms voraus, der sich bei Programmstart mit dem TOR-Netzwerk verbindet und eine Liste von aktuell verfügbaren TOR-Servern herunterlädt. Anschließend baut es eine zufällige Verbindung zwischen drei TOR-Servern auf, von denen jeder nur den Vorgänger- und den Nachfolger-Server kennt.

Abbildung 9.1: Quelle: https://tor.eff.org/overview.html.de, 20.09.2007

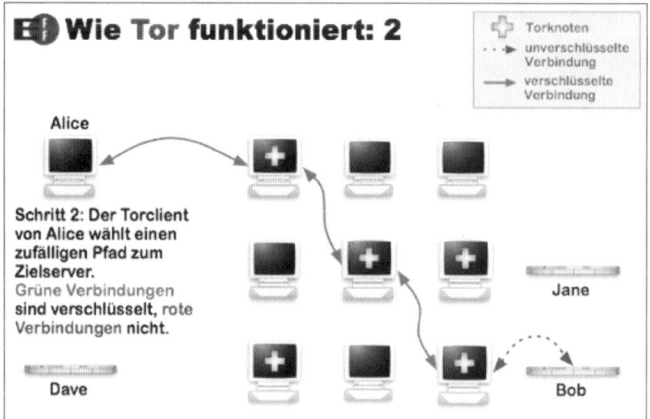

Abbildung 9.2: Quelle: https://tor.eff.org/overview.html.de, 20.09.2007

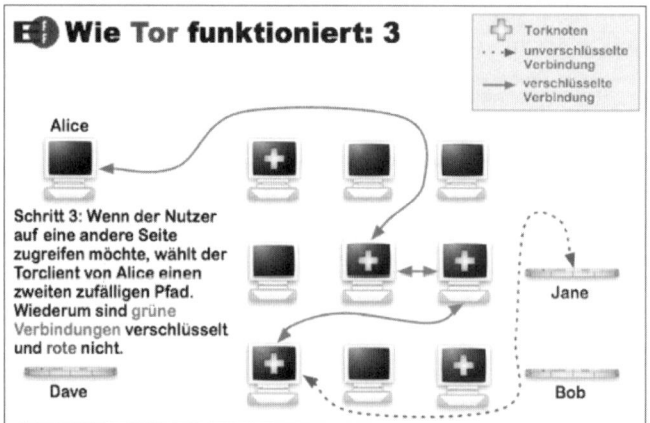

Abbildung 9.3: Quelle: https://tor.eff.org/overview.html.de, 20.09.2007

```
https://tor.eff.org/
```
TOR – The Onion Router (zu Deutsch: »Der Zwiebel-Router«)

WWW ......

Ein weiterer Web-Anonymizer ist der Jave Anon Proxy (JAP):

```
http://anon.inf.tu-dresden.de/index.html
```
Jave Anon Proxy (TU Dresden)

9.1.3 Schwarzsurfen über WLAN

Offene Drahtlosnetzwerke bieten Rufmördern und Online-Betrügern alles, was das Herz begehrt.

So genanntes »Drive by Surfing« macht es möglich. Der Täter fährt mit dem Auto dicht bewohnte Stadtviertel ab und sucht sich mit seinem Laptop oder Pocket-PC ein offenes WLAN. Schnell noch eine Parklücke gefunden, und schon kann es losgehen.

Hat man sich erst einmal über das fremde WLAN mit dem Internet verbunden, kann man fröhlich illegale Inhalte downloaden, Spammen, Webseiten hacken und Rufmord betreiben. Das Beste dabei ist, dass die Polizei im schlimmsten Fall den nichts ahnenden Besitzer des offenen WLANs ermittelt, der dadurch viel Ärger bekommt. Der Hotspot-Betreiber muss dann erst einmal beweisen, dass er von den illegalen Machenschaften über seinen WLAN-Router durch Dritte nichts gewusst hat. Wie Sie Ihr WLAN sicher machen, erfahren Sie im Kapitel 4.6.1.

Der Hotspot-Betreiber haftet nicht für User

§§§ ......

Aber für den Betreiber eines privaten öffentlichen Hotspots ist das Telemediengesetz (TMG) anwendbar, das den Betreiber eines offenen WLANs wie einen Teledienst behandelt. Das bedeutet, dass man nicht für Inhalte oder Aktivitäten verantwortlich ist, die andere Internetnutzer auf ihren Computer laden oder veranlassen. Das gleiche gilt auch für unberechtigte Schwarzsurfer. Dieser Punkt ist aber rechtlich noch stark umstritten, da nach wie vor eine Störerhaftung und auch Unterlassungsansprüche nach § 1004 BGB in Betracht kommen.

Falls Sie unterwegs ins Internet müssen, stehen Ihnen in vielen Städten kostenlose oder gebührenpflichtige Hotspots zur Verfügung.

Tipp ......

```
http://www.hotspot-locations.de
```
Weltweites Verzeichnis von Hotspots

WWW ......

```
http://www.cafespots.de
```
Cafés mit kostenlosen WLAN-Hotspots in Deutschland

Offene Drahtlosnetzwerke bieten des Weiteren die Möglichkeit, den DSL-Router zu hacken und die Konfiguration des Routers für Pharming-Zwecke zu manipulieren. Deswegen nennt man diese kriminelle Handlung auch Drive-by Pharming.

9.1.4   E-Mail-Anonymisierer

Verschickt man eine E-Mail über das Internet, werden Informationen über den Ausgangspunkt, den Bestimmungsort und die zurückgelegte Strecke im Header (englisch für Kopf) der Nachricht mitgeschickt. Dadurch kann der Ursprungsort über die IP-Adresse ermittelt werden. Und genau das wollen Rufmörder und Spammer vermeiden.

Seit Kurzem gibt es Angebote im Web, die das Ausradieren der E-Mail-Header-Information gewerblich oder kostenlos anbieten. Wir haben das Thema Remailer schon ausführlich in Kapitel 3.2.1 besprochen.

Ein Remailer ist ein Computerdienst, der eine E-Mail entpersonalisiert. Mit seiner Hilfe kann man E-Mails verschicken oder in eine Usenet-Newsgruppe posten, ohne dass der Empfänger den Namen oder die E-Mail-Adresse des Absenders herausbekommt.

Die Entwickler von Remailern stützen sich auf die Privatsphäre und das Recht auf freie Meinungsäußerung eines jeden Menschen, doch wirkt diese Begründung etwas dünn gegenüber dem Schaden, den diese Serviceangebote anrichten können.

So funktioniert ein Remailer

Der Versender schickt seine E-Mail an einen Remailer. Dort werden alle relevanten Daten aus dem Header der E-Mail, aus denen man Rückschlüsse auf den Absender ziehen könnte, entfernt. Manchmal werden auch falsche Header-Informationen hinzugefügt.

Dann wird die E-Mail an weitere Remailer weitergeleitet und abschließend zeitverzögert dem eigentlichen Empfänger zugestellt. Wurde der Header einer E-Mail erst einmal verfälscht oder gar gelöscht, kann man den Absender nicht mehr ermitteln. Ein wahrlich paradiesischer Service für Spammer und andere Dunkelmänner des Internets.

9.1.5   Bot-Netze

Ein Bot-Netz (die Kurzform von Roboter-Netzwerk), auch Zombie-Farm genannt, ist ein Zusammenschluss von mehreren gekaperten Computern, die via Fernadministration massenhaft kriminelle Aktionen ausführen können. Durch Trojaner wird die Kontrolle über fremde Computer erlangt, indem Sie diesen infizieren und dann auf Anweisungen warten.

Eine zufällig heruntergeladene und geöffnete Datei oder ein geöffneter E-Mail-Anhang können die Ursache dafür sein, das Fremde die Kontrolle über Ihren Rechner erreichen. Ein so genannter Trojaner installiert sich heimlich auf Ihrem Rechner und lässt sich von nun an ferngesteuert für kriminelle Zwecke benutzen. Der Übeltäter kann dann mit Ihrem Computer das Gleiche anstellen wie mit seinem eigenen, nur dass zu Ihrem Nachteil überall Ihre IP-Adresse hinterlassen wird.

Ein solches Schadprogramm startet sich bei jedem Neustart neu und meldet dann dem Täter über das Internet, dass Ihr Rechner einsatzbereit ist. Dabei wird Ihre aktuelle IP-Adresse übermittelt, über die der Hacker dann Zugriff auf Ihren Computer erlangt. Somit kann der Cracker dem Programm Befehle erteilen, dies es bereitwillig und unauffällig ausführt. Ist jemand im Besitz mehrerer solcher Ghost-Rechner, kann er zum Beispiel gebündelte Denial of Service-Attacken durchführen und dadurch Webserver für eine gewisse Zeitspanne überlasten und offline stellen. Deren Webdienst ist dann für einige Zeit nicht mehr erreichbar.

Des Weiteren kann er einen Massen-E-Mail-Versand und andere illegale Aktionen wie das Ausspähen persönlicher Daten durchführen. Erst wenn Sie den Computer ausschalten, wird auch die Verbindung mit dem Hacker getrennt. Aber morgen ist ja auch noch ein Tag.

Wie wird aus meinem PC ein Zombie-Rechner?

Abbildung 9.4: Copyright by Panda Software, 2007.

WWW . . . . .

Alle Computer-Nutzer können auf der neuen Panda Software Website »Infected or Not?« anhand eines kostenfreien Online-Scans innerhalb kürzester Zeit feststellen, ob ihre Systeme infiziert sind oder nicht.

www.infectedornot.com

Weitere Online-Virenscanner finden Sie z.B. unter

www.kaspersky.com/de/scanforvirus

Virenscan von Kaspersky Lab

Der Backdoor-Trojaner SubSeven

Der wohl berühmteste Trojaner ist der so genannte SubSeven. Wir haben hier absichtlich ein älteres Beispiel für ein trojanisches Pferd ausgewählt, das schon seit langem von allen Virenscannern erkannt wird. Bei SubSeven, auch Backdoor-G genannt, handelt es sich um ein Trojaner-Programm, welches einem Hacker ermöglicht, auf ein fremdes System zuzugreifen. Der Programmumfang besteht aus einem Server- und einem Client-Programm, welches zur Fernadministration von Computern in einem Netzwerk eingesetzt werden kann. Mithilfe des Client kann ein Hacker in ein mit der Serverkomponente infiziertes System eindringen.

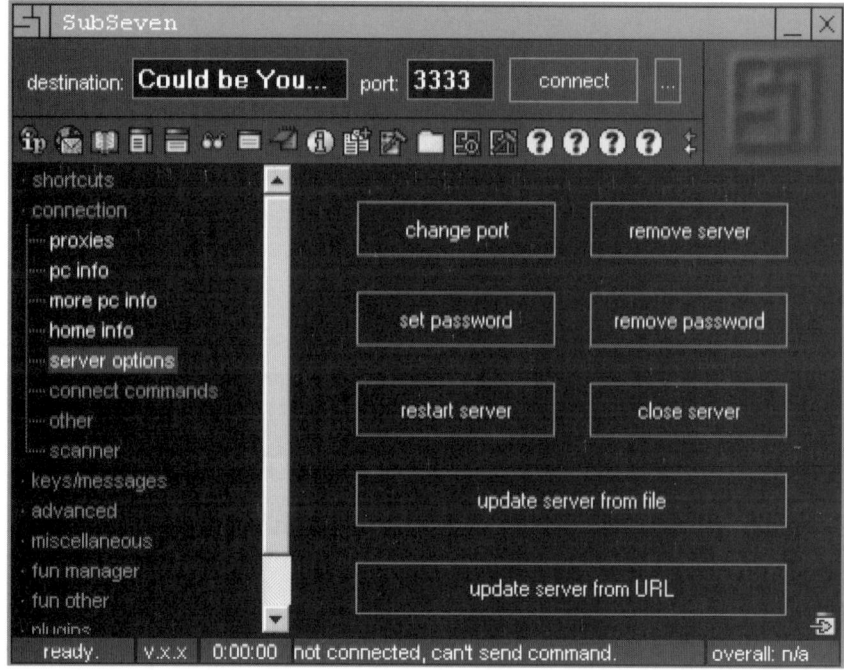

Abbildung 9.5: SubSeven – Backdoor-G

Zu dem höchst kriminellen Funktionsumfang besitzt er aber auch ein paar Spaßfunktionen, die jedoch sehr deutlich machen, wie viel Macht er über einen gekaperten Computer besitzt: Einmal installiert, kann der fernsteuernde Rechner zum Beispiel das CD-ROM-Laufwerk wie von Geisterhand öffnen und schließen, die Maussteuerung umkehren und den Bildschirm auf den Kopf stellen.

Wichtige Tipps rund um das Thema Sicherheit und Trojaner finden Sie auf folgender deutscher Trojaner-Webseite:

www......

http://www.trojaner-info.de

9.1.6 Anonymes Hosting

Die Zahl der Anbieter von so genanntem anonymem Hosting und anonymer Domain-Registrierung hat in den letzten Jahren stark zugenommen. Anonym bedeutet, dass der Provider seinen Namen anstelle des eigentlichen Inhabers einer Domain und Webseite einträgt oder dafür einen Strohmann verwendet. Anonymes Hosting wird für die unterschiedlichsten Anwendungsgebiete verwendet.

Rufmörder oder Kritiker von heiklen Themen benutzen diese Services, um die Impressumspflicht zu umgehen und dadurch unerkannt zu bleiben. Dubiose Online-Händler verkaufen darüber ihre illegalen Waren, und Hacker streuen damit ihre Spionageprogramme unter das Volk. Es gibt Hosting-Anbieter, die anonymes Hosting mit völlig anonymen Zahlungsmethoden anbieten.

Da geht es dann nur noch um die Rückverfolgbarkeit der IP, über diese der Täter auf den Webspace zugreift. Und da tragen bar bezahlte Internetcafés und WLAN-Hotspots zur Verschleierung bei. Bei einer Kombination von anonymem Hosting, anonymer Domain-Registrierung unter der Verwendung von anonymen Zugriffsmethoden haben Strafverfolgungsorgane so gut wie keine Chance. Jedenfalls nicht nachträglich.

Weitere Informationen zu diesem Thema finden Sie im Kapitel 3.1.1.

Tipp......

9.2 Rufmord, Beleidigung und Verleumdung

Will jemand Unwahrheiten über Sie im Internet verbreiten, führt dies natürlich nur dann zum Erfolg, wenn diese Einträge von Suchmaschinen auch indiziert werden und dementsprechend in den Suchergebnisseiten auftauchen. Oft aber werden auch Dateien ins Internet überspielt und der entsprechende Bekanntenkreis des Opfers per E-Mail informiert.

9.2.1   Auswahl von bekannten Webseiten

Rufmörder suchen sich für ihre Taten große bekannte Internetportale aus, da diese bei den Suchmaschinen bereits einen hohen Stellenwert haben. Das heißt im Klartext, dass diese Portale zum Beispiel bei Google einen hohen PageRank besitzen und dadurch ihre Inhalte weit vorne in den Suchergebnisseiten auftauchen. Der PageRank einer Seite ist vergleichbar mit ihrer Wertigkeit, und Google indiziert neue Inhalte einer Webseite schneller, wenn der PageRank höher ist.

Google besucht die Webseite dann öfter und intensiver als Seiten mit einem niedrigen PageRank. Der Rufmörder muss lediglich seine Lügen in große Foren und Blog-Portale eintragen, und die Suchmaschinen übernehmen dann automatisch den Rest. In der Kombination von bekannten Internetadressen mit anonymem Hosting und Internetcafés kann ein aggressiver Rufmörder unerkannt und erfolgreich seinem gemeinen Vorhaben nachgehen und großen, flächendeckenden Schaden anrichten.

9.2.2   Veröffentlichung von peinlichem oder obszönem Material

Rufmörder verwenden für ihre Schandtaten gerne sämtliches Material, welches ihnen zur Verfügung steht. Peinliches oder sogar obszönes Bild- und Videomaterial von dem Opfer sind dabei sehr wirkungsvoll. Einmal in das Internet überspielt, ist das Material in wenigen Minuten im regionalen Online-Magazin oder bei YouTube zu bestaunen. Sehr zum Leidwesen des Betroffenen.

Dieses für andere »amüsante« Material wird gerne kopiert und weiterverbreitet, und es wird dadurch sehr schwierig bis unmöglich, eine vollständige und dauerhafte Löschung zu bewirken.

Sind Sie persönlich auf dem veröffentlichten Material zu sehen, machen Sie unbedingt von Ihrem »Recht am eigenen Bild« Gebrauch. Weiterführende Hinweise zu diesem Thema finden Sie im Kapitel 3.4.

Wesentlich gemeiner ist allerdings die Veröffentlichung von Bildern und Videos, die den Betroffenen nicht wirklich zeigen, aber man könnte annehmen, dass es sich um diesen handelt.

Der Rufmörder schickt dann nur noch eine E-Mail an alle Bekannten des Opfers mit dem Inhalt: »Schaut Euch mal dieses Bild oder Video von xyz an ...«, und diese denken sich dann ihren Teil. Und glauben Sie uns, wenn die abgebildete Person Ähnlichkeiten mit Ihnen aufweist, haben Sie ein großes Problem. Fotomontagen und Videoschnitt, wie man es bei gefakten Prominentenbildern und -videos im Internet kennt, lassen häufig den gewollten Trugschluss zu. Schnell noch den Ton eines Urlaubsvideos, (auf dem z.B. Gelächter zu hören ist) über das Video gelegt, und die Illusion ist perfekt.

Dagegen vorzugehen ist sehr schwierig, da Sie ja nicht wirklich auf dem Bild zu sehen sind. Es handelt sich dabei um eine vorsätzliche Irreführung Ihres Bekannten-Kreises, um Sie schlecht dastehen zu lassen. Auf jeden Fall würden wir Ihnen empfehlen, Ihr Recht am eigenen Bild (auch wenn es nicht stimmt) durchzusetzen und jedes Portal zur sofortigen Löschung aufzufordern. Des Weiteren senden Sie ebenfalls eine E-Mail an Ihre Freunde und Bekannten mit einer entsprechenden Richtigstellung.

Ist Ihnen der Täter bekannt, zögern Sie nicht, ihn anzuzeigen. Wenn er überführt werden kann, wird dies eine sehr teure Angelegenheit für ihn. Denn wenn er die Dateien nicht vollständig aus den Internet entfernt (was sehr schwierig sein kann), werden ihn die Geldbußen für jede weitere Zuwiderhandlung in den Bankrott stürzen.

Tipp . . . . . .

Der nachfolgende Fernsehbeitrag von Frontal 21/ZDF beschäftigte sich mit dem Thema »Rufmord im Internet«:

```
http://www.zdf.de/ZDFde/inhalt/29/0,1872,3979293,00.html
```

9.3 Techniken beim Datenklau

Der Diebstahl von persönlichen Daten kann auf unterschiedlichste Art und Weise erfolgen.

Beim Versuch, betrügerisch an fremde Benutzerdaten, Passwörter, Bank- und Kreditkartendaten zu kommen, verlassen sich die Täter nicht nur darauf, dass sie an leichtgläubige Opfer geraten. Sie arbeiten auch mit einer ganzen Reihe von technischen Tricks.

Während man beim Phishing auf den Computerlaien wartet, geht es beim Pharming schon um nicht leicht zu durchschauenden Dauerbetrug. Selbst wenn Sie großen Wert auf die Sicherheit Ihrer persönlichen Daten legen, können diese in fremde Hände gelangen.

Gar unschuldig abgezockt wird man, wenn ein Hacker Ihre Daten von einem großen Webportal stiehlt und Sie eigentlich nichts falsch gemacht haben. Der nachfolgende Punkt beschreibt die Methoden, die beim Datenklau eingesetzt werden.

9.3.1 Phishing-Mails im HTML-Format

Beim Versuch des Datendiebstahls werden oftmals E-Mails im HTML-Format verwendet. Hierbei wird absichtlich die gleiche Technik verwendet, mit der man Webseiten erstellt. Dadurch können Täter Firmenlogos und Grafiken der vorgetäuschten Banken oder Firmen wie zum Beispiel Sparkasse,

Volksbank Deutsche Bank, eBay oder 1&1 in der E-Mail verwenden und die Links auf die gefälschten Webseiten vorgetäuscht werden. Wird jetzt noch zusätzlich die Absenderadresse gefälscht, sieht so eine E-Mail auf den ersten Blick täuschend echt aus. Der unbedachte User könnte glauben, dass es sich wirklich um eine E-Mail eines seriösen Unternehmens handelt.

Tipp ...... *Weitere Informationen zu diesem Thema finden Sie im Kapitel 4.1.3.*

9.3.2   URL-Spoofing

URL-Spoofing ist eine im World Wide Web angewandte Methode, um dem User einer Internetseite in betrügerischer Absicht die tatsächliche Webadresse der Seite zu verschleiern.

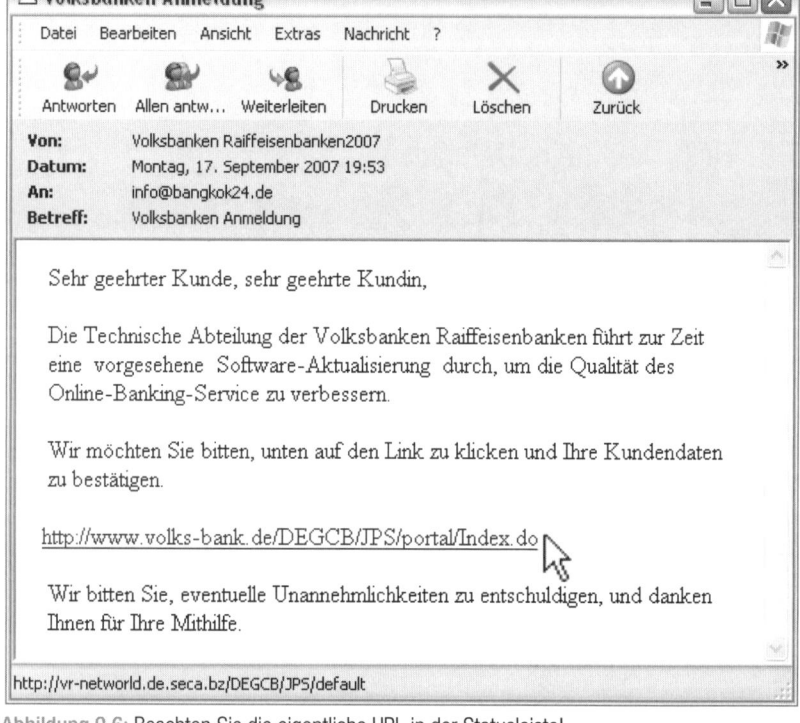

Abbildung 9.6: Beachten Sie die eigentliche URL in der Statusleiste!

Im Zusammenhang mit Phishing-Betrug nutzen die Täter in Form des so genannten URL-Spoofings häufig die Unachtsamkeit der Internetnutzer aus. Dem User wird dabei ein gefälschter Link zu einer Internetadresse angeboten. Dieser Link führt nicht, wie es der ahnungslose User vermutet, zu der gewünschten Webseite, sondern zur gefälschten Internetseite des Täters.

9.3.3 Pharming

Im Zusammenhang mit Phishing wird auch sehr häufig der Begriff Pharming genannt. Pharming ist eine gezielte Manipulation Ihres Computers. Dabei wird auf Ihren Rechner heimlich ein so genanntes Schadprogramm (englisch Malware) eingeschleust, das die hosts-Datei verändert. Die Datei hosts ist eine Textdatei, die Ihr Computer für die Zuordnung von Webadressen verwendet.

Beim Pharming wird diese Datei manipuliert und verändert. Dadurch werden Sie bei der Eingabe einer bestimmten Internetadresse in Ihren Browser auf eine gefälschte Seite umgeleitet. Das gefährliche dabei ist, dass Sie das meistens nicht bemerken und dadurch auf fremden Webseiten Ihre persönlichen Daten eingeben.

Weitere Informationen zu diesem Thema finden Sie im Kapitel 4.1.3.

`Tipp......`

9.3.4 Gratissoftware (Scherzprogramme)

Vorsicht beim Download von so genannter Gratissoftware. Ein kleine hilfreiche Anwendung oder eine lustige Animation zur Erheiterung des grauen Büroalltages hat schon so manches Schadprogramm heimlich installiert. Ein niedlich aussehender animierter Vogel sucht leidenschaftlich auf Ihrer Festplatte nach Ihren Bankdaten und sendet diese bereitwillig über Ihre Internetleitung in die Tschechei oder nach Russland.

Deutsche, Österreicher und Schweizer sind besonders interessant, denn es ist einschlägig bekannt, dass deutschsprachige Computer mit älteren Betriebssystemen manchmal die Bankverbindungsdaten unverschlüsselt enthalten.

Wenn Sie unbedingt Gratissoftware herunterladen müssen, dann tun Sie dies bitte bei bekannten Download-Portalen, die ihre Angebote auf Viren und andere Schadprogramme überprüfen, bevor sie sie den Usern zum Download anbieten. Überprüfen Sie trotzdem sicherheitshalber jede Software vor der Installation mit Antiviren-Programmen.

`Tipp......`

9.3.5 Hacken von großen Datenbanken

Warum lange mit dem Wurm an der Angel auf einen Fisch warten, wenn man doch auch mit Dynamit fischen kann?

Was gäbe es für einen Hacker Schöneres als eine ungeschützte oder geknackte eBay-Datenbank mit den Kontoverbindungen oder Kreditkartendaten sämtlicher User? Während die einen beim Phishing mit Ihren Ködern auf unbeholfene Internetnutzer lauern, versuchen sich andere gleich an den großen Fischen: dem Hacken von großen Verbraucherdatenbanken. Fällt einem Hacker eine solche Datenbank inklusive Konto- und Kreditkartendaten in die Hände, hat er für den Rest seines Lebens ausgesorgt.

Er kann dann je nach seinen Fähigkeiten die Daten selbst kriminell missbrauchen oder diese gewinnbringend anderen Betrügern weiterverkaufen. Aus diesen Gründen werden an große Verbraucherportale sehr hohe Sicherheitsansprüche gestellt. Zum Beispiel dürfen Konto- und Kreditkartendaten nicht lange auf dem Webserver im Internet verweilen, sondern müssen schnellstmöglich über eine sichere Verbindung in das Backoffice übertragen werden.

Kleiner Shop,
kleine Sicherheit?

Während große Anbieter wie eBay höchste Ansprüche an die Sicherheit stellen, sind viele kleinere E-Commerce-Portale oftmals nicht gegen Hackerangriffe gefeit. Unwissenheit oder Kapitalmangel gehen hier stark zu Lasten der Sicherheit, da eine Billigprogrammierung sehr viele Schwachstellen aufweisen kann und dadurch viele Angriffsflächen bietet. Der nachfolgende Punkt gibt Aufschluss über diese Problematik.

9.3.6   Ungesicherte Webseiten

Warum veröffentlichen Sie Ihre Kreditkarten- und Bankdaten nicht gleich in einer Zeitung?

Tausende von Internetshops bieten rund um die Uhr weltweit Waren und Services an. Doch viele dieser E-Commerce-Webseiten sind unencrypted (englisch für unverschlüsselt) und deshalb unsicher. Diese amateurhaften Anbieterseiten sind ein beliebtes Ziel bei Hackern.

»Unsichere«
Sicherheit

Viele Webseiten-Betreiber glauben nur, dass ihre Seiten für den Kunden sicher sind. Oftmals kommt es vor, dass das Formular, indem der User seine sensiblen Bank- oder Kreditkartendaten eingeben soll, noch in einem ungeschützten Bereich auf dem Webserver des Anbieters liegt. Das erkennt man an der im Browser angezeigten Webadresse, die lediglich mit »http://« beginnt.

Ebenfalls zeigt der Browser ein offenes Vorhängeschloss in der unteren Statusleiste an. Betätigt der User nach dem Ausfüllen des Formulars nun zum Beispiel die Schaltfläche »Bestellung abschicken« oder »Weiter«, wechselt der Browser durch den Aufruf der nächsten Seite in eine gesicherte »https://«-Verbindung.

Die über das Versenden aufgerufene Webseite nimmt nun die Daten entgegen und verarbeitet die Bestellung. Wenn Sie jetzt keinen Fehler beim Ausfüllen des Formulars gemacht haben, werden Ihre Daten anschließend korrekt SSL-verschlüsselt übertragen.

Doch falls Sie sich irgendwo vertippt haben und Sie eine Fehlermeldung erhalten (z.B. Benutzername schon vergeben), werden Sie von der verschlüsselten Webseite auf das unverschlüsselte Formular zurückgeleitet. Wenn dieses Formular jetzt bereits mit Ihren Daten vorausgefüllt ist, besteht hier ein hohes Sicherheitsrisiko, denn Ihre persönlichen Daten wurden von der gesicherten Seite ungesichert zur Formularseite übermittelt.

Daher sollte jeder Händler darauf achten, dass das Bestellformular bereits im gesicherten Bereich durch den User aufgerufen wird. Denn niemand ist vor Tippfehlern gefeit.

Achten Sie bei einem Kaufvorhaben immer darauf, dass eine entsprechende SSL-Verbindung aufgebaut wird, bevor Sie Ihre Daten übermitteln.

Tipp......

Eine sichere Verbindung erkennen Sie an folgenden Hinweisen:

>> Die Webadresse, die in Ihrem Browser angezeigt wird, beginnt mit »https://«.

>> Ihr Webbrowser zeigt ein geschlossenes Vorhängeschloss in der Statusleiste.

>> Überprüfen Sie immer das Sicherheitszertifikat einer Webseite auf Echtheit und Gültigkeit.

Abbildung 9.7: Garant für Sicherheit. Das geschlossene Schloss in der Browserzeile. (Quelle: `http://www.floracura.com/cms/info-de/ssl.php`, 20.09.2007)

9.3.7 Spähprogramme in Internetcafés

Cybercafés bergen immense Gefahren, vor allem im Urlaub. Online-Betrüger können auf Computern in weniger gut gesicherten Internetcafés Schadprogramme installieren, um zum Beispiel Ihre Tastatureingaben aufzuzeichnen und zu speichern. So genannte Keylogger-Programme sorgen dafür, dass sämtliche Eingaben an den Tastaturen mitprotokolliert werden können, Trojaner und Co. sind ebenfalls oft mit von der Partie und können Ihnen den Urlaub nachhaltig vermiesen.

Nachdem Sie Ihren Computerplatz im Internetcafé verlassen haben, setzt sich der Täter in aller Ruhe an diesen Rechner und kann dann sekundenschnell über die gespeicherten Dateien des Keyloggers alle Eingaben inklusive Benutzernamen und Passwörter auslesen. Wenn Sie sich zum Beispiel bei eBay eingeloggt hatten, kann dies der Täter jetzt ebenfalls mit Ihren Daten tun, anschließend Ihr Passwort ändern und Geschäfte in Ihrem Namen tätigen. Bis Sie wieder heimischen Boden betreten, kann da schon einiges an Schaden zusammengekommen sein.

Eine weit größere Gefahr stellt die Übermittlung Ihrer Tastatur-Eingaben in Echtzeit über das Internet an den Hacker dar. Dieser schießt dann beim Online-Banking nach der Eingabe von PIN und TAN Ihren Computer mit einem so genannten Ping of Death (englisch für Todes-Ping) ab, bevor Sie die Überweisung abschließen können. Anschließend loggt er sich in Ihr Online-Banking ein und überweist dank Ihrer PIN und TAN Ihr gesamtes Guthaben auf ein Konto seiner Wahl.

Online-Banking gehört nicht in ein Cybercafé!

Wenn Sie also im Urlaub eine dringende Überweisung tätigen möchten, machen Sie das auf keinen Fall in einem Internetcafé! Online-Banking und andere sensible Aktionen sollten Sie besser im Hotelzimmer mit dem Laptop oder im Business Center Ihres Hotels erledigen. Das ist zwar ein wenig teuer, aber Sicherheit geht nun einmal vor. Denn wenn Ihre PIN zusammen mit einer TAN einem Kriminellen in die Hände fällt, ist sicherlich nicht nur die Urlaubskasse weg.

Abbildung 9.8: Internetcafé in Thailand. Sicher ein »unsicheres Vergnügen«!

Seit der Einführung der neuen iTAN für Online-Banking funktioniert der oben genannte Trick nicht mehr, da Sie nicht mehr eine beliebige TAN eingeben können, sondern jedes Mal nach einer bestimmten iTAN gefragt werden. Aber dafür müssen Sie jetzt immer die vollständige iTAN-Liste mit in Ihren Urlaub nehmen, was sicherlich auch seine Nachteile hat.

Aber selbst bei der Verwendung einer iTAN ist man nicht vor Angriffen gefeit. So kann ein Täter sich z.B. durch eine »Man-in-the-middle-Attacke« in die Verbindung zwischen dem Kunden und der Bank einhacken und so die Zugangsdaten und die iTAN ausspähen.

Wenn Sie Ihre E-Mail bei einem Webmailer wie Yahoo, Googlemail oder Web.de in einem Internetcafé bearbeiten, vergessen Sie nie, sich abschließend auszuloggen. Nur so kann sichergestellt werden, dass niemand anderes Ihren E-Mail-Account missbraucht. Gegen einen Keylogger aber haben Sie nicht die geringste Chance.

Ausloggen kann Ärger ersparen

Begrenzen Sie im Urlaub Ihre Internet-Aktivitäten in einem Internetcafé auf ein Minimum.

9.3.8   Geschenkte Passwörter

Oft machen es unbedachte Internetnutzer den Hackern viel zu leicht. Um sich Passwörter besser merken zu können, benutzen viele ihren Namen oder einfache Wörter wie »Auto«, das Geburtsdatum oder lediglich »1111« oder »12345«. Meistens benutzen sie dann auch noch immer das gleiche Passwort. Das lässt ein Hackerherz höher schlagen! Solche Passwörter kann man in der Regel einfach mit einem so genannten Passwortknacker-Programm entschlüsseln. Diese Programme gehen eine vordefinierte Liste an Begriffen durch und versuchen ununterbrochen, das Passwort mit einem dieser Begriffe zu knacken.

Wenn bei Ihnen Sicherheit groß geschrieben wird, sollten Sie das auf jeden Fall auch bei der Wahl Ihrer Passwörter berücksichtigen. Nachfolgend finden Sie ein paar Tricks, um Ihre Passwörter sicherer zu machen:

>> Verwenden Sie immer längere Passwörter mit mindestens 8 Zeichen.

>> Verwenden Sie niemals Ihren Namen oder Ihr Geburtsdatum.

>> Verwenden Sie niemals ausschließlich Zahlen oder gängige Begriffe.

>> Speichern Sie Ihre Passwörter niemals in einer Datei auf Ihrem Computer ab.

>> Kleben Sie Ihr Passwort niemals an den Monitor oder unter die Tastatur.

>> Ändern Sie wichtige Passwörter regelmäßig.

Falls Sie noch ein älteres Betriebssystem wie Windows 95 oder Windows 98 verwenden, sollen Sie Folgendes wissen: Bei Windows 95 oder 98 werden Passwörter im Klartext in der Registry gespeichert, welche für jeden Benutzer dieses Rechners einsehbar ist. Sie sehen in diversen Dialogfeldern zwar lediglich »********«, aber ein Hacker kann unter Verwendung entsprechender Tools leicht Ihre Passwörter auslesen.

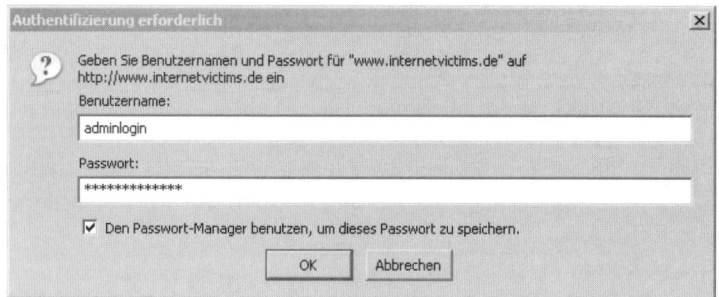

Abbildung 9.9: Windows 95 oder 98: Niemals »Passwort speichern« auswählen, sondern immer wieder neu eingeben!

9.3.9   Was passiert mit Ihren gestohlenen Bank- und Kreditkartendaten?

Wenn Ihre Kreditkartendaten gestohlen wurden, kann einiges auf Sie zukommen.

Der Täter kann jetzt diverse Produkte im Internet bestellen und diese zu einer von ihm bestimmten Adresse liefern lassen. Diese Positionen finden Sie dann auf Ihrem monatlichen Kontoauszug. In diesem Fall haben Sie noch Glück im Unglück, denn für Bestellungen, die Sie nicht getätigt haben, haftet Ihr Kreditkartenunternehmen oder Ihre Bank.

Wesentlich häufiger aber kommt es vor, dass die Täter nur kleine Beträge, wie zum Beispiel 4,90 Euro abbuchen. Dabei hoffen Sie darauf, dass dem Geschädigten der kleine Betrag nicht auffällt oder zu unwichtig erscheint, um der Sache sofort nachzugehen. Wenn man sich jetzt vorstellt, dass der Betrüger das vielleicht 5000 mal mit verschiedenen Kreditkartendaten macht, kommt da schon eine beträchtliche Summe zustande.

Gestohlene Kreditkartendaten haben außerdem einen sehr hohen Schwarzmarktwert. Deshalb werden diese Informationen gerne an andere Kriminelle weiterverkauft. Das hat zur Folge, dass schon nach kurzer Zeit viele verschiedene Betrüger zu Ihren Lasten Waren bestellen und Abbuchungen vornehmen.

Lassen Sie von Ihrer Bank oder Kreditkartenfirma eine Zweitkarte mit Limit von ein paar hundert Euro ausstellen, die Sie ausschließlich für Internetgeschäfte verwenden.

Denken Sie bitte immer daran: Je öfter Sie im Internet Ihre Kreditkarte verwenden, desto höher ist die Wahrscheinlichkeit, dass Ihre Daten irgendwann missbraucht werden.

9.4   Lockangebote

Im Internet kursieren Tausende von Angeboten, die Sie in eine kostspielige Falle locken wollen. Ganz gleich, ob per E-Mail-Werbung oder auf dubiosen Webseiten, überall will man Sie nur übers Ohr hauen und Ihnen Ihr hart verdientes Geld abnehmen.

Online-Betrug, bei dem überzeugend echt aussehende E-Mails oder Webseiten zum Einsatz kommen, wird zu einem immer größeren Problem im Internet. Der nachfolgende Punkt informiert Sie über die am häufigsten auftretenden Methoden der Internet-Betrüger und klärt Sie darüber auf, wie Sie diese durchschauen können.

9.4.1   Sie haben gewonnen!

Täglich flattern Tausende von Gewinnbenachrichtigungen in die elektronischen Postfächer der Verbraucher. Die Anschreiben sind auf Deutsch oder Englisch und versprechen Gewinne von mehreren Hunderttausend Euro. Kaum zu glauben, denn gerade wurde Ihre E-Mail Adresse per Computer als Hauptgewinn gezogen.

Und nicht nur Sie gehören zu den glücklichen Gewinnern, sondern alle anderen E-Mail-Empfänger ebenfalls. Doch gewonnen hat dabei niemand, denn diese E-Mails wurden von Online-Betrügern verfasst und weltweit in allen Sprachen verschickt. Diese Schreiben verwenden dabei häufig den Namen von wirklich existierenden Lotterien, um Sie damit hinters Licht zu führen.

Der Trick dabei ist, dass Sie Ihren Geldgewinn nur gegen eine Vorauszahlung für angebliche Vermittlungsprovisionen, Steuer oder Bankgebühren erhalten. Und haben Sie diese Vorauszahlung, die gerne einmal mehrere Tausend Euro betragen kann, geleistet, sind Sie auch schon um den gleichen Betrag ärmer, denn den versprochenen Hauptgewinn werden Sie niemals erhalten. Und es kommt noch schlimmer: Ihre Zahlung bekommen Sie auch nicht wieder, denn diese Firmen wechseln ständig ihren Namen und ihren Sitz und sind dadurch juristisch schwer greifbar.

Sie werden sich nun sicher fragen: »Wer ist so dumm, tausend Euro an einen Fremden zu überweisen?« Die Antwort ist einfach. Einer aus einer Million. Bei 100 Millionen verschickter Mails (was für professionelle Spammer nicht viel ist), braucht sich der Betrüger ein paar Jährchen keine finanziellen Sorgen mehr zu machen.

Eine für den Betroffenen günstigere Masche von Gewinnbenachrichtigungsbetrug ist die Nennung einer Telefonnummer, die Sie zur Gewinnbestätigung anrufen sollen. Doch leider befindet sich der anzuwählende Telefonanschluss in der Karibik, und Sie hängen in der absichtlichen Warteschleife und zahlen. Und die Online-Betrüger bekommen die Hälfte Ihrer Telefonkosten!

Tipp . . . . . .   *Bei Gewinnbenachrichtigungen sollten Sie sich nicht nur freuen, sondern auch überlegen, ob Sie an einem entsprechenden Gewinnspiel tatsächlich teilgenommen haben.*

Die »Nigeria-Connection«   Vielen sind diese Gewinnbenachrichtigungen auch unter dem Namen »Nigeria-Connection« bekannt: Kennen Sie die größten Industrien Nigerias? Kakao, Öl und Scam-Mails. Nein, hiermit ist nicht Spam gemeint. Scam-Mails (englisch für Betrug-Mails) versprechen dem ahnungslosen Besitzer eines elektronischen Postfachs großen Reichtum. Mal ist der Absender der E-Mail die Tochter eines gestürzten, afrikanischen Prinzen, der sein Millionenvermögen ins Ausland transferieren will. Helfen Sie ihm dabei, winkt Ihnen ein hoher Geldbetrag als Belohnung. Oder: Ein zum Christentum bekehrter Moslem möchte plötzlich mit seinem Geld Gutes tun. Und er braucht Sie, um alles zu arrangieren. Und einen Vorschuss natürlich, damit der Deal stattfinden kann. Zu schön, um wahr zu sein?

Nachfolgend ein Artikel aus `www.stern.de` vom 11. Mai 2007 :

62-Jährige fällt auf Nigeria-Connection herein

Wer die skurrilen Lockbriefe der Nigeria-Connection in seinem E-Mail-Fach findet, schmunzelt meistens und fragt sich, ob auf diese Betrugsversuche wohl jemand hereinfällt. Die Antwort lautet: ja. Gerade traf es eine 62-Jährige aus Bielefeld. Eine 62-Jährige aus Bielefeld ist auf einen Internet-Betrug der so genannten Nigeria-Connection hereingefallen. Das teilte die Polizei am Freitag mit. Die Frau erhielt im Februar eine E-Mail aus Nigeria. Diese besagte, dass die 62-Jährige bei einer Lotterie 1,6 Millionen Dollar gewonnen habe. Für die Auszahlung überwies die Frau 10.000 Dollar nach Nigeria und Hamburg. Geforderte weitere 65 000 Dollar konnte sie nicht mehr zahlen. Dann verabredete sich einer der Täter mit der Frau in Hamburg, angeblich um gegen 4500 Euro den Gewinn auszuhändigen. Das Opfer wurde skeptisch und informierte die Polizei. Das Geld sah sie bisher nicht wieder.

(Quelle: `http://www.stern.de/computer-technik/internet/:E-Mail-Betrug-62-J%E4hrige-Nigeria-Connection/588889.html`, 20.09.2007)

9.4.2 Urlaubsträume

Urlaubsreif ist jeder einmal. Und die günstigsten Angebote gibt es ja bekanntlich im Internet. Zu den üblichen Suchmaschinentreffern gesellen sich unzählige Werbe-E-Mails und Reklamebanner, deren Werbetexte super billige Urlaubsreisen versprechen. Doch seien Sie gewarnt: Nicht jeder Anbieter gönnt Ihnen die verdiente Entspannung.

Viele dieser unbekannten Schnäppchenanbieter führen nichts Gutes im Schilde. Der Internetnutzer wird lediglich mit Lockangeboten auf eine gefälschte Online-Buchungsseite geführt. Die ahnungslosen Surfer buchen dann dort ihre Urlaubsreise und bezahlen. Meist schon Monate im Voraus, denn dann ist es »noch viel günstiger«, verspricht der unseriöse Anbieter, und auf den Kunden wirkt das sicherlich logisch.

Doch kurz vor dem vermeintlichen Reiseantritt erhalten dann die Kunden die Nachricht, dass die Reise storniert wurde. Will man nachfragen, wo denn die Tickets bleiben, gibt es diese Firma schon lange nicht mehr. Die Täter haben sich längst mit Ihrer Beute aus dem Staub gemacht und haben bereits andere Webseiten mit den gleichen verlockenden Angeboten eröffnet. Die Gründung einer Firma im Ausland kostet nur ein paar Hundert Euro, und dann kann man sich auch schon Reiseveranstalter nennen. Kriminelle können so regelmäßig in wenigen Monaten Millionen einnehmen. Ihr Geld aber werden Sie nie wieder sehen.

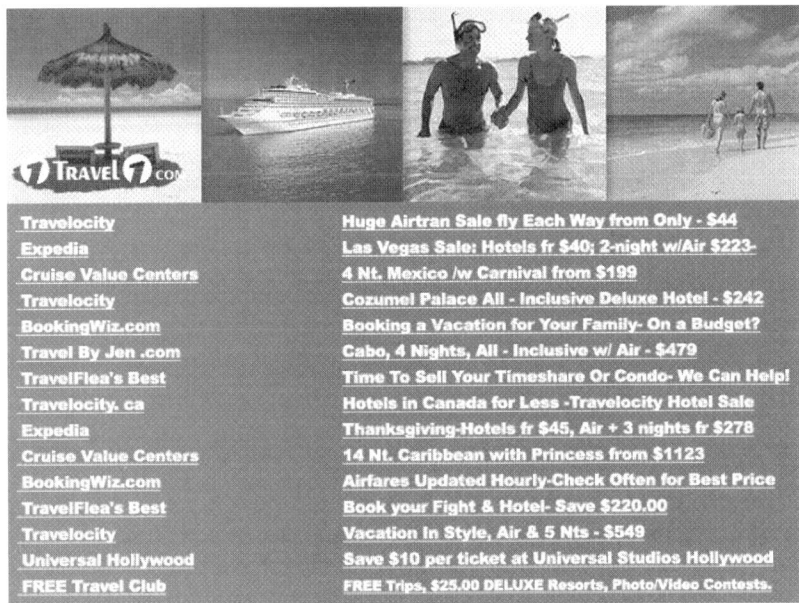

Abbildung 9.10: Günstige Urlaubsangebote können teuer werden.

Abbildung 9.10 zeigt eine Spam-E-Mail, die durch die Phishing-Methode über eine gefälschte HTML-E-Mail des Anbieters 1travel1.com bei dem User den Eindruck erwecken soll, dass es sich hierbei um eine echte Werbemail des Reiseveranstalters handelt. Doch der Schein trügt: Alle in der E-Mail enthaltenen Links verwenden das so genannte URL-Spoofing, und somit führt jeder Klick nicht zu 1travel1.com, sondern zu dem Server des Täters.

Tipp ......   *Buchen sie deshalb am Besten Ihren Urlaub nur bei seriösen und bekannten Online-Reisebüros.*

9.4.3   Jobangebote

Wertlose Infopost

Aus heiterem Himmel fallen E-Mail-Werbungen für Traumjobs in Ihren Posteingang. Jetzt können Sie endlich Schauspieler oder Crewmitglied vom Traumschiff werden. Diese Scam-Mails versprechen all die beruflichen Positionen, von denen Sie bis jetzt nur träumen konnten. Doch das böse Erwachen kommt bestimmt, denn Berufe werden hier sicherlich nicht vermittelt. Der Trick der Täter funktioniert so: Um an den Traumjob heranzukommen, müssen Sie zuerst per Vorkasse Unterlagen anfordern. Daraufhin erhalten Sie wertlose Informationen über Ihren Traumjob und eventuell ein paar Adressen, an die sich wenden können. Doch diese hätten Sie über die Auskunft auch herausbekommen.

Online-Banking-Betrug

Aber es kann noch schlimmer kommen: Dubiose Werbe-E-Mails versprechen Ihnen einen Nebenjob, der bequem von zu Hause aus zu erledigen ist und für den man keinerlei Ausbildung benötigt. Einzige Voraussetzungen: Volljährigkeit, Telefon, E-Mail-Adresse und Erfahrung mit Online-Banking. Dafür wird eine übertrieben hohe Provision für eine Transaktion in Aussicht gestellt, die nicht viel Zeit kostet.

Anbieter solcher Werbemails sind meistens angebliche Unternehmen aus der Immobilien- und Reisebranche. Diese Firmen haben ihren Sitz im Ausland und wollen in Deutschland Fuß fassen. Und deshalb bekommen Sie so ein tolles Jobangebot. In den Mails finden Sie weiterführende Informationen und Links zu den Webseiten der Unternehmen. Die Online-Präsenzen sind professionell gestaltet, und die Inhalte wirken durchaus seriös.

Doch was steckt dahinter? Hinter der sehr gut bezahlten Heimarbeit stecken Online-Betrüger, die bereits im Besitz von gestohlenen Bankdaten (PINs/TANs) unschuldiger Bürger sind. Man sucht sich also Mittelsmänner, die nichts ahnend dabei helfen, das ergaunerte Geld ins Ausland zu schaffen.

Beispiel einer dubiosen Werbe E-Mail mit Job Offerte:

Vakante Position: Regional Manager/in für Zahlungsbearbeitung

Gesucht: Flexible, ehrliche Mitarbeiter

HK LTD ® – Business and travel trips

Luft-, Auto-, Veranstaltungen-, Hotelreservierung, Visum-Eröffnung für Geschäftsleute und Reisende aus der ganzen Welt.

Sie haben schon immer geträumt eine interessante und gut bezahlte Tätigkeit aus-zuüben, die dazu auch noch mit guten Aufstiegschancen verbunden ist!

HK LTD ® bietet Ihnen eine solche Möglichkeit!

Die Firma HK LTD®, die schon seit mehreren Jahren mit zuverlässigem Service in Amerika, Canada, Osteuropa und Asien erfolgreiche Dienste leistet, gewinnt in der Europäischen Union einen immer größeren Zuwachs an Klienten. Zurzeit bekommen wir viele Aufträge aus Deutschland. Da wir noch keinen festen Sitz und keine Mitarbeiter in Deutschland haben, wird eine limitierte Anzahl Ange-stellte unter Vertrag genommen, oder auch als freie Mitarbeiter eingesetzt.

Als Personalleiter unserer Gesellschaft bin ich seit Jahren für die Rekrutierung zuständig und freue mich, Ihnen die vakante Position eines regionalen Managers für Zahlungsbearbeitung anzubieten. Da wir weltweit vertreten sind, kommen die Kunden aus vielen unterschiedlichen Ländern. Verwaltung der Geldtransfers, die von unseren deutschen Kunden beauftragt wurden, ist einer der Schwerpunkte, welche die zu jetzigen Zeitpunkt angebotene Tätigkeit ausmachen.:

Zu den Aufgaben würden u.a folgende Tätigkeiten gehören

*Verwaltung und Weiterleitung der Kundengelder

*Hohe Erreichbarkeit und Verantwortungsbewusstsein

Ihre Vorteile:

- Sie werden zunächst unser Vertreter und Mittelsmann zwischen uns und unseren Kunden in Ihrem Land.

- Sie zahlen keine Gebühren und müssen nichts investieren (vergessen Sie betrügeri-sche Stellenangebote, bei denen Sie erst zur Kasse gebeten werden).

- Sie haben eine flexible , interessante Arbeit , mit unterschiedlichen Tätigkeits-schwerpunkten und hohen Beförderungsmöglichkeiten

- Sie verdienen zuerst zwischen 500 und 1000 Euro pro Woche

- Sie können selbst Ihren Verdienst bestimmen. - da Sie auf einen Prozentsatz arbei-ten - hängt Ihr Verdienst nur von Ihrer Arbeitsbereitschaft ab

Sie können Ihren Arbeitstag möglichst flexibel gestalten, um Ihrem Haupterwerb problemlos nachzugehen. Wichtig ist aber, dass unsere Kommunikation funktio-niert und Sie für uns immer erreichbar sind.

Es entstehen für Sie keine Ausgaben, d.h. Sie brauchen kein Startkapital, Investitio-nen oder eigene Auslagen.

An die Bewerber werden folgende Anforderungen gestellt:

* Internet, E-Mail, Grundkenntnisse der Hauptzahlungssysteme.

* Es wäre wünschenswert, wenn Sie ein eigenes Konto in einem deutschen Geldinstitut mit Online Banking hätten.

* Für diese Beschäftigung brauchen Sie von 2 bis 8 Stunden freie Zeit in der Woche.

* Genauigkeit, Pünktlichkeit, Zuverlässigkeit und natürlich eine gesunde Arbeitseinstellung

Falls Sie für unser Angebot Interesse haben und bereit sind, eine gut bezahlte, aber auch verantwortungsvolle Arbeit auszuführen, so schreiben Sie uns bitte an:

hktours@km.ru

Eine kurzgefasste Bewerbung mit Foto ist besonders willkommen.

Wir hoffen auf eine gute und erfolgreiche Zusammenarbeit

Mit freundlichen Grüssen

HK LTD ® 2007

Nach der Bearbeitung Ihrer Bewerbung, wird Ihnen im Falle einer Zusage Ihre Tätigkeit genauestens erläutert, Sie werden mit unserer Gesellschaft bekannt gemacht und es folgt in kürze der Arbeitsvertrag

Verstoß gegen das Geldwäschegesetz

Nehmen Sie das Jobangebot an, bekommen Sie schon nach kürzester Zeit sehr viel Geld auf Ihr Konto überweisen, das durch Online-Banking-Betrug ergaunert wurde. Dieses Geld soll dann nach Abzug der eigenen Provision per Barüberweisung ins Ausland weitergeleitet werden. Haben Sie erst einmal so eine Transaktion durchgeführt, haben Sie sich auch schon wegen Verstoß gegen das Geldwäschegesetz strafbar gemacht. Jetzt müssen Sie erst einmal beweisen, dass Sie keine Beihilfe geleistet haben, sondern selbst Opfer von Online-Betrug geworden sind. Dank Ihrer Barüberweisung ins Ausland sind die die Täter schon längst unerkannt abgetaucht.

Tipp . . . . .   *Hände weg von Jobangeboten per E-Mail!*

9.4.4   Gratisangebote

Gratisangebote sind kein Betrug. Gratisangebote per E-Mail sind vergleichbar mit Sammler-Editionen am Kiosk. Das erste Heft gibt es fast immer geschenkt, aber ohne die weiteren teuren Ausgaben ist auch die Erstausgabe nutzlos. Hierbei geht es darum, dass Sie einen Gratisköder schlucken, der Ihnen sehr schmackhaft gemacht wird. Ein kostenloses Telefon zum Beispiel ist sicherlich interessant, der dazugehörige überteuerte Zweijahresvertrag wohl eher kaum. Meistens kommt Sie dann das Telefon teurer, als wenn Sie es gleich gekauft hätten.

Sie sollten immer erst ganz genau die Kosten kalkulieren und vor allem das Kleingedruckte lesen.

Tipp......

9.4.5 Immobilien im Ausland / Ferienimmobilien

Wer träumt nicht von einem Ferienhäuschen am Meer oder vom Auswandern? In Internet kursieren die unglaublichsten Schnäppchen. Ein Haus am Meer, 10 Hektar Land, Swimmingpool inklusive und eine Delphinfamilie direkt vor Ihrer Terrasse. Und das Beste daran ist der Preis: 30.000 Euro! Soviel haben Sie letztes Jahr für Ihre neue moderne Garage bezahlt!

Bei so einem Angebot kann man einfach nicht widerstehen, doch glauben Sie uns: Finger weg! Der Haken bei solchen Angeboten ist, dass die Betrüger dieses Haus nicht nur einmal verkaufen, sondern gleich 20 Mal in einem Monat. Und dann ist da noch das kleine Problem, dass es dieses Traumhaus gar nicht gibt. Deshalb raten wir Ihnen:

Bei Immobilienkauf im Internet gelten die gleichen Regeln wie bei einem Kaufvorhaben durch ein Zeitungsinserat. Begutachten Sie das Objekt persönlich vor Ort oder lassen Sie es durch einen ortsansässigen vertrauenswürdigen Anwalt prüfen. Eine Liste von Anwälten erhalten Sie in der deutschen Botschaft des jeweiligen Landes. Seien Sie auch bei geforderten Anzahlungen sehr vorsichtig, denn oft ist diese Vorkasse alles, worauf die Gauner aus sind.

9.4.6 Traumfrau per Internet

Wenn es um Versprechungen aller Art geht, ist das Internet ganz vorne mit dabei. Sie sind Single und suchen Ihre Traumfrau im Internet? Per E-Mail werden Ihnen die hübschesten (Ost-)Frauen angeboten: 21 Jahre alt, wunderschön, mit Universitätsabschluss und immer noch zu haben. Doch seien Sie vorsichtig, denn dabei handelt es sich meistens nur um ein Lockvogelangebot.

Jung, ledig, gebildet sucht ...

Die abgebildeten Damen sind nach Anfrage leider schon vergeben, aber gegen eine entsprechend saftige Gebühr können sie kiloweise Fotos von anderen Frauen anfordern. Dahinter stecken professionelle Agenturen oder Agenten, und nicht alle sind seriös. Meistens bleibt es bei einer hochbezahlten Fotosammlung, die Sie im Internet auch kostenlos herunterladen können.

Nachfolgend finden Sie eine Checkliste, durch die Sie die Seriosität der Partnervermittlungsagentur überprüfen können:

>> Die Firma macht weder in Anzeigen noch in Schriftstücken falsche Versprechungen und Behauptungen.

>> Die Firma will den Kunden nicht täuschen, weder absichtlich noch grob fahrlässig. Es soll insbesondere nicht getäuscht werden

- über den Preis der Dienstleistung,

- über den Ablauf der Dienstleistung,

- über die Vermittlungschancen des Kunden.

>> Es darf kein Kunde zu einem Vertrag gedrängt werden, der offensichtlich seine finanziellen Möglichkeiten übersteigt.

>> Der Kunde darf nicht zur Eile beim Unterschreiben des Vertrages gedrängt werden.

>> Der Kunde darf den Blankovertrag mit nach Hause nehmen und zu Hause in Ruhe durchlesen. Es ist zulässig, für die Unterlagen eine Schutzgebühr zu verlangen. Die Schutzgebühr darf aber die Herstellungskosten nicht wesentlich übersteigen.

>> Es muss ein angemessenes Preis-Leistungs-Verhältnis bestehen.

>> Die Firma bemüht sich ernsthaft, für jeden Kunden geeignete Partner zu finden. Der Umfang der Bemühungen muss in einem angemessenen Verhältnis zum gezahlten Mitgliedsbeitrag bzw. Honorar stehen.

>> Bei der Tätigkeit der Firma dürfen keine rechtswidrigen Verfahrensweisen angewandt werden.

>> Die Informationen, welche die Firma von Interessenten und Kunden erhalten hat, dürfen nur zu dem Zweck verwandt werden, für den sie vom Kunden gedacht sind. Sie dürfen nur in dem Umfang an Mitarbeiter weitergegeben werden, wie es für die Vermittlungstätigkeit erforderlich ist.

>> Der Kunde bekommt eine Auskunft darüber, welche Informationen über seine Person an andere Partnersuchende weitergegeben werden und unter welchen Umständen und in welchem Umfang sie weitergegeben werden. Der Kunde muss mit der Weitergabe einverstanden sein beziehungsweise darf festlegen, welche Informationen weitergegeben werden dürfen und welche nicht.

(Quelle: `http://homepage.hamburg.de/menschenrechtsbund/partnervermittlung.html`, 19.09.2007)

9.4.7   Doktortitel

Warum werden Sie nicht einfach Doktor? Ohne mühselige Diplomarbeit, schlaflose Nächte und Schwächeanfälle können Sie bei so genannten Pseudo-Universitäten, auch »Titel-Mühlen« genannt, Ihren Doktortitel bequem im Internet bestellen. Für ein paar tausend Euro und ohne Studium werden akademische Grade wie Doktor-, Diplom- oder Professor-Titel offeriert, die aber leider nur auf dem Papier existieren. Das Angebot reicht von »Diplom-Ingenieur« bis zum »Doktor der Medizin«. Manchmal müssen sogar »Diplomarbeiten« eingereicht werden, die Sie aber oft von so genannten Ghostwritern verfassen lassen können. Diese Diplomarbeiten sind wesentlich leichter zu bewerkstelligen als an legalen Hochschulen.

Diplomabschlüsse solcher Pseudo-Universitäten sind in Deutschland nicht anerkannt, denn die Bezeichnungen »Hochschule«, »Fachhochschule« und »Universität« sind gesetzlich geschützt.

Doch die ganze Sache hat einen Haken: Wer sich in Deutschland mit fremden Titeln schmückt, muss mindestens mit einer Geldstrafe rechnen. Bei besonders harten Fällen von Betrug drohen bis zu einem Jahr Gefängnis. Denn wer von einer staatlich nicht anerkannten Hochschule verliehene und insbesondere gekaufte akademische, staatliche oder kirchliche Grade führt, macht sich nach § 132a StGB strafbar.

Das Führen von falschen akademischen Graden fällt zwar lange Zeit nicht auf, doch spätestens bei einer Ehescheidung kommt die Wahrheit oft ans Licht.

9.4.8   Diplomatenpass

Diplomaten genießen Immunität und hohes Ansehen. Doch die Chance, im Internet einen echten Diplomatenpass zu bekommen, ist äußerst gering. Es werden fast ausschließlich falsche Pässe verkauft. Die Preise für einen solchen Pass können über hunderttausend Euro liegen. Manchmal ist sogar eine neue Identität im dubiosen Angebotspaket mit inbegriffen. Nur wenige Staaten bieten wirklich offizielle Diplomatenpässe zu horrenden Preisen an. Doch auch hierbei ist Vorsicht geboten.

Viele dieser Pässe sind zeitlich begrenzt, und für eine Einreise in andere Länder benötigen Sie fast immer zusätzlich ein entsprechendes Visum. Immunität besitzen Sie nur dann, wenn Sie der Staat, den Sie besuchen möchten, auch dazu legitimiert, in diesem diplomatisch aktiv zu werden.

Rechtliche Konsequenzen für den Käufer

Für den Käufer eines solchen Diplomatenpasses kann das viele unangenehme Konsequenzen haben: Missbrauch von Amtsbezeichnungen, mittelbare Falschbeurkundung, Gebrauch falscher Beurkundungen, Betrug, Verschaffen von falschen amtlichen Ausweisen und Urkundenfälschung. Durch die Sittenwidrigkeit des Rechtsgeschäftes besteht kein einklagbares Recht auf Rückerstattung des bezahlten Geldbetrages.

Rechtliche Konsequenzen für den Verkäufer

Eine mögliche Strafbarkeit des Verkäufers von echten Pässen liegt hierin: Anstiftung und Beihilfe zu Missbrauch von Titeln, Berufsbezeichnungen und Abzeichen. Bei gefälschten Diplomatenpässen handelt es sich um Urkundenfälschung, Verschaffen von falschen bzw. verfälschten amtlichen Ausweisen, Betrug und um Anstiftung zum Gebrauch unechter Urkunden.

Titel wie »Botschafter« und »Honorarkonsul« sind gesetzlich geschützt, und dies gilt auch für ähnlich lautende Bezeichnungen. Das Verwenden von fiktiven Staaten ist ebenfalls strafbar.

Tipp . . . . . . *Sind an der Beschaffung eines Diplomatenpasses viele Vermittler beteiligt, handelt es sich meistens um gefälschte und unbrauchbare Papiere.*

9.4.9   Schnell reich werden

»Werden Sie so reich wie ich. Ich sage Ihnen, wie das geht.« Dubiose Angebote versprechen gegen eine nicht unerhebliche Gebühr ein einzigartiges Geschäftsgeheimnis preis zu geben. Die Angebotspalette ist schier unendlich und reicht von geheimen Vermarktungskonzepten bis zur Warenproduktion im Ausland. Diese Anbieter locken mit kompaktem Wissen in Form eines noch nie da gewesenen Konzeptes. Einfach zu verstehen, ohne großen Aufwand zu bewerkstelligen und das fast ohne finanzielle Mittel.

Ist die Neugier einmal geweckt, bezahlt man bereitwillig eine Summe von bis zu mehreren hundert Euro. Danach bekommt man die versprochenen Informationen normalerweise per Post oder als E-Mail zugestellt. Doch wie geheim ist wohl so ein Geschäftsmodell, das an hunderttausende von elektronischen Postfächern zugestellt wird? Und ein alter Witz besagt: »Für 10 Euro verrate ich Dir, wie man reich wird«. Hat man bezahlt, bekommt man als Antwort: »Mach es so wie ich ...«

9.4.10   Online-Casinos

Casinos versprechen das schnelle Geld. Der Reiz, mit einem schnellen Spiel einen beträchtlichen Gewinn zu erzielen, ist bei manchen sehr groß. Las Vegas für Zuhause. Im Internet kursieren viele Online-Casinos und locken mit Roulette, Black Jack, Poker und allen Arten von Spielautomaten.

Im Eifer des Spiels vergisst man schnell, dass es sich hierbei nicht um Glück handelt, sondern um perfekt ausgeklügelte Computerprogramme mit fest eingestellter Gewinnausschüttung. Und das ist der Haken, denn der Gewinnfaktor, das heißt, wie viel von allen Spiel-Einsätzen an die Spieler ausgeschüttet wird, ist vom Anbieter frei einstellbar und häufig sehr niedrig.

Oft beginnt das Ganze mit einer Werbe-Mail:

HABEN SIE SCHON IHREN 200 EURO WILLKOMMEN BONUS? Thomas, kaufe für 400 Euro Chips und bekomme 200 Euro FREE*!

Der * steht immer für »Bonus nicht in Bar auszahlbar«

Der unbedachte Internetnutzer glaubt hierbei, Geld geschenkt zu kommen. Doch in Wahrheit zahlt er 400 Euro an den Casino-Betreiber. Er hat dann zwar für 600 Euro Spielgeld, doch wenn man mehr als seinen Einsatz herausholen will, muss man erst einmal gewinnen.

Neu angemeldete Benutzer haben in vielen dubiosen Online-Casinos zuerst eine »programmierte« Glückssträhne, doch die Freude ist kurz, denn schon bald kommt die ebenso »programmierte« Pechsträhne. Wenn man nicht rechtzeitig aussteigt, ist alles verloren. Falls es Rücküberweisung durch den Casino-Betreiber gibt, fallen hier zusätzlich unangenehme Kosten für Auslandsüberweisungen an.

Übrigens, Online-Casino-Lizenzen kann jeder erwerben. Glücksspiellizenz, Casino-Software und Auslandsfirma inklusive. Fällt Ihnen dabei etwas auf?

```
http://www.gambling-license.cx/de/index.html
```

WWW.....

Wenn Sie das Glücksspiel nicht lassen können, dann sollten Sie Ihr Glück ausschließlich bei seriösen Anbietern versuchen.

Zum Beispiel sind echte, virtuelle Pokerräume vertrauenswürdig, da hier nur echte Personen spielen und keine Computerprogramme. Der Anbieter kassiert »lediglich« für jedes Spiel Provision.

Abbildung 9.11: PartyPoker.com – Der weltgrößte Online-Pokerraum.

Hier kann man auch gegen echte Menschen mit »Spielgeld« antreten, so dass man Spaß, aber keine Verluste hat. Im »echten Geld-Modus« sollte der Pokeranfänger sehr vorsichtig sein, denn dort lauern viele Pokerprofis auf das Geld der ungeübten Spieler.

10

Beweissicherung

Sicherung von Beweisen

Gute und aussagekräftige Beweise sind im Kampf gegen einen Kontrahenten wie Asse im Ärmel. In diesem Abschnitt erfahren Sie, wie Sie Webinhalte oder E-Mails richtig sichern, speichern und archivieren. Ebenso zeigen wir Ihnen, wie Sie IP-Adressen ermitteln und Log-Dateien auswerten.

Zeugen und Augenzeugen

Als Zeuge wird eine Person bezeichnet, die hinsichtlich eines aufzuklärenden Sachverhaltes Angaben machen kann. Ziehen Sie bei der Beweissicherung daher immer Zeugen hinzu. In diesem Abschnitt erfahren Sie mehr darüber.

Handschriftliche Aufzeichnungen

Auch Aufzeichnungen sind ein wichtiges Mittel, wenn es darum geht, Sachverhalte, welche sich über einen längeren Zeitraum erstrecken, zu dokumentieren. In diesem Abschnitt finden Sie z.B. auch einen Vordruck eines »Stalking-Tagebuches«.

>>>

Gute und aussagekräftige Beweise sind im Kampf gegen einen Kontrahenten wie Asse im Ärmel. Es kann nie schaden, Daten in schriftlicher oder digitaler Form zu sichern. Keiner weiß im Voraus, wie sich ein Fall entwickelt, und gerade im Internet sind Spuren genauso schnell verschwunden, wie sie aufgetaucht sind. Sichern Sie daher alle Beweise, wie in diesem Kapitel beschrieben. Dies erhöht Ihre Chancen im Falle einer gerichtlichen Auseinandersetzung erheblich und dient zudem dazu, den Überblick über die oft sehr komplexen Vorfälle zu behalten.

10.1   Sicherung von Beweisen

Recherchiert man im Internet oder in sonstigen Quellen nach den Schlagwörtern »digitale Beweissicherung«, stößt man vermehrt auf den Begriff der »Computerforensik« oder auch der »digitalen Forensik«. Darunter versteht man die Erfassung, Analyse und Auswertung digitaler Spuren in Computersystemen, z.B. im Zusammenhang mit Steuerfahndung oder auch Kinderpornografie.

Wir möchten in diesem Kapitel allerdings nicht zu sehr ins Detail gehen, da eine solche Art der Beweissicherung nur von Spezialisten durchgeführt werden kann und bei den Delikten, die wir in diesem Buch behandeln, zu weit führen würde.

Dieses Kapitel soll vielmehr aufzeigen, wie der Laie mit einfachen Mitteln Beweise sammeln und archivieren kann, um im Falle eines Gerichtsstreites aussagekräftiges Beweismaterial vorlegen zu können.

10.1.1   Webinhalte ausdrucken und speichern

Ausdrucken einer Webseite

Um eine sehr einfache, aber dennoch effektive Art der Beweissicherung handelt es sich beim Ausdrucken einer Webseite unter Zuhilfenahme des Browsers und wie immer eines unabhängigen Zeugen. Sie finden sowohl die Druckfunktion des Internet Explorers als auch die des Firefox-Browsers unter dem Menüpunkt DATEI. Dort befinden sich auch die Menüpunkte SEITE EINRICHTEN und DRUCKVORSCHAU, um das Format des Ausdruckes vor dem eigentlichem Druckvorgang zu ändern und anzupassen.

Zudem werden folgende Daten automatisch mit ausgedruckt, welche bei der Sortierung und Archivierung der Beweise sehr hilfreich sind:

>> Seitentitel

>> Genaue URL der Seite

>> Datum

>> Uhrzeit

>> frei editierbare Kopf- und Fußzeilen

Erstellung eines Screenshots

Die wohl häufigste Art der Beweissicherung bei Internetdelikten ist die des »Abfotografierens« der Bildschirmanzeige, der so genannte Sreenshot.

> *Bei Sachverhalten mit Internetbezug wird häufig über das gestritten, was im Internet abrufbar ist oder war. In solchen Fällen ist es besonders wichtig, die abrufbaren Inhalte zu sichern. Denn falls die fragliche Seite geändert oder vom Netz genommen wird, haben Sie sonst schlechte Karten. (Quelle:* `www.online-werberecht.de/beweissicherung.html`, *24.08.2007, Arno Glöckner)*

Am einfachsten erstellen Sie einen Screenshot durch die Tastenkombination `Alt`+`Print Screen`. Achten Sie darauf, dass bei manchen Tastaturen die Taste `Print Screen` anders heißt, nämlich `Druck`. Mit dieser Tastenkombination fotografieren Sie lediglich den sichtbaren Bereich des Programms, welches gerade aktiv ist.

Sollten Sie einen Screenshot des gesamten Bildschirms wünschen, drücken Sie nur die Taste `Print Screen` oder `Druck`.

Egal, welche Methode sie gewählt haben, das erstellte Bild befindet sich jetzt in der Zwischenablage Ihres Rechners. Öffnen Sie nun ein beliebiges Grafikprogramm (Microsoft Paint) oder z.B. auch MS Word und drücken die Tastenkombination `Strg`+`V` zum Einfügen. Dieses Bild speichern Sie nun ab.

Leider funktioniert das Erstellen eines Screenshots mit dieser Technik nur bedingt gut. Oftmals ist das Ergebnis unbefriedigend, oder der Sreenshot lässt sich gar nicht wie gewünscht herstellen.

Insbesondere kommt es zu Problemen, will man Texte aus einer Anwendung heraus anfertigen, wie z.B. bei einem laufenden Chat oder einer Unterhaltung via Messenger.

Wesentlich komfortabler erstellen Sie solche Beweise mit speziellen Programmen, die es entweder kostenlos oder als Shareware im Internet gibt. Wir möchten Ihnen hier ein Programm vorzustellen, welches sehr leicht zu bedienen ist und Ihnen viele Möglichkeiten bietet:

Von dem Programm SnagIt der Firma TechSmith können Sie ein Demo des Programmes herunterladen.

Erstellen eines Screenshots mit »SnagIt«

http://de.techsmith.com/snagit.asp

Als kostenlose Alternative empfehlen wir:

http://www.irfanview.de/

SnagIt bietet Ihnen nun über 40 Möglichkeiten, einen Screenshot zu erstellen, komfortabel abzuspeichern und bei Bedarf weiterzuleiten. Wir empfehlen Ihnen den Download dieses Programmes, wenn Sie viele verschiedene Arten von Screenshots erstellen wollen, wie Bereiche, Fenster-Bereiche, Objekte, Menüs und so weiter. Sehr interessant zur Beweissicherung ist auch die Funktion, dass SnagIt die auf dem Screenshot enthaltenen Links erkennt und sich diese herausfiltern und speichern lassen.

Abbildung 10.1: Mit SnagIt erstellen Sie komfortabel Screenshots.

Bevor Sie nun einen Screenshot mittels Tastenkombination oder SnagIt erstellen, sollten Sie sich allerdings vergewissern, ob Sie auch die aktuelle Version der betreffenden Webseite fotografieren, denn:

Beim Abspeichern und Anfertigen der Screenshots müssen Sie sicherstellen, dass Proxy-Server ausgeschaltet sind und der Browser-Cache geleert ist, bevor Sie einen Screenshot machen oder eine Seite speichern. Denn wenn es darum geht, ob bestimmte Inhalte zu einem bestimmten Zeitpunkt im Internet abrufbar waren, wird oft der Einwand vorgebracht, der Abruf, von dem der Screenshot gemacht wurde, sei von einem Proxy-Server erfolgt oder die Seite sei noch im Browser-Cache vorhanden gewesen. (Quelle: www.online-werberecht.de/beweissicherung.html, *24.08.2007, Arno Glöckner)*

Speichern eines Webseiten-Quelltextes

Moderne Webseiten sind heutzutage teilweise sehr komplex aufgebaut. Sie enthalten viel mehr Informationen als mit bloßem Auge sichtbar sind. In vielen Fällen sind zum Beispiel die META-Tags einer Webseite von entscheidender Bedeutung. Besonders bei Markenrechtsverletzungen kommt es immer wieder vor, dass sich manche Webmaster mit »fremden Federn« schmücken und verbotenerweise Markennamen in diese META-Tags schreiben. Sie erhoffen sich, so bei den Suchmaschinen besser gefunden zu werden, wenn jemand nach der betreffenden Marke sucht.

Quelltext speichern

Aber Namen von Personen, die in die META-Tags eingefügt werden, bringen die Person dann in Verbindung mit den Inhalten der Webseite. Schreibt man z.B. den Namen des Peter Mustermann in die META-Tags einer Erotikseite, wird Herr Mustermann von den Suchmaschinen in diesem Zusammenhang gefunden, ohne dass sein Name irgendwo sichtbar auf der Webseite zu sehen ist.

Daher ist es beim Erstellen eines Screenshots sehr wichtig, den dazugehörigen Quelltext gleich mit abspeichern. Der Quelltext ist nichts anderes als der Programmcode der betreffenden Webseite.

Klicken Sie mit der rechten Maustaste in die Seite, deren Quelltext Sie ansehen möchten. Scrollen Sie im Firefox-Browser auf SEITENQUELLTEXT ANZEIGEN und unter Verwendung des Internet Explorers auf QUELLTEXT ANZEIGEN, wie in der Abbildung 10.2 dargestellt.

Diesen Quelltext speichern Sie nun als einfache Textdatei unter dem Namen der Webseite und dem Datum der Erstellung ab. So haben Sie nicht nur die visuell sichtbaren Informationen der Internetseite, sondern auch andere relevante Daten gespeichert.

Speichern einer Webseite im Browser

Eine weitere Möglichkeit ist es, Webseiten mittels eines Browsers komplett abzuspeichern. Dies geschieht auf die gleiche Art und Weise wie bei anderen Dokumenten auch. Klicken Sie im Menü Ihres Browsers auf DATEI und dann auf SEITE SPEICHERN. Ihr Browser legt Ihnen nun im Verzeichnis Ihrer Wahl zum einen die Webseite und zum anderen die darin enthaltenen Elemente ab. Vergewissern Sie sich allerdings, dass Sie im Falle einer Framekonstruktion alle Seiten abgespeichert haben. Das klingt für den Laien etwas kompliziert, ist es aber nicht. Ist die Webseite nämlich in einem Frame aufgebaut, heißt das nichts anderes, als dass es sich um mehrere Webseiten »in einer Seite handelt«.

Um festzustellen, ob dies der Fall ist, öffnen Sie einfach die Datei welche Sie abgespeichert haben, und vergewissern Sie sich, ob alle Inhalte dargestellt werden. Sollte das nicht der Fall sein, wiederholen Sie das Abspeichern der Seite, klicken aber zuvor in den Teil, der noch nicht gespeichert war.

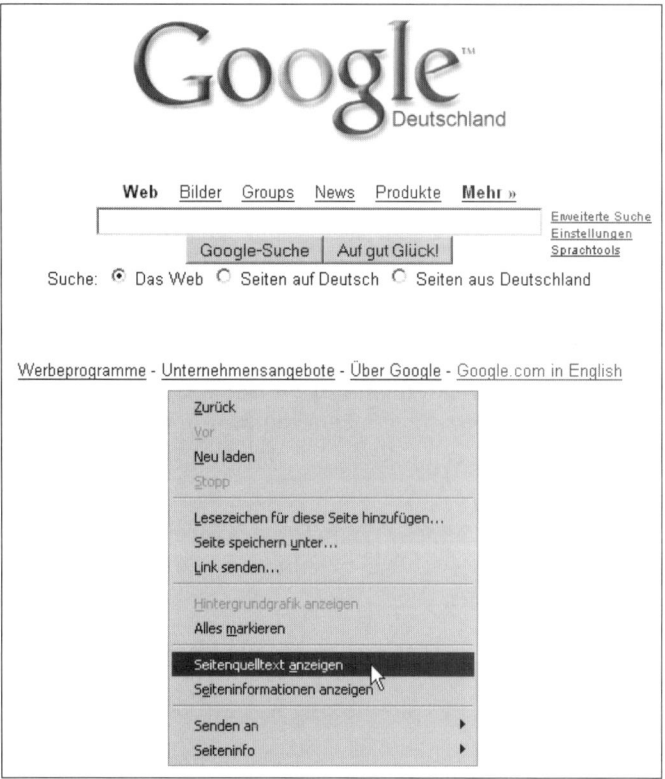

Abbildung 10.2: Aufrufen des Quelltextes der Google Startseite.

Suchmaschinen- und andere Fundstellen dokumentieren

Durch das »Eigenleben des Internets« kommt es oft zu sehr komplexen Zusammenhängen. Wenn Sie z.B. auf der Seite von Herrn X öffentlich beleidigt wurden und Herrn X auch dazu bewegen konnten, die Beleidigungen wieder von seiner Seite zu entfernen, heißt dies noch lange nicht, dass die Inhalte auch wirklich aus dem Netz verschwunden sind. Es schwirren also weiterhin Unwahrheiten oder Beleidigungen durch die Weiten des WWW.

So sind z.B. die Inhalte noch einige Zeit im Google Cache zu finden oder tauchen nun auf fremden Webseiten oder in Blogs auf. Es gibt im Internet zahlreiche Mechanismen, welche das Verbreiten von Nachrichten erleichtern. Verfügt die Webseite auf der die Beleidigungen zu lesen sind, z.B. bei Google einen hohen PageRank, oder stellt die Seite per RSS oder XML anderen Seitenbetreibern Content zur Verfügung, verbreiten sich die Inhalte schneller als einem lieb ist und zudem völlig chaotisch.

Aber manchmal kann dieser Umstand auch zum Vorteil für den Geschädigten werden. Wenn sich Ihr Kontrahent nämlich die Mühe macht, die Beleidigungen wieder zu löschen, um sie plötzlich auf einer anderen Seite wieder auftauchen zu lassen, hinterlässt auch er Spuren im Netz.

Sichern Sie also auch Fundstellen auf anderen Webseiten und insbesondere die Suchergebnisseiten diverser Suchmaschinen.

10.1.2   Abspeichern von E-Mails

E-Mails haben vor Gericht wenig Beweiskraft. Diese Aussage ist immer wieder zu lesen. Zu strittig sind die Fragen, ob, wann, wer, an wen eine E-Mail geschickt hat oder nicht oder ob es sich gar um eine Fälschung handelt. Allerdings bedeutet »wenig« Beweiskraft auch nicht, dass eine E-Mail gar keine Beweiskraft hätte. Einen grundsätzlichen Ausschluss von E-Mails als Beweismittel gibt es nämlich nicht.

Oft können E-Mails, in einem gewissen Zusammenhang gebraucht, durchaus Beweise oder zumindest Hinweise geben, denn:

> *Anders als beim Telefonat erhalten Absender und Empfänger von E-Mails automatisch eine schriftliche Dokumentation über den kommunizierten Inhalt. Diese kann im benutzten E-Mail-Programm oder in einem Archivsystem aufbewahrt und später zur Rekapitulation heran gezogen werden. (Quelle: Wikipedia.de, 03.09.2007,* `http://de.wikipedia.org/wiki/E-Mail#Beweiskraft`*)*

Und auch eine Kette von sich aufeinander beziehenden E-Mails, lückenlos archiviert, kann natürlich von großem Vorteil sein. Nehmen wir z.B. an, Sie fordern jemanden zur Löschung von Inhalten auf, und dieser antwortet Ihnen in derselben E-Mail, dass er die betreffenden Inhalte nicht löschen will.

Sie schreiben einige Male hin und her, dann verschärft sich der Ton, und in der letzten E-Mail werden Sie rüde beschimpft. Da die letzte E-Mail dann im direkten Zusammenhang mit den vorangegangenen Mails steht, dessen Richtigkeit auch niemand abstreitet, wird der Richter vermutlich sehr skeptisch werden, sollte die letzte E-Mail nun plötzlich »gefälscht« oder »nie geschrieben« worden sein.

Es lohnt sich also immer, E-Mails aufzubewahren und zu archivieren. Legen Sie dazu einen eigenen Ordner an, markieren Sie die zu speichernde Mail und speichern diese über den Befehl Datei SPEICHERN UNTER … in den entsprechenden Ordner. Drucken Sie die E-Mail zusätzlich aus und heften Sie diese ab.

10.1.3   IP-Adressen ermitteln und sichern

Das Internet-Protokoll (IP) ist ein zentraler Standard für die Selbstorganisation des weltweiten Datennetzes und bestimmt, auf welche Weise jeder an das Internet angeschlossene Computer identifiziert wird. Dies geschieht über so genannte IP-Adressen in einem bestimmten Zeitraum, die für jeden Rechner ein einziges Mal vergeben werden. Computer, die wie ein Webserver permanent mit dem Internet verbunden sind, haben oft eine feste IP-Adresse.

Private Internetnutzer erhalten von ihrem Internetprovider mit jeder Verbindung eine neue IP-Adresse, die daher als dynamische IP-Adresse bezeichnet wird. IP-Adressen bestehen aus vier Blöcken von maximal drei Ziffern, die durch Punkte abgetrennt werden.

IP-Adressen sind bei Polizei und Staatsanwaltschaft sehr beliebt, da sie vor Gericht eine hohe Aussagekraft besitzen. Strafverfolger können über die IP-Adresse in Verbindung mit einem Zeitstempel (Datum, Uhrzeit) den verwendeten Telefonanschluss und somit den Ursprungsrechner und höchstwahrscheinlich auch den Täter ermitteln. Internetprovider wie T-Online vergeben IP-Adressen dynamisch, das heißt, für jede neue Internet-Sitzung wird eine andere freie IP zugeteilt, die den Computer des Kunden im weltweiten Datennetz eindeutig kennzeichnet und identifizierbar macht.

Über diese IP-Ziffernfolge können Internet-Zugangsanbieter daher auch den Namen und die Anschrift eines Kunden zuordnen, der in einer bestimmten Zeit im Internet unterwegs war und dabei möglicherweise Datenspuren hinterlassen hat, die für Ermittlungen von Strafverfolgungsbehörden von großer Bedeutung sein könnten. Falls Sie jemand im Internet beleidigt hat oder – noch schlimmer – Rufmord betreibt und Sie, wie im den meisten Fällen, den Täter nicht kennen, gehört die Sicherung der IP-Adresse des Übeltäters mit zu den wichtigsten Aufgaben. Aber wie kommen Sie an die IP-Adresse heran?

Hier unterscheiden wir folgende Recherchemöglichkeiten:

Wie ermittle ich die IP-Adresse des Absenders einer E-Mail?

IP-Adresse einer E-Mail

Die IP-Adresse des Absenders einer E-Mail erhalten Sie über die Header-Informationen in der entsprechenden E-Mail. Wie Sie an die Header-Informationen herankommen, haben wir bereits in Kapitel 3.2.1 beschrieben.

Wie ermittle ich die IP-Adresse von dem Verfasser eines Beitrags in einem Forum, Blog oder Gästebuch?

Sie sind selbst Betreiber dieser Webseite

Wenn Sie selber der Betreiber der Webseite mit dem Forum, Blog oder Gästebuch sind, können Sie diesen Beweis selbst sichern. Vorausgesetzt, Ihre verwendete Software ist »up to date« und protokolliert bei jedem Eintrag durch einen User dessen IP in die entsprechende Datenbank. Dann müssen Sie nur noch die dem Eintrag zugeordnete IP-Adresse auslesen.

Sie sind nicht Betreiber dieser Webseite

Wenn Sie, wie in den meisten Fällen, nicht der Betreiber der Webseite mit dem Forum, Blog oder Gästebuch sind, müssen Sie sich an den Inhaber der Seite wenden. Diesen ermitteln Sie über das Impressum oder durch eine Whois-Abfrage. Fordern Sie den Webmaster auf, alle verfügbaren relevanten Daten von dem Verursacher des Eintrags (IP-Adresse, Name, Anschrift, E-Mail usw.) für spätere polizeiliche Ermittlungen zu sichern und diese auf Anfrage den Strafverfolgungsbehörden zu übergeben. Der Webseitenbetreiber darf Ihnen aus datenschutzrechtlichen Gründen keine Daten übermitteln.

Sie wissen Ihre eigene IP-Adresse nicht?

>> Klicken Sie auf START/AUSFÜHREN klicken und geben Sie cmd (command) eingeben

Eigene IP ermitteln

>> Geben Sie nun in das geöffnete DOS-Fester den Befehl ipconfig /all ein, und es erscheinen detaillierte Angaben über Ihr Netzwerk und Ihre Online-Verbindung.

>> Verlassen Sie die Kommando-Eingabe mit exit.

10.1.4 Log-Datei auswerten

Die Log-Datei speichert alle Zugriffe auf Ihre Internetseite. Dabei werden Datum, Uhrzeit, IP-Adresse und viele weitere Informationen über ihre Besucher, so genannte Visits, gelesen und gespeichert. Eine Log-Datei kann unter Anderem folgende Informationen über die Besucher Ihrer Webseite enthalten:

>> IP-Adresse und Hostname des Nutzers

>> Browsertyp und -version

>> Referrer, also von welcher Seite Ihr Besucher kam

>> Verwendete Suchmaschine und den Suchbegriff

>> Besuchte Seiten

>> Verweildauer auf Ihrer Webseite

>> Betriebsystem

>> Exitpage, also über welche Seite er die Webseite verlassen hat

>> Installierte Zusatzmodule

Nutzen Sie diese Daten zur Analyse. Die Log-Datei gibt Aufschluss über alle User Ihrer Webseite. Wenn Sie z.B. Opfer eines Hackerangriffs oder einer »Denial of Service-Attacke« geworden sind, können Sie die IP-Adresse des Täters am bestem über die Log-Datei ermitteln.

In der Regel sollten Sie die Auswertung des Log-Files den Profis Ihres Internetproviders überlassen. Sollten Sie das Gefühl haben, Opfer eines Angriffes geworden zu sein, wenden Sie sich umgehend an dessen Support.

Laien, welche sich mit dieser Materie beschäftigen und auseinandersetzen wollen, geben wir nachfolgend ein paar Tipps, wie sie Daten aus einem Log-File auswerten können.

Zum Auslesen der Log-Datei benötigen Sie ein Analyse-Programm, von denen es am Markt nur so wimmelt. Das Spektrum reicht von kostenlos bis teuer und anwenderfreundlich bis nutzlos. Wir haben für Sie drei empfehlenswerte Webserver-Administrations-Tools in deutscher Sprache ausgewählt. Sie sind kostenlos bzw. kostenlos testbar:

Webalizer

Beim Webalizer handelt es sich um eine beliebte GPL-Applikation, die mittels Auswertung von Zugriffs- und Auslastungs-Logdateien Webseiten-Analysen erstellt (Logfile-Analyse). Der Webalizer ist auch heute noch ein beliebtes Webserver-Administrations-Tool.

WWW .....

Sprache: Deutsch, Englisch

Lizenzart: Freeware

http://www.domainunion.de/mirrors/webalizer.com/

Plattformen: Linux, Windows

AccessLog

Professionelles Analyseprogramm für Server-Logfiles der Formate CLF, ECLF, NCSA (Apache), W3C Extended und IIS 4, 5 und 6. Durch die Analyse erhalten Sie eine detaillierte Auflistung aller Zugriffe auf ihre Webseiten, die in tabellarischer Form ausgewertet werden, z.B. Anzahl der Besucher, Anzahl der Seiten, Anzahl der Downloads, Zugriffe pro Tag, übertragene Bytes u.v.a.m. Die Informationen werden in zahlreiche Detailstatistiken aufgelöst, beispielsweise Browserstatistik, Zugriff auf einzelne Dateien oder Verzeichnisse, Referrer, Zugriff nach Tageszeit oder fehlerhaften Anfragen.

WWW .....

Sprache: Deutsch

Lizenzart: Shareware

http://www.accesslog.de

Plattformen: Win 9x, ME, Win NT4, Win2000 und WinXP

LogFileSplitter

LogFileSplitter filtert aus einer Log-Datei (z.B. von 1&1/Puretec), in der mehrere virtuelle Server zusammengefasst sind, die Informationen für nur einen dieser Server heraus und speichert sie in einer neuen Log-Datei ab. Viele der aktuellen Log-Datei-Analyse-Programme beherrschen die Unterscheidung dieser so genannten virtuellen Server nicht und können so nur eine Statistik über alle Domains zusammen erstellen.

Möchte man aber eine Auswertung für nur eine der erfassten Domains erstellen, so bedarf es anderer Hilfsmittel. An dieser Stelle setzt der LogFile-Splitter an. Er extrahiert aus einer größeren Log-Datei nur diejenigen Einträge, die den virtuellen Server betreffen, über den man die Statistik erstellen möchte. Die erzeugte neue Log-Datei kann dann mit jedem beliebigen Log-Datei-Analyse-Programm wie die Ursprungsdatei ausgewertet werden.

Sprache: Deutsch

Lizenzart: Freeware

http://www.freeware.de/software/Programm_tipp_7078.html

Plattformen: Win XP, Win 2000, Win 98, Win NT, Win ME, Win 95

Diese Webserver-Administrations-Tools finden Sie auch auf sämtlichen großen Downloadportalen.

Brennen Sie nun alle gesammelten Beweise auf eine CD und versehen Sie diese mit dem Datum. Vergewissern Sie sich, dass sich nun auch wirklich alle Dateien auf der CD befinden und sich diese auch einwandfrei öffnen lassen. Wenn Sie diese CD nun bei Ihrem Anwalt hinterlegen, haben Sie im Falle einer gerichtlichen Auseinandersetzung eine gute Ausgangsposition. Zusammen mit Zeugen können Sie nun Ihren Fall anschaulich darlegen.

10.2 Zeugen und Augenzeugen

Screenshots und andere digitale Beweise haben vor Gericht nicht gerade die größte Durchschlagkraft. Es gibt eben (fast) kein digitales Medium, welches nicht auf irgendeine Art fälschbar wäre. Daher ist es von großer Wichtigkeit, auch Zeugen benennen zu können. Sie können also entweder einen Bekannten bitten, von seinem Rechner zur selben Zeit wie Sie den gleichen Screenshot anzufertigen, oder Sie erstellen einen Screenshot im Beisein eines Zeugen.

Sollte der Schaden, der Ihnen entstanden ist, sehr groß sein, können Sie auch noch auf eine drastischere Methode zurückgreifen: Sie bitten einen Anwalt, die Beweise mittels Screenshot zu erstellen. Dies ist zwar etwas kostspieliger, hat vor Gericht aber auch einen viel höheren Stellenwert. Die Gegenpartei wird sich nämlich hüten, Ihrem Anwalt vor Gericht vorzuwerfen, er hätte den Screenshot manipuliert oder gar gefälscht.

Da es sich bei Screenshots um reine Augenscheinbeweise handelt, die relativ leicht manipulierbar sind, sollte diese Beweissicherung durch den Rechtsanwalt durchgeführt werden, bevor man Kontakt zu der Gegenseite aufnimmt. In einem späteren Prozess müsste der gegnerische Rechtsanwalt seinem Kollegen dann schon Prozessbetrug vorwerfen, wenn er die Dokumentation bestreitet. (...) Dem Gericht werden dann Ausdrucke der Screenshots vorgelegt und als Augenscheinsbeweis der Aufruf auf dem Laptop angeboten. Die abgespeicherten Websites sollten außerdem auf CD gebrannt werden, damit sie auch extern gesichert sind und auch in dieser Form an das Gericht übergeben werden können.

Um die Tatsache weiter zu untermauern, ist es sehr ratsam, möglichst unbeteiligte Dritte als Zeugen einzubeziehen und Datum und Uhrzeit zu dokumentieren. In einer Kanzlei können Kollegen den Aufruf der Kanzlei betrachten. Diese können dann vor Gericht detailreich beschreiben, wann und warum sie zur Betrachtung der Website hinzugezogen wurden.

(Quelle: Fabian Haslob, www.akademie.de, *25.08.2007, Urheberrecht: Ideenklau im Internet – was Kreative gegen den Diebstahl geistigen Eigentums tun können)*

Welche Arten von Zeugen gibt es eigentlich?

Je nach Art der Zeugenschaft und der Rolle des Zeugen sind dessen Aussagen in der Entscheidungsfindung besonderes Gewicht über das anderer Zeugen zuzumessen:

>> Ein Amtszeuge ist eine Person, die während der Amtsausübung Zeuge eines Vorfalles geworden ist und als Zeuge aussagen kann,

>> Erkennungszeuge ist der Zeuge, der einen Täter wieder erkennen kann,

>> Augenzeuge ist derjenige, der den Vorgang optisch wahrgenommen hat,

>> Ohrenzeuge ist, wer etwas gehört, aber nicht gesehen hat.

(Quelle: http://de.wikipedia.org/wiki/Augenzeuge, 20.10.2007)

10.3   Handschriftliche Aufzeichnungen

Schreiben Sie unbedingt alle Ereignisse mit Datum chronologisch auf. Es ist, gerade bei Fällen, welche sich über einen langen Zeitraum erstrecken, unmöglich, den Überblick zu behalten. Bei einer gerichtlichen Auseinandersetzung spielt die genaue Zeitangabe nämlich eine sehr große Rolle. Auch sind solche handschriftlichen Aufzeichnungen ein Indiz dafür, dass Sie sich intensiv mit einem Fall auseinandergesetzt haben.

Vor Gericht ist z.B. eine Aussage wie die folgende wesentlich sachdienlicher als eine Aussage ohne oder mit sehr wagen Zeitangaben.

»Am 12. Januar 2007 war auf der Webseite von Herrn X erstmals von Betrug die Rede. Diese Seite wurde zwar am 14. Januar umgeschrieben, jedoch tauchten dieselben Inhalte bereits am 15. Januar auf einer anderen Seite wieder auf. Dies lässt sich durch folgende Screenshots vom 12., 15. und 16. Januar 2007 belegen.«

Notieren Sie ebenfalls genau, wann und auf welchem Wege Sie mit Ihrem Kontrahenten Kontakt aufgenommen haben oder wann dieser Sie kontaktiert hat. Notieren Sie ebenfalls in diesem Zusammenhang, wann ein Zeuge anwesend war und um wen es sich dabei handelt.

10.3.1   Stalking (Mobbing)-Tagebuch

Auf der Seite www.cyberstalking.at hält Cornelia Belik ein Tagebuch für
Stalking- und Mobbingopfer bereit.

> *Wenn die Belästigungen übers Internet, in Foren und Newsgroups*
> *sowie per Email etc. nach ausdrücklicher Aufforderung nicht sofort*
> *aufhören, sollten Sie ein spezielles Cyberstalking-Tagebuch führen.*
> *Dieses Tagebuch dient zur Beweissicherung; für Polizei und*
> *Gerichte wird leichter ersichtlich, wann sich was genau ereignet hat.*
> *(Quelle:* www.cyberstalking.at, *25.08.2007, Cornelia Belik)*

Sie können die Vordrucke auf der Seite von Frau Belik downloaden oder die
Vorlage im Buch im Kapitel 3.3.3 verwenden.

Anhang A

ANHANG A
Polizei online

Sollten Sie sich entschieden haben, Ihren Fall aktenkundig zu machen, sprich, Anzeige bei der Polizei zu erstatten, geht das heutzutage natürlich auch online. Hier finden Sie die Links zu den Online-Polizeidienststellen der Bundesländer. Von dort aus gelangen Sie auch zu der jeweiligen Dienststelle in Ihrer Stadt.

Wenn Sie oder auch Ihre Kinder auf irgendeine Art mit kinderpornografischem Material im Internet in Berührung gekommen sind, ist immer die Polizeidienstelle Ihres Wohnsitzes der beste Ansprechpartner.

Im Kapitel 5.4.1 finden Sie eine Liste mit Adressen der Polizei, an die Sie sich wenden können, wenn Ihr Kind online von einem Erwachsenen belästigt wird.

Polizei Baden-Würtemberg

http://www.polizei-bw.de/edi

Polizei Bayern

http://www.polizei.bayern.de

Polizei Berlin

http://www.berlin.de/polizei/index.html

Polizei Brandenburg

http://www.internetwache.brandenburg.de

Polizei Bremen

http://www.polizei.bremen.de

Polizei Hamburg

http://fhh.hamburg.de/stadt/Aktuell/behoerden/inneres/polizei/start.html

Polizei Hessen

http://www.polizei.hessen.de

Polizei Mecklenburg-Vorpommern

http://www.polizei.mvnet.de

Polizei Niedersachsen

http://www.polizei.niedersachsen.de

Polizei Nordrhein-Westfalen

https://service.polizei.nrw.de

Polizei Rheinland-Pfalz

http://www.polizei.rlp.de

Polizei Saarland

http://www.saarland.de/polizei.htm

Polizei Sachsen

http://www.polizei.sachsen.de

Polizei Sachsen-Anhalt

http://www.polizei.sachsen-anhalt.de

Polizei Schleswig-Holstein

https://www.polizei.schleswig-holstein.de

Polizei Thüringen

http://www.thueringen.de/de/polizei

Anhang B

ANHANG B
Verbraucherzentralen online

Die Verbraucherzentralen in den 16 Bundesländern bieten Beratung und Information zu Fragen des Verbraucherschutzes, helfen bei Rechtsproblemen und vertreten die Interessen der Verbraucher auf Landesebene.

Die Internetseiten der Verbraucherzentralen bieten eine Fülle an Informationen, Merkblättern und Checklisten zum Thema »Internet« im weitesten Sinne. Vor allem aber können Sie eine kompetente Unterstützung im Kampf gegen betrügerische Firmen und Machenschaften sein.

Damit Ihnen die Verbraucherzentralen mit Rat und Tat zur Seite stehen können, müssen Sie sich an die entsprechende Zentrale in Ihrem Bundesland wenden:

Baden-Württemberg

Webseite: www.verbraucherzentrale-bawue.de

E-Mail: info@verbraucherzentrale-bawue.de

Bayern

Webseite: www.verbraucherzentrale-bayern.de

E-Mail: info@verbraucherzentrale-bayern.de

Berlin

Webseite: www.verbraucherzentrale-berlin.de

E-Mail: mail@verbraucherzentrale-berlin.de

Brandenburg

Webseite: www.vzb.de

E-Mail: info@vzb.de

Bremen

Webseite: www.vz-hb.de

E-Mail: info@vz-hb.de

Hamburg

Webseite: www.vzhh.de

E-Mail: info@vzhh.de

Hessen

Webseite: www.verbraucher.de

E-Mail: vzh@verbraucher.de

Mecklenburg und Vorpommern

Webseite: www.nvzmv.de

E-Mail: info@nvzmv.de

Niedersachsen

Webseite: www.vzniedersachsen.de

E-Mail: info@vzniedersachsen.de

Nordrhein-Westfalen

Webseite: www.vz-nrw.de

E-Mail: vz.nrw@vz-nrw.de

Rheinland-Pfalz

Webseite: www.vz-rlp.de

E-Mail: info@vz-rlp.de

Saarland

Webseite: www.vz-saar.de

E-Mail: vz-saar@vz-saar.de

Sachsen

Webseite: www.vzs.de

E-Mail: vzs@vzs.de

Sachsen-Anhalt

Webseite: www.vzsa.de

E-Mail: vzsa@vzsa.de

Schleswig-Holstein

Webseite: www.verbraucherzentrale-sh.de

E-Mail: info@verbraucherzentrale-sh.de

Thüringen

Webseite: www.vzth.de

E-Mail: info@vzth.de

I.D.I. Interessenverband Deutsches Internet e.V.

Info- und Schutzgemeinschaft der Internetuser in Deutschland

Der I.D.I. Verband e.V. ist die gemeinsame Informations- und Schutzgemeinschaft der Internetnutzer in Deutschland und als Träger gemeinnütziger Internet-Projekte dem Verbraucherschutz verpflichtet.

Franz-Wolter-Straße 38 · D-81925 München (Zustellanschrift)

Tel. 089 - 42 66 36 (Vorstand) · Fax 089 - 42 42 36 · info@idi.de

http://idi.de/

Anhang C

>>>

!

404

Beim Anwählen einer URL, die auf eine nicht vorhandene Webseite oder Datei zeigt, liefert der Webserver normalerweise eine Fehlerseite mit dem HTTP-Statuscode 404 Not Found, was bedeutet, dass die angeforderte Seite oder Datei nicht gefunden wurde.

A

Abmahnung

Eine Abmahnung ist die formale Aufforderung einer Person an eine andere Person, ein bestimmtes Verhalten, welches nicht geduldet oder toleriert wird, künftig zu unterlassen.

Add-On(s)

Ein Add-on ist ein optionales Modul, welches bestehende Hard- oder Software ergänzt oder erweitert. Dies kann z.B. in Bezug auf Hardware eine Steckkarte sein. Bei einer Software wird der Funktionsumfang durch das Add-on erweitert.

Admin-C

Siehe »Administrativer Ansprechpartner«

Administrativer Ansprechpartner

Der administrative Ansprechpartner (Admin-C) einer Domain und ist neben dem Inhaber in der Whois-Datenbank der meisten Domainregistrierungsstellen als Administrator mit seiner Adresse eingetragen.

Affiliate Programme

Ein Affiliate Programm (Partnerprogramm) ist eine hauptsächlich im Internet angewandte Vertriebsform, wobei der eine Partner (der Publisher) dem anderen (dem Advertiser oder Händler) Werbemittel oder -flächen kostenlos zur Verfügung stellt. Entstehen dadurch Umsätze, erhält der Publisher eine Provision.

Altersverifikationssysteme, altersverifizieren

Ein Altersnachweissystem, kurz AVS, ist eine technische Lösung, um das Alter, insbesondere die Volljährigkeit, von Personen zu überprüfen. Solche Systeme müssen in Deutschland eingesetzt werden, um z.B. pornografische Inhalte nur volljährigen Nutzern zugänglich zu machen. Welche Verfahren ausreichenden Schutz bieten, wird seit Jahren heftig diskutiert.

Anonymes Hosting
Anonymes Hosting bedeutet, dass der Provider seinen Namen anstelle des eigentlichen Inhabers einer Domain und Webseite einträgt oder dafür einen Strohmann verwendet. Der wahre Inhaber wird in der Regel nur den Strafverfolgungsorganen im Bedarfsfall übermittelt.

Anonymizer
Ein so genannter Anonymizer (englisch für Anonymisierer) ist ein System von Webservern, das Benutzern hilft, ihre Anonymität im Sinne von Datensicherheit und Datenschutz im Internet zu wahren.

Avatar
Ein Avatar ist ein »grafischer Stellvertreter« einer echten Person im Internet, beispielsweise in einem Computerspiel oder einem Chat.

B

Beleidigung
Eine Beleidigung ist jede Verletzung der persönlichen Ehre eines anderen. Geregelt ist die Beleidigung in den §§ 185 ff. Strafgesetzbuch (StGB).

Billing-Provider
Ein Internet-Billing-Provider stellt das Zahlungsmodul für Kreditkartenbuchungen oder Lastschriften für einen Webservice zur Verfügung. Er übernimmt gegen eine Provision die komplette Zahlungsabwicklung mit den Kunden.

Blog(s)
Ein Blog (Abkürzung für Weblog) ist ein öffentlich einsehbares Tagebuch oder Journal auf einer Webseite. Mithilfe einer meist kostenlosen Blog-Software kann auch ein Laie in kurzer Zeit Inhalte im Netz ansprechend darstellen.

Blog-Software
Software zum Erstellen eines öffentlich einsehbaren Tagebuchs oder Journals auf einer Webseite.

BRAGO
Die Bundesrechtsanwaltsgebührenordnung (BRAGO) ist am 26. Juli 1957 als Artikel VIII des Gesetzes zur Änderung kostenrechtlicher Vorschriften verkündet worden und stellte bis zum Inkrafttreten des Rechtsanwaltsvergütungsgesetzes (RVG) am 1. Juli 2004 die Grundlage der anwaltlichen Gebühren dar.

Bully, Cyberbully
Ein Bully oder Cyberbully ist ein Kind oder ein Jugendlicher, das bzw. der unter Verwendung von Handy, Internet und anderen digitalen Kommunikationsmitteln andere Kinder bedroht, beschimpft, beleidigt oder hänselt. Siehe auch: Cyberbullying

C

Client
Als Client (englisch für »Klient«) bezeichnet man ein Computerprogramm, welches nach dem Client-Server-Modell Verbindung mit einem Server aufnimmt und Nachrichten mit diesem austauscht.

Computerforensik
Unter Computerforensik versteht man die Erfassung, Analyse und Auswertung digitaler Spuren in Computersystemen.

Content
Content bedeutet im Internet Medieninhalte als Text, Bild-, Audio- oder Videodaten.

Cookies
Ein Cookie ist ein kurzer Eintrag in einem speziellen Dateiverzeichnis auf einem Computer und dient dem Austausch von Informationen zwischen Computerprogrammen oder der zeitlich beschränkten Archivierung von Informationen.

Copy und Paste
(Kopieren und Einfügen) bedeutet das Kopieren von Daten aus einer Anwendung heraus in den externen Zwischenspeicher und das Einfügen dieser Daten in die gleiche oder eine andere Anwendung. Copy (Kopieren) durch Markieren und die Tastenkombination [Strg]-[C] und Paste (Einfügen) mit [Strg]-[V].

Copyright
Das Copyright ist die angloamerikanische Bezeichnung für das Immaterialgüterrecht an geistigen Werken.

Corporate Blog
Unter einem Corporate Blog versteht man das Weblog eines Unternehmens.

Corporate Communication
Die Corporate Communication umfasst die gesamte Unternehmenskommunikation nach innen wie nach außen.

Cracks
Als Cracks oder Crackz bezeichnet man illegal hackte Computerprogramme, deren Kopierschutz entfernt wurde und die sich ohne Eingabe von Seriennummer oder Freischaltcode ausführen lassen.

Cracker
Ein Cracker ist jemand, der ohne Erlaubnis in fremde Computersysteme eindringt oder bei Software den Kopierschutz entfernt, damit diese illegal verbreitet und kostenlos genutzt werden kann.

Creative Commons
Creative Commons ist eine gemeinnützige Gesellschaft, die im Internet verschiedene Standard-Lizenzverträge veröffentlicht. Damit können Autoren an ihren Werken anderen Nutzungsrechte einräumen.

CVC2
Der Card Verification Code (CVC2 / Mastercard – CVV2 / VISA) ist ein wichtiges Sicherheitsmerkmal bei Kreditkarten. Es handelt sich hier um eine dreistellige Prüfziffer auf der Rückseite einer Kreditkarte und verhindert die Nutzung von gefälschten oder gestohlenen Kreditkartenangaben und den damit verbundenen Kreditkartenbetrug.

Cyberbullying
Unter Cyberbullying versteht man den Umstand, dass ein oder mehrere Kinder ein anderes unter Zuhilfenahme von Internet, E-Mail oder Handy schikanieren. Siehe auch Bully.

Cyberstalking
Unter Cyberstalking versteht man das willentliche und beharrliche Verfolgen, Beleidigen oder Belästigen einer anderen Person im Internet, per E-Mail, Handy oder SMS.

D

Dialer, Dialer-Software
Ein Dialer ist ein Einwahlprogramm, welches eigentlich als anonyme Zahlungsmethode für Mehrwertdienste gedacht war. Solche Dialer wurden jedoch missbraucht, um für meist ungewollte Leistungen (erotische Angebote) im Internet enorme Beträge abzurechnen.

Digital Millennium Copyright Act, DMCA
Der Digital Millennium Copyright Act von 1998 (DMCA) ist ein umstrittenes Gesetz der USA, welches die Rechte von Copyright-Inhabern erweitert.

Directory Harvesting Attacks, DHA
Bei Directory Harvesting Attacks (DHA) versucht ein Spammer, in den Besitz von möglichst vielen E-Mail Adressen im World Wide Web zu gelangen.

Disclaimer
Im Internet wird ein Disclaimer für einen Haftungsausschluss auf Webseiten und in E-Mails verwendet.

DNS
Das Domain Name System (DNS) stellt einen der wichtigsten Dienste im Internet dar. Seine Hauptaufgabe ist die Auslösung von Internetadressen wie zum Beispiel www.internetvictims.de in die zugehörige IP-Adresse.

Domain-Grabbing
Der englische Begriff Domain-Grabbing bezeichnet eine unerlaubte Registrierung von Gattungsbegriffen bei Internet-Domainnamen.

Domaininhaber
Der Domaininhaber ist der Vertragspartner der Registrierungsstelle und damit der an der Domain materiell Berechtigte.

DoS, DoS-Attacke
Als Denial of Service (DoS)-Attacke bezeichnet man einen Angriff auf einen Server oder einen Computer in einem Datennetz mit dem Ziel, einen oder mehrere seiner Dienste durch Überlastung arbeitsunfähig zu machen.

Drive-by Pharming
Diese Hacker-Methode zielt auf Internetnutzer, die die Default-Einstellungen ihres Routers nicht geändert oder mit einem Passwort geschützt haben. Beim Drive-by Pharming stellt der Hacker eine Webseite online, die einen schädlichen JavaScript-Code enthält, der die DNS-Einstellungen (Domain Name System) des Anwender-Routers zu ändern versucht.

Dropdown-Menü
Eine Platz sparende Möglichkeit zur Navigation innerhalb einer Webseite oder eines Computerprogramms ist ein Dropdown-Menü. Durch eine Benutzeraktion (z. B. Mausklick) erscheint ein nach unten herausklappendes Listenfeld.

Duplicate Content
Unter Duplicate Content versteht man Duplikate vorhandener Inhalte im Internet. Für den eigentlichen Urheber dieser Inhalte ist es sehr nachteilig, wenn seine Inhalte mehrmals im Netz kursieren, da die Gefahr besteht, dass Suchmaschinen nur eine Seite in den Serps anzeigen, andere Seiten mit denselben Inhalten werden hingegen nicht mehr gefunden.

E

eBay Käuferschutz
Der eBay Standard-Käuferschutz ist eine Kulanzleistung, die eBay seinen Mitgliedern kostenlos anbietet. Dabei werden bei Nichtlieferung von bereits bezahlten Waren bis zu 175,- Euro erstattet.

Exploits
Ein Exploit (deutsch: ausnutzen) ist ein Softwarefragment oder ein Programm, welches Schwächen von anderen Computerprogrammen ausnutzt, um dadurch an Informationen zu gelangen oder deren Funktionen zu manipulieren.

eBay Treuhandservice

Beim Treuhandservice überwacht die iloxx die Zahlungsabwicklung als vertrauenswürdige, unabhängige Partei, wenn Artikel bei eBay gekauft oder verkauft werden. Der Treuhandservice bietet Vorteile sowohl für den Käufer, als auch für den Verkäufer.

F

Fake-Webseiten

Fake-Webseiten sind Kopien von Original-Webseiten zum Zwecke der Irreführung von Nutzern. Eine Fake-Webseite erscheint dem Benutzer als bekannt und vertrauenswürdig, nur die Adresse der Seite variiert.

Filesharing

Als Filesharing (deutsch: Dateien teilen) bezeichnet man das Weitergeben von Dateien zwischen verschiedenen Benutzern im Internet. Meistens ist dabei das Verteilen von Daten über ein so genantes Peer-to-Peer (P2P)-Netzwerk gemeint.

Fingerprint

Der Fingerabdruck (englisch Fingerprint) eines öffentlichen Schlüssels oder die Fingerprint-ID ist eine kurze Zahlenfolge, mit der man einen längeren Schlüssel eindeutig identifizieren kann.

Firewall

Eine Firewall ist eine Netzwerk-Sicherheitskomponente, die den Datenverkehr zwischen den einzelnen Netzwerksegmenten mit verschiedenen Sicherheitsstufen absichert. Ein typisches Einsatzgebiet einer Firewall ist die Absicherung des lokalen Netzwerks (LAN) gegenüber dem Internet.

Flickr

Flickr ist ein teils kommerzieller Service, welcher es Benutzern erlaubt, digitale Bilder mit kurzen Kommentaren auf die Website und so anderen Nutzern zur Verfügung zu stellen.

Foreneinträge

Foreneinträge bedeuten das Einstellen von Gedanken, Meinungen und Erfahrungen in ein Internetforum. Verfügt dieses Forum über einen hohen PageRank, werden die Foreneinträge bei den Suchmaschinen gut gelistet. Die Rechtslage darüber, wer für diese Einträge letztendlich verantwortlich ist (der Betreiber oder der Verfasser), ändert sich ständig und ist immer wieder ein Streitpunkt.

Freemailer

Freemail bezeichnet das kostenlose Bereitstellen einer E-Mail-Adresse zum Senden und zum Empfangen von E-Mails. Freemailer sind u.a. Freenet, GMX, Yahoo und Hotmail.

G

Gadgets
Ein Gadget ist ein kleines technisches Gerät mit neuartiger Technik oder Design.

Gamecards
Eine Gamecard ist eine Zahlmethode für ein Online Game, ähnlich einer Handy-Prepaid-Karte.

gmail.de
Gmail, oder in Deutschland Google Mail, ist ein kostenloser E-Mail-Dienst des Suchmaschinenbetreibers Google.

googeln
Das Verb »googeln« (sprich »guhgeln«) bedeutet »mit der Suchmaschine Google im Internet nach etwas suchen«.

Googlability
Die »Googlability« ist der »Internet-Leumund«. Sie kann sich auf Personen, Unternehmen, Produkte und Services beziehen. Im Prinzip gibt die Googlability Antwort auf die Frage: Werden bei einer Suche vorwiegend positive oder negative Treffer angezeigt? Dementsprechend ist Ihr »Internet-Leumund« gut oder schlecht.

Google Cache
Google speichert eine Kopie von jeder Webseite, die sie beim Erstellen des Suchindexes durchsucht, im so genannten Google Cache. Welche Seiten einer Webseite sich im Cache befinden, kann über den Link IM CACHE unter jedem Suchergebnis eingesehen werden.

Google-Konto
Ein Google-Konto ist ein Google-Master-Login und besteht aus einer einzelnen E-Mail-Adresse und einem Passwort. Über dieses Konto werden verschiedenste Google Services, wie z.B. E-Mail oder Adsense, verwaltet.

Google SafeSearch
Unter Google SafeSearch versteht man einen Filter, welcher nicht jugendfreie Seiten aus den Suchergebnissen filtert.

Google-Group
Google-Group ist ein öffentliches Usenetarchiv, in dem Beiträge aus den meisten öffentlichen Newsgroups gespeichert werden.

Google-Treffer
Die Gesamtanzahl an Suchergebnissen, die Google nach einer bestimmten Suchabfrage zurückliefert.

H

Hacker
Ein Hacker ist eigentlich ein Computer-Freak. Doch oftmals bezeichnet man jemanden als Hacker, der in fremde Computersysteme eindringen kann.

Happy Slapping
Unter Happy Slapping versteht man das grundlose Verprügeln einer Person vor laufender (Handy)-Kamera. Diese Aufnahmen werden anschließend im Internet veröffentlicht oder per Mobiltelefon und E-Mail verbreitet.

Heise
Der Verlag Heinz Heise ist ein 1949 in Hannover gegründeter Adress- und Telefonbuchverlag, der später als weitere Geschäftsfelder Fachbücher und Zeitschriften aufnahm. Das Internetportal heise.de genießt einen sehr guten Ruf im Internet.

hosts-Datei
Die `hosts`-Datei ist eine lokale Textdatei auf einem Computer und dient der Zuordnung von Hostnamen und IP-Adressen.

Hotspot
Hotspots sind nicht-private drahtlose Internetzugriffspunkte, die hauptsächlich gegen Bezahlung bereitgestellt werden. Oft sind aber auch kostenlose Hotspots in Hotels, Restaurants, Flughäfen, Bahnhöfen, öffentlichen Plätzen u.a. eingerichtet.

htaccess
`htaccess` oder Hypertext Access (deutsch: Hypertext-Zugriff) ist eine Konfigurationsdatei, in der verzeichnisspezifische Einstellungen wie zum Beispiel ein Passwortschutz vorgenommen werden können. Im Unix-Dateisystem beginnen versteckte Dateien mit einem Punkt. `htaccess`-Dateien können deshalb nicht per HTTP aufgerufen und ausgelesen werden.

HTML-E-Mail
HTML (Hypertext Markup Language)-E-Mails sehen ähnlich aus wie Webseiten, denn sie erlauben das Einbinden von Grafiken und Links in eine E-Mail-Nachricht.

HTTPS
Das »Hyper Text Transfer Protocol Secure« dient zur Verschlüsselung und Authentifizierung der Kommunikation zwischen Browser und Webserver im Internet.

I

ICQ
ICQ ist der wohl der bekannteste und beliebteste Instant Messenger.

Identitätsdiebstahl
Als Identitätsdiebstahl wird die missbräuchliche Nutzung personenbezogener Daten zum betrügerischen Vermögensvorteil oder auch zur Rufschädigung durch Dritte bezeichnet.

Impressum
Ein Impressum ist eine vorgeschriebene Herkunftsangabe, die Angaben über den Verlag, Autor, Herausgeber oder Redaktion enthält, vor allem um die presserechtlich für den Inhalt Verantwortlichen kenntlich zu machen.

Indizierung
Indizierung bezeichnet im Allgemeinen die Aufnahme in einen Index. Im Zusammenhang mit einer Suchmaschine spricht man von einer Indizierung, wenn die Seite »besucht« wurde und nun als Suchergebnis auftaucht.

Internetoptionen
Unter Internetoptionen versteht man Interneteinstellungen wie Sicherheit, Verbindungen, Inhalte, Datenschutz etc. in einem Webbrowser (MS Internet Explorer)

IP-Adresse
Eine IP-Adresse (Internet-Protocol-Adresse) dient zur eindeutigen Adressierung von Computern und anderen Geräten in einem IP-Netzwerk.

iTAN
Eine indizierte Transaktionsnummer (iTAN) ist ein Einmalpasswort, das im Online-Banking verwendet wird. Der Bankkunde kann beim iTAN-Verfahren seinen Auftrag nicht mehr mit einer beliebigen TAN aus seiner Liste legitimieren, sondern wird von seiner Bank aufgefordert, eine bestimmte TAN einzugeben.

J

JavaScript
JavaScript ist eine objektbasierte Skriptsprache und wird hauptsächlich für DHTML (dynamisches HTML) eingesetzt.

L

Lizenzanalogie
Die Lizenzanalogie ist eine Methode, die Höhe des Anspruchs zu ermitteln, der dem Inhaber eines verletzten Schutzrechts gegen den Verletzer zusteht.

Logfiles
Logfiles sind Logdateien, die automatisch alle oder bestimmte Aktionen von Prozessen auf einem Computersystem protokollieren.

M

Malware
Malware bezeichnet ein Computerprogramm, das unerwünschte und schädliche Funktionen ausführt.

Man-in-the-middle-Attacke, MITM
Ein Man-in-the-middle-Angriff ist eine Angriffsform, die in Rechnernetzen ihre Anwendung findet. Der Angreifer steht dabei entweder physikalisch oder logisch zwischen den beiden Kommunikationspartnern und hat mit seinem System komplette Kontrolle über den Datenverkehr zwischen zwei oder mehreren Netzwerkteilnehmern.

Massively Multiplayer Online Role-Playing Games, MMORPG
Ein Massively Multiplayer Online Role-Playing Game ist ein ausschließlich über das Internet spielbares Computer-Rollenspiel, bei dem gleichzeitig mehrere tausend Spieler eine persistente, virtuelle Welt bevölkern.

McAfee
McAfee ist der weltweite Marktführer von Antiviren-, Firewall- und Internetschutzprogrammen.

Medienkompetenz
Medienkompetenz bezeichnet die Fähigkeit, Medien und die durch Medien vermittelten Inhalte den eigenen Zielen und Bedürfnissen entsprechend effektiv zu nutzen.

Meds
Abkürzung für engl. Medications, wird in Spam-E-Mails oft als Sammelbegriff für Viagra, Cialis und andere Medikamente verwendet.

Meinungsäußerung
Der Unterschied zwischen Tatsachenbehauptungen und Meinungsäußerungen ist fließend. Eine Meinungsäußerung kann nicht mit richtig oder falsch beurteilt werden. Man kann sie nicht beweisen, sie stellt vielmehr eine Wertung dar.

Messenger, Instant Messenger
Instant Messaging oder Nachrichtensofortversand ist ein Dienst, der es ermöglicht, mittels einer Software (Client), dem Instant Messenger, in Echtzeit mit anderen Teilnehmern zu kommunizieren.

META-Tags
META-Tags sind HTML-Elemente im Quelltext auf einer Webseite, die META-Daten wie Seitenbeschreibung, Stichwörter, Autor und Anweisungen für Suchroboter über das betreffende Dokument enthalten.

Moderator
Eine Person, die eine Diskussion leitet, zum Beispiel im Rahmen eines Internet-Forums oder Chats. Oft werden sehr aktive Chatter oder Forenmitglieder zum Moderator ernannt.

Mozilla Firefox, Firefox
Mozilla Firefox ist ein aus dem Mozilla-Projekt hervorgegangener freier Webbrowser.

N

Negativliste
Eine Negativliste oder Blacklist bezeichnet eine Liste mit Internetangeboten, sprich Webadressen, die für eine bestimmte Benutzergruppe gesperrt werden. Zugelassene Seiten werden in einer Positivliste oder Whitelist verwaltet.

Newsgroups
Newsgroups sind virtuelle Diskussionsforen im Internet, in denen zu einem umgrenzten Themenbereich Textbeiträge ausgetauscht werden.

Newsletterabos
Oft lästige Abonnements eines Newsletters. Meistens können solche Abos durch einen Link »unsubscribe« abbestellt werden.

Nickname
Unter einem Nickname (engl. »Spitzname«) versteht man einen Namen, den ein Computernutzer im Internet verwendet.

Nicknapping
Nicknapping ist eine besondere Form des Identitätsdiebstahls und beschreibt das Auftreten im Internet unter dem Namen oder Pseudonym eines anderen Diskussionsteilnehmers oder Benutzers.

Nigeria-Connection
Unter dem Stichwort Nigeria-Connection versteht man eine bekannte Betrugsmasche, bei der per E-Mail große Geldsummen in Aussicht gestellt werden. Allerdings muss man zuerst einen Vorschuss leisten. Das Geld sieht man natürlich nie wieder.

O

Open Source

Open Source bzw. quelloffen ist eine Software, die unter einer von der Open Source Initiative (OSI) anerkannten Lizenz steht. Dabei muss die Software in einer für den Menschen lesbaren und verständlichen Form vorliegen, die Software darf beliebig kopiert, verbreitet und genutzt werden und darf verändert und in der veränderten Form weitergegeben werden.

P

pädophil

Eine Person wird als pädophil bezeichnet, wenn ihre primäre erotisch-sexuelle Neigung auf Personen vor der Geschlechtsreife (Kinder) ausgerichtet ist.

PageRank

Der PageRank-Algorithmus ist ein Verfahren von Google, um Webseiten anhand ihrer Struktur zu bewerten bzw. zu gewichten. Je höher der PageRank einer Seite, desto besser wird sie (bei gleichem Seiteninhalt) bei den Suchergebnissen gelistet.

PayPal

PayPal, eine Tochtergesellschaft von eBay, ist ein Online-Bezahlsystem, welches als Micropayment-System und zur Begleichung von Mittel- und Kleinbeträgen im Online-Handel genutzt wird.

Peer-to-Peer, P2P

Eine Peer-to-Peer (P2P)-Verbindung ist ein Netzwerk von Computern, in dem zum Beispiel File-Sharing bei Dateitauschbörsen betrieben werden kann.

Persönlichkeitsrechte

Das Persönlichkeitsrecht dient zum Schutz der Persönlichkeit einer Person vor Eingriffen in ihren Lebens- und Freiheitsbereich. Im deutschen Recht ist das Persönlichkeitsrecht als solches nicht ausdrücklich geregelt.

Pharming

Pharming ist eine Weiterentwicklung des klassischen Phishings. Beim Pharming werden DNS-Anfragen von Webbrowsern manipuliert, um den Internetnutzer auf eine gefälschte Webseite umzuleiten.

Phaxing

»Phaxing«-E-Mails fordern den Empfänger auf, ein Formular mit Bank- und anderen Daten per Fax zurückzusenden.

Phishing
Als Phishing bezeichnet man den Versuch, über gefälschte Webseiten sensible Daten wie Benutzernamen und Passwörter für Online-Banking oder Kreditkarteninformationen eines Internetnutzers zu erlangen.

PIN
Ein PIN-Code ist eine persönliche Identifikationsnummer und wird z.B. beim Online-Banking als Passwort verwendet.

Ping-Anfragen
Ping ist ein Computerprogramm, mit dem überprüft werden kann, ob ein bestimmter Host in einem IP-Netzwerk erreichbar ist und welche Zeit das Routing benötigt.

Plagiat(e)
Ein Plagiat ist die Vorlage fremden geistigen Eigentums bzw. eines fremden Werkes als eigenes oder Teil eines eigenen Werkes. Kopie, Bearbeitungen, eine Nacherzählung oder eine Übersetzung zählen ebenfalls zu den Plagiaten.

Positivliste
Die Positivliste ist das Gegenteil der so genannten Negativliste. Auf einer Positivliste befinden sich z.B. Internetadressen, welche für Kinder geeignet sind. Ein Browser kann so nur Seiten anzeigen, welche auf der Liste stehen. Zum Aufrufen anderer Seiten wird ein Passwort benötigt.

Privatanklagedelikte
Bei einem so genannten Privatanklagedelikt erfolgt eine Strafverfolgung des Täters nur auf das Verlangen des Verletzten hin. Zu den Privatanklagedelikten zählen z.B. Hausfriedensbruch oder Beleidigung, Verleumdung, üble Nachrede, Verletzung des Briefgeheimnisses, leichte und fahrlässige Körperverletzung, Bedrohung und Sachbeschädigung.

Pro-Ana-Websites
Webseiten, auf denen Mager- beziehungsweise die Ess-Brechsucht verherrlicht wird.

Proxy
Ein Proxy oder Proxy-Server ist ein Dienstprogramm für Computernetze, das im Datenverkehr vermittelt. Es macht den Datentransfer effizienter bzw. schneller, kann aber auch durch Einsatz von Zugriffskontrollmechanismen die Sicherheit erhöhen.

Public Domain
Als Public Domain (gemeinfrei) bezeichnet man ein Werk, das keinem Urheberrecht (mehr) unterliegt.

Q

Quelltext
Unter dem Begriff Quelltext oder auch Quellcode (engl. source code) versteht man in der Informatik den in einer Programmiersprache geschriebenen Text eines Computerprogramms.

R

Redundantes System
Ein redundantes System ist ein fehlertolerantes System, das Datenschutz bietet, indem die Daten an verschiedenen physischen Standorten dupliziert werden. Durch die Datenredundanz ist auch dann noch ein Datenzugriff möglich, wenn einzelne Teile des Datensystems ausfallen.

Referrer
Ein Referrer ist die Internetadresse der Webseite, von der der Internetnutzer zum Beispiel durch Anklicken eines Links zu der aktuellen Seite gekommen ist.

Remailer
Ein Remailer ist ein anonymisierender Internet-Dienst, der Nachrichten annimmt, die Absenderinformation entfernt und diese dann weiterleitet.

Rufschädigung
Eine Rufschädigung zielt darauf ab, einen Menschen oder eine Gruppe so schwer im Ansehen zu schädigen, dass dauerhaft ein schlechter Ruf etabliert wird.

S

Schadensersatz
Unter Schadensersatz versteht man den Ausgleich eines Schadens, den jemand gegen oder ohne seinen Willen durch eine andere Person erlitten hat.

Screenshot(s)
Unter einem Screenshot versteht man das Abspeichern oder die Ausgabe des aktuellen graphischen Bildschirminhalts als Grafik.

SERPs
Der Begriff SERPs bezeichnet die Ergebnisseiten von Suchmaschinen bei einer Suchanfrage. SERPs ist die Abkürzung für Search Engine Result Pages.

Smishing
Smishing zielt auf Handys ab und ist eine Weiterentwicklung des klassischen Phishings, wobei die Täter hier mit aufdringlichen SMS-Nachrichten auf Datenfang gehen.

Social Bookmarking
Social Bookmarking ist das Setzen von Internet-Lesezeichen durch verschiedene Benutzer mithilfe eines Browsers. Zu den populärsten Anbietern zählen del.icio.us und Furl.

Social Engineering
Social Engineering nennt man eine zwischenmenschliche Beeinflussung mit dem Ziel, unberechtigt an Daten oder Dinge zu gelangen. Durch viele Puzzlestücke lässt sich so ein Gesamtbild einer Person oder eines Sachverhalts konstruieren.

Social-Network (Sites)
Im Internet: Seiten oder Services wie Flickr oder Facebook, welche Gruppen oder einzelne Personen zur Pflege und Herstellung sozialer Kontakte verwenden. Social-Network Sites bieten ihren Mitgliedern eine Reihe an Kommunikationsmöglichkeiten wie E-Mail, Video, Filesharing oder Chat.

Social Phishing
Social Engineering unter Verwendung von E-Mail oder Messenger, um durch die Techniken des Phishings an personenbezogene Daten zu kommen.

social software
Als social software werden Software-Systeme bezeichnet, die der menschlichen Kommunikation, Interaktion und Zusammenarbeit dienen. Dazu zählen z.B. Wikis und Blogs.

Spear Phishing
Beim Spear Phishing versucht der Angreifer, vertrauliche Informationen einer Firma oder einer Organisation durch gezielte E-Mails zu erlangen. Die E-Mails wirken auf die Mitarbeiter vertrauenswürdig, da Absender, Namen, Positionen und firmeninterne Informationen der Wahrheit entsprechen.

Spider
Als Spider oder Webcrawler bezeichnet man ein Computerprogramm, das zum Beispiel im Auftrag von Suchmaschinen automatisch das Internet durchsucht und Webseiten analysiert.

SPIT
Als SPIT (Spam over Internet Telephony) bezeichnet man unter anderem den VoIP-Spam.

SPOM
Spam over Mobile Phone bezeichnet unerwünschte Anrufe oder Kurznachrichten (SMS) über Mobiltelefone.

Spyware
Als Spyware (Spionagesoftware) bezeichnet man Computerprogramme, die heimlich persönliche Daten eines Computerbenutzers an Dritte weiterleiten.

SSL
SSL (Secure Sockets Layer) ist ein hybrides Verschlüsselungsprotokoll für Datenübertragungen im World Wide Web.

Stalker
Ein Stalker stellt einer Person wiederholt und beharrlich nach und bedroht durch diese Beharrlichkeit die psychische Unversehrtheit der gestalkten Person. Bedient sich der Stalker bei seinem Tun moderner Medien wie Internet, Messenger, E-Mail, SMS und Handy, spricht man von einem Cyberstalker.

Strafanzeige
Eine Strafanzeige ist die Meldung eines Sachverhaltes an die Strafverfolgungsbehörden, die nach Auffassung des Meldenden einen Straftatbestand erfüllen könnte.

SubSeven
SubSeven (auch Sub7 oder Backdoor-G genannt) ist eines der bekanntesten und leistungsstärksten Backdorprogramme (Trojaner) für Windows.

Suchmaschinen-Marketing
Suchmaschinen-Marketing ist die Gesamtheit der Maßnahmen zur Gewinnung qualifizierter Besucher für eine Webpräsenz über die gängigsten Websuchmaschinen.

Suchmaschinen-Cache
Siehe »Google Cache«

T

TAN
Eine TAN (Transaktionsnummer) ist ein Einmalpasswort, das üblicherweise beim Online-Banking verwendet wird.

Tatsachenbehauptungen
Eine Tatsachenbehauptung beschreibt wirklich geschehene und existierende, dem Beweis zugängliche Umstände.

TCP/IP
Das Transmission Control Protocol/Internet Protocol (Abkürzung: TCP/IP) ist ein Netzwerkprotokoll und wird oft nur als Internetprotokoll bezeichnet.

Tech-C
Siehe »Technischer Ansprechpartner«

Technischer Ansprechpartner
Der technische Ansprechpartner (Tech-C) betreut eine Domain in technischer Hinsicht.

Teledienstegesetz, TDG
Das Teledienstegesetz (TDG) war ein Gesetz mit dem Ziel, einheitliche wirtschaftliche Rahmenbedingungen für die verschiedenen Nutzungsmöglichkeiten der elektronischen Informations- und Kommunikationsdienste zu schaffen. Es ist mittlerweile außer Kraft und wurde 2007 vom Telemediengesetz abgelöst.

Telemediengesetz, TMG
Das Telemediengesetz (TMG) regelt die rechtlichen Rahmenbedingungen für so genannte Telemedien in Deutschland. Es ist eine der zentralen Vorschriften des Internetrechts, welches es als allein stehendes Rechtsgebiet allerdings nicht gibt.

Thread
Ein Thread ist eine Ausführungsreihenfolge der Abarbeitung einer Software auf einem Prozessor.

Toolbar
Eine Toolbar ist eine Symbolleiste, die einen erweiterten Funktionsumfang zur Verfügung stellt.

Top Level Domain
Die Bezeichnung Top Level Domain bezeichnet die höchste Ebene der Namensauflösung bei einem Domainnamen. Ist der vollständige Domain-Name beispielsweise www.internetvictims.de, so entspricht das rechte Glied nach dem Punkt (de) der Top Level Domain dieses Namens.

TOR
TOR anonymisiert das Browsen und Veröffentlichen im Web, Instant Messaging, IRC, SSH und andere TCP basierende Anwendungen.

toter Link
Ein toter Link (engl. Dead Link) ist ein Hyperlink im World Wide Web, der auf eine nicht vorhandene Webseite oder Datei zeigt.

Trojaner
Als Trojaner oder Trojanisches Pferd bezeichnet man ein Computerprogramm, das als nützliche Anwendung getarnt ist, im Hintergrund aber ohne Wissen des Computerbenutzers andere Funktionen wie zum Beispiel das Ausspähen von persönlichen Daten ausführt.

U

Unique Content
Bei der Erstellung von Webseiten wird es immer wichtiger, eigenen Inhalt (Unique Content) zu verwenden, um so gute Positionierungen in den Suchmaschinen zu erhalten. »Doppelter Content« (Duplicate Content) wird von vielen Suchmaschinen als negativ bewertet.

Urheberpersönlichkeitsrecht
Das Urheberpersönlichkeitsrecht gewährt im Wesentlichen dem Urheber den Anspruch, darüber zu bestimmen, ob, wann und wie sein Werk erstmals veröffentlicht wird.

URL
Als URL (Uniform Resource Locator) bezeichnet man die Identifikation einer Ressource über das verwendete Netzwerkprotokoll (beispielsweise HTTP) und den Ort der Ressource in Computernetzwerken. Die URL zur Webseite von Google Deutschland ist beispielsweise http://www.google.de.

URL-Spoofing
URL-Spoofing – das Vortäuschen einer URL – ist eine im Internet angewendete Technik, um dem Besucher einer Webseite in betrügerischer Absicht die eigentliche WWW-Adresse der Seite zu verschleiern.

V

VeRI
VeRI (Verifizierte Rechte Inhaber Programm) unterstützt Inhaber gewerblicher Schutzrechte, Urheber- und Leistungsschutzrechte sowie sonstige immaterielle Rechte beim Melden und Löschen rechtswidriger Angebote auf eBay.

Verify-Link
Ein Verify-Link wird oft bei einem Anmeldevorgang zu einem Webportal oder Newsletter verwendet. Das Online-Angebot sendet eine E-Mail mit einem bestimmten Link an den Anmeldenden, den dieser zur vollständigen Anmeldung klicken muss, um sich zu identifizieren.

Verletzergewinn
Der Verletzergewinn ist eine Methode der Schadensberechnung und richtet sich nach der Höhe des Gewinnes, den der Verletzer der Rechte erwirtschaftet hat.

Verleumdung
Verleumdung bedeutet, dass jemand über eine Person ehrverletzende Behauptungen aufstellt, obwohl er weiß, dass diese Behauptungen nicht wahr sind. Die Verleumdung wird im § 187 StGB beschrieben.

Viren

Computerviren sind Computerprogramme, die sich in sich selbst verbreiten und reproduzieren.

Vishing, VoIP-Phishing

Vishing steht für »Voice Phishing« und setzt sich aus »abfischen« und »VoIP-Telefonie« zusammen. Dabei wird mit automatisierten Telefonanrufen (War-Dialer) versucht, vom Empfänger des Anrufes Zugangsdaten, Passwörter, Kreditkartendaten usw. herauszubekommen.

Visual Spoofings

Visual Spoofing ist eine Variante des Web Spoofings. Beim Visual Spoofing werden Sicherheitsindikatoren modifiziert, wobei der Benutzer glaubt, in einer SSL-Umgebung zu sein. Dabei werden Original-Elemente des Browsers (z.B. das »Schloss-Symbol«) durch gefälschte Plagiate ersetzt. Selbst bei einem Doppelklick auf dieses Schloss-Symbol öffnet sich ein gefälschtes Dialogfenster, welches dem Anwender ein angeblich vertrauenswürdiges Zertifikat vorspielt.

VoIP

Unter VoIP (Voice over IP) oder Internet-Telefonie bzw. IP-Telefonie (Internet-Protokoll-Telefonie) versteht man das Telefonieren über Computernetzwerke.

Voting-Site

Seiten, auf denen von Usern hochgeladene Inhalte bewertet oder benotet werden können.

W

Warez

Als Warez bezeichnet man in der Computersprache illegal beschaffte oder verbreitete Software (Raubkopien).

Wayback-Maschinen

Mit einer Wayback-Maschine kann man gespeicherte Webseiten oder andere Medien in verschiedenen Versionen der Vergangenheit abrufen.

Web 2.0

Web 2.0 ist ein Begriff für eine Reihe interaktiver Techniken und Dienste des Internets, wobei Inhalte nicht wie früher üblich »konsumiert« werden, sondern durch die Möglichkeit der Interaktion durch Wikis, Weblogs sowie Bild- und Videoportale und Tauschbörsen selbst erstellt und beeinflusst werden können.

Webcam
Als Webcam (Webkamera oder PC-Kamera) bezeichnet man Kameras, die am PC angeschlossen werden und Live-Bilder ins Internet übertragen.

Webspace
Webspace, auch Webhosting genannt, beschreibt einen Speicherplatz für Dateien auf einem Internet-Server, auf den dauerhaft zugegriffen werden kann.

Western Union
Western Union ist ein weltweit agierendes Unternehmen, das Geldüberweisungen in Minuten mit Barauszahlungsoption anbietet.

Whois-Abfrage
Über eine Whois-Abfrage (Domainabfrage) können Sie feststellen, ob eine Domain bereits registriert ist und welche Kontaktdaten dazu gespeichert sind.

Wikipedia.org
Wikipedia ist ein Projekt zum Aufbau einer Enzyklopädie aus freien Inhalten in allen Sprachen. Jeder kann mit seinem Wissen beitragen und Beiträge erfassen und ergänzen. Momentan sind ca. 650.000 deutsche Einträge vorhanden (Stand: Oktober 2007).

Würmer
Ein Computerwurm ist ein Computerprogramm, das sich über Computernetzwerke zum Beispiel durch das Versenden infizierter E-Mails, IRC-, Peer-to-Peer und Instant Messaging verbreitet.

X

Xing
Xing, vormals openBC/Open Business Club, ist eine webbasierte Plattform, in der reale Personen ihre (geschäftlichen) Kontakte zu anderen Personen verwalten und herstellen können. Siehe auch »social software« und »Social-Network Sites«.

Y

YouTube
YouTube ist ein Videoportal, auf dem Benutzer kostenlos Video-Clips ansehen und hochladen können. Wurde 2006 von Google übernommen.

Z

ZIP

ZIP ist ein offenes Dateiformat zur komprimierten Archivierung von Dateien. Die komprimierten Dateien enden mit `.zip` und sind mit Programmen wie z.B. Winzip wieder zu entpacken. Dateien werden in der Regel vor dem Versenden einer E-Mail »gezippt« und nach dem Versenden vom Empfänger wieder »entzippt«.

Zombie-Rechner

Unter einem Zombie-Rechner versteht man einen Computer, der durch Würmer bzw. Trojanische Pferde unter die Kontrolle eines Hackers gebracht wurde und von nun an durch diesen fernsteuerbar ist.

Zone-C

Siehe »Zonenverwalter«

Zonenverwalter

Der Zonenverwalter (Zone-C) betreut den oder die Nameserver des Domaininhabers.

>> Stichwortverzeichnis

Google entdecken!

Lehnen Sie sich zurück und erfahren Sie, was Google alles bietet. Gehen Sie zusammen mit dem Autor auf Entdeckungsreise und entdecken von A-Z was in Google steckt. Im Kapitel Schutz vor Google erfahren Sie was Google alles über Sie weiß! Gibt es davor noch Schutz? Der Autor verrät es Ihnen.

Torsten Kieslich
ISBN 978-3-8272-4213-6
19.95 EUR [D]

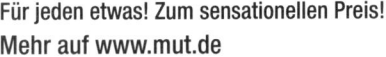

Markt+Technik